HENRY D. THOREAU

WALDEN

TRADUIT DE L'ANGLAIS (ÉTATS-UNIS)
PAR BRICE MATTHIEUSSENT
PRÉFACE DE JIM HARRISON

POSTFACE ET NOTES DE MICHEL GRANGER

LE MOT ET LE RESTE
2013

Préface
Jim Harrison

J'entretiens de profondes affinités avec Thoreau, surtout parce qu'il est intimement lié à mes souvenirs d'enfance. Mon père, qui travaillait comme agent agricole du gouvernement dans le nord du Michigan, sillonnait en voiture une région assez isolée pour donner ses conseils aux paysans du cru. Par chance pour moi, le comté d'Osceola était une zone rurale très pauvre, si bien qu'il y avait de nombreuses forêts où se promener et chasser, ainsi que des rivières, des lacs et des torrents où pêcher la truite et d'autres poissons. Mon père, Winfield Sprague Harrison, était obsédé par Thoreau. Le seul autre écrivain qui semblait l'impressionner à ce point était John Steinbeck et il existe un rapport évident, touchant à la ruralité, entre ces deux écrivains.

Il y a toujours eu grande abondance de critiques urbaines tendant à ridiculiser les idylles campagnardes telles que celle de Thoreau, comme si l'on faisait exprès de le confondre avec l'idéal rousseauiste du bon sauvage. Le fait est que, durant mon enfance, des millions de personnes vivaient très simplement. C'était une époque de fermes familiales, à mille lieues du gigantesque agrobusiness contemporain et des fermes usines qui dominent désormais l'agriculture américaine.

L'idéal sous-jacent à ces fermes familiales était, autant que possible, l'autosuffisance. Autrement dit, on cultivait, on élevait et on mettait en conserve tout ce qu'on mangeait, depuis les tomates jusqu'au porc. Beaucoup plus tôt dans l'histoire de notre nation, c'était aussi la principale motivation de Thoreau dans *Walden*. La route de cent ans qui reliait Thoreau à notre famille était vraiment bien courte.

Soixante années plus tard, nous sommes saisis, voire pétrifiés, par les bouleversements spectaculaires de notre paysage. En décembre 1937, quand je suis né, la population des États-Unis était à 75 % rurale et à 25 % urbaine. Aujourd'hui, ces proportions sont inversées. Le village de Concord à l'époque de Thoreau (1817-1862), bien que situé à une trentaine de kilomètres seulement de Boston, était presque entièrement rural et boisé, composé de petites fermes entourées de vastes forêts. C'est là que Thoreau fit son expérience, minimale mais épique, d'autosuffisance durant ses deux années passées sur les rives du lac Walden. Et c'est aussi dans cette région qu'il développa ses idées explosives de désobéissance civile, qui devaient tant marquer la vie d'un Gandhi, d'un Martin Luther King et d'autres. En Amérique, plutôt qu'en démocratie, nous vivons sous un régime d'oligarchie fondée sur l'argent. Il est piquant que, ces dernières années, le lac Walden ait été protégé grâce aux efforts et à l'argent de Don Henley, membre d'un ancien groupe de rock'n'roll, les Eagles. Le paysage américain, tellement révéré de Thoreau, se retrouve invariablement en danger chaque fois qu'on peut en tirer un dollar.

J'ai donc grandi dans une profonde fascination pour Thoreau, et en apprenant dans une certaine mesure à partir de son exemple. Durant plus de vingt ans j'ai possédé un chalet isolé, et pendant tout le demi-siècle de notre mariage mon épouse et moi avons toujours cultivé un grand jardin potager, sauf au cours des deux années que nous avons passées à Boston. Je ne peux me passer de faire chaque matin une marche de plusieurs heures, un enseignement fondamental de Thoreau. De manière plutôt comique, je ne partage ni la sobriété ni la frugalité de mon héros. Je ne laisse jamais filer une seule journée sans boire du vin français ni essayer de préparer un bon repas. Plus tôt dans l'existence, quand j'ai expérimenté un mode de vie plus ascétique, j'ai remarqué que le monde perdait alors ses couleurs en Technicolor.

Si j'évoque le problème global des influences, c'est pour insister sur l'improbable vitalité de l'œuvre de Thoreau près de deux siècles plus tard. Il s'agit de toute évidence d'un cas majeur de formidable *élan vital* *. D.H. Lawrence a dit que « la seule aristocratie est celle de la conscience ». Thoreau avait une perception extraordinairement fine de la flore et de la faune, des points de vue tant botanique qu'historique. Il connaissait sur le bout des doigts ce qu'il appelait « la grammaire mordorée » du monde naturel. La plupart des littérateurs sont franchement des généralistes de tendance romantique, qui en guise de savoir accumulent une flopée d'anecdotes, alors que Thoreau était un étudiant assidu tant de la littérature que de la nature. De nos jours, malheureusement, mes amis spécialistes de mathématiques ou de physique pures s'intéressent en général davantage à la littérature, que mes amis écrivains aux idées scientifiques contemporaines.

L'expérience que fit Thoreau de la survie et de l'isolement dura deux années, pendant lesquelles il resta en contact avec son célèbre mentor, Ralph Waldo Emerson. Cette proximité est importante, car aujourd'hui ceux qui se réfugient dans le monde naturel croient malin d'endosser une panoplie anti-intellectuelle, une pose que Thoreau n'a jamais eu l'intention d'adopter. Pour lui, la vie de l'esprit était aussi naturelle qu'un arbre. C'est triste à dire, mais Thoreau mourut à moins de cinquante ans ; eût-il vécu plus longtemps, on aurait pu s'attendre à ce que ses intuitions déjà très inclassables s'épanouissent avec l'âge en des idées très pénétrantes et originales, à la manière du grand écrivain français qu'est Gaston Bachelard.

Il est à peine croyable d'assister de son vivant à l'avènement et au déclin des réputations. Bon nombre de nos sujets de curiosité sont vains et relèvent d'une pure perte de temps. Un ami qui consacre un temps indécent à Internet dit volontiers qu'on commence par vérifier les aspects bienfaisants du lin pour finir par apprendre le nombre de prostituées russes à Madrid. En affûtant un peu la lame de votre curiosité, vous aboutissez à cette conclusion que

---

* En français dans le texte original, comme tous les passages en italique suivis d'un astérisque *(N.d.T.)*.

le XIXe siècle nous a donné trois géants, Thoreau, Whitman et Melville, dont le XXe siècle n'a pas produit l'équivalent. Assez comiquement, Thoreau n'avait pas de compétence particulière pour la survie par l'agriculture, mais son écriture a gardé toute son implacable vivacité et ses héritiers naturels d'aujourd'hui, Peter Matthiessen et Gary Snyder, occupent une place de choix dans notre paysage littéraire.

C'est Wittgenstein qui a dit que le miracle est que le monde existe. Thoreau se donne beaucoup de mal pour nous rappeler la nature de la nature, la grâce inhérente au paysage. Il résista aux bêtises de notre gouvernement. On le jeta en prison parce qu'il avait refusé de payer ses impôts et de soutenir ainsi notre guerre au Mexique. Emerson lui rendit alors visite et demanda, « Henry, que faites-vous là-dedans ? », et Thoreau lui répondit, « Que faites-vous là-dehors ? » Ses talents nous touchent toujours, comme le prouve le livre que vous tenez en main. Ses mots sont beaux, mais dangereux pour l'esprit.

Traduit de l'américain par Brice Matthieussent.

Je n'ai pas l'intention d'écrire une ode au découragement, mais de me vanter aussi vigoureusement que Chanteclair dressé à l'aube sur son perchoir, au moins pour réveiller mes voisins.

p. 92

Économie

Quand j'ai écrit les pages suivantes, ou la plupart d'entre elles, je vivais seul au milieu des bois, à un mile de mon voisin le plus proche[1], dans une maison que j'avais construite moi-même, sur la berge du lac Walden, à Concord[2], Massachusetts, et je gagnais ma vie grâce au seul travail de mes mains. J'ai habité là deux ans et deux mois. À présent, je séjourne de nouveau dans la civilisation.

Je n'aurais pas la présomption de réclamer autant l'attention de mes lecteurs si mes concitoyens ne m'avaient posé des questions très précises sur mon mode de vie, que certains taxeraient d'absurdité, bien que je n'y voie aucune impertinence, mais, compte tenu des circonstances, des questions tout à fait naturelles et pertinentes. Quelques-uns m'ont demandé ce que je mangeais ; si je ne me sentais pas seul ; si je n'avais pas peur ; et ainsi de suite. D'autres ont été curieux d'apprendre quelle part de mes revenus je consacrais à des œuvres charitables ; d'autres encore, nantis d'une nombreuse famille, combien d'enfants pauvres j'entretenais. Je demanderai donc à ceux de mes lecteurs qui ne s'intéressent guère à moi de me pardonner si dans ce livre j'entreprends de répondre à certaines de ces questions. Dans la plupart des livres, le *Je*, ou la première personne, est omis ; dans celui-ci, il sera conservé ; cela, sur le plan de l'égotisme, est la principale différence. Nous oublions souvent qu'après tout, c'est toujours la première personne qui s'exprime. Je ne devrais pas parler autant de moi-même s'il existait quelqu'un d'autre que je connaisse aussi bien. Hélas, je suis réduit à ce thème par l'étroitesse de mon expérience. Mieux, j'exige, moi, personnellement, de chaque écrivain, grand ou petit, un récit simple et sincère de sa propre vie, et pas simplement ce qu'il a entendu dire de la vie des autres ; le genre de compte rendu qu'il pourrait envoyer d'une terre lointaine à sa famille ; car s'il a vécu avec sincérité, il l'a forcément fait selon moi dans une terre lointaine. Peut-être ces pages s'adressent-elles surtout aux étudiants pauvres. Quant à mes autres lecteurs, qu'ils en acceptent les parties qui les concernent. Je crois qu'aucun n'en fera sauter les coutures en endossant ce manteau, car il rendra sans doute de bons et loyaux services à celui à qui il ira.

J'aimerais dire quelque chose, non pas tant à propos des Chinois ou des habitants des îles Sandwich, que sur vous qui lisez ces pages et qui, paraît-il, habitez la Nouvelle-Angleterre ; quelque chose sur votre condition, surtout sur vos conditions de vie, la manière dont vous vivez dans ce monde, dans ce village, ce qu'elle est, si elle est forcément aussi détestable qu'elle l'est, si l'on peut l'améliorer ou pas. J'ai beaucoup voyagé à Concord ; et partout, dans les boutiques, les bureaux et les champs, ses habitants m'ont semblé faire pénitence de mille manières remarquables. Ce que j'ai entendu dire des brahmanes assis entre quatre fournaises et les yeux tournés vers le soleil, ou suspendus la tête en bas au-dessus des flammes, ou regardant le ciel par-dessus l'épaule « jusqu'à ce qu'il leur soit impossible de reprendre une position naturelle et que seuls des liquides puissent franchir l'obstacle de leur cou tordu pour rejoindre l'estomac », ou demeurant enchaînés à vie au pied d'un arbre, ou mesurant de leur corps, telles des chenilles, la largeur de vastes empires, ou debout sur une jambe en haut d'une colonne, – même ces formes de pénitence consciente sont à peine plus incroyables et stupéfiantes que les scènes auxquelles chaque jour j'assiste. Les douze travaux d'Hercule furent des broutilles, comparés à ceux qu'entreprennent mes voisins ; car il n'y en eut que douze et ils eurent une fin ; mais je n'ai jamais vu ces hommes tuer ou capturer un quelconque monstre ni achever l'un de leurs travaux. Ils n'ont aucun ami Iolaos pour brûler au fer rouge le moignon de la tête de l'hydre, quand, sitôt une tête écrasée, deux autres surgissent.

Je vois des hommes jeunes, mes concitoyens, qui ont eu le malheur d'hériter de fermes, de maisons, de granges, de bétail et d'instruments agricoles; car on acquiert tout cela plus aisément qu'on ne s'en débarrasse. Il aurait mieux valu pour eux naître dans une prairie et être allaités par une louve; ainsi, ils auraient pu voir plus clairement dans quel champ ils étaient appelés à travailler. Qui les a transformés en esclaves de la terre? Pourquoi devraient-ils manger leurs soixante arpents, quand l'homme est condamné à ne manger qu'un peu de poussière? Pourquoi, dès le jour de leur naissance, devraient-ils creuser leur tombe? Durant leur vie entière, ils sont contraints de pousser devant eux tous ces fardeaux et se débrouiller au mieux. Combien en ai-je croisé, de ces pauvres âmes immortelles, presque écrasées et broyées par leur faix, cheminant à pas lents sur la route de la vie, poussant devant elles une grange de soixante-quinze pieds sur quarante, ses écuries d'Augias jamais nettoyées, ainsi qu'un terrain de cent arpents, labours, fauchages, pâtures et bois afférents! Les déshérités, qui n'ont pas à se coltiner toutes ces charges superflues léguées par leurs ancêtres, trouvent déjà bien assez laborieux de maîtriser et de cultiver quelques pieds cubiques de chair.

Les hommes triment et se trompent. Sous le soc, la meilleure part d'eux-mêmes est vite intégrée à la terre comme compost. Selon ce qu'on appelle le destin, ou plus volontiers la nécessité, ils s'affairent, ainsi qu'il est dit dans un vieux livre[3], à amasser des trésors bientôt détruits par les mites et la rouille, ou dérobés par des voleurs qui s'introduiront chez eux. C'est une vie stupide, ainsi qu'ils le découvriront quand ils en verront la fin, sinon avant. On dit que Deucalion et Pyrrha créèrent les hommes en lançant des pierres derrière eux, au-dessus de leur tête:

Inde genus durum sumus, experiensque laborum,
Et documenta damus qua simus origine nati*.

Ou, comme Raleigh l'exprime en vers sonores:

« Depuis lors notre race a le cœur dur,

---

* « De là vient cette dureté qui caractérise notre race, de là sa force pour soutenir les plus rudes travaux, et l'homme atteste assez quelle fut son origine. » Ovide, *Métamorphoses*. (N.d.T.)

Supportant douleurs et soucis,
Prouvant que de la pierre notre corps a la nature. »

Voilà où mène l'obéissance aveugle à un oracle malavisé, qui parle de pierres jetées par-derrière, au-dessus de la tête, sans voir où elles tombent.

La plupart des hommes, même dans ce pays relativement libre [4], par simples ignorance et erreur, sont si obnubilés de soucis illusoires et des durs et vains travaux de la vie qu'ils ne parviennent pas à en cueillir les plus beaux fruits. Un labeur excessif rend leurs doigts trop maladroits et tremblants pour cela. De fait, le travailleur n'a nul loisir pour goûter chaque jour à une authentique intégrité ; il ne peut pas entretenir de vraies relations d'homme à homme ; son labeur en serait déprécié sur le marché. Il n'a pas le temps d'être autre chose qu'une machine. Comment peut-il se rappeler son ignorance – que son développement requiert –, quand il a si souvent besoin de faire appel à son savoir ? Nous devrions parfois le nourrir et le vêtir gratuitement, et le réconforter de nos liqueurs avant de le juger. Comme le velouté des fruits, on ne peut conserver les plus belles qualités de notre nature qu'en les maniant avec beaucoup de précaution. Et pourtant, nous ne traitons ni nous-mêmes ni les autres avec cette tendresse.

Certains d'entre vous, nous le savons tous, sont pauvres, trouvent la vie dure, et sont parfois, pour ainsi dire, à bout de souffle. Je ne doute pas que quelques-uns parmi vous qui lisez ce livre sont incapables de payer tous les repas qu'ils ont bel et bien mangés, ou les habits et les chaussures qui s'usent vite ou sont déjà usés, et que, lisant ces pages, ils volent ou empruntent une heure à leurs créanciers. De toute évidence, bon nombre d'entre vous mènent une vie médiocre et inavouable, car l'expérience m'a aiguisé la vue ; toujours sous tutelle financière, tâchant de mettre sur pied quelque entreprise et de s'acquitter d'une dette, embourbés dans un marais très ancien, appelé *aes alienum* par les Romains, le cuivre d'autrui, car certaines de leurs pièces de monnaie étaient en cuivre ; toujours vivant et mourant et ensevelis par ce cuivre d'autrui ; promettant chaque jour de payer, promettant de payer, demain, pour mourir aujourd'hui, insolvables ; cherchant à s'attirer des faveurs, à trouver des clients, par toutes manières imaginables, hormis les délits passibles de prison ; mentir, flatter, voter, se ratatiner dans une coquille de civilité ou se dilater dans une atmosphère impalpable de générosité vaporeuse, afin de convaincre votre voisin de vous laisser lui fabriquer ses chaussures, son chapeau, son habit, sa voiture, ou importer pour lui son épicerie ; se rendre malade pour mettre de côté quelque économie en prévision d'un jour de maladie, un peu d'argent à serrer dans un vieux coffre, ou dans un bas caché derrière le plâtre du mur, ou, plus prudemment, dans la banque en briques ; et peu importe où, et peu importe le montant du magot.

Je m'étonne parfois que nous soyons assez frivoles, si je puis dire, pour nous occuper de cette forme grave, mais quelque peu étrangère [5], de servitude appelée esclavage des nègres, alors qu'il existe tellement de maîtres habiles et subtils qui asservissent tant le Nord que le Sud. Supporter un gardien d'esclaves dans le Sud est pénible ; c'est pire d'en avoir un dans le Nord ; mais le pire de tout, c'est d'être à la fois son propre gardien et l'esclave. Parlez-moi donc du caractère divin de l'homme ! Regardez le charretier sur la grand-route qui de jour comme de nuit s'en va au marché ; sent-il tressaillir en lui la moindre part divine ? Son devoir le plus noble consiste à donner du fourrage et de l'eau à ses chevaux ! Que lui importe son destin, pourvu qu'il touche sa prime de transporteur ? Ne roule-t-il pas pour le sieur Esbroufe ? Pourquoi serait-il divin ? Et pourquoi immortel ? Voyez-le trembler de peur et courber l'échine, tout le jour assailli de craintes vagues, car il n'est ni immortel ni divin, mais l'esclave et le prisonnier de l'opinion qu'il a de lui-même, de la réputation qu'il doit à ses seuls exploits. L'opinion publique est un piètre tyran, comparée à l'opinion que nous avons de nous-mêmes. Ce qu'un homme pense de lui-même, voilà ce qui détermine, ou plutôt indique, son destin. L'émancipation de l'homme par soi, jusque dans les Antilles de l'imagination et de la chimère, quel Wilberforce[6] pourrait la susciter ? Pensez aussi aux dames de notre pays, tissant des coussins de boudoir en prévision de leur dernier jour, afin de ne pas trahir un intérêt trop naïf pour leur destin ! Comme si l'on pouvait tuer le temps sans blesser l'éternité.

La plupart des hommes mènent une existence de désespoir tranquille. Ce qu'on appelle résignation est un désespoir absolu. Quittant la ville désespérée, vous rejoignez la campagne désespérée et vous n'avez plus qu'à vous consoler avec le courage des visons et des rats musqués. Un désespoir répétitif mais inconscient se cache même sous ce qu'on appelle les jeux et les distractions de l'humanité. Venant après le travail, ils n'amusent guère. Mais un des traits de la sagesse veut qu'on ne commette pas d'acte désespéré.

Si l'on considère ce qui, pour se servir du catéchisme, est la fin première de l'homme, et ce que sont les véritables nécessaires de vie et moyens de l'existence, il semble que les hommes aient délibérément choisi le mode de vie le plus simple parce qu'ils le préféraient à tout autre. Pourtant, ils pensent honnêtement ne pas avoir d'autre choix. Mais les natures saines et alertes se rappellent qu'à l'aube le soleil était clair. Il n'est jamais trop tard pour renoncer à nos préjugés. On ne peut se fier sans preuve à aucune manière de penser ni d'agir, aussi ancienne soit-elle. Ce que tous répètent ou transmettent tacitement comme étant la vérité d'aujourd'hui peut demain se révéler mensonge, simple fumée de l'opinion, que certains ont prise pour une nuée capable d'arroser d'une pluie fertilisante leurs champs. Ce que les vieilles gens disent que vous ne pouvez pas faire, en l'essayant vous découvrez que vous le pouvez. Laissons l'ancien temps aux anciens, et que les nouveaux venus s'occupent des temps nouveaux. Peut-être que les vieux n'en savaient pas assez autrefois pour aller chercher un peu de combustible afin d'entretenir leur feu ; les jeunes ont mis un peu de bois sec sous leur marmite, et les voilà filant autour du globe comme des oiseaux, assez vite pour tuer les vieux, comme on dit. La vieillesse n'est pas mieux qualifiée que la jeunesse pour dispenser des conseils, loin de là, car elle n'a pas tant accumulé de l'expérience qu'elle n'en a perdu. On pourrait presque douter que l'homme le plus sage ait jamais appris de la vie quoi que ce soit ayant une valeur absolue. En pratique, les vieux n'ont pas d'avis essentiel à donner aux jeunes, leur propre expérience a été trop limitée et leur vie a été un échec lamentable, pour des raisons d'ordre privé, pense chacun d'eux; ils ont peut-être gardé quelque foi qui démentit cette expérience et ils croient sans doute qu'ils sont seulement moins jeunes que jadis. J'ai passé quelque trente années sur cette planète et je n'ai toujours pas entendu la première syllabe d'un conseil valable, ou seulement sincère, venant de mes aînés. Ils ne m'ont rien dit, et sans doute ne peuvent-ils rien me dire d'utile. La vie s'offre à moi, un champ d'expérimentations que j'ai à peine exploré; mais leurs propres tentatives ne me servent à rien. Si je fais une expérience que je juge précieuse, j'aboutirai nécessairement à cette conclusion que mes mentors ne m'en ont jamais parlé.

Un paysan me dit: « On ne peut pas s'alimenter seulement de végétaux, car ce n'est pas ça qui vous fait des os »; et le voici qui consacre religieusement une partie de sa journée à absorber dans son corps de quoi nourrir ses os; tout en discourant de la sorte, il marche derrière ses bœufs qui, avec leurs os alimentés de végétaux, le tirent, lui et sa lourde charrue tressautante, en dépit des obstacles. Certaines choses font vraiment partie du nécessaire de vie pour certaines personnes, les plus malades et les plus démunies; pour d'autres elles sont un luxe, et pour d'autres encore elles sont parfaitement inconnues.

D'aucuns croient que toute l'étendue de la vie humaine a déjà été parcourue par leurs prédécesseurs, les montagnes comme les vallées, et qu'il n'est rien dont on ne se soit occupé. Selon Evelyn, « Salomon dans sa sagesse fixa par ordonnances jusqu'à la distance devant séparer les arbres, et les préteurs romains déterminèrent le nombre de fois qu'il est permis, sans violation de propriété, d'entrer sur la terre de votre voisin pour y ramasser les glands qui y tombent, et quelle part revient ensuite à ce voisin. » Hippocrate a même laissé des directives sur la manière dont nous devons nous couper les ongles ; soit au niveau des doigts, ni plus court, ni plus long. Sans aucun doute, cette lassitude et cet ennui qui semblent avoir vaincu toute la diversité et les joies de la vie, sont aussi vieux qu'Adam. Mais personne n'a jamais mesuré les capacités de l'homme ; et si peu de choses ont jamais été tentées que nous ne devons pas juger son potentiel à l'aune d'aucun précédent. Quels qu'aient été tes échecs passés, « ne t'afflige pas, mon enfant, car qui te demandera de terminer ce que tu as laissé inachevé ? »

Nous pourrions soumettre nos vies à mille épreuves fort simples ; par exemple, il suffit que je me rappelle que ce même soleil qui fait mûrir mes haricots éclaire aussi un système de Terres semblables à la nôtre, pour éviter bien des erreurs. Ce n'est pas dans cette lumière-là que je les ai sarclés. Les étoiles sont les sommets de merveilleux triangles ! Quels êtres lointains et différents dans les diverses demeures de l'univers contemplent la même étoile au même instant ! La nature et la vie humaine sont aussi variées que le sont nos corps. Qui dira l'avenir que réserve la vie à autrui ? Quel plus grand miracle que celui qui nous permettrait, l'espace d'un instant, de regarder par les yeux d'un autre ? Nous devrions vivre en une heure tous les âges du monde ; oui, tous les mondes de tous les âges. L'histoire, la poésie, la mythologie ! Je ne connais aucun récit de l'expérience d'autrui qui soit aussi étonnant et instructif que pourrait l'être la lecture de ces textes.

Presque tout ce que mes voisins appellent le bien, je crois de toute mon âme que c'est le mal, et si je me repens de quelque chose c'est sans aucun doute de ma bonne conduite. Quel démon m'a possédé et poussé à agir si bien ? Tu peux m'assener tes sages conseils, vieil homme, toi qui as vécu soixante-dix ans, non sans quelque honneur, j'entends une voix irrésistible qui me presse de me détourner de toi. Une génération abandonne les entreprises d'une autre comme des vaisseaux échoués.

Je crois que nous devrions avoir bien plus de confiance que nous n'en avons. Chacun ne devrait pas se faire plus de souci pour soi qu'il ne s'en fait honnêtement pour autrui. La Nature est aussi bien adaptée à notre faiblesse qu'à notre force. L'angoisse et le souci incessants de certains constituent une forme de maladie à peu près incurable. Nous exagérons volontiers l'importance du travail que nous accomplissons ; et pourtant combien de choses ne faisons-nous pas ! Et si nous étions tombés malades ? Comme nous sommes vigilants ! Résolus à ne pas vivre par la foi si nous pouvons l'éviter ; tout le jour en alerte, le soir nous faisons notre prière à contrecœur avant de nous abandonner à l'incertitude. Nous sommes donc contraints de vivre, entièrement et sincèrement, pleins de respect pour notre existence et niant la possibilité du moindre changement. C'est la seule manière, disons-nous ; mais il y en a autant qu'on peut tracer de rayons à partir du centre. Tout changement est un miracle à contempler ; mais c'est un miracle qui a lieu à chaque instant. Confucius a dit : « Savoir que nous savons ce que nous savons, et que nous ne savons pas ce que nous ne savons pas, tel est le vrai savoir. » Lorsqu'un homme aura ramené un fait de son imagination à un fait de son entendement, je prévois que tous les hommes établiront enfin leur vie sur cette base.

*

Considérons un instant les raisons majeures du souci et de l'angoisse dont j'ai parlé ; demandons-nous s'il est vraiment nécessaire que nous soyons accablés d'inquiétude, ou, du moins, prudents. Nous aurions avantage à mener l'existence primitive des premiers pionniers, sans quitter toutefois les apparences de la civilisation, au moins pour apprendre à quoi se réduit fondamentalement notre nécessaire de vie et quelles méthodes ont été élaborées pour l'obtenir ; ou même pour parcourir les vieux livres de comptes des marchands, pour savoir ce que les hommes achetaient d'ordinaire dans les boutiques, c'est-à-dire quelles denrées de base on y proposait et entreposait. Car les améliorations apportées par les siècles n'ont eu que peu d'influence sur les lois élémentaires de l'existence humaine; de même, notre squelette ne diffère probablement pas de celui de nos ancêtres.

Par l'expression « nécessaire de vie », j'entends tout ce qui, parmi les produits des efforts de l'homme, est depuis le début ou est devenu au fil du temps, si important pour la vie humaine, que peu de gens, sinon aucun, par sauvagerie, pauvreté ou philosophie, ont jamais essayé de s'en passer. En ce sens, pour de nombreux êtres vivants ce nécessaire se réduit à un seul article, la Nourriture. Pour le bison de la prairie, c'est quelques pouces d'herbe tendre, de l'eau à boire ; à moins qu'il ne recherche l'Abri de la forêt ou l'ombre de la montagne. Nul animal ne requiert davantage que la Nourriture et l'Abri. Pour l'homme et sous notre climat, on peut répartir sans se tromper le nécessaire de vie en quatre chapitres, qui sont la Nourriture, l'Abri, le Vêtement et le Combustible ; car c'est seulement lorsque nous les avons obtenus, que nous sommes prêts à aborder les vrais problèmes de la vie avec l'esprit libre et quelque chance de succès. L'homme a inventé, non seulement les maisons, mais aussi les vêtements et la cuisson des aliments ; et la découverte accidentelle de la chaleur du feu, ainsi que l'usage qui s'ensuivit, un luxe au début, aboutirent sans doute à la présente nécessité que nous ressentons de nous asseoir près de lui. Nous voyons chats et chiens acquérir eux aussi cette seconde nature. Par l'Abri et les Vêtements adéquats, nous conservons légitimement notre propre chaleur interne ; mais dès que ceux-ci ou le Combustible sont excessifs, c'est-à-dire en présence d'une chaleur externe supérieure à celle de notre corps, ne peut-on dire à juste titre que commence alors la cuisson ? Le naturaliste Darwin raconte à propos des habitants de la Terre de Feu que, tandis que ses compagnons chaudement vêtus et installés tout près d'un feu étaient loin d'avoir trop chaud, ces sauvages nus qui se tenaient loin du feu étaient à sa grande surprise « inondés de transpiration d'être ainsi rôtis ». Ainsi, nous dit-on, l'habitant de la Nouvelle Hollande supporte impunément de vivre nu alors que l'Européen frissonne sous ses habits. Est-il impossible d'allier la robustesse de ces sauvages et le développement intellectuel de l'homme civilisé ?

Selon Liebig, le corps humain est un poêle, et les aliments sont le combustible qui assure la combustion interne dans les poumons. Par temps froid nous mangeons davantage, et moins dès qu'il fait chaud. La chaleur animale résulte d'une combustion lente, la maladie et la mort surviennent quand ce processus est trop rapide ; ou lorsque, par manque de combustible ou à cause d'un défaut de ventilation, le feu s'éteint. Il ne faut bien sûr pas confondre la chaleur vitale et le feu ; l'analogie s'arrête là. D'après la liste ci-dessus, il apparaît donc que l'expression « vie animale » est presque synonyme de « chaleur animale » ; car si l'on peut considérer la Nourriture comme le Combustible qui entretient notre feu intérieur – et le Combustible sert seulement à préparer cette Nourriture ou à accroître la chaleur de notre corps en ajoutant celle de l'extérieur –, l'Abri et le Vêtement ne servent eux aussi qu'à conserver la « chaleur » ainsi générée et absorbée.

La nécessité première est donc pour notre corps de se tenir au chaud, de conserver en soi la chaleur vitale. Et quels efforts nous faisons, non seulement pour nous assurer Nourriture, Vêtements et Abri, mais aussi un lit, qui est notre vêtement nocturne, volant aux oiseaux les plumes de leur nid et de leur gorge pour aménager cet abri dans un abri, tout comme la taupe a son propre lit d'herbes et de feuilles au fond de sa galerie ! Le pauvre se plaint volontiers de la froideur du monde ; et nous attribuons directement une grande part de nos maux au froid, tant matériel que social. Sous certains climats, l'été permet à l'homme une sorte de vie idyllique. Le Combustible, sinon pour cuire sa Nourriture, est dès lors superflu ; le soleil est son feu, et de nombreux fruits sont suffisamment cuits par ses rayons, tandis que la Nourriture est d'habitude plus variée, plus facile à obtenir, et que les Vêtements et l'Abri sont entièrement superflus, ou à peine nécessaires. De nos jours et dans ce pays, du moins à en juger par ma propre expérience, quelques instruments, un couteau, une hache, une bêche, une brouette, etc., et pour celui qui étudie, une lampe, du papier et l'accès à quelques livres s'ajoutent au nécessaire de vie et ne coûtent pas grand-chose. Il y a néanmoins des hommes sans sagesse qui s'en vont à l'autre bout du monde, dans des régions barbares et malsaines, et qui se consacrent au commerce durant dix ou vingt années, afin de revenir vivre – c'est-à-dire jouir d'une chaleur confortable – et mourir enfin en Nouvelle-Angleterre. Les riches parmi les riches ne se contentent pas de jouir d'une chaleur confortable, ils s'entourent d'une chaleur contre nature ; comme je l'ai déjà suggéré, ils sont cuits *, *à la mode* ** bien entendu.

La plupart des luxes et presque tout ce qu'on appelle le confort de l'existence sont non seulement des choses superflues, mais d'authentiques obstacles à l'élévation de l'humanité. Pour ce qui est du luxe et du confort, les plus sages ont toujours mené une vie plus simple et dépouillée que les pauvres. Les philosophes de l'Antiquité, chinois, hindous, persans et grecs, étaient des hommes plus pauvres que quiconque pour les richesses extérieures, et plus riches pour la vie intérieure. Nous ne savons pas grand-chose d'eux. Il est remarquable que *nous* en sachions autant sur eux. La même chose est vraie des plus récents réformateurs et bienfaiteurs de leur race. Personne ne saurait être un observateur impartial ou sage de la vie humaine, sinon en se situant du point de vue de ce que *nous* devrions nommer la pauvreté volontaire. D'une vie de luxe, le fruit est le luxe, que ce soit dans l'agriculture, le commerce, la littérature ou l'art. Il existe aujourd'hui des professeurs de philosophie, mais aucun philosophe. Il est pourtant admirable de professer parce qu'il était jadis admirable de vivre. Être philosophe, ce n'est pas simplement avoir des pensées subtiles, ni même fonder une école, mais aimer la sagesse au point de vivre selon ses préceptes, une vie de simplicité, d'indépendance, de magnanimité et de confiance. C'est résoudre quelques-uns des problèmes de la vie, non pas de manière théorique, mais pratique. Le succès obtenu par les grands savants et les penseurs éminents est en général un succès de courtisan, ni royal, ni viril. Ils s'arrangent simplement pour vivre en

---

* Thoreau joue sur le double sens : qui a subi la cuisson, qui est dans une fâcheuse situation.
** En français dans le texte comme tous les passages en italique et suivis d'un astérisque. *(N.d.T.)*

conformistes, à peu près comme leurs pères le firent, et ce ne sont absolument pas les géniteurs d'une race d'hommes plus nobles. Mais pourquoi les hommes dégénèrent-ils ? Pourquoi les familles s'éteignent-elles ? Quelle est la nature de ce luxe qui amollit et détruit les nations ? Sommes-nous certains que notre propre vie n'en souffre pas ? Le philosophe est en avance sur son temps, même par la forme extérieure de son existence. Il n'est pas nourri, abrité, vêtu ni chauffé comme ses contemporains. Comment pourrait-on être philosophe et ne pas maintenir sa chaleur vitale par de meilleures méthodes que les autres hommes ?

Quand un homme est réchauffé par les diverses méthodes que je viens de décrire, que veut-il de plus ? Certainement pas davantage de chaleur de cette même espèce, ni une nourriture meilleure et plus abondante, des maisons plus vastes et magnifiques, des vêtements plus beaux et plus nombreux, des feux innombrables, incessants et plus brûlants, et ainsi de suite. Lorsqu'il a obtenu ces choses nécessaires à la vie, plutôt que de convoiter le superflu il peut faire un autre choix ; et c'est de s'aventurer maintenant dans la vie, car il est désormais en vacance de son plus humble labeur. La terre, semble-t-il, convient à la graine, car elle y a enfoncé sa radicule et elle peut désormais faire pousser sa tige vers le haut avec une égale confiance. Pourquoi l'homme s'est-il ainsi fermement enraciné dans la terre, sinon afin de s'élever dans la même proportion vers le ciel ? Car nous estimons les plantes plus nobles pour les fruits qu'elles portent enfin dans l'air et la lumière, loin du sol, et nous ne les traitons pas comme les plantes comestibles plus humbles qui, bien que bisannuelles, sont cultivées seulement jusqu'à ce qu'elles aient une racine parfaite et, dans ce but, sont souvent coupées au ras du sol, de sorte que la plupart des gens ne les reconnaîtraient pas au temps de leur floraison.

Je ne veux pas prescrire des règles aux natures vigoureuses et vaillantes, qui veilleront à leurs propres affaires au paradis comme en enfer, et qui peut-être bâtiront plus magnifiquement et dépenseront plus généreusement que les plus riches, sans jamais s'appauvrir, sans savoir non plus comment elles vivent – s'il existe vraiment de semblables natures, telles qu'on en a rêvé; ni à celles qui trouvent encouragement et inspiration dans le présent état des choses et le chérissent avec tout l'ardent enthousiasme des amants, – dans une certaine mesure je me compte parmi celles-là; je ne m'adresse pas davantage à ceux qui ont un bon emploi, quel qu'il soit, et ils savent qu'ils ont, ou pas, un bon emploi; c'est surtout à la masse des mécontents que je parle, à ces gens qui se plaignent sans arrêt de la dureté de leur sort ou des injustices de l'époque, alors qu'ils pourraient y remédier. Il y a ceux qui se plaignent avec davantage de hargne et de désespoir que tous les autres, parce qu'ils font, comme on dit, leur devoir. J'ai aussi présente à l'esprit cette classe de gens qui semblent riches mais sont en réalité affreusement pauvres, qui ont accumulé de vils trésors, mais ne savent ni comment les employer ni comment s'en débarrasser, et qui ont ainsi forgé leurs propres chaînes d'or ou d'argent.

*

Si j'essayais de vous dire comment j'ai désiré vivre au cours des années écoulées, je surprendrais sans doute ceux de mes lecteurs qui connaissent déjà en partie ce qui s'est passé; et j'étonnerais sûrement ceux qui n'en savent rien. Je mentionnerai seulement quelques-unes des entreprises qui m'ont tenu à cœur.

Par tous les temps, à n'importe quelle heure du jour ou de la nuit, je me suis efforcé de privilégier l'instant présent et de le marquer d'une encoche sur mon bâton; de me tenir à cette jonction de deux éternités, le passé et l'avenir, qu'est précisément l'instant présent; de suivre cette ligne sur la pointe des pieds. Vous me pardonnerez quelques obscurités, car il y a dans mon métier plus de secrets que dans celui de la plupart des hommes; pourtant, je ne les garde pas exprès: ils sont indissociables de sa nature même. Je révélerais volontiers tout ce que j'en sais, sans jamais écrire « Défense d'entrer » sur ma porte.

J'ai perdu, il y a longtemps, un chien, un cheval bai et une tourterelle [7], et je les cherche encore. Innombrables sont les voyageurs à qui j'ai demandé s'ils les avaient vus, en leur indiquant le chemin qu'ils avaient pris et le nom auquel ils répondaient. J'en ai rencontré un ou deux qui avaient entendu le chien et le pas du cheval, et même vu la tourterelle disparaître derrière un nuage, et ces gens paraissaient aussi désireux de les retrouver que si eux-mêmes les avaient perdus.

Précéder, non seulement le lever du soleil et l'aurore, mais, si possible, la Nature elle-même ! Combien de matins, en été comme en hiver, avant même qu'aucun de mes voisins ne vaque à ses affaires, je m'occupais déjà des miennes ! Beaucoup de mes concitoyens m'ont sans doute croisé au retour de cette aventure, des paysans partant avant l'aube pour Boston ou des bûcherons allant à leur travail. Certes, je n'ai jamais aidé matériellement le soleil à se lever, mais n'en doutez pas, il était pour moi de la dernière importance de le voir apparaître.

Combien d'automnes, oui, et d'hivers, passés en dehors du village, pour essayer de discerner ce que disait le vent, pour l'entendre et le transmettre par express ! J'y ai presque englouti tout mon capital, perdant mon souffle par la même occasion, à force de courir à sa rencontre. Si l'un des partis politiques s'y était intéressé, à n'en pas douter, mon témoignage aurait figuré dans la *Gazette* avec les informations de dernière minute. D'autres fois, je prenais pour poste d'observation une falaise ou un arbre afin de télégraphier toute nouvelle arrivée ; ou bien le soir, en haut d'une colline j'attendais que le ciel tombe, pour en récupérer un morceau, bien que je n'aie jamais attrapé grand-chose, et que cela, comme la manne, fondît de nouveau au soleil.

J'ai longtemps été reporter d'un journal [8], qui n'avait pas un très fort tirage et dont le rédacteur en chef n'a pas encore trouvé bon d'imprimer l'ensemble de mes contributions ; comme c'est trop souvent le cas chez les écrivains, j'en fus uniquement pour ma peine. Mais en l'occurrence, en ma peine résida ma récompense.

Durant maintes années j'ai été inspecteur autoproclamé des tempêtes de neige et des orages de pluie, et j'ai fait scrupuleusement mon devoir; arpenteur[9], sinon des grand-routes, du moins des sentiers forestiers et des chemins de traverse, veillant à ce qu'ils restent praticables et qu'en toutes saisons il y ait des ponts qu'on pût traverser, partout où les pas de l'homme ont prouvé leur utilité.

J'ai pris soin des bêtes sauvages du village, qui donnent du fil à retordre au fidèle berger en sautant par-dessus les barrières; et j'ai gardé l'œil ouvert sur les coins et les recoins cachés de la ferme, même si je ne savais pas toujours si c'était Jonas ou Salomon qui travaillait ce jour-là dans tel champ, car ce n'était pas mon affaire. J'ai arrosé* la myrtille rouge, le prunier des sables et le micocoulier, le pin rouge et le frêne noir, la vigne blanche et la violette jaune, qui sinon se seraient fanées à cause de la sécheresse.

Bref, j'ai longtemps mené cette existence, soit dit sans me vanter, en m'acquittant scrupuleusement de mes tâches, jusqu'à ce qu'il devînt de plus en plus évident qu'après tout mes concitoyens refusaient de m'admettre dans la liste des employés municipaux du village ou de faire de mon emploi une sinécure dotée d'un modeste salaire. Mes comptes, que je jure avoir tenu méticuleusement, je n'ai jamais réussi à les faire vérifier, encore moins accepter, encore moins régler et payer. Mais je n'y accorde guère d'importance.

Il y a peu, un Indien itinérant se présenta à la maison d'un homme de loi bien connu de mon voisinage pour vendre ses paniers. « Souhaitez-vous m'acheter un panier ? » demanda-t-il. « Non, nous n'en avons pas besoin », lui fut-il répondu. « Quoi ! s'écria l'Indien en repassant le portail. Vous voulez donc nous affamer ? »

---

* Jeu de mots facétieux : il n'emportait pas une réserve d'eau pour arroser les plantes !

Il avait vu ses voisins blancs travailler et s'enrichir, il avait remarqué qu'il suffisait à cet homme de loi de tisser des arguments pour que, comme par magie, richesse et prestige s'ensuivent, et il s'était dit : je vais entrer dans les affaires ; je vais tresser des paniers ; voilà une chose que je sais faire. Convaincu qu'ayant fabriqué ses paniers il aurait fait son travail et que ce serait ensuite à l'homme blanc de les acheter, il n'avait pas découvert qu'il lui fallait aussi persuader l'autre de le faire, ou du moins l'en convaincre, ou encore fabriquer un autre produit que l'autre aurait envie d'acquérir. J'avais moi aussi élaboré une sorte de panier d'une texture délicate, mais je n'avais réussi à convaincre personne de l'acheter. Toutefois, je n'en pensais pas moins que j'avais eu raison de les tresser, et plutôt que d'essayer de comprendre comment convaincre les autres de les acheter, je me suis demandé comment éviter la nécessité de les vendre. La vie que les gens louent et considèrent comme réussie est d'une seule espèce. Pourquoi accorder une importance excessive à une seule espèce aux dépens des autres ?

Constatant que mes concitoyens n'allaient sans doute pas m'offrir une place au tribunal, quelque vicariat ou une cure ailleurs, mais que je devais me débrouiller tout seul, je me suis tourné plus exclusivement que jamais vers les bois, où j'étais davantage connu. J'ai décidé de m'installer aussitôt dans les affaires, sans attendre le capital habituel, en me servant des minces ressources que j'avais déjà. Mon but, en rejoignant le lac Walden, n'était pas d'y vivre à bon marché ni d'y vivre à grands frais, mais d'y démarrer une affaire privée [10] avec aussi peu d'obstacles que possible ; être empêché de réaliser ce projet par manque d'un peu de bon sens, d'un peu d'esprit d'entreprise et de talent pour le commerce, me semblait moins triste que stupide.

En affaires, je me suis toujours efforcé d'acquérir des habitudes rigoureuses ; elles sont indispensables à chacun. Si vous commercez avec l'Empire Céleste, alors il vous suffira d'avoir un petit comptoir sur la Côte, dans un port du type de Salem. Vous exporterez les articles que le pays fournit, des produits purement locaux, beaucoup de glace et de bois de charpente en pin ainsi qu'un peu de granit, toujours sous pavillon indigène. Ce seront là des entreprises profitables. Veiller vous-même, en personne, à tous les détails; être à la fois pilote et capitaine, armateur et assureur; acheter, vendre et tenir les comptes; lire toutes les lettres qui arrivent, écrire ou lire toutes celles qui partent; surveiller nuit et jour le déchargement des marchandises; se trouver presque simultanément en de nombreux points de la Côte; souvent les cargaisons les plus précieuses seront déchargées sur un rivage du New Jersey; être votre propre télégraphe, scruter inlassablement l'horizon, prendre langue avec tous les vaisseaux qui se dirigent vers la côte; expédier sans cesse et régulièrement des marchandises pour approvisionner tels insatiables comptoirs lointains; vous tenir informé de l'état des marchés, des perspectives de guerre et de paix partout dans le monde, prévoir les tendances du commerce et de la civilisation, en tirant profit des conclusions de tous les voyages d'exploration, en utilisant les nouveaux passages et tous les progrès de la navigation; les cartes à étudier, la position des récifs, des nouveaux phares et bouées à vérifier, et toujours et sans cesse les tables de logarithmes à corriger, car suite à quelque erreur d'une table de calcul le vaisseau se fracasse souvent sur un rocher au lieu d'atteindre une jetée hospitalière – ne fut-ce pas là le destin mal connu de La Pérouse? –, demeurer informé de la science universelle, étudier la vie de tous les grands explorateurs et navigateurs, de tous les célèbres aventuriers et marchands, depuis Hannon et les Phéniciens jusqu'à nos jours; enfin, procéder de temps à autre à l'inventaire des stocks, pour savoir où vous en êtes. Voilà un labeur qui met à l'épreuve tout ce dont un homme est capable – ces problèmes de profit et de perte, d'intérêts, de tare et de trait, de mesures de toutes sortes, et qui exigent des connaissances universelles.

J'ai pensé que le lac Walden serait un endroit propice aux affaires, non seulement à cause du chemin de fer et du commerce de la glace; car il offre des avantages qu'il ne serait sans doute pas de bonne politique de divulguer; c'est un port agréable et un point de départ judicieux. Nuls marécages à combler comme autour de la Néva, même s'il faut partout bâtir sur des pieux enfoncés par vous-même. On dit qu'une grande marée, accompagnée de vent d'ouest, et la glace de la Néva pourraient rayer Saint-Pétersbourg de la carte du monde.

*

Parce que je devais démarrer cette affaire sans le capital habituel, il n'est peut-être pas facile d'imaginer comment j'espérais obtenir ces moyens, néanmoins indispensables à toute entreprise de ce genre. En ce qui concerne le Vêtement, pour aborder aussitôt l'aspect pratique de la question, sans doute en nous les procurant nous laissons-nous plus souvent guider par l'amour de la nouveauté et notre souci de l'opinion des hommes, que par leur vraie utilité. Que celui qui a un travail à accomplir se rappelle que le but du vêtement est d'abord de conserver la chaleur vitale et, en second lieu, compte tenu de l'état de notre société, de couvrir notre nudité, et il jugera alors combien de travaux nécessaires et importants il pourra accomplir sans augmenter sa garde-robe. Les rois et les reines, qui ne portent leurs vêtements qu'une fois, bien qu'ils soient faits par un tailleur ou une couturière pour leurs majestés, ignorent le plaisir qu'il y a à porter un habit qui vous va. Ces dignitaires ne valent pas mieux que les valets de bois sur lesquels on pose les vêtements propres. Chaque jour, nos vêtements se fondent davantage à nous-mêmes, en acquérant la marque de la personnalité de celui qui les porte, jusqu'à ce que nous hésitions à les mettre de côté, en repoussant le moment de le faire et en les entourant de soins médicaux et d'une solennité d'habitude réservés à notre corps. Personne n'a jamais baissé dans mon estime sous prétexte qu'il avait des vêtements rapiécés ; je suis pourtant certain que la plupart des gens s'inquiètent davantage d'arborer une tenue à la mode, ou du moins propre et sans ravaudages, que d'avoir un esprit sain. Mais même si l'accroc n'est pas recousu, peut-être que le pire vice qui se trahisse ainsi est l'imprévoyance. Je teste parfois les gens que je connais en leur posant la question suivante : qui accepterait d'avoir une pièce au genou, ou seulement deux raccommodages ? La plupart témoignent que dans ce cas ils verraient leur avenir entièrement compromis. Il leur serait plus aisé d'aller en ville en clopinant sur une jambe cassée qu'avec une jambe de pantalon déchirée. Quand un accident arrive aux jambes d'un monsieur, on peut souvent le soigner ; mais qu'un accident similaire arrive aux jambes de son pantalon, alors il n'y a rien à faire ; car il tient compte, non pas de ce qui est vraiment respectable, mais de ce qui est respecté. Nous connaissons peu d'hommes, mais beaucoup d'habits et de pantalons. Habillez un épouvantail avec votre dernière chemise, tenez-vous inerte et sans chemise à côté de lui : qui ne saluerait plutôt l'épouvantail ? L'autre jour, en longeant un champ de maïs, près d'un chapeau et d'un habit sur un bâton, j'ai reconnu le propriétaire de la ferme. Il se ressentait seulement un peu plus des intempéries que lors de notre dernière rencontre. J'ai entendu parler d'un chien qui aboyait après tous les inconnus qui, vêtus, s'approchaient de la propriété de son maître, mais que l'arrivée d'un voleur nu apaisait aussitôt. Il serait intéressant de savoir si les hommes, une fois dépouillés de leurs vêtements, conserve-raient ensuite leur rang et leur statut social. Pourrait-on, dans ce cas, reconnaître à coup sûr un groupe d'hommes civilisés appar-tenant aux cercles les plus respectés ? Quand Madame Pfeiffer, durant ses voyages aventureux autour du monde, d'est en ouest, s'en revint par la Russie d'Asie, elle dit avoir ressenti le besoin de porter d'autres vêtements que sa tenue de voyage pour aller se présenter aux autorités, car elle « était désormais dans un pays civilisé où... l'on juge les gens d'après l'habit ». Même dans nos villes de la Nouvelle-Angleterre démocratique, la possession accidentelle de richesses et sa manifestation par les seuls habits et équipages, accordent à leur propriétaire un respect presque universel. Mais ceux qui prodiguent un tel respect, aussi nombreux soient-ils, ne sont que des païens qui auraient bien besoin qu'on leur dépêche un missionnaire. Par ailleurs, les vêtements ont introduit la couture, genre de travail qu'on peut qualifier d'in-fini ; la toilette d'une femme, en tout cas, n'est jamais terminée.

Un homme qui a enfin trouvé quelque chose à faire n'aura pas besoin de se procurer un nouvel habit afin de vaquer à cette occupation ; pour lui le vieil habit fera l'affaire, qui a passé un temps indéterminé dans la poussière du grenier. De vieilles chaussures serviront à un héros plus longtemps qu'elles n'ont servi à son valet – si un héros a jamais eu un valet –, et les pieds nus étant plus vieux que les chaussures, il se débrouillera avec. Seuls les habitués des soirées et des assemblées législatives doivent avoir des habits neufs, dont ils changent aussi souvent que change l'homme qui les porte. Mais si ma veste et mon pantalon, mon chapeau et mes chaussures me conviennent pour adorer Dieu, alors ils me suffisent, n'est-ce pas ? Qui a jamais vu ses vieux vêtements, son vieux manteau, usé jusqu'à la corde, réduit à ses éléments premiers, de sorte que ce n'était plus un acte charitable de le donner à quelque pauvre garçon, qui lui-même le donnera peut-être à un autre, encore plus pauvre que lui, ou dirons-nous plus riche, capable de se contenter d'encore moins ? Je vous le dis, prenez garde aux entreprises qui exigent des habits neufs, plutôt qu'un homme neuf pour porter ces habits. Quand il n'y a pas d'homme neuf, comment des habits neufs pourraient-ils lui convenir ? Si vous avez la moindre tâche à accomplir, mettez-vous à l'ouvrage avec vos vieux habits. Tous les hommes ont besoin, non pas d'une chose *avec laquelle faire*, mais d'une chose à *faire*, ou plutôt d'*être* quelque chose. Peut-être ne devrions-nous jamais nous procurer un habit neuf, même si l'ancien est tout sale et dépenaillé, avant d'avoir mené à bien ou accompli une tâche, ou navigué de quelque manière, si bien que nous avons l'impression d'être un homme neuf dans de vieux vêtements, et que les conserver reviendrait à garder du vin nouveau dans de vieilles bouteilles[11]. Comme pour les oiseaux, notre saison de la mue doit être une crise dans notre existence. Le huard se retire alors vers des lacs solitaires pour la vivre. De même, le serpent rejette son ancienne peau et la chenille sa chrysalide, par un effort et une expansion internes ; car les vêtements ne sont qu'un mince épiderme et une enveloppe mortelle. Sinon, on découvrira que nous naviguons sous un faux pavillon et notre propre opinion ainsi que celle de l'humanité finiront inévitablement par nous congédier.

Nous endossons vêtement sur vêtement, comme si nous croissions telles les plantes exogènes, par addition externe. Nos habits extérieurs, souvent minces et luxueux, sont notre épiderme ou notre fausse peau, qui ne fait pas partie de notre vie, et qu'on peut ôter à l'occasion sans risquer une blessure mortelle ; nos vêtements plus épais, que nous portons constamment, sont notre tégument cellulaire, notre cortex ; mais nos chemises sont notre liber, notre vraie écorce, qu'on ne peut retirer sans sevrer à mort et ainsi détruire l'homme. Je crois qu'à certaines saisons toutes les races portent quelque chose comme une chemise. Il est souhaitable qu'un homme soit vêtu aussi simplement pour pouvoir poser la main sur son propre corps dans l'obscurité, et qu'il vive à tous points de vue de manière si sobre et prévoyante qu'au cas où un ennemi s'emparerait de la ville, il puisse comme tel philosophe d'autrefois en franchir la porte les mains vides et sans inquiétude. Quand un vêtement épais est en général aussi utile que trois minces, et qu'on trouve des vêtements bon marché à des prix capables de satisfaire tous les acheteurs ; alors qu'un manteau épais ne coûte que cinq dollars, et durera autant d'années, un pantalon épais deux dollars, des souliers en cuir de vache un dollar et demi, un chapeau d'été un quart de dollar, un chapeau d'hiver soixante-deux cents et demi – ou mieux, on peut en faire un chez soi pour un coût insignifiant –, y a-t-il homme si pauvre que, vêtu de la sorte *et sur son propre salaire*, il ne trouve des sages pour lui présenter leur respect ?

Lorsque je demande un vêtement d'une forme particulière, ma couturière me répond d'un air grave « On ne les fait plus ainsi maintenant », sans souligner particulièrement le « on », comme si elle citait une autorité aussi impersonnelle que les Parques, et j'ai bien du mal à obtenir ce que je veux, tout simplement parce qu'elle n'arrive pas à croire que je parle sérieusement et que je sois aussi irréfléchi. Quand j'entends cet oracle, je reste un instant plongé dans mes pensées, en me penchant sur chaque mot afin d'en comprendre bien le sens et de découvrir par quel lien de consanguinité *on* est uni à *moi*, et quelle autorité ce *on* peut bien avoir en une affaire qui ne concerne que moi ; pour finir, j'incline à lui répondre avec un égal mystère et sans insister davantage qu'elle sur le *on* : « C'est vrai, on ne les faisait plus ainsi ces derniers temps, mais maintenant on les fait ainsi. » À quoi bon prendre mes mesures si elle ne mesure pas aussi mon tempérament, mais seulement la largeur de mes épaules, comme si j'étais un portemanteau où suspendre mon habit ? Nous n'adorons ni les Grâces ni les Parques, mais la Mode. Elle file, elle tisse, elle coupe avec une autorité pleine et entière. À Paris, le singe en chef se met une casquette de voyage, et voilà tous les singes d'Amérique qui l'imitent. Je désespère parfois de faire accomplir la moindre chose simple et honnête en ce monde avec des hommes. Il faudrait d'abord les installer sous une puissante presse pour en expulser leurs vieilles idées, si bien qu'ils ne seraient pas remis sur pied de sitôt ; mais on trouverait alors quelqu'un dans la compagnie avec une lubie en tête *, éclose d'un œuf pondu là Dieu sait quand, car même le feu ne parvient pas à tuer ces choses, et ce serait peine perdue. N'oublions pas, malgré tout, que c'est grâce à une momie que nous avons retrouvé un peu de blé égyptien.

Dans l'ensemble, je crois qu'on ne peut pas soutenir que dans ce pays ou n'importe quel autre le vêtement ait acquis la dignité d'un art. De nos jours, les hommes s'arrangent pour porter ce qu'ils peuvent. Tels des marins naufragés, ils mettent ce qu'ils réussissent à trouver sur la plage et à peu de distance, que ce soit dans l'espace ou dans le temps, chacun raillant la mascarade des autres. Chaque génération se moque des modes passées, mais suit religieusement la nouvelle. Nous nous amusons de voir le costume d'Henri VIII ou de la reine Élisabeth, comme s'il s'agissait de ceux du roi et de la reine des Îles Cannibales. Tout costume qui n'est pas sur les épaules d'un homme est pitoyable ou grotesque. Seuls le regard sérieux qui en émane et la sincérité de l'homme qui s'en affuble font pièce au rire et consacrent la dignité d'un costume.

* Le mot anglais désigne à la fois une lubie et une larve.

Qu'Arlequin soit pris de coliques, et sa livrée devra faire l'affaire là aussi. Quand un soldat est touché par un boulet de canon, ses haillons sont aussi seyants que la pourpre.

Le goût puéril et barbare des hommes et des femmes pour les modèles nouveaux pousse une foule de gens à secouer et loucher dans des kaléidoscopes pour y découvrir la silhouette particulière aujourd'hui requise par la génération présente. Les fabricants ont appris que ce goût relève du pur caprice. Entre deux modèles qui diffèrent seulement par quelques fils plus ou moins de la même couleur, l'un se vendra très bien, l'autre restera sur les rayons, même s'il arrive souvent qu'au bout d'une saison ce dernier modèle devienne le plus à la mode. Toutes proportions gardées, le tatouage n'est pas une coutume aussi hideuse qu'on veut bien le dire. Elle n'est pas barbare du seul fait que le dessin va sous la peau et est inaltérable.

Je me refuse à croire que notre système manufacturier soit pour les hommes le meilleur moyen de se procurer des vêtements. La condition de nos ouvriers ressemble chaque jour davantage à celle des ouvriers anglais ; et l'on ne saurait s'en étonner, car, d'après mes informations ou mes observations, le but principal n'est pas que l'humanité soit bien et honnêtement vêtue, mais, sans le moindre doute possible, que les sociétés commerciales s'enrichissent. À la longue, les hommes atteignent seulement ce qu'ils visent. Ainsi, bien qu'ils puissent échouer aussitôt, mieux vaut qu'ils visent haut.

*

Quant à l'Abri, je ne nierai pas qu'il fait aujourd'hui partie du nécessaire de vie, même si nous avons l'exemple d'hommes qui s'en sont passé durant de longues périodes, dans des pays plus froids que celui-ci. Samuel Laing dit que « le Lapon dans sa robe de peau et avec un sac de peau qu'il rabat sur la tête et les épaules, dort nuit après nuit dans la neige, par un froid auquel ne résisterait pas la

vie de quiconque y serait exposé, couvert de vêtements de laine ».
Il les a vus dormir ainsi. Pourtant, il ajoute : « Ils ne sont pas plus
vigoureux que d'autres gens. » Mais, sans doute, l'homme n'a pas
passé beaucoup de temps sur cette Terre sans découvrir l'agrément
procuré par une maison, par le confort domestique, une expression qui à l'origine signifiait les satisfactions obtenues grâce à la
maison plutôt qu'à la famille ; bien que ces agréments soient certainement très relatifs et occasionnels sous les climats où l'idée de la
maison évoque surtout l'hiver et la saison des pluies, car les deux
tiers de l'année elle sert seulement de parasol. Sous notre climat,
en été, c'était autrefois un simple abri nocturne. Dans les journaux
indiens, un wigwam était le symbole d'une journée de marche,
et une rangée de ces dessins découpés ou peints sur l'écorce d'un
arbre signifiait qu'on avait campé autant de jours. L'homme n'a
pas été créé si robuste et doté de membres si conséquents pour
chercher à limiter son univers et se confiner dans un espace adapté
à sa taille. Il a d'abord été nu et au grand air ; même si cet état fut
d'abord plaisant par temps chaud et calme, et de jour, la saison
pluvieuse et l'hiver pour ne rien dire du soleil caniculaire auraient
peut-être écrasé sa race dans l'œuf s'il ne s'était hâté de se vêtir
de l'abri d'une maison. Selon la fable, Adam et Ève arborèrent la
verdure avant tout autre vêtement. L'homme désira un foyer, un
lieu où trouver chaleur ou confort, d'abord la chaleur matérielle,
puis celle des affections.

Nous pouvons imaginer un temps où, au stade infantile de la race
humaine, un mortel aventureux rampa dans une anfractuosité
rocheuse pour s'y réfugier. Chaque enfant recommence le monde,
dans une certaine mesure, et adore vivre dehors, même par temps
humide ou froid. Il joue à la maison, tout comme il joue au cheval,
car l'instinct l'y pousse. Qui ne se rappelle l'intérêt avec lequel,
dans sa jeunesse, il considérait les surplombs rocheux ou l'entrée
d'une caverne ? C'était l'aspiration naturelle de cette partie de
notre lointain ancêtre primitif qui survit toujours en nous. À partir
de la caverne, nous sommes passés au toit en feuilles de palme, en
écorce et branchages, en toile tissée et tendue, en herbe et en paille,

en planches et en bardeaux, en pierres et en tuiles. Pour finir, nous ne savons plus ce qu'est la vie au grand air, et nos vies sont domestiques, en plus de sens que nous le croyons. Il y a loin, de l'âtre au champ. Il serait sans doute bénéfique que nous passions davantage de nos jours et de nos nuits sans aucune obstruction entre nous-mêmes et les corps célestes, que le poète ne parle pas si souvent sous un toit, ou que le saint n'y passe pas autant de temps. Les oiseaux ne chantent pas dans les cavernes, les colombes ne cajolent pas leur innocence dans un colombier.

Malgré tout, si l'on a l'intention de bâtir une maison d'habitation, il sied de montrer un peu de sagacité yankee, pour éviter de se retrouver finalement dans une maison de correction par le travail, un labyrinthe inextricable, un musée, un hospice, une prison ou peut-être un splendide mausolée. Réfléchissez d'abord que seul un abri très léger est absolument nécessaire. J'ai vu dans notre village des Indiens Penobscot vivre sous des tentes en mince coton, alors qu'il y avait autour d'eux presque un pied de neige, et je me suis dit qu'ils auraient été heureux qu'il y en eût davantage pour les protéger du vent. Autrefois, quand la question de gagner ma vie honnêtement tout en gardant assez de liberté pour mes projets personnels me tarabustait bien davantage qu'aujourd'hui, car je me suis hélas endurci, je voyais souvent près des voies de chemin de fer une grande caisse de six pieds par trois, où les cheminots rangeaient leurs outils le soir, et j'ai alors pensé qu'un homme dans le besoin pourrait en acheter une pour un dollar, y percer quelques trous avec une vrille, afin d'y faire au moins entrer l'air, s'y réfugier à la moindre pluie ou, une fois la nuit tombée, en refermer le couvercle et ainsi se sentir libre dans ses amours et l'âme affranchie de tout souci. Cette solution ne m'a pas fait l'effet d'être la pire, ni même une alternative méprisable. Vous pourriez ainsi veiller aussi longtemps que vous l'entendez, et, après votre lever, partir sans qu'aucun propriétaire ou maître des lieux ne vous tanne pour encaisser son loyer. Tant d'hommes sont harcelés à mort pour payer le loyer d'une caisse plus vaste et plus luxueuse, qui dans cette modeste boîte ne mourraient pas de froid. Je ne plaisante nullement. On peut parfois parler d'économie avec légèreté, mais on ne se débarrasse pas de ce sujet aussi facilement. Autrefois, on bâtissait ici des maisons confortables pour une race rude et robuste qui passait le plus clair de son temps au grand air, presque exclusivement avec des matériaux qu'on trouvait dans la nature. Gookin, responsable de la question indienne auprès de la colonie du Massachusetts, écrit en 1674 : « Leurs meilleures maisons sont couvertes avec beaucoup de soin et parfaitement calfeutrées à l'aide d'écorces d'arbre arrachées de leur tronc à la saison où monte la sève, puis façonnées en grandes plaques, sous la pression de lourdes billes de bois, quand elles sont encore vertes... Les maisons plus ordinaires sont recouvertes de nattes fabriquées à partir d'une espèce de roseau, et elles sont tout aussi chaudement calfeutrées, mais moins confortables que les premières... J'en ai vu certaines longues de soixante ou cent pieds, et larges de trente... J'ai souvent logé sous leurs wigwams, et je les ai trouvés aussi chauds que les meilleures maisons anglaises. » Leurs sols et leurs murs, ajoute-t-il, étaient souvent recouverts de nattes brodées bien ouvrées et l'on trouvait à l'intérieur toute une diversité d'ustensiles. Ces Indiens étaient si avancés qu'ils savaient réguler l'effet du vent grâce à une natte suspendue au-dessus du trou du toit et actionnée par une ficelle. Au début, ce genre de cabane se construisait en un ou deux jours tout au plus, puis elle se démontait et se remontait ailleurs en quelques heures ; chaque famille en possédait une ou se logeait avec d'autres dans une telle cabane.

À l'état sauvage, chaque famille possède un abri aussi bon que les meilleurs, qui suffit à ses besoins les plus simples et élémentaires ; mais je crois être fidèle à la vérité lorsque je dis que, même si les oiseaux du ciel ont leur nid, les renards leur terrier[12] et les sauvages leur wigwam, dans la société moderne et civilisée moins de la moitié des familles possèdent un abri. Dans les grandes villes et les cités, ces lieux de prédilection de la civilisation, le nombre de ceux qui ont un abri représente une fraction infime de l'ensemble. Les autres paient une taxe annuelle pour ce vêtement qui englobe tous les autres, devenu indispensable été comme hiver, une taxe qui permettrait d'acheter tout un village de wigwams indiens, mais qui aujourd'hui contribue à les maintenir dans la pauvreté jusqu'à la fin de leurs jours. Je n'ai pas l'intention d'insister ici sur les inconvénients de la location comparée à la propriété, mais il est évident que le sauvage possède son abri parce qu'il coûte trois fois rien, tandis que l'homme civilisé loue d'ordinaire le sien parce qu'il n'a pas les moyens de l'acheter ; pas plus qu'à la longue il n'a les moyens de le louer. Pourtant, me répondra-t-on, en payant simplement cette taxe, l'homme civilisé et pauvre s'assure une demeure qui est un palais, comparée à celle du sauvage. Un loyer annuel de vingt-cinq à cent dollars, selon les tarifs pratiqués dans notre campagne, lui permet de jouir d'avantages séculaires, de pièces spacieuses, peinture et papiers peints propres, poêle Rumford, murs couverts de plâtre, stores vénitiens, pompe en cuivre, serrure à ressort, grande cave et bien d'autres choses encore. Mais comment se fait-il que celui qui est censé jouir de tous ces avantages soit si souvent un homme civilisé et *pauvre*, alors que le sauvage, qui les ignore, est riche pour un sauvage ? Si l'on admet que la civilisation est un vrai progrès pour la condition de l'homme, – et je crois que c'est bel et bien le cas, même si seuls les sages savent tirer parti de leurs avantages –, il reste à prouver qu'elle a produit de meilleures habitations sans les rendre plus coûteuses ; et le prix d'une chose, c'est la quantité de ce que j'appellerai vie qu'on doit donner en échange, sur-le-champ ou plus tard. Une maison ordinaire dans ce voisinage coûte environ huit cents dollars, et un travailleur mettra peut-être dix à quinze ans de sa vie à réunir cette somme, même s'il n'a aucune charge de famille ; – en estimant la valeur pécuniaire d'une journée de travail à un dollar, car si d'autres perçoivent davantage, d'autres reçoivent moins – de sorte qu'il lui faudra d'habitude dépenser plus de la moitié de sa vie avant de pouvoir posséder *son* wigwam. Si à la place nous l'imaginons payer un loyer, le choix est difficile entre ces deux maux. Dans ces conditions, le sauvage aurait-il été sage d'échanger son wigwam pour un palais ?

On devinera sans doute que je réduis presque tout l'avantage qu'il y a à posséder ce bien superflu à un fond de réserve en prévision de l'avenir dudit propriétaire, surtout pour parer aux dépenses de son enterrement. Mais un homme n'est peut-être pas requis de s'ensevelir lui-même. Néanmoins, cela témoigne d'une distinction importante entre l'homme civilisé et le sauvage ; et sans aucun doute, certains ont des vues sur nous pour notre propre bénéfice en faisant de la vie d'un peuple civilisé *une institution*, où la vie de l'individu est pour l'essentiel absorbée, afin de conserver et de perfectionner celle de la race. J'aimerais montrer au prix de quel sacrifice cet avantage est acquis de nos jours, et suggérer que nous pouvons certainement vivre de manière à préserver tout cet avantage sans pâtir d'aucun inconvénient. Que voulez-vous dire en déclarant que les pauvres ont toujours été avec vous ou que, lorsque les pères ont mangé les raisins verts, les dents des fils sont agacées ?

« Tant que je serai vivant, dit le Seigneur, vous n'aurez plus à répéter ce proverbe en Israël.

« Voyez, toutes les âmes m'appartiennent ; comme l'âme du père, l'âme du fils aussi m'appartient : l'âme pécheresse, elle mourra. » [13]

Lorsque j'observe mes voisins, les paysans de Concord, qui sont au moins aussi bien lotis que les membres des autres classes de la société, je constate que la plupart d'entre eux travaillent depuis vingt, trente ou quarante ans pour devenir un jour les vrais propriétaires de leur ferme, dont ils ont en général hérité avec les charges, ou qu'ils ont sinon achetée en empruntant de l'argent, – et nous pouvons estimer que leur maison leur a coûté un tiers de leur labeur –, mais d'habitude ils n'ont pas fini de la payer. De fait, ces charges dépassent parfois la valeur de la ferme, si bien que la ferme elle-même devient une charge écrasante, et l'on trouve malgré tout un homme pour en hériter, parce que, soutient-il, il la connaît bien. En me renseignant auprès des contrôleurs des impôts, je découvre avec surprise qu'ils ne peuvent pas aussitôt me citer une douzaine de concitoyens qui possèdent leur ferme en toute propriété. Si vous désirez connaître l'histoire de toutes ces fermes, renseignez-vous à la banque où elles sont hypothéquées. L'homme qui a réussi à payer sa ferme en y travaillant est si rare que tous ses voisins le montrent volontiers du doigt. Je doute qu'il y en ait trois à Concord. Ce qu'on a dit des marchands, à savoir qu'une immense majorité d'entre eux, et jusqu'à quatre-vingt-dix-sept pour cent, filent droit vers la faillite, est également vrai des paysans. Mais pour ce qui est des marchands, l'un d'eux explique avec pertinence qu'une grande part de leurs faillites ne sont pas des faillites financières, mais une simple incapacité à remplir ses engagements, à cause d'une situation qui les gêne ; dans ce cas, c'est la réputation qui s'écroule. Cette remarque rend la chose pire encore, et elle suggère par ailleurs que pas même les trois rescapés réussissent sans doute à sauver leur âme, mais sont réduits à une banqueroute bien pire que ceux qui font une banqueroute honnête. Banqueroute et reniement sont les tremplins d'où toute notre civilisation ou presque s'élance pour effectuer ses cabrioles, tandis que le sauvage se tient sur la planche inélastique de la famine. Et pourtant, la foire aux bestiaux du comté de Middlesex a lieu chaque année ici avec éclat, comme si tous les rouages de la machine agricole étaient parfaitement huilés.

Le paysan essaie de résoudre le problème de son gagne-pain par une formule plus compliquée que le problème lui-même. Pour s'acheter des lacets de soulier, il hasarde des troupeaux de bêtes[14]. Avec une habileté consommée, il pose un piège qui ne tient qu'à un cheveu pour s'assurer confort et indépendance, puis il fait volte-face et se prend la jambe dedans. Voilà pourquoi il est pauvre ; et pour une raison similaire, nous avons beau vivre dans le luxe, nous sommes tous pauvres eu égard à mille conforts sauvages. Comme le chante Chapman[15] :

> « La trompeuse société des hommes,
> – par amour des biens terrestres,
> Réduit à rien les réconforts célestes. »

Lorsque le paysan possède enfin sa maison, il n'en sera peut-être pas plus riche, mais plus pauvre, et ce sera cette maison qui le possédera. D'après ce que je comprends, l'objection valable énoncée par Momus contre la maison bâtie par Minerve, c'est qu'elle « ne l'avait pas fabriquée mobile, ce qui aurait permis d'éviter un mauvais voisinage » ; sans doute pourrait-on toujours exiger la même chose, car nos maisons sont des biens si peu pratiques que nous y sommes plus souvent emprisonnés qu'abrités ; et les voisins désagréables qu'on aimerait éviter sont nos propres turpitudes. Je connais au moins une ou deux familles de ce village qui, depuis presque une génération, souhaitent vendre leur maison située dans les faubourgs afin de s'installer en ville, mais qui n'ont toujours pas réussi à le faire, si bien que seule la mort les libérera.

D'accord, la *majorité des gens* parviennent finalement soit à posséder soit à louer la maison moderne dotée de toutes ses améliorations. Si la civilisation a amélioré nos maisons, elle n'a pas amélioré en même temps les hommes supposés les habiter. Elle a créé des palais, mais il n'a pas été aussi facile de créer des nobles et des rois. Et puis, *si les buts de l'homme civilisé ne valent pas mieux que ceux du sauvage, s'il passe le plus clair de son temps à acquérir seulement le strict nécessaire et un confort grossier, pourquoi devrait-il avoir une meilleure habitation que le sauvage ?*

Mais comment s'en sort la *minorité* pauvre ? Peut-être découvrira-t-on que, dans la proportion même où certains ont en apparence été placés au-dessus du sauvage, d'autres ont été abaissés en dessous de lui. Le luxe d'une classe sociale est contrebalancé par l'indigence d'une autre. D'un côté on trouve le palais, de l'autre l'asile d'indigents et « les pauvres silencieux [16] ». Les cohortes humaines qui bâtirent les pyramides pour qu'on y ensevelît les pharaons, étaient nourries d'ail et elles-mêmes ne furent sans doute pas décemment ensevelies. Après son travail, le maçon qui achève la corniche du palais retrouve peut-être une hutte moins bonne qu'un wigwam. On aurait tort de croire que, dans un pays où existent les preuves habituelles de la civilisation, les conditions de vie d'un très grand nombre de ses habitants ne puissent pas être aussi affligeantes que celles des sauvages. Je parle ici de la misère des pauvres, et non plus de celle des riches. Pour la constater, inutile de regarder plus loin que les bicoques qui bordent partout nos voies de chemin de fer, cette dernière amélioration de la civilisation ; je vois là, au cours de mes marches quotidiennes, des êtres humains vivant dans des porcheries, et laissant la porte ouverte tout l'hiver pour avoir un peu de lumière, sans le moindre tas de bois visible ni même imaginable, et les vieux comme les jeunes semblent définitivement ratatinés, à cause de la longue habitude qu'ils ont prise de se recroqueviller contre le froid et la misère, si bien que le développement de leurs membres et de leurs facultés s'est arrêté. Il est tout à fait justifié d'examiner cette classe sociale dont le travail est à l'origine des œuvres qui marquent la présente génération. Telle est aussi, à divers degrés, la condition des travailleurs dans tous les secteurs d'activité en Angleterre, un pays qui est le grand hospice du monde. Je pourrais, aussi bien, vous signaler le cas de l'Irlande, qui est marquée sur la carte comme un lieu blanc et très éclairé. Comparez les conditions de vie de l'Irlandais et celles de l'Indien d'Amérique du Nord ou de l'insulaire des Mers du Sud, ou de n'importe quelle race sauvage avant qu'elle n'ait été corrompue par le contact avec l'homme civilisé. Je ne doute pourtant pas que les dirigeants de ce peuple soient aussi sages que la moyenne des dirigeants civilisés. Leurs conditions de vie prouvent seulement que la civilisation tolère volontiers la misère la plus noire. Je n'ai guère besoin désormais d'évoquer les travailleurs de nos États du Sud qui produisent la plupart des articles exportés par ce pays et constituent eux-mêmes l'article essentiel produit dans le Sud[17]. Je me limite donc à ceux dont on dit qu'ils sont *modérément* à l'aise.

La plupart des hommes semblent n'avoir jamais réfléchi à ce qu'est une maison, et ils endurent toute leur vie une pauvreté aussi réelle qu'inutile, car ils sont convaincus qu'ils doivent en avoir une semblable à celle de leurs voisins. Comme si l'on devait porter tous les habits que le tailleur pourrait vous confectionner, ou renoncer peu à peu au chapeau en feuilles de palme ou à la toque en fourrure de marmotte, pour se plaindre que les temps sont durs sous prétexte qu'on ne peut pas s'offrir une couronne ! Il est possible d'inventer une maison encore plus pratique et luxueuse que les nôtres, mais que de l'avis unanime aucun homme ne pourrait s'offrir. Chercherons-nous toujours à obtenir davantage de ces choses, sans jamais nous contenter de moins? Le citoyen respectable enseignera-t-il donc gravement, par le précepte et par l'exemple, la nécessité pour le jeune homme de se procurer avant de mourir une quantité superflue de caoutchoucs à enfiler sur les souliers, de parapluies et de chambres d'amis vides pour des amis tout aussi creux? Pourquoi notre mobilier ne serait-il pas aussi simple que celui de l'Arabe ou de l'Indien? Quand je pense aux bienfaiteurs de notre race que nous avons portés au pinacle comme des messagers du ciel, offrant des dons divins aux hommes, je ne vois en imagination ni cortège sur leurs talons ni charretée de meubles cossus. Et si je devais concéder – ne serait-ce pas une bien singulière concession? – que notre mobilier devrait être plus raffiné que celui de l'Arabe, dans la mesure où nous sommes moralement et intellectuellement supérieurs à lui? Aujourd'hui, nos maisons sont encombrées et souillées de meubles, et une bonne ménagère devrait en balayer l'essentiel, le jeter dans la fosse à ordures, afin d'achever à temps son travail du matin. Le travail du matin! Par les rougeurs d'Aurore et la musique de Memnon, que devrait être *le travail du matin* d'un homme en ce monde? J'avais sur mon bureau trois pierres calcaires, mais j'ai découvert avec terreur qu'il me fallait les épousseter quotidiennement, alors que les meubles de mon esprit étaient encore tout poussiéreux, si bien que dégoûté je les ai jetées par la fenêtre. Comment pourrais-je alors avoir des meubles dans ma maison? Je préfère rester assis dehors, car nulle poussière ne se dépose sur l'herbe, sauf là où l'homme a retourné la terre.

Ce sont les amateurs de luxe et de dissipation qui définissent les modes que le troupeau suit avec zèle. Le voyageur qui fait halte dans les soi-disant meilleures maisons le découvre bientôt, car les patrons d'auberge le prennent pour un Sardanapale, et s'il se résout à subir leurs tendres soins, il sera bientôt entièrement émasculé. Quand nous sommes dans un train, nous avons, me semble-t-il, tendance à dépenser davantage pour voyager dans le

luxe qu'avec commodité et sécurité, et le train menace, sans toutefois y parvenir, de devenir rien de mieux qu'un salon moderne,
équipé de divans, d'ottomanes, de stores et de cent autres objets
orientaux que nous emportons vers l'ouest avec nous, inventés
pour les dames du harem et les autochtones efféminés de l'Empire
Céleste, dont l'Américain moyen devrait avoir honte de connaître
le nom. Je préfère être assis sur une citrouille et l'avoir toute à
moi, plutôt qu'au milieu d'une foule sur un coussin de velours. Je
préfère parcourir la terre à ma guise dans un char à bœufs, plutôt
qu'aller faire une excursion au ciel[18] dans un luxueux wagon et
tout du long respirer une *malaria*.

La simplicité et la nudité mêmes de la vie de l'homme aux temps
primitifs avaient du moins cet avantage qu'il ne cessait de séjourner
dans la nature. Dès qu'il était rassasié et reposé, il songeait de
nouveau à son voyage. Il habitait, pour ainsi dire, une tente en
ce monde, et il cheminait dans les vallées, traversait les plaines
ou gravissait les montagnes. Mais voici que les hommes devin-
rent les outils de leurs outils ! L'homme qui cueillait à sa guise les
fruits quand il avait faim devint fermier ; et celui qui s'abritait
sous un arbre, maître de maison. Nous ne campons plus la nuit,
nous nous sommes installés sur terre et avons oublié le ciel. Nous
avons adopté le christianisme seulement comme une méthode
d'*agri*-culture améliorée. Nous avons construit en ce monde une
demeure familiale, et pour le suivant un caveau de famille. Les
meilleures œuvres d'art sont l'expression de la lutte de l'homme
pour s'affranchir de cette condition, mais tout l'effet de notre art
consiste simplement à rendre confortable cette condition dégradée
et à faire oublier la condition élevée. Il n'y a réellement nulle place
en ce village pour une œuvre des *beaux*-arts, au cas où l'une d'elles
nous serait échue, car nos vies, nos maisons et nos rues n'offrent
aucun piédestal adéquat où l'installer. Il n'y a ni clou pour y accrocher un tableau, ni étagère où poser le buste d'un héros ou d'un
saint. Quand je considère la manière dont nos maisons sont bâties
et payées, ou non payées, dont leur économie domestique est organisée dans la durée, je m'étonne que le plancher ne cède pas sous

les pieds du visiteur tandis qu'il admire les bibelots sur le manteau de la cheminée, pour le précipiter dans la cave, jusqu'aux solides et honnêtes fondations de terre. Je ne peux m'empêcher de sentir que cette vie soi-disant riche et raffinée est ardemment désirée par beaucoup d'hommes, et je ne partage pas leur engouement pour les *beaux-arts* qui la décorent, car toute mon attention se concentre sur les bonds qu'ils font pour s'en emparer ; je me souviens en effet que le plus grand saut véritable, dû aux seuls muscles humains, est celui de certains nomades arabes, qui auraient sauté jusqu'à vingt-cinq pieds en terrain plat. En l'absence de tout support artificiel, l'homme qui vient de parcourir cette distance est certain de retomber sur terre. La première question que je suis tenté de poser au propriétaire d'une telle impropriété est : qui vous soutient ? Faites-vous partie des quatre-vingt-dix-sept qui échouent, ou des trois qui réussissent ? Répondez à mes questions, après quoi je pourrais peut-être regarder vos babioles et les trouver décoratives. Mettre la charrue avant les bœufs, ce n'est ni beau ni utile. Avant de décorer nos maisons avec de beaux objets, il faut mettre les murs à nu, tout comme nos vies doivent être mises à nu, pour poser les fondations d'une belle économie domestique et d'un beau mode de vie : mais le goût du beau se cultive surtout en plein air, là où il n'y a ni maison ni maître de maison.

Le vieux Johnson, dans ses « Miracles de la Providence », évoque les premiers colons de ce village, dont il était le contemporain, et nous dit qu'« ils s'enfouissent dans le sol pour s'abriter à flanc de colline et, rejetant la terre au-dessus d'eux sur les poutres, ils font un feu plein de fumée contre cette terre, au point le plus élevé ». Ils ne se « dotent pas de maison, poursuit-il, avant que la terre, grâce à la bénédiction divine, n'ait produit le pain pour les nourrir », et la première année la récolte fut si mauvaise que « longtemps ils durent se couper des tranches de pain très minces ». Le secrétaire de la province de Nouvelle-Hollande, écrivant en hollandais en 1650 pour instruire ceux qui souhaitaient s'installer sur ces terres, insiste sur le fait que « les habitants de Nouvelle-Hollande, et surtout ceux de Nouvelle-Angleterre, qui n'ont pas d'abord les moyens de bâtir des fermes à leur goût, creusent une fosse carrée dans le sol, à la manière d'une cave, profonde de six ou sept pieds, de la largeur et de la longueur qu'ils désirent, tapissent tous les murs avec du bois, puis doublent ce bois avec de l'écorce ou quelque matériau similaire afin d'éviter que la terre ne s'écroule vers l'intérieur ; sur le sol de cette cave ils installent des planches, et des panneaux de bois au-dessus de leur tête en guise de plafond, ils dressent un toit de longerons au-dessus de l'ensemble, puis recouvrent ces longerons avec de l'écorce ou des mottes d'herbe, afin de pouvoir vivre au sec et au chaud dans cette maison avec toute leur famille durant deux, trois, voire quatre années, étant entendu que des cloisons divisent ces caves dont la taille est adaptée à celle de la famille. Au début de la colonisation, les hommes riches et importants de Nouvelle-Angleterre construisirent ainsi leurs premières habitations, et ce pour deux raisons : d'abord afin de ne pas perdre de temps à bâtir, et pour ne pas manquer de nourriture durant la saison suivante ; ensuite, pour ne pas décourager les pauvres travailleurs qu'ils firent venir en masse de leur patrie. Au cours des trois ou quatre années suivantes, quand l'agriculture se développa, ils se bâtirent de belles maisons, qui leur coûtèrent plusieurs milliers de dollars. »

Ces décisions prises par nos ancêtres témoignent au moins de leur prudence, comme s'ils avaient voulu avant tout parer aux besoins les plus pressants. Mais ces besoins très pressants sont-ils aujourd'hui satisfaits ? Quand j'envisage d'acquérir pour moi-même l'une de nos luxueuses demeures, j'en suis aussitôt dissuadé, car, si je puis dire, le pays n'est pas encore adapté à la culture *humaine* et nous sommes toujours contraints de nous couper des tranches de pain *spirituel* beaucoup plus minces que celles de nos aïeux dans leur pain de froment. Non qu'il faille négliger tous les ornements architecturaux même dans les périodes les plus rudes ; néanmoins, que nos maisons soient d'abord tapissées de beauté, là où elles entrent en contact avec nos vies, comme le logement du crustacé, et qu'elles n'en soient pas surchargées. Mais, hélas, pour être déjà entré dans une ou deux de ces maisons, je sais de quoi elles sont tapissées!

Même si nous ne sommes pas dégénérés au point d'être aujourd'hui incapables de vivre dans une caverne ou un wigwam, ou de nous vêtir de peaux de bêtes, il vaut certainement mieux accepter les avantages, aussi chèrement payés soient-ils, proposés par l'invention et l'industrie des hommes. Dans un voisinage du village tel que celui-ci, planches et bardeaux, chaux et briques, sont moins chers et plus faciles à obtenir que des cavernes adéquates, des troncs entiers, de l'écorce en quantité suffisante, ou même de l'argile de bonne qualité ou des pierres plates. Je parle en connaissance de cause, car je me suis confronté à ces questions tant de manière théorique que pratique. Un peu plus d'astuce nous permettrait d'utiliser ces matériaux pour devenir plus riches que les plus riches ne le sont aujourd'hui, et faire de notre civilisation une bénédiction. L'homme civilisé est un sauvage plus expérimenté et plus sage. Mais revenons maintenant à ma propre expérience.

Vers la fin mars 1845, j'empruntai une hache et partis dans les bois près du lac Walden, tout près de l'endroit où je comptais construire ma maison, puis j'abattis quelques grands pins blancs encore jeunes et à la cime effilée, pour me procurer du bois de charpente. Il est difficile d'entamer une entreprise quelconque sans emprunter, mais c'est peut-être faire preuve d'une grande générosité que de permettre à ses semblables de s'intéresser à ses projets. Le propriétaire de la hache, au moment de s'en dessaisir, me dit qu'il y tenait comme à la prunelle de ses yeux, mais je la lui rendis mieux aiguisée que je l'avais reçue. Le versant de colline où je travaillais était agréable, couvert de bois de pins à travers lesquels j'avais vue sur le lac, avec une petite clairière parmi les arbres, où poussaient en abondance les pins et les hickories. La glace du lac, qui n'était pas encore fondue même si elle avait disparu par endroits, était sombre et saturée d'eau. Les jours que je passai à travailler là, il y eut quelques giboulées de neige; mais la plupart du temps, quand je rejoignais la voie de chemin de fer pour rentrer chez moi, son long talus de sable jaune brillait dans la brume, les rails scintillaient au soleil printanier, et j'entendais l'alouette, le pioui de l'Est et d'autres oiseaux qui arrivaient déjà pour entamer une nouvelle année parmi nous. C'étaient d'agréables journées de printemps, où l'hiver de la maussaderie humaine fondait en même temps que la terre, et la vie jusque-là demeurée dans un état de torpeur reprenait son allant. Un jour où mon fer de hache s'était détaché et où j'avais taillé un coin dans une branche verte de hickory, avant de l'enfoncer avec une pierre et de mettre le tout à tremper dans un trou du lac pour faire gonfler le bois, je vis un serpent rayé se glisser dans l'eau et rester au fond, apparemment sans en souffrir, aussi longtemps que je demeurai là, soit plus d'un quart d'heure, peut-être parce qu'il n'était pas tout à fait sorti de sa léthargie. Il m'apparut alors que pour une raison similaire les hommes conservent leur condition présente de primitive bassesse ; mais s'ils sentaient les éveiller l'influence du printemps des printemps, ils s'élèveraient forcément vers une vie plus haute et plus spirituelle. Par les gelées matinales, j'avais déjà vu sur mon chemin des serpents dont certaines parties du corps étaient toujours engourdies et raides de froid, et qui attendaient que le soleil les dégèle. Le premier avril, la pluie tomba et fit fondre la glace, et dans la partie initiale de cette journée très brumeuse j'entendis une oie égarée chercher à s'orienter au-dessus du lac et cacarder comme si elle était perdue, ou tel l'esprit du brouillard.

Ainsi continuai-je durant quelques jours à couper et à tailler mon bois de charpente, sans oublier des montants et des poutres, tout cela avec ma hache étroite, sans avoir beaucoup de pensées savantes ou communicables, et en chantant pour moi-même,

L'homme prétend savoir maintes choses,
Mais voilà qu'elles se sont envolées,
Les arts et les sciences,
Et mille applications ;
Le vent qui souffle,
Voilà tout ce que nous savons[19].

Je taillai les plus grosses pièces de bois pour qu'elles fassent six pouces carrés, la plupart des montants sur deux côtés seulement, les poutres et les planches du sol d'un seul côté, laissant le reste de l'écorce sur le bois, si bien qu'il était aussi droit et bien plus solide que si je l'avais scié. Chaque pièce de bois fut assemblée avec soin, à tenons et mortaises par le bout, car à cette époque j'avais emprunté d'autres outils. Les journées que je passais en forêt n'étaient guère longues ; néanmoins, j'emportais d'habitude mon déjeuner de pain beurré et je lisais le journal dans lequel il était enveloppé, à midi, assis au milieu des branches vertes de pin que j'avais coupées, et un peu de leur parfum imprégnait mon pain, car j'avais les mains couvertes d'une épaisse couche de résine. Avant d'en avoir fini, je devins davantage l'ami que l'ennemi des pins, bien qu'en ayant abattu quelques-uns, car j'avais appris à les connaître. Parfois un promeneur était attiré par le bruit de ma hache et nous bavardions plaisamment parmi les copeaux que j'avais faits.

À la mi-avril, car loin de me hâter dans mon travail je prenais plutôt mon temps, j'avais achevé la charpente de ma maison, qui était prête à bâtir. J'avais déjà acheté la bicoque de James Collins, un Irlandais qui travaillait sur la voie ferrée de Fitchburg, afin d'en récupérer les planches. Cette cabane passait pour exceptionnelle-ment belle. Lorsque j'allai l'examiner, il n'était pas chez lui. J'en fis le tour, sans me faire voir de l'intérieur, tant la fenêtre était haute et en retrait. Cette petite cabane était dotée d'un toit en pente comme une chaumière et de pas grand-chose d'autre de remarquable, la terre s'élevant tout autour à une hauteur de cinq pieds, comme s'il s'agissait d'un tas de compost. Le toit, bien qu'affaissé et rendu fragile par le soleil, en était la partie la plus saine. De seuil, aucun, mais un passage pérenne pour les poules sous les planches de la porte. Mrs. Collins sortit afin de me proposer de visiter l'inté-rieur. À mon approche, les poules détalèrent au-dedans. La cabane était sombre et dotée d'un sol en terre presque partout, humide, mal aérée, malsaine, une planche par-ci par-là ne valant pas la peine d'être ôtée. Mrs. C. alluma une lampe pour me montrer la face intérieure du toit et les murs, en me faisant remarquer que le parquet allait jusque sous le lit, avant de me déconseiller de m'aventurer dans la cave, une sorte de trou à ordures profond de deux pieds. Selon ses propres paroles, c'étaient « de bonnes planches en haut, de bonnes planches tout autour, et une bonne fenêtre », équipée à l'origine de deux carreaux, mais le chat venait d'en casser un pour sortir. Il y avait un poêle, un lit, un endroit où s'asseoir, un bébé qui était né là, un parasol en soie, un miroir au cadre doré, et un moulin à café dernier cri cloué à un support en chêne, point final. Le marché fut bientôt conclu, car entre-temps James était revenu. Je devais payer quatre dollars et vingt-cinq cents le soir même, il devait évacuer les lieux à cinq heures le lendemain matin et ne vendre son bien à personne d'autre ; je devais en prendre possession à six heures. Il vaudrait mieux, dit-il, être là de bonne heure, afin de prévenir certaines réclamations vagues mais entièrement dépourvues de fondement, relatives au loyer des terres et au combustible. C'étaient là, m'assura-t-il, les seules servitudes. À six heures, je les croisai, lui et sa famille, sur la route. Un seul gros baluchon contenait tous leurs biens, – le lit, le moulin à café, le miroir, les poules –, tous sauf le chat, qui s'était sauvé dans les bois pour devenir un chat sauvage, et, ainsi que je l'appris ensuite, tomber dans un piège destiné aux marmottes et finir ainsi en chat mort.

Je démolis cette habitation le matin même, arrachant les clous, et la transportai près du lac par petits chargements de carriole pour étendre les planches dans l'herbe afin que le soleil les blanchît et les redressât. Une grive matinale me fit don d'une note ou deux tandis que je menais ma carriole sur le chemin à travers bois. Je fus informé discrètement par un certain jeune Patrick que le voisin Seeley, un Irlandais, profitait de mes allers et retours pour empocher les clous, les crampons et les pointes encore assez droits et bons pour être réutilisés ; à mon arrivée, il se redressait pour me souhaiter le bonjour d'un ton guilleret, indifférent, l'esprit débordant de pensées printanières face à la destruction ; car, me dit-il, il n'y avait pas beaucoup de travail. Il était là pour incarner le Public et contribuer à faire de cet événement en apparence insignifiant l'égal de l'enlèvement des dieux de Troie.

Je creusai ma cave sur le versant sud d'une colline, là où une marmotte avait jadis creusé son terrier, parmi les racines de sumac et de ronces, plus profond qu'aucune plante, six pieds carrés sur sept de profondeur, jusqu'à un sable fin où les pommes de terre ne gèleraient jamais en hiver. Je laissai tels quels les flancs en gradins, sans les empierrer; mais, le soleil ne les ayant jamais touchés, le sable resta en place. Ce travail ne me prit que deux heures. Cette excavation me donna grand plaisir, car sous presque toutes les latitudes les hommes creusent la terre pour trouver une température stable. Sous la plus splendide maison de notre ville, on découvre encore le genre de cave où sont conservés les tubercules comme autrefois, et longtemps après que l'édifice a disparu la postérité remarque la dépression qu'elle fait dans le sol. Une maison n'est jamais qu'une sorte de vestibule à l'entrée d'un terrier.

Enfin, début mai, avec l'aide de quelques-unes de mes connaissances, et plutôt pour profiter de cette aubaine afin de resserrer mes liens de bon voisinage, que par nécessité, je dressai la charpente de ma maison. Nul ne fut jamais plus honoré que moi par la présence de ses collaborateurs. Ils sont voués, je n'en doute pas, à élever un jour la charpente de bâtiments plus nobles. Je m'installai dans ma maison le 4 juillet, dès qu'elle eut un toit et des murs couverts de planches, car ces planches soigneusement biseautées se recouvraient, si bien que l'ensemble était tout à fait imperméable à la pluie; avant de poser les planches, je creusai les fondations d'une cheminée à une extrémité, apportant du lac et dans mes bras deux charretées de pierres que je hissai sur le versant de la colline. Je construisis la cheminée à l'automne, après avoir sarclé et avant qu'un bon feu ne devînt nécessaire pour me chauffer; entre-temps je cuisinai en plein air, à même le sol, le matin de bonne heure : je pense toujours qu'à certains égards c'est là une façon de faire plus pratique et plus agréable que la méthode ordinaire. Lorsqu'il y avait de l'orage avant que mon pain ne fût cuit, je disposais quelques planches au-dessus du feu et, assis sous leur abri, je surveillais ma miche en passant de la sorte quelques heures plaisantes. À cette époque, où je travaillais beaucoup de mes mains, je lisais peu, mais les moindres bouts de papier que je trouvais par terre, autour de mon pique-nique ou sur ma nappe me procuraient autant de distraction, et remplissaient en fait le même but, que l'*Iliade*.

*

Il vaudrait la peine de bâtir avec davantage de réflexion que je ne l'ai fait, en se demandant par exemple quels liens le seuil d'une porte, une fenêtre, une cave, un grenier entretiennent avec la nature de l'homme, et peut-être sans jamais élever la moindre superstructure avant d'avoir découvert une meilleure raison de le faire que nos besoins immédiats. Il existe une adaptation similaire chez l'homme qui construit sa maison et chez l'oiseau qui bâtit son nid. Qui sait ? Si les hommes construisaient leurs habitations de leurs propres mains et trouvaient de quoi se nourrir, ainsi que leur famille, avec assez de simplicité et d'honnêteté, les facultés poétiques se développeraient universellement, de même que dans tout l'univers les oiseaux chantent lorsqu'ils se livrent à ce genre d'activité. Mais hélas ! Nous nous comportons comme le coucou et le vacher à tête brune, qui pondent leurs œufs dans des nids bâtis par d'autres volatiles et n'égayent jamais le voyageur avec leurs criaillements disharmonieux. Déléguerons-nous toujours au charpentier le plaisir de la construction ? À quoi se réduit l'architecture dans l'expérience de la plupart des hommes ? Au cours de toutes mes promenades je n'ai jamais rencontré un homme occupé à une tâche aussi simple et naturelle que la construction de sa propre maison. Nous appartenons à une communauté. Ce n'est pas seulement le tailleur qui, selon le proverbe, est la neuvième partie de l'homme[20], c'est aussi bien le prédicateur, le commerçant et le fermier. Jusqu'où ira cette division du travail ? Et quel but sert-elle en définitive ? Sans doute qu'un autre *pourrait* aussi penser à ma place; mais il n'est guère désirable qu'il le fasse et m'exclue ainsi de mes propres pensées.

Il existe certes dans ce pays des gens qu'on appelle architectes et j'ai entendu dire que l'un d'eux au moins était obsédé par l'idée de créer des ornements architecturaux contenant une vérité, une nécessité et donc une beauté, comme si cette idée lui avait été révélée. Tout cela est sans doute très bien de son point de vue, mais c'est à peine mieux que le dilettantisme ordinaire. Ce réformateur sentimental de l'architecture commença par la corniche, et non par les fondations. Il s'agissait seulement pour lui de mettre un fond de vérité dans les ornements, de s'arranger pour que chaque dragée contienne une amande ou une graine de carvi, – alors que, selon moi, les amandes sont bien plus saines sans le sucre –, et non de faire en sorte que les habitants, les usagers de la maison, puissent bâtir vraiment à l'extérieur comme à l'intérieur, et laissent les ornements se débrouiller tout seuls. Quel homme raisonnable a jamais cru que les ornements étaient seulement une chose extérieure, une simple peau, – que la tortue a acquis sa carapace tachetée, ou le crustacé ses teintes nacrées par le même genre de contrat qui a permis aux habitants de Broadway d'avoir leur Trinity Church? Mais un homme n'a pas davantage à se préoccuper du style architectural de sa maison qu'une tortue de celui de sa carapace; le soldat non plus n'a pas besoin de perdre son temps à essayer de peindre la *couleur* précise de ses mérites sur son étendard. L'ennemi saura bien les découvrir tout seul. Peut-être pâlira-t-il quand ils seront mis à l'épreuve. Cet homme me fait l'effet de se pencher par-dessus la corniche et de murmurer timidement ses demi-vérités aux rustres occupants qui en savent bien plus long que lui. Ce que je vois à présent de beauté architecturale, s'est peu à peu développé du dedans vers le dehors en émanant des besoins et du tempérament de l'habitant, qui est le seul constructeur – par une sincérité inconsciente, une noblesse, sans la moindre considération de l'apparence; et toutes les beautés supplémentaires à venir seront précédées d'une semblable beauté inconsciente venue de la vie. Ainsi que les peintres le savent bien, les habitations les plus intéressantes de ce pays sont les plus modestes et humbles chaumières et cabanes en rondins abritant les pauvres gens ; c'est la vie de ces habitants, dont ces maisons sont les coquilles, et pas seulement une particularité de leur surface, qui les rend *pittoresques* ; et tout aussi intéressant sera l'abri du citoyen des faubourgs, lorsque sa vie deviendra aussi simple et agréable à l'imagination, et que le style de son logement trahira aussi peu d'efforts pour paraître. Une bonne part des ornements architecturaux sont littéralement creux, et une bonne tempête de septembre les emporterait, tel un plumage d'emprunt, sans causer le moindre tort à l'essentiel. Ceux qui n'ont ni olives ni vin à la cave [21] peuvent se passer de *l'architecture*. Et si l'on faisait aussi grand cas des ornements stylistiques en littérature, si les architectes de nos bibles passaient autant de temps sur leurs corniches que les architectes de nos églises ? Ainsi apparaissent les *belles-lettres* et les *beaux-arts* avec leurs professeurs. Un homme se soucie-t-il beaucoup de savoir comment quelques bâtons sont inclinés au-dessus de lui ou en dessous, et quelles couleurs sont barbouillées sur sa boîte ? Cela aurait peut-être quelque sens si c'était *lui* qui avec un intérêt sincère les inclinait et les barbouillait ; mais l'âme s'étant retirée de l'occupant, c'est comme s'il construisait son propre cercueil – l'architecture du tombeau –, et « charpentier » n'est qu'un synonyme de « fabricant de cercueils ». Un homme poussé par le désespoir ou par l'indifférence envers la vie déclare : prenez donc une poignée de terre à vos pieds et badigeonnez-en votre maison ! Pense-t-il à sa dernière et étroite demeure ? Autant la jouer à pile ou face. De quelle abondance de loisirs doit-il jouir ! Pourquoi ramasser une poignée de terre ? Mieux vaut peindre votre maison de la couleur de votre visage : qu'elle pâlisse ou rougisse à votre place ! Entreprendre d'améliorer le style architectural des chaumières ! Quand vous m'aurez préparé mes ornements, je les porterai.

Avant l'hiver, je bâtis une cheminée et couvris de bardeaux les flancs de ma maison, qui étaient déjà imperméables à la pluie ; mes bardeaux, imparfaits et gorgés de sève, venaient de la première planche de la bille de bois, dont je dus redresser les bords au rabot.

J'ai donc une maison couverte de bardeaux étanches et enduite de plâtre, longue de quinze pieds et large de dix, dotée de poteaux de huit pieds et comprenant un grenier et un placard, une grande fenêtre de chaque côté, deux trappes, une porte à un bout et une cheminée en briques à l'autre. Le coût exact de ma maison, en payant le prix habituel pour les matériaux que j'ai utilisés, mais sans compter le travail, que j'ai entièrement assumé seul, est le suivant; si je fournis ces détails, c'est que très peu de gens sont capables de dire exactement combien a coûté leur maison, et encore moins, voire aucun, d'indiquer le prix des divers matériaux qui la composent :

Planches (*pour la plupart récupérées sur la cabane*)	$8.03¹ᐟ²
Vieux bardeaux pour le toit et les côtés	4.00
Lattes	1.25
Deux fenêtres d'occasion avec leurs vitres	2.43
Mille vieilles briques	4.00
Deux barils de chaux (*c'était cher*)	2.40
Crin (*plus que nécessaire*)	0.31
Fer pour le manteau de la cheminée	0.15
Clous	3.90
Gonds et vis	0.14
Loquet	0.10
Craie	0.01
Transport (*j'ai presque tout transporté sur mon dos*)	1.40
Total	$28.12¹ᐟ²

C'est tout pour les matériaux, en dehors du bois de charpente, des pierres et du sable, dont je me suis servi selon le droit de l'occupant[22]. J'ai aussi un petit appentis où ranger mon bois, construit pour l'essentiel à partir de ce qu'il me restait quand la maison fut terminée.

J'ai l'intention de me bâtir une maison plus magnifique et luxueuse que toutes celles de la grande rue de Concord dès qu'elle me plaira autant que ma maison actuelle, et qui ne me coûtera pas plus cher.

J'ai ainsi appris que l'étudiant désireux d'un abri peut s'en procurer un pour la vie, à un prix inférieur à son loyer annuel. Si je parais me vanter davantage qu'il ne convient, j'ai pour excuse que je me vante au nom de l'humanité plutôt qu'en mon nom propre ; et puis mes manquements et mes inconséquences ne modifient en rien la vérité de mes dires. Malgré beaucoup de phrases mielleuses et d'hypocrisie, – brins de paille que je trouve difficile à séparer de mon grain, mais que je regrette comme le premier venu –, j'ai l'intention de respirer librement et de m'étendre sur ce sujet, car c'est pour moi un grand soulagement, tant au moral qu'au physique ; et je suis bien décidé à ne pas me faire, par humilité, l'avocat du diable. Je vais tâcher de dire un mot en faveur de la vérité. À l'Université de Cambridge, le simple loyer annuel d'une chambre d'étudiant, qui est seulement un peu plus vaste que la mienne, s'élève à trente dollars, bien que l'administration ait eu l'avantage d'en construire trente-deux côte à côte et sous le même toit, et que leurs occupants souffrent de l'inconvénient d'un voisinage nombreux et bruyant, et parfois de celui de loger au troisième étage. Je ne peux m'empêcher de penser que, si nous avions davantage d'authentique sagesse à cet égard, non seulement nous aurions besoin de moins d'éducation, car nous en aurions évidemment acquis davantage, mais les dépenses liées à cette éducation seraient grandement diminuées. Ces commodités exigées par l'étudiant à Cambridge[23] ou ailleurs lui coûtent, à lui ou à autrui, dix fois plus cher que si les choses étaient mieux organisées d'un côté comme de l'autre. Ce qui exige le plus d'argent n'est jamais ce dont l'étudiant a le plus besoin. Les frais d'instruction, par exemple, constituent une dépense importante sur la facture du trimestre, alors que, pour le bénéfice beaucoup plus grand qu'il tire de la fréquentation de ses contemporains les plus cultivés, on n'exige de lui aucun argent. Pour fonder une université, il faut d'habitude ouvrir une souscription en dollars et en cents, puis suivre aveuglément les principes de la division du travail jusqu'à ses conséquences extrêmes, un principe qu'il ne faudrait adopter qu'avec la plus grande circonspection –, contacter un entrepreneur qui fait de ce projet une affaire de spéculation, qui emploie des Irlandais ou d'autres ouvriers pour poser les fondations du bâtiment, tandis que les futurs étudiants sont supposés s'y préparer ; et toutes les générations successives doivent payer ces erreurs. Je crois qu'il *vaudrait mieux*, pour les étudiants et pour ceux qui souhaitent bénéficier de cette éducation, poser eux-mêmes ces fondations. L'étudiant qui s'assure ses loisirs et son isolement tant désirés en évitant systématiquement tout travail nécessaire à l'homme n'obtient qu'un loisir ignoble et sans profit, en se soustrayant à la seule expérience susceptible de rendre son loisir fructueux. « Mais, m'objectera-t-on, vous ne pensez tout de même pas que les étudiants devraient travailler avec leurs mains plutôt qu'avec leur tête ? » Ce n'est pas tout à fait ce que je veux dire, mais je veux dire une chose que mon contradicteur pense sans doute ; je veux dire que les étudiants ne devraient pas *jouer* à la vie, ni se contenter de l'*étudier*, alors que toute la communauté les entretient à ce jeu de luxe, mais la *vivre* réellement, du début jusqu'à la fin. Comment des jeunes pourraient-ils mieux apprendre à vivre, sinon en se lançant d'emblée dans l'expérience de la vie ? Je crois que cela exercerait leur esprit autant que les mathématiques. Si, par exemple, je souhaitais qu'un garçon apprenne quelque chose des arts et des sciences, je ne me fierais pas au cursus habituel, qui consiste simplement à l'envoyer auprès de quelque professeur, où tout est professé et pratiqué, sauf l'art de vivre : observer le monde à travers un télescope ou un microscope, et jamais avec ses propres yeux ; étudier la chimie ou la mécanique, sans apprendre comment on fait le pain, ni comment on le gagne ; découvrir de nouveaux satellites de Neptune, et ne pas être capable de voir la paille dans son œil, ni de quel vagabond il est lui-même le satellite ; ou encore être dévoré par les monstres qui grouillent autour de lui, tandis qu'il étudie ceux qui infestent une goutte de vinaigre. Lequel des deux aurait le plus avancé à la fin du mois, le garçon qui a fabriqué son propre couteau de poche avec le minerai qu'il a extrait et fondu, en lisant tout ce qui est nécessaire à ces processus, ou bien le garçon qui a suivi les conférences sur la métallurgie à l'Institut, puis a reçu de son père un canif Rodgers ? Lequel a le plus de chance de se couper les doigts ?... À ma grande surprise, j'ai appris à la sortie de l'université que j'avais étudié la navigation! Mais enfin, si j'avais seulement fait un tour dans le port, j'en aurais appris davantage. Même l'étudiant *pauvre* étudie, mais on l'initie uniquement à l'économie *politique*, alors que cette économie de la vie qui est synonyme de philosophie n'est même pas sincèrement enseignée dans nos universités. En conséquence, s'il lit Adam Smith, David Ricardo et Jean-Baptiste Say, il endette son père de manière irrémédiable.

Il en va de cent « progrès modernes » comme de nos universités ; mais c'est de la poudre aux yeux, et il n'y a pas toujours d'avancée significative. Le diable continue jusqu'au bout d'exiger ses intérêts composés pour sa mise de fonds initiale et les innombrables investissements successifs qu'il a faits dans ces institutions. Nos inventions sont souvent de jolis jouets, qui nous distraient des choses sérieuses. Ce ne sont que des moyens améliorés pour une fin non améliorée qu'il était déjà beaucoup trop facile d'atteindre ; ainsi, les chemins de fer qui relient Boston à New York. Nous sommes très pressés de construire un télégraphe magnétique[24] entre le Maine et le Texas ; mais peut-être que le Maine et le Texas n'ont rien d'important à se dire. L'un et l'autre État se trouvent dans la situation pénible de l'homme qui désirait être présenté à une femme distinguée mais sourde, et lorsqu'il fut présenté et qu'on mit dans sa main une extrémité du cornet acoustique de la dame, il n'eut rien à lui dire. Comme si l'objectif essentiel était de parler vite, et non de parler raisonnablement. Nous mourons d'envie de creuser un tunnel sous l'océan Atlantique pour réduire de quelques semaines la distance qui sépare l'ancien monde du nouveau ; mais la première nouvelle qui pénétrera dans la vaste oreille flasque de l'Amérique sera peut-être que la princesse Adélaïde a la coqueluche. Après tout, l'homme dont le cheval parcourt un mile en une minute ne porte pas le plus important des messages ; ce n'est pas un évangéliste et il n'arrive pas en mangeant des sauterelles et du miel sauvage. Je doute que Flying Childers[25] ait jamais transporté un picotin de maïs au moulin.

On me dit : « Je m'étonne que vous ne fassiez pas d'économies ; vous aimez voyager ; vous pourriez prendre le train de Fitchburg dès aujourd'hui et voir du pays. » Je suis trop sage pour tenter cette aventure. J'ai appris que le voyageur le plus rapide est celui qui va à pied. Je réponds donc à mon ami : « Voyons donc qui arrivera là-bas le premier. La distance à parcourir est de trente miles ; le prix du billet, quatre-vingt-dix cents. Soit presque le salaire d'une journée de travail. Je me rappelle l'époque où les ouvriers travaillant sur cette même voie gagnaient soixante cents par jour. Bon, je pars à pied dès maintenant et serai arrivé avant la nuit ; j'ai déjà marché à ce rythme toute une semaine. Pendant ce temps-là, vous aurez gagné de quoi vous payer ce billet et vous arriverez là-bas demain, ou peut-être ce soir, si vous avez la chance de trouver tout de suite du travail. Au lieu d'aller à Fitchburg, vous travaillerez ici presque toute la journée. Ainsi, lorsque les chemins de fer feront le tour du monde, je crois bien que je resterais toujours devant vous ; et quant à voir du pays et à goûter à ce genre d'expérience, il me faudrait renoncer à en partager la moindre avec vous. »

Telle est la loi universelle, à laquelle nul homme ne peut se soustraire, et même pour ce qui est du chemin de fer on peut dire qu'il ne fait pas exception à la règle. Construire un chemin de fer autour de la planète, et qui soit disponible à l'humanité tout entière, reviendrait à aplanir toute la surface de notre globe. Les hommes ont la vague impression que, s'ils continuent assez longtemps cette activité de sociétés par actions et de pelles, tout le monde finira forcément par aller quelque part en train, en un rien de temps, et pour rien ; mais quand bien même une foule se précipiterait à la gare et le contrôleur crierait « En voiture ! », la fumée une fois dissipée et la vapeur condensée, on s'apercevrait que quelques passagers sont montés dans le train, mais que les autres sont écrasés, – et l'on parlera à juste titre d'« un dramatique accident ». Sans doute que ceux qui auront gagné de quoi payer leur billet pourront voyager en train, à condition de vivre assez longtemps, mais à ce moment-là ils auront probablement perdu leur élasticité et tout désir de voyager. Passer ainsi presque toute sa vie à la gagner pour jouir d'une liberté douteuse durant la partie la moins précieuse de son existence, cela me rappelle cet Anglais qui partit en Inde afin d'y faire fortune et de pouvoir ensuite revenir en Angleterre pour y mener la vie du poète. Il aurait dû commencer par se trouver un grenier. « Quoi ! s'écrient un million d'Irlandais en bondissant hors de toutes les cabanes de ce pays. Ce chemin de fer que nous avons construit n'est-il pas une bonne chose ? » Je leur réponds que oui, c'est une *relativement* bonne chose, c'est-à-dire que vous auriez pu faire pire ; mais puisque vous êtes mes frères, je regrette que vous n'ayez pas mieux employé votre temps qu'à creuser la terre.

*

Avant de terminer ma maison, désirant gagner dix ou douze dollars par quelque moyen honnête et agréable pour faire face à mes dépenses exceptionnelles, j'ai planté sur environ deux arpents et demi de terre légère et sablonneuse tout proches, des haricots surtout, mais aussi un peu de pommes de terre, de maïs, de pois et de navets. Le terrain tout entier fait onze arpents, couvert pour l'essentiel de pins et de hickories ; la saison précédente, il avait été vendu au prix de huit dollars et huit cents l'arpent. Selon un fermier, la terre n'était « bonne qu'à élever des écureuils couineurs ». N'étant pas le propriétaire de ce terrain mais un simple squatter, je n'y mis aucun fumier d'aucune sorte, d'autant que je ne comptais pas le cultiver très longtemps, et je ne m'empressai pas de le sarcler. Je tirai plusieurs stères de souches en labourant, qui me fournirent longtemps du combustible et laissèrent de petites dépressions circulaires de terreau vierge, aisément repérables durant tout l'été par l'exceptionnelle luxuriance des haricots qui y poussaient. Le bois mort, presque dépourvu de toute valeur marchande, derrière ma maison, et le bois flotté du lac, me fournirent le restant de mon combustible. Il me fallut louer un attelage et un homme pour le labour, même si je tins moi-même la charrue. Au cours de la première saison, les frais liés à ma ferme, pour les instruments, les semences, le travail, etc., s'élevèrent à quatorze dollars soixante-douze cents et demi. On me donna les semences de maïs. Cette dépense est d'ordinaire négligeable, à moins de planter plus qu'il ne faut. J'ai récolté douze boisseaux de haricots et dix-huit de pommes de terre, en plus des pois et du maïs. Le maïs jaune et les navets furent semés trop tard pour donner quoi que ce soit. L'ensemble de mes revenus de la ferme s'élève donc à

	$23.44
Déduction des dépenses	$14.72½
Reste	$8.71½

en dehors des produits agricoles consommés ou en réserve à l'époque de cette estimation, dont la valeur s'élève à quatre dollars cinquante, – les produits en réserve compensant largement le peu d'herbe que je ne fis pas pousser. En tenant compte de tout, c'est-à-dire en considérant l'importance de l'âme humaine et du présent, et malgré la courte durée de mon expérience, et en partie à cause même de sa brièveté, je crois que cette année-là j'ai mieux réussi que n'importe quel fermier de Concord.

L'année suivante, je fis mieux encore, car je bêchai toute la terre dont j'avais besoin, environ un tiers d'arpent, et j'appris grâce à l'expérience de ces deux années, sans me laisser le moins du monde impressionner par de nombreux ouvrages célèbres sur l'agriculture, dont celui d'Arthur Young, j'appris que si l'on veut vivre simplement et manger seulement ce qu'on a cultivé, sans cultiver davantage qu'on ne peut manger, et sans non plus échanger ses produits contre une quantité insuffisante de denrées plus luxueuses et coûteuses, il suffit de cultiver quelques yards de terre, et qu'il reviendrait moins cher de les bêcher soi-même que de faire appel à des bœufs pour les labourer, et de choisir de temps à autre un nouveau terrain plutôt que de fumer l'ancien, et enfin qu'on pourrait accomplir tout cet indispensable travail de la terre, pour ainsi dire, de la main gauche et à ses heures perdues, en été ; et qu'ainsi on ne serait pas pieds et poings liés à un bœuf, un cheval, une vache ou un cochon, comme aujourd'hui. Je désire m'exprimer en toute impartialité sur ce sujet, tel un individu qui ne s'intéresse ni au succès ni à l'échec de l'organisation économique et sociale actuelle. J'étais plus indépendant que n'importe quel fermier de Concord, car non assujetti à une maison ou à une ferme, mais libre de suivre les penchants de mon génie, lequel est à chaque instant très tortueux. En plus d'être mieux loti qu'ils ne l'étaient déjà, au cas où ma maison aurait brûlé ou si j'avais perdu mes récoltes, j'aurais été presque aussi bien loti qu'avant.

Je pense volontiers que les hommes ne sont pas tant les gardiens des troupeaux, que les troupeaux ne sont les gardiens des hommes, car les premiers sont beaucoup plus libres que les seconds. Les hommes et les bœufs échangent leur travail; mais si nous considérons seulement le travail nécessaire, on verra que les bœufs ont largement l'avantage, car leur ferme est infiniment plus vaste. L'homme accomplit une partie de son travail d'échange au cours des six semaines que dure la fenaison, et ce n'est certes pas un jeu d'enfant. Une nation vivant simplement à tous égards, soit une nation de philosophes, ne commettrait bien sûr pas la bévue d'utiliser le travail animal. D'accord, il n'y a jamais eu et il n'y aura sans doute pas de sitôt une nation de philosophes, et je ne suis pas davantage certain qu'il soit souhaitable qu'il y en ait une. Néanmoins, en ce qui me concerne, je n'aurais jamais dressé un cheval ou un taureau, je ne l'aurais jamais pris chez moi en comptant sur lui pour effectuer quelque travail, de peur de me transformer en homme-cheval ou simplement en gardien de troupeau; et si la société semble gagnante dans cette opération, sommes-nous certains que le gain d'un homme n'est pas la perte d'un autre, et que le garçon d'écurie a autant de motifs de satisfaction que son maître? Mettons que certains travaux publics n'auraient guère pu être accomplis sans cette aide et laissons l'homme partager la gloire de ces œuvres avec le bœuf et le cheval; s'ensuit-il que l'homme n'aurait pas pu accomplir des travaux encore plus dignes de lui, en ce cas? Quand les hommes se lancent dans des entreprises non seulement superflues ou artistiques, mais luxueuses et vaines, avec leur assistance, il est inévitable que certains accomplissent tout le travail d'échange avec les bœufs, ou, autrement dit, deviennent les esclaves des plus forts. Ainsi l'homme travaille-t-il non seulement pour l'animal qui est en lui, mais aussi pour le symbole de celui-ci, l'animal en dehors de lui. Même si nous avons de nombreuses et solides maisons en brique ou en pierre, la prospérité du fermier se mesure encore à la grandeur de l'ombre projetée par la grange sur sa maison. Il paraît que notre village possède les plus vastes demeures des environs pour les bœufs, les vaches et les chevaux, et que ses bâtiments publics ne sont pas en reste; mais il y a dans ce comté très peu de salles consacrées au libre culte ou à la libre expression[26]. Ce ne devrait pas être par leur architecture, mais pourquoi pas, par la puissance de leur pensée abstraite, qu'il faudrait que les nations cherchent à se commémorer. Combien la Bhagavad-Gita est plus admirable que toutes les ruines de l'Orient! Tours et temples sont le luxe des princes. Un esprit simple et indépendant n'accepte pas de travailler au service d'un quelconque prince. Un génie n'est le serviteur d'aucun empereur, ni de son argent, de son or ou de son marbre, sauf dans une mesure infime. Pourquoi, je vous prie, tailler tant de pierres? En Arcadie, lorsque j'y étais, je ne vis personne tailler des pierres. Les nations sont possédées de la folle ambition de perpétuer leur propre mémoire par la quantité de pierre taillée qu'elles laissent derrière elles. Et si l'on consacrait autant d'efforts à polir et adoucir leurs mœurs? Un peu de bon sens serait aussi mémorable qu'un monument haut comme la lune. Je préfère voir les pierres rester à leur place. La grandeur de Thèbes était une grandeur vulgaire. Plus raisonnable est le mur de pierre qui délimite le champ d'un honnête homme, que la Thèbes aux cent portes qui s'est égarée loin du vrai but de la vie. La religion et la civilisation barbares et païennes ont bâti des temples splendides; mais ce qu'on pourrait appeler la chrétienté ne l'a pas fait. Presque toutes les pierres taillées par une nation s'en vont seulement garnir sa tombe. Elle s'enterre vivante. Quant aux pyramides, elles n'ont rien d'admirable, sinon qu'on ait pu trouver tant d'hommes assez avilis pour consacrer leur vie à construire une tombe destinée à quelque ambitieux écervelé, qu'il eût été plus sage et plus viril de noyer dans le Nil, avant de jeter son cadavre en pâture aux chiens. Je pourrais, le cas échéant, leur inventer une excuse, à lui comme à eux, mais je n'ai pas le temps. Pour ce qui est de la religion et de l'amour de l'art des bâtisseurs, c'est à peu près la même chose dans le monde entier, que la bâtisse soit un temple égyptien ou la Banque des États-Unis. Cela coûte plus que cela ne vaut. Le ressort de toute l'affaire est la vanité, épaulée par l'amour de l'ail et des tartines beurrées. M. Balcom, un jeune architecte prometteur, le dessine au dos de son Vitruve, au crayon noir et à la règle, puis la commande est passée aux tailleurs de pierre, Dobson & Fils. Lorsque les trente siècles de rigueur commencent à baisser les yeux dessus, l'humanité commence à lever les yeux vers lui. Quant à vos fiers tours et monuments, un cinglé local entreprit jadis de creuser jusqu'à la Chine, et il alla si loin prétendit-il, qu'il entendit s'entre-choquer la batterie de cuisine des Chinois ; pour ma part, je ne ferai aucun détour pour aller admirer le trou qu'il fit. Nombreux sont ceux qui s'intéressent aux monuments de l'Occident et de l'Orient, afin de savoir qui les construisit. Je préfère de mon côté m'inté-resser à ceux qui, à ces époques-là, ne les construisirent pas, ceux qui dédaignèrent ces futilités. Mais revenons-en à nos statistiques.

En pratiquant l'arpentage, la charpenterie et diverses autres espèces de travaux journaliers au village, car j'ai autant de métiers que de doigts, j'avais entre-temps gagné treize dollars trente-quatre. Mes dépenses de nourriture pour huit mois, soit du 4 juillet au premier mars de l'année suivante, date à laquelle ces estimations furent faites, bien que j'aie passé là plus de deux ans, – sans compter les pommes de terre, un peu de maïs vert et quelques pois, que j'avais fait pousser, et sans tenir compte de la valeur de mes réserves à cette dernière date, s'élevèrent à

Riz	$1.73½
Molasses (*la moins chère des saccharines*)	1.73
Farine de seigle	1.04½
Farine de maïs (*moins chère que le seigle*)	0.99½
Porc	0.22
Farine de blé (*plus chère et moins pratique que la farine de maïs*)	
	0.88
Sucre	0.80

Saindoux	0.65
Pommes	0.25
Pommes séchées	0.22
Patates douces	0.10
Une citrouille	0.06
Un melon	0.02
Sel	0.03

(*ces neuf dernières rubriques renvoient à des expériences qui échouèrent toutes.*)

Oui, j'ai mangé huit dollars soixante-quatorze en tout et pour tout; mais je ne devrais pas ainsi publier sans rougir ma culpabilité si je ne savais que la plupart de mes lecteurs sont tout aussi coupables et que leurs actes, imprimés noir sur blanc, n'auraient pas meilleure mine. L'année suivante, j'ai parfois pêché quelques poissons pour mon repas, et une fois j'ai même été jusqu'à massacrer une marmotte qui ravageait mon champ de haricots, – je me suis occupé de sa transmigration, comme dirait un Tartare –, et je l'ai dévorée, en partie au titre d'expérimentation; malgré son goût musqué, elle m'a procuré un plaisir fugace, mais j'ai aussitôt compris qu'en faire une habitude ne me serait guère bénéfique, même si le boucher du village en personne vous préparait vos marmottes.

Durant le même laps de temps, les vêtements et quelques dépenses accessoires, bien qu'on ne puisse pas tirer grand-chose de cette rubrique, s'élevèrent à

	$8.40¾
Pétrole lampant et ustensiles de ménage	2.00

Ainsi, toutes mes dépenses, hormis pour le lavage et le raccommodage, qui se faisaient en général en dehors de la maison, et dont je n'ai toujours pas les notes[27], – ces sommes correspondent au moins à toutes les manières dont on dépense inévitablement son argent dans cette partie du monde –, s'élevaient à

Maison	$28.12½
Ferme, un an	14.72½

Nourriture, huit mois	8.74
Vêtements, etc., huit mois	8.40¾
Pétrole, etc., huit mois	2.00
Total	$61.99¾

Je m'adresse maintenant à ceux parmi mes lecteurs qui doivent gagner leur vie. Pour faire face à ces dépenses, j'ai vendu, en produits de la ferme :

	$23.44
Gagné par mon travail journalier	13.34
Total	$36.78

ce qui, soustrait de la somme des dépenses, laisse d'un côté une différence de vingt-cinq dollars et vingt et un cents trois-quarts en débit – soit à peu près ma mise de fonds initiale, et la somme des dépenses futures –, mais de l'autre côté, en sus des loisirs, de l'indépendance et de la santé ainsi obtenus, une maison confortable qui m'appartenait et que je pourrais occuper aussi longtemps que je le désirerais.

Ces statistiques, aussi hasardeuses et donc peu convaincantes puissent-elles paraître, dans la mesure où elles sont assez complètes, sont aussi assez instructives. Rien ne m'a été donné, dont je n'ai rendu compte. D'après les estimations ci-dessus, on constate que mes frais de bouche m'ont coûté, en argent, à peu près vingt-sept cents par semaine. Durant presque les deux années suivantes, j'ai mangé du seigle et de la farine de maïs sans levure, des pommes de terre, du riz, très peu de porc salé, des molasses et du sel, tout en buvant exclusivement de l'eau. Moi qui apprécie tant la philosophie de l'Inde, il était juste que je me nourrisse surtout de riz. Pour répondre aux objections de quelques chicaneurs invétérés, je déclarerai que, si je dînais parfois chez quelqu'un, ainsi que je l'avais toujours fait et comme j'espère avoir l'occasion de le faire encore, c'était souvent au détriment de mes activités domestiques.

Mais ces sorties étant, comme je l'ai dit, une constante de ma vie, elles n'affectent nullement ma présente étude comparative.

Mon expérience de deux années m'a appris qu'avec très peu d'efforts vraiment et même sous nos latitudes on peut aisément se procurer de quoi manger ; qu'un homme peut suivre un régime aussi simple que celui des animaux, et conserver néanmoins sa force et sa santé. J'ai dîné de manière très satisfaisante, et à maints égards, d'un simple plat de pourpier (*Portulaca oleracea*), que j'ai cueilli dans mon champ de maïs, bouilli et salé. Si je fournis le nom latin, c'est à cause de la saveur du nom vulgaire. Et puis dites-moi ce qu'un homme raisonnable pourrait bien désirer de plus, dans la paix d'un midi ordinaire, qu'un nombre suffisant d'épis de maïs vert bouillis et additionné de sel ? Même la modeste diversité que j'apportais à mon régime était une concession aux exigences de l'appétit, et non de la santé. Pourtant, les hommes sont tombés si bas qu'ils souffrent souvent de la faim, non par manque des aliments nécessaires, mais par manque des produits de luxe ; et je connais une brave femme qui croit que son fils est mort parce qu'il s'est mis à ne boire que de l'eau.

Le lecteur comprendra que je traite ce sujet d'un point de vue économique plutôt que diététique, et il ne s'aventurera pas à imiter ma frugalité sans avoir un garde-manger bien garni.

Mon pain, je le préparai d'abord avec de la farine de maïs pure et du sel, de vraies crêpes de maïs que je cuisais devant mon feu en plein air, sur un bardeau ou sur le bout d'un morceau de bois récupéré après la construction de la maison ; mais elles avaient souvent un goût de fumée ou de résine de pin. J'ai aussi essayé la farine de froment, pour finalement découvrir que la solution la plus pratique et agréable était un mélange de farine de seigle et de farine de maïs. Par temps froid, il était particulièrement amusant de faire cuire plusieurs petites miches de ce pain l'une après l'autre, que je surveillais et retournais aussi diligemment qu'un Égyptien ses œufs pour les faire éclore. C'étaient de vrais fruits de céréales que je faisais ainsi mûrir, qui pour mes sens délivraient un arôme semblable à celui d'autres fruits nobles, et que je gardais le plus longtemps possible en les enveloppant dans des torchons. Je me mis à étudier l'art ancien et indispensable de la préparation du pain en consultant toutes les autorités disponibles, en remontant aux temps primitifs et à la première invention du pain sans levain, quand, renonçant à la rusticité sauvage des noix et des viandes, l'homme découvrit la douceur et le raffinement de ce régime ; puis je poursuivis mes études à travers le temps et m'arrêtai à cet accident qui fit surir la pâte et qui, paraît-il, enseigna à faire lever le pain, avant de passer aux divers modes de fermentation ultérieurs, jusqu'à arriver au « bon pain, tendre et sain », l'authentique soutien de la vie. Le levain, qui est l'âme du pain selon certains, le *spiritus* qui emplit son tissu cellulaire, et qui est religieusement conservé comme le feu des vestales – le précieux contenu d'une bouteille apportée, j'imagine, à bord du *Mayflower*, fit l'affaire pour l'Amérique, et son influence grandit encore, enfle, se répand sur le pays en généreux flots céréaléens –, cette semence je me la procurais régulièrement, fidèlement, au village, jusqu'au matin fatal où j'oubliai la règle et fis trop chauffer ma levure ; mais grâce à cet accident, je constatai que même cette substance n'était pas indispensable, – car mes découvertes ne découlaient pas du processus synthétique, mais analytique –, et depuis ce jour je m'en passai allègrement, même si la plupart des ménagères me soutiennent avec conviction qu'on ne peut sans levain préparer du bon pain tendre et sain, et si les personnes âgées m'ont prédit un prompt déclin de mes forces vitales. Je ne crois pourtant pas qu'il s'agisse d'un ingrédient essentiel, et après m'en être passé durant un an je suis toujours au pays des vivants ; par ailleurs, je me réjouis d'être dispensé de la corvée du transport d'une bouteille de levain dans ma poche, qui risque de faire sauter son bouchon et de se vider de son contenu, à ma grande déconfiture. S'en passer est plus simple et plus convenable. L'homme est un animal qui, plus que n'importe quel autre, sait s'adapter à tous les climats et à toutes les circonstances de la vie. Dans mon pain, je ne mis pas davantage de bicarbonate de soude, ni aucun acide ou alcali. Il semble que je le préparais selon la recette fournie par Marcus Porcius Caton deux siècles avant Jésus-Christ. « *Panem depsticium sic facito. Manus mortariumque bene lavato. Farinam in mortarium indito, aquae paulatin addito, subigitoque pulchre. Ubi bene subegeris, defingito, coquitoque sub testu.* » Ce qui, je crois, signifie : « Voici comment pétrir et préparer le pain. Lavez bien vos mains et le pétrin. Mettez la farine dans le pétrin, ajoutez de l'eau peu à peu et malaxez vigoureusement. Lorsque vous avez bien pétri, façonnez-la et faites-la cuire sous un couvercle », c'est-à-dire dans une marmite allant au four. Pas un mot sur le levain. Mais je n'ai pas toujours eu droit à ce soutien de la vie. À une certaine époque, n'ayant pas un sou vaillant, je n'en ai pas vu la couleur durant plus d'un mois.

Tous les habitants de la Nouvelle-Angleterre pourraient aisément cultiver les céréales nécessaires au pain, dans ce pays de seigle et de maïs, et sur ce point ne plus être dépendants des fluctuations de marchés lointains. Pourtant, nous sommes si éloignés de cette simplicité et de cette indépendance qu'à Concord on trouve rarement de la bonne farine fraîche dans les magasins et que presque personne n'emploie le maïs ou sa semoule sous une forme encore moins raffinée. Le plus souvent, le fermier donne à ses bœufs et à ses cochons le grain qu'il fait pousser, et il va au magasin acheter une farine qui n'est certainement pas plus saine et moins chère. J'ai constaté que je pouvais facilement récolter un ou deux boisseaux de seigle et de maïs, car le premier pousse sur les terres les plus ingrates, et le second n'a pas besoin des meilleures, après quoi je pouvais les moudre dans un petit moulin à café, et ainsi me passer de riz et de porc ; et si je devais ingérer quelque forme concentrée de sucre, je découvris par l'expérience que je pouvais préparer d'excellentes mélasses à partir de citrouilles ou de betteraves, et je savais qu'il me suffisait de planter quelques érables pour en obtenir encore plus aisément, et pendant que ces arbres poussaient je pouvais me tourner vers divers autres substituts en dehors de ceux que je viens de citer. « Car », ainsi que chantaient nos Ancêtres,

« nous savons distiller de quoi nous rincer le gosier
Avec des citrouilles, du panais et des copeaux de hickory. »

Enfin, pour m'approvisionner en sel, ce très prosaïque produit
d'épicerie, ce serait sans doute l'occasion rêvée d'aller faire un
tour au bord de la mer ; mais si je m'en passais complètement,
alors je buvais moins d'eau. Je n'ai jamais entendu dire que les
Indiens aient un jour pris la peine de s'en procurer.

Ainsi, sur le chapitre de la nourriture, ai-je pu éviter commerces
et échanges ; possédant déjà un abri, il me restait seulement à me
préoccuper des vêtements et du combustible. Les pantalons que
je porte furent tissés dans la famille d'un fermier, – grâce au Ciel
les hommes ont gardé cette vertu ; car je crois que la chute de
l'état de fermier à celui d'ouvrier est aussi grave et mémorable
que celle de l'état d'homme à celui de fermier – ; et dans un pays
neuf le combustible est un fardeau. Quant à l'habitat, si l'on ne
me permettait plus d'occuper ce terrain, j'achèterais sans doute
un arpent au même prix que celui de la terre que j'ai cultivée, soit
huit dollars et huit cents. Mais en réalité, je crus avoir augmenté
la valeur du terrain en l'occupant.

Un certain nombre d'incrédules me posent parfois des questions
comme : est-ce que vous pouvez vivre en suivant un régime exclusivement végétarien ? Pour aller sans barguigner au fond des choses
– car le fond est la foi –, je réponds d'habitude à ces gens que
je peux me nourrir de clous et de pointes. S'ils n'arrivent pas à
comprendre cela, ils ne comprendront pas grand-chose de ce que
je dis. Pour ma part, je suis heureux d'entendre parler de gens qui
tentent des expériences similaires ; comme ce jeune homme qui
pendant deux semaines s'alimenta uniquement d'épis de maïs cru
et dur, en se servant de ses dents pour tout mortier. La tribu des
écureuils tenta la même expérience avec succès. La race humaine

s'intéresse à ces tentatives, même si quelques vieilles femmes incapables de s'y essayer ou qui possèdent le tiers d'un moulin s'en inquiètent[28].

*

Mes meubles, dont je fabriquai moi-même une partie, et dont le restant ne me coûta nulle dépense que j'ai signalée, consistaient en un lit, une table, un bureau, trois chaises, un miroir de trois pouces de diamètre, des pincettes et des chenets, une bouilloire, une poêle et un poêlon, une louche, une cuvette, deux couteaux et autant de fourchettes, trois assiettes, une tasse, une cuillère, une cruche pour l'huile, une autre pour la mélasse, et une lampe vernissée. Nul n'est si pauvre qu'il doive s'asseoir sur une citrouille. Ce serait alors de la fainéantise. Les greniers du village débordent de ces chaises que j'apprécie surtout et qu'il suffit d'enlever. Les meubles ! Dieu merci, je suis capable de m'asseoir et de me tenir debout sans l'aide de tout un garde-meubles. Mais qui, sinon un philosophe, n'aurait pas honte de voir son mobilier entassé sur une charrette et promené à travers la campagne, exposé à la lumière du ciel et aux yeux des hommes, tel un misérable inventaire de boîtes vides ? Voici le mobilier de Spaulding ! En examinant ce genre de chargement, je n'ai jamais réussi à savoir s'il appartenait à un soi-disant riche ou à un pauvre, tant le propriétaire me faisait l'effet d'un indigent. De fait, plus vous possédez de ces objets, plus pauvre vous êtes. Chaque charretée a l'air de transporter le contenu d'une dizaine de cabanes ; et si une seule cabane est pauvre, alors le tout est dix fois plus pauvre. Dites-moi, je vous prie, pourquoi *déménageons*-nous jamais, sinon pour nous débarrasser de nos meubles, nos *exuviae* ; pour quitter enfin ce monde à destination d'un autre meublé de neuf, en laissant derrière nous l'intégralité de l'ancien à brûler ? C'est comme si tous ces pièges étaient attachés à la ceinture d'un homme et qu'il ne pouvait plus se déplacer sur ce terrain accidenté où nos lignes sont jetées, sans les traîner derrière lui, – sans traîner son propre piège. Le renard qui laissa sa queue dans le piège eut bien de la chance. Pour retrouver la liberté, le rat musqué ronge parfois sa patte jusqu'à la perdre. Rien d'étonnant que l'homme ait perdu sa souplesse. Il se retrouve si souvent dans un cul-de-sac! « Monsieur, aurais-je l'audace de vous demander ce que vous entendez par cul-de-sac? » Si vous êtes un tant soit peu visionnaire, chaque fois que vous croiserez un homme, vous verrez tout ce qu'il possède, oui, et beaucoup de ce qu'il prétend ne pas posséder, derrière lui, jusqu'aux meubles de sa cuisine, et toute cette camelote qu'il conserve et refuse de brûler, et il semblera être attelé à tout ce fourniment et avancer comme il peut. Je crois qu'un homme est dans un cul-de-sac quand il s'est aventuré dans un trou laissé par un nœud du bois ou dans un portillon où son mobilier chargé sur un traîneau ne réussit pas à le suivre. Je ne peux m'empêcher de ressentir de la compassion quand j'entends un homme élégant, plein d'assurance et apparemment affranchi de tout souci, prêt au départ, évoquer ses « meubles » et déclarer s'ils sont, oui ou non, assurés. « Mais que vais-je faire de mes meubles? » Mon beau papillon s'est pris dans une toile d'araignée. Même ceux qui semblent ne pas en posséder le moindre depuis belle lurette, il suffit de pousser un peu plus loin l'enquête pour découvrir qu'ils en gardent quelques-uns dans la grange d'autrui. Je considère aujourd'hui l'Angleterre comme un vieux gentleman voyageant avec une impressionnante quantité de bagages, une camelote accumulée depuis longtemps sous le même toit, et qu'il n'a pas le courage de brûler; grosse malle, petite malle, carton à chapeau et paquet. Jetez donc au moins les trois premiers. De nos jours, un homme bien portant n'aurait même pas la force de prendre son lit sur le dos et de marcher, mais je conseillerais sûrement à un malade de sortir de son lit et de courir[29]. Quand j'ai rencontré un immigrant qui vacillait sous le poids d'un ballot contenant tous ses biens et semblable à un énorme kyste poussant sur sa nuque, je l'ai pris en pitié, non parce que c'étaient là tous ses biens, mais parce qu'il devait porter *tout ce fardeau*. Si je dois traîner mon piège, je ferai attention à ce qu'il soit léger et ne me pince pas une partie vitale du corps. Mais peut-être serait-il plus sage de ne jamais y mettre la patte.

Je remarquerai, en passant, que les rideaux ne me coûtent pas un sou, car je ne dois me cacher d'aucun regard, sinon du soleil et de la lune, et ils sont les bienvenus chez moi. La lune ne fera pas tourner le lait ni ne gâtera ma viande, le soleil n'abîmera pas davantage mes meubles ni ne décolorera mon tapis, et s'il est parfois un ami trop brûlant, je trouve encore plus économique de me réfugier derrière l'un de ces rideaux généreusement fournis par la nature, que d'ajouter un seul objet à mon environnement domestique. Une dame m'offrit jadis un paillasson, mais comme je n'avais plus de place dans la maison ni de temps disponible pour secouer cette natte, je déclinai son offre, préférant m'essuyer les pieds sur l'herbe qui poussait devant ma porte. Mieux vaut prévenir le mal dès le début.

Il y a peu, j'ai assisté à la vente aux enchères des effets d'un diacre, car l'efficacité n'avait pas été sans marquer sa vie :

« Le mal que font les hommes leur survit[30]. »

Comme d'habitude, presque tout était une camelote qui avait commencé à s'accumuler du temps de son père. Parmi le restant figurait un ver solitaire desséché. Et maintenant, après avoir passé un demi-siècle dans son grenier et d'autres nids à poussière, on ne brûlait pas tout ce fatras ; à la place d'un *feu de joie* ou d'une destruction purificatrice de ces objets, il y avait une *vente aux enchères* *, soit une sorte de renchérissement. Les voisins se pressèrent pour les examiner, ils les achetèrent tous, puis les transportèrent avec grand soin jusqu'à leurs propres greniers et nids à poussière, pour qu'ils y restent jusqu'au règlement de leur propre succession, où tout recommencera comme précédemment. Lorsqu'un homme meurt, il mord la poussière.

Nous ferions peut-être bien d'imiter les coutumes de certaines nations sauvages, car elles au moins font semblant de changer de peau chaque année ; elles ont l'idée de la chose, à défaut de la réaliser. Ne devrions-nous pas célébrer une telle « liesse » ou « fête

---

* L'italique du mot anglais (*auction*, vente aux enchères) indique que Thoreau souligne le sens étymologique (augmenter).

des prémices », ainsi que Bartram décrit la coutume des Indiens Mucclasse ?

« Quand un village entre en liesse, écrit-il, ses habitants s'étant préalablement munis de vêtements neufs, de casseroles et de marmites neuves ainsi que d'autres accessoires et meubles neufs, ils rassemblent tous leurs vêtements usagés et autres objets méprisables, ils balaient et nettoient leurs maisons, leurs places publiques ainsi que tout le village, puis ils rassemblent en un seul tas tous ces détritus avec le grain restant et les autres provisions anciennes, et ils y mettent le feu. Après avoir pris leur potion et jeûné pendant trois jours, ils éteignent tous les feux du village. Durant ce jeûne, ils s'abstiennent de satisfaire leurs appétits et leurs passions. Une amnistie générale est proclamée; tous les malfaiteurs peuvent rentrer chez eux. »

« Le quatrième jour au matin, le grand prêtre allume un feu tout neuf sur la place publique en frottant ensemble deux bouts de bois sec, puis chaque habitation du village va accueillir cette flamme neuve et pure. »

Ils font ensuite un festin de maïs et de fruits nouveaux, ils dansent et chantent pendant trois jours, « et les quatre jours suivants ils reçoivent des visites et se réjouissent avec leurs amis venus des villages voisins, qui se sont purifiés et préparés de la même façon. »

Les Mexicains aussi pratiquaient une purification similaire à la fin de chaque cycle de cinquante-deux années, convaincus que la fin du monde était alors arrivée.

J'ai rarement entendu parler d'un sacrement plus authentique, c'est-à-dire, selon la définition du dictionnaire, « un signe extérieur visible d'une grâce intérieure et spirituelle », et je ne doute pas que le Ciel ait directement inspiré ce rituel à ces gens, bien qu'ils n'aient jamais été informés de la révélation biblique.

*

Durant plus de cinq ans, je vécus seulement du travail de mes mains et je découvris qu'en travaillant environ six semaines par an [31] je pouvais faire face à toutes les dépenses liées à mon entretien. Tous les hivers et presque tous les étés m'étaient disponibles pour l'étude. J'ai sincèrement essayé de faire le maître d'école, pour m'apercevoir que mes dépenses étaient en proportion, ou plutôt hors de proportion, avec mes revenus, car je devais m'habiller et me préparer, sans parler de penser et de croire, en conséquence de ce métier, et par-dessus le marché j'ai perdu mon temps. Comme je n'enseignais pas pour le bien de mon semblable, mais simplement pour gagner ma vie, j'ai couru à l'échec. J'ai essayé le commerce ; mais j'ai découvert qu'il me faudrait dix ans pour maîtriser cette activité, et qu'alors je serais sans doute en route pour l'enfer. Je redoutais en fait qu'à ce moment-là je réalise peut-être ce qu'on appelle des bonnes affaires. Plus tôt, quand je cherchais quoi faire pour gagner ma vie, les tristes conséquences des souhaits de certains de mes amis étant encore présentes dans mon esprit pour freiner mon ingéniosité, j'envisageais souvent et très sérieusement la cueillette des myrtilles ; cela, sûrement, je saurais le faire, et les modestes profits que j'en tirerais me suffiraient sans doute, – car mon plus grand talent a toujours été de n'avoir que peu de besoins –, le capital requis était très faible, et puis je ne serais guère distrait de mes humeurs habituelles, du moins le croyais-je bêtement. Alors que les gens de ma connaissance adoptaient sans hésiter le métier du commerce ou une profession libérale, je me dis que cette occupation valait bien la leur ; vagabonder tout l'été parmi les collines pour ramasser les baies que je verrais en chemin, puis m'en séparer sans le moindre souci ; et de la sorte, garder les troupeaux d'Admète. Je rêvais aussi de pouvoir cueillir les herbes sauvages, ou porter des branches de feuillus aux villageois qui aiment se souvenir de la forêt, voire jusqu'en ville, par pleines charrettes à foin. Mais j'ai appris depuis lors que le commerce corrompt tout ce qu'il touche ; et vous aurez beau faire commerce de messages célestes, vous n'échapperez pas à la malédiction qui pèse de tout son poids sur cette activité.

Comme je préférais certaines choses à d'autres et que ma liberté me tenait surtout à cœur, comme je pouvais vivre à la dure et ne m'en porter pas plus mal, je ne souhaitais guère passer mon temps à gagner de quoi m'acheter de somptueux tapis, de beaux meubles, des mets raffinés, ni une maison dans le style grec ou gothique, du moins pas dans l'immédiat. S'il existe des gens pour qui l'acquisition de toutes ces choses ne présente aucun inconvénient, des gens qui savent comment les utiliser une fois acquises, je leur abandonne volontiers cette ambition. Certains sont « industrieux » et semblent aimer le travail pour lui-même, ou peut-être parce qu'il les garde dans le droit chemin ; à ceux-là je n'ai pour l'instant rien à dire. Mais à ceux qui ne sauraient pas comment occuper davantage de loisirs qu'ils n'en ont déjà, je pourrais conseiller de travailler deux fois plus qu'ils ne le font, travailler jusqu'à ce qu'ils paient pour eux-mêmes et s'affranchissent de leurs dettes[32]. Quant à moi, j'ai découvert que l'occupation de travailleur journalier était la plus indépendante de toutes, surtout parce qu'il fallait seulement travailler trente ou quarante jours par an pour subvenir à ses besoins. La journée de ce travailleur s'achève au soleil couchant, après quoi il est libre de se consacrer à l'activité qu'il désire, indépendamment de son travail ; mais son employeur, qui spécule d'un mois au suivant, n'a aucun répit d'un bout de l'année à l'autre.

Bref, tant la foi que l'expérience me convainquent que subvenir à ses propres besoins sur cette terre n'est pas un calvaire mais un passe-temps, à condition de vivre simplement et sagement ; comme les occupations des nations les plus simples relèvent encore du jeu pour les plus artificielles. Il n'est pas nécessaire qu'un homme gagne sa vie à la sueur de son front, sauf s'il transpire plus facilement que moi.

Un jeune homme de ma connaissance, qui a hérité quelques arpents de terre, m'a dit qu'il aimerait vivre comme moi, *s'il en avait les moyens*. Je ne voudrais à aucun prix voir quiconque adopter *mon* mode de vie ; car, d'abord, avant qu'il ait appris pour de bon à imiter mon mode de vie, j'en aurais peut-être trouvé un autre pour moi-même, et ensuite je désire qu'il y ait autant d'individus différents en ce monde que possible; je souhaiterais au contraire que chacun trouve et poursuive avec grand soin *son propre* mode de vie, et non pas celui de son père, de sa mère ou de son voisin. Ce jeune homme peut bien bâtir, cultiver ou naviguer, mais surtout que rien ne l'empêche de faire ce qu'il me dit qu'il aimerait faire. C'est seulement au regard d'un point mathématique que nous sommes sages, tout comme le marin ou l'esclave fugitif ne quitte jamais des yeux l'étoile Polaire[33]; pourtant, ce point est un guide suffisant pour toute notre vie. Peut-être n'arriverons-nous pas à bon port dans les délais prévus, mais en tout état de cause nous garderons le cap.

Ce qui dans ce cas est vrai pour l'un est sans doute encore plus vrai pour mille, de même qu'une grande maison n'est pas proportionnellement plus chère qu'une petite, car un seul toit peut couvrir, une seule cave soutenir et un seul mur séparer plusieurs pièces. Pour ma part, je préférais une demeure solitaire. De plus, il reviendra d'habitude moins cher de construire l'ensemble soi-même que de convaincre autrui des avantages d'un mur commun; et quand vous aurez réussi à le convaincre, pour que ce mur commun revienne beaucoup moins cher il faut le bâtir mince, et votre interlocuteur se révélera peut-être un mauvais voisin qui, par ailleurs, ne conservera pas forcément son côté du mur en bon état. La seule coopération d'habitude envisageable est extrêmement partielle et superficielle; vu le peu d'authentique coopération, c'est comme s'il n'y en avait aucune, s'agissant d'une harmonie inaudible aux hommes. Quand un homme a la foi, il coopérera partout avec une foi égale; et s'il n'a pas la foi, il continuera de vivre comme le reste du monde, quelle que soit la compagnie qu'on lui trouve. Coopérer, au sens le plus élevé comme au sens le plus bas, signifie *gagner notre vie ensemble*. J'ai dernièrement entendu cette proposition, que deux jeunes gens devraient voyager ensemble de par le monde, l'un sans argent et gagnant de quoi vivre au fil de leurs pérégrinations, devant le mât et derrière la charrue, l'autre transportant une lettre de change dans sa poche. On comprend aisément qu'ils ne pourraient longtemps rester compagnons, ni

coopérer, car l'un n'*opérerait* tout bonnement jamais. Ils se sépa-
reraient dès la première crise intéressante de leurs aventures.
Mais surtout, ainsi que je l'ai déjà suggéré, l'homme seul peut
commencer aujourd'hui même; alors que celui qui voyage avec un
autre doit attendre que cet autre soit prêt, et beaucoup d'eau peut
couler sous les ponts avant qu'ils ne se mettent en route.

*

Mais, tout cela est très égoïste! ai-je entendu protester certains de
mes concitoyens. J'avoue m'être livré jusqu'ici à fort peu d'activités philanthropiques. J'ai fait quelques sacrifices à mon sens du
devoir, et parmi d'autres j'ai sacrifié ce plaisir-là aussi. Certains ont
fait flèche de tout bois pour me convaincre de prendre à ma charge
quelque famille pauvre de la ville; et si je n'avais rien de mieux à
faire, – car le diable trouve toujours quelque emploi aux oisifs –, je
pourrais m'exercer à certain passe-temps de ce genre. Néanmoins,
une fois la décision prise de me laisser aller à ce penchant et de
contraindre leur Ciel à entretenir quelques pauvres à tous égards
aussi confortablement que je m'entretiens moi-même, et alors
que je m'étais aventuré jusqu'à leur annoncer ma proposition,
tous jusqu'au dernier ont préféré sans hésiter une seconde rester
pauvres. Si mes concitoyens et mes concitoyennes se consacrent,
de tant de manières différentes, au bien de leur prochain, j'espère
que l'un d'eux au moins en sera dispensé, pour se consacrer à
d'autres entreprises moins charitables. Comme toutes les autres
activités humaines, la charité exige du génie. Pour ce qui est de
Faire-le-Bien[34], voilà une profession qui affiche complet. De plus,
je m'y suis déjà essayé loyalement, et, aussi étrange que cela puisse
paraître, je suis convaincu qu'elle ne s'accorde pas à ma constitu-
tion. Sans doute ne devrais-je pas renoncer consciemment, délibérément, à ma vocation intime pour faire tout le bien que la société
exige de moi, afin de sauver l'univers de l'anéantissement; et je
crois qu'une ténacité similaire, mais infiniment plus vaste et située
ailleurs que chez moi, est tout ce qui le protège à présent. Je ne
voudrais surtout pas m'interposer entre un homme et son génie;

et à celui qui, de tout son cœur, de toute son âme et de toute sa vie, accomplit cette tâche, que je décline, je dis : persévère, quand bien même le monde appellerait cela faire le mal, ce qui est plus que probable.

Je suis loin d'imaginer que mon cas constitue une exception ; bon nombre de mes lecteurs se défendraient sans doute de la même façon. Pour faire quelque chose, – je ne jurerais pourtant pas que mes voisins diraient que c'est une bonne chose –, je n'hésite pas à affirmer que je suis le type idéal à engager ; mais quel genre de travail, c'est à mon éventuel employeur de le découvrir. Le *bien* que j'accomplis, au sens commun de ce mot, se trouve sans doute à l'écart de mon chemin principal, et pour l'essentiel il est entièrement involontaire. On vous dit à peu près : commencez à l'endroit où vous êtes et tel que vous êtes, sans essayer surtout de devenir meilleur ; et plein de bonnes intentions, mettez-vous à faire le bien. Si je devais prêcher dans cette veine, je dirais plutôt : efforcez-vous d'être bon. Comme si le soleil devait s'arrêter lorsque ses feux auraient atteint la splendeur de la lune ou d'une étoile de sixième magnitude, pour gambader tel Robert le Lutin, jeter un coup d'œil à la fenêtre de chaque chaumière, faire délirer les esprits dérangés, gâter les viandes et rendre l'obscurité visible, au lieu d'accroître régulièrement son agréable chaleur bienfaisante jusqu'à être si brillant que nul mortel ne peut le regarder en face, et puis, en même temps, parcourir le monde selon sa propre orbite et faire le bien, ou plutôt, ainsi qu'une philosophie plus vraie l'a découvert, c'est le monde tournant autour de lui qui fait le bien. Lorsque Phaéton, souhaitant prouver sa naissance divine en dispensant ses bienfaits, prit pour un seul jour les rênes du char du soleil et sortit du chemin tout tracé, il incendia plusieurs pâtés de maisons dans les rues basses du ciel et brûla la surface de la terre, assécha toutes les sources et créa le vaste désert du Sahara, avant que Jupiter ne se décide à faire usage de sa foudre pour le précipiter tête la première sur la terre, et le soleil, affligé par cette mort, ne brilla pas de toute une année.

Il n'est pas d'odeur plus nauséabonde que celle qui émane du bien qui s'est corrompu. C'est celle d'une charogne humaine, ou divine. Si j'étais sûr et certain qu'un homme venait me voir avec la ferme intention de me faire du bien, je prendrais mes jambes à mon cou, comme si je fuyais ce vent sec et brûlant des déserts africains qu'on appelle le simoun, lequel emplit de poussière la bouche, le nez, les oreilles et les yeux jusqu'à l'étouffement, de peur qu'il ne m'inflige un peu de son bien, et qu'un peu de ce virus ne se mêle à mon sang. Non, dans ce cas, je préférerais supporter le mal de façon naturelle. Selon moi, un homme n'est pas un *homme* bon parce qu'il me nourrit si jamais je meurs de faim, ou parce qu'il me réchauffe si jamais j'ai froid, ou qu'il me tire hors d'un fossé si jamais j'y tombe. Je peux vous trouver un chien Terre-Neuve qui en fera autant. La philanthropie n'est pas l'amour de son prochain au sens le plus large. Howard était sans conteste un homme très bon et très fiable à sa manière, et il a sa récompense ; mais, quitte à forcer le trait, que sont pour *nous* cent Howard si leur philanthropie ne *nous* aide pas quand nous sommes à notre mieux et ainsi les plus dignes d'être aidés ? Je n'ai jamais ouï dire d'une réunion philanthropique où quelqu'un ait proposé de me faire du bien, à moi ou à mes semblables.

Les jésuites se trouvèrent fort dépourvus devant ces Indiens qui, sur le bûcher, suggérèrent à leurs bourreaux de nouveaux modes de torture. Méprisant la souffrance physique, il arriva même qu'ils méprisaient toute consolation que les missionnaires pouvaient leur offrir ; et la règle selon laquelle on doit agir comme on aimerait qu'autrui agisse envers soi ne réussit guère à convaincre ces hommes qui, de leur côté, se moquaient de la façon dont on les traitait, qui aimaient leurs ennemis sur un mode inédit, et ne furent pas loin de leur pardonner librement tout ce qu'ils leur faisaient subir.

Assurez-vous de fournir aux pauvres l'aide dont ils ont le plus besoin, même si par votre seul exemple vous les laissez loin en arrière. Si vous donnez de l'argent, dépensez-vous avec lui et ne vous contentez pas de le leur abandonner. Nous commettons

parfois d'étranges erreurs. Souvent, le pauvre n'a pas tant froid et
faim, qu'il est sale, dépenaillé et fruste. C'est en partie son goût, et
pas seulement son malheur. Si vous lui donnez de l'argent, peut-
être achètera-t-il d'autres haillons avec. J'avais souvent pitié des
maladroits travailleurs irlandais qui, vêtus d'affreuses guenilles,
brisaient la glace sur le lac, tandis que je grelottais sous mon habit
plus propre et passablement plus seyant, jusqu'au jour glacé où
l'un d'eux, qui avait glissé dans l'eau, vint se réchauffer sous mon
toit, et je le vis alors ôter trois pantalons et deux paires de bas
avant d'arriver à la peau, même s'il s'agissait vraiment de hardes
crasseuses et déchirées, si bien qu'il put s'offrir le luxe de refuser
les vêtements que je lui proposai en *extra*, tant il en avait déjà en
intra. Ce bain forcé tout habillé * était exactement ce dont il avait
besoin. Me prenant alors moi-même en pitié, je compris que le
meilleur acte charitable que je pourrais accomplir consistait à me
faire cadeau d'une chemise en flanelle, plutôt que de lui offrir tous
les articles d'un magasin de vêtements. Pour mille personnes qui
taillent les branches du mal, une seule s'attaque pour de bon à la
racine, et celui qui consacre le plus de temps et d'argent aux indigents contribue peut-être le plus, par son mode de vie, à perpétuer
cette misère même qu'il tente vainement de soulager. C'est le pieux
éleveur d'esclaves dépensant ce que lui rapporte un esclave sur dix
pour acheter à tous les autres un dimanche de liberté. Certains
témoignent de leur bonté envers les pauvres en les employant
dans leur cuisine. Ne manifesteraient-ils pas davantage de bonté
en s'y employant eux-mêmes ? Vous vous vantez de consacrer un
dixième de vos revenus aux œuvres charitables ; mais peut-être
devriez-vous y consacrer les neuf dixièmes et en finir une bonne
fois pour toutes ? La société ne récupère alors qu'un dixième de
vos revenus. Est-ce dû à la générosité de celui en possession duquel
on le retrouve, ou à la négligence des officiers de justice ?

La philanthropie est presque la seule vertu qui soit appréciée à
sa juste mesure par l'humanité. Mieux vaudrait dire qu'elle est
grandement surestimée ; et c'est notre égoïsme qui la surestime.

---

* Le mot anglais désigne aussi des vêtements de coton.

Un jour d'été, ici à Concord, un pauvre très robuste me chanta les louanges d'un de mes concitoyens, car, disait-il, cet homme était bon envers les pauvres ; voulant dire par là : lui-même. On estime davantage les oncles et les tantes charitables, que les vrais pères et mères spirituels de notre race. J'ai un jour entendu un pasteur, un homme savant et intelligent, prononcer une conférence sur l'Angleterre ; après avoir énuméré un certain nombre de sommités scientifiques, littéraires et politiques, Shakespeare, Bacon, Cromwell, Milton, Newton parmi d'autres, il évoqua ensuite les héros chrétiens de cette nation et, obéissant aux diktats de sa profession, il les plaça bien au-dessus des autres et les qualifia de plus grands parmi les plus grands. Il s'agissait de Penn, Howard et Mrs. Fry. Chacun sentira la fausseté et l'hypocrisie de ce discours. Ces derniers n'étaient pas les meilleurs hommes et femmes d'Angleterre ; seulement, peut-être, les meilleurs philanthropes de cette nation.

Je ne voudrais rien omettre des louanges qu'on doit adresser à la philanthropie, mais simplement exiger justice pour tous ceux qui par leur vie et leurs œuvres sont une bénédiction pour l'humanité. Je ne valorise pas avant toute autre chose la droiture et la bienveillance d'un individu, ce sont pour ainsi dire sa tige et ses feuilles. Ces plantes dont nous utilisons la verdure fanée afin de préparer des tisanes pour les malades, servent à un humble usage et sont surtout employées par les charlatans. Je désire la fleur et le fruit d'un homme ; je veux qu'une bouffée de son parfum arrive jusqu'à moi et que sa maturité donne du goût à nos relations. Sa bonté ne doit pas se résumer à un acte éphémère et indépendant de sa personne tout entière, mais être une constante surabondance qui ne lui coûte rien et dont il est inconscient. Voici une charité qui dissimule une multitude de péchés[35]. Le philanthrope abreuve trop souvent l'humanité des souvenirs de ses propres remords refoulés, comme d'une atmosphère, et l'appelle sympathie. Nous devrions transmettre notre courage et non notre désespoir, transmettre notre santé et notre bien-être, et non notre maladie, et prendre garde qu'ils ne se répandent par contagion. De quelles plaines du Sud arrivent ces lamentations ? Sous quelles latitudes habitent ces païens à qui nous voudrions envoyer la lumière ? Qui est cet homme colérique et brutal que nous aimerions sauver ? Si un homme souffre d'une quelconque maladie, de sorte que ses fonctions en sont perturbées, si même il a mal aux intestins, – lesquels sont le siège de la sympathie –, alors il se met à vouloir réformer... le monde ! Étant lui-même un microcosme, il découvre – c'est là une authentique découverte et il est tout désigné pour la faire – que le monde a mangé des pommes vertes ; à ses yeux, le globe lui-même est en fait une grosse pomme verte, et il se dit que les enfants des hommes courent l'affreux danger de la grignoter avant qu'elle ne soit mûre ; et son implacable philanthropie fond aussitôt sur les Esquimaux et les Patagoniens, elle embrasse les villages surpeuplés de l'Inde et de la Chine. Ainsi, en quelques années d'activités philanthropiques, les puissants l'utilisant tout du long à leurs propres fins, il se guérit sans doute de sa dyspepsie, le globe acquiert une légère rougeur sur une de ses joues ou les deux, comme s'il se mettait à mûrir, et la vie perd sa crudité pour redevenir saine et bonne. Je n'ai jamais rêvé d'une énormité plus grande que celles que j'ai commises. Je n'ai jamais connu, et je ne connaîtrai jamais, de pire homme que moi-même.

Je crois que ce qui attriste tant le réformateur, ce n'est pas sa sympathie pour ses semblables dans la détresse, mais, fût-il le plus saint des fils de Dieu, son propre mal privé. Que ce mal guérisse, que le printemps vienne à lui, que le soleil se lève sur sa couche, et il abandonnera ses généreux compagnons sans leur présenter la moindre explication. Mon excuse pour ne pas prêcher contre l'usage du tabac, c'est que de ma vie je n'en ai jamais chiqué ; et voilà une amende dont les anciens chiqueurs doivent s'acquitter ; mais il y a bien assez de choses que j'ai chiquées, contre lesquelles je pourrais prêcher. Si jamais vous étiez un jour entraîné dans l'une de ces activités philanthropiques, que votre main gauche ignore ce que fait votre main droite, car il ne sert à rien de le savoir. Sauvez ceux qui se noient et nouez vos lacets de chaussure. Prenez votre temps et entreprenez la tâche qui vous agréera.

Nos mœurs se sont corrompues au contact des saints. Nos recueils de cantiques résonnent de la mélodieuse malédiction d'un Dieu qu'il nous faut supporter à jamais. On dira volontiers que même les prophètes et les rédempteurs ont plutôt apaisé les peurs que confirmé les espoirs de l'homme. Nulle part n'est mentionnée la simple et entière satisfaction due au don de la vie, nulle louange mémorable de Dieu. La santé et la réussite me font du bien, aussi lointain et étranger ce bien puisse-t-il apparaître ; la maladie et l'échec contribuent à ma tristesse et me font du mal, quelque sympathie puisse-t-il entretenir avec moi, ou moi avec lui. Si donc nous voulons guérir réellement l'humanité par des moyens vraiment indiens, botaniques, magnétiques ou naturels, montrons-nous avant tout nous-mêmes aussi sains et simples que la Nature, chassons les nuages qui obscurcissent nos fronts, et absorbons un peu de vie par tous nos pores. Ne vous obstinez pas à surveiller les pauvres [36], efforcez-vous plutôt de devenir un digne habitant de ce monde.

J'ai lu dans le *Gulistan*, ou *Jardin des fleurs*, du cheik Sadi de Shiraz, qu'« on posa à un sage la question suivante : de tous les nombreux arbres renommés que le Dieu tout-puissant a créés, immenses et généreux en ombre, aucun n'est appelé *azad*, ou libre, sauf le cyprès, qui ne porte aucun fruit ; quel mystère cela recèle-t-il ? Il répondit : à chacun est attribué son produit spécifique, et sa saison particulière, durant laquelle il est frais et florissant, mais en dehors de cette saison l'arbre est sec et flétri ; à aucun de ces deux états le cyprès n'est sujet, car il prospère en permanence. N'attache pas ton cœur à ce qui est transitoire ; car le Dijlah, ou le Tigre, continuera de couler à travers Bagdad après que la race des califes sera éteinte : si ta main est pleine, sois aussi généreux que le palmier dattier ; mais si elle n'a pas les moyens de rien donner, alors sois un *azad*, ou un homme libre, comme le cyprès. »

Poème de complément

LES PRÉTENTIONS DE LA PAUVRETÉ [37]

Pauvre miséreux, tu exagères vraiment,
De vouloir siéger au firmament
Car ton humble chaumière ou ta baignoire
Entretient quelque vertu paresseuse ou pédante
Au soleil généreux ou près de sources ombragées
Parmi les racines et les plantes potagères ; là ta main droite,
Extirpant de l'esprit les passions humaines,
Dont les tiges portent de douces vertus florissantes,
Ternit la nature et engourdit les sens,
Et, telle Gorgone, change en pierre les hommes actifs.
Nous n'avons nul besoin de la morne compagnie
De votre tempérance imposée,
Ni de cet artifice imbécile
Qui ne connaît ni joie ni chagrin ; ni de votre courage
Passif et faux, que l'on exalte à tort
Aux dépens de l'actif. Cette abjecte engeance,
Bassement installée dans la médiocrité,
Sied à votre esprit servile ; mais nous prônons
Les seules vertus qui acceptent excès,
Bravoure et générosité, munificence royale,
Prudence omnisciente, magnanimité
Sans limite, et cette vertu héroïque
Dont l'Antiquité n'a pas laissé le nom,
Mais seulement des exemples, tels qu'Hercule,
Achille, Thésée. Retourne donc à ta cellule méprisée ;
Et quand tu verras la sphère nouvelle illuminée,
Tâche de savoir qui étaient ces héros.

T. Carew

Où j'ai vécu,
et pour quoi j'ai vécu

À un certain moment de notre vie, nous croyons volontiers que n'importe quel endroit nous conviendra pour y élever notre maison. J'ai donc exploré la région de fond en comble dans un rayon d'une douzaine de miles autour de l'endroit où j'habite à présent. J'ai acheté en imagination toutes les fermes l'une après l'autre, car toutes étaient à vendre, et j'en connaissais le prix. J'ai parcouru les terres de tous ces fermiers, goûté leurs pommes sauvages, discuté d'agriculture avec eux, acceptant leur ferme au prix qu'ils réclamaient, à n'importe quel prix, l'hypothéquant à leur profit, allant jusqu'à surenchérir à leur proposition, acceptant tout sauf de signer un acte de vente, prenant leur parole pour cet acte, car j'adore parler, cultivant leurs terres et les cultivant aussi un peu par la même occasion, je crois, avant de battre en retraite quand j'avais pris assez de plaisir, les laissant continuer tout seuls. Cette expérience me valut d'être considéré par mes amis comme une espèce de courtier immobilier. Où que je me sois assis, j'aurais pu vivre là, car le paysage émanait de moi. Qu'est-ce qu'une maison, sinon un *sedes*, un siège ? Et mieux vaut siéger à la campagne. Je découvris de nombreux sites pour y bâtir une maison, des sites qui à chaque fois me semblaient être le meilleur de tous, et que certains auraient pu juger trop éloignés du village, mais pour moi c'était le village qui était trop éloigné de lui. Oui, me disais-je, je pourrais vivre ici ; et j'y vécus bel et bien, une heure ou bien un été et un hiver de ma vie ; je voyais comment je pouvais laisser filer les années, résister à l'hiver et voir le printemps arriver. Les futurs habitants de cette région, où qu'ils aient l'intention de dresser leur maison, peuvent être certains qu'ils ont déjà été précédés en ces lieux. Un après-midi me suffisait pour répartir les terres en verger, bois et pâture, et pour décider quels beaux chênes ou pins il fallait sauver devant la porte, et d'où l'on verrait le mieux chacun des arbres frappés par la foudre ; ensuite, je laissais reposer tout ça, en friche, car on estime la richesse d'un homme au nombre de choses qu'il peut se permettre de laisser de côté.

Mon imagination m'emporta si loin que je me vis même refuser plusieurs fermes, – ce refus était tout ce que je désirais –, et je ne me brûlai jamais les doigts en possédant un quelconque bien. La seule fois où je faillis pour de bon posséder quelque chose, ce fut le jour où j'achetai Hollowell, où je commençai à trier mes graines, à rassembler du matériel dans l'intention de fabriquer une brouette pour vaquer à mes occupations ; mais avant que le propriétaire m'eût donné l'acte de vente, son épouse – tous les hommes ont ce genre de femme – changea d'avis et désira garder la ferme, et le mari m'offrit dix dollars afin de se dégager de l'affaire. Bon, pour tout dire, je n'avais que dix cents en poche, et ma maîtrise déplorable de l'arithmétique m'interdisait de savoir si j'étais un homme qui avait dix cents, ou bien une ferme, ou encore dix dollars, ou enfin ces trois choses réunies. Finalement, je lui laissai ses dix dollars, ainsi que la ferme, car j'avais déjà mené l'affaire trop loin ; ou plutôt, dans un élan de générosité, je lui vendis la ferme pour la somme exacte que je lui avais déjà donnée et, parce que cet homme n'était pas riche, je lui fis cadeau de dix dollars, tout en conservant mes dix cents, mes graines et les matériaux destinés à ma brouette. Je découvris ainsi que j'avais été riche, sans que ma pauvreté dût en souffrir. Mais je conservai le paysage et depuis lors je jouis chaque année de ses bienfaits, et sans brouette encore. À propos des paysages,

« Je suis le souverain de tout ce que j'*arpente*,
Et nul ne pourra m'en disputer le droit [1]. »

J'ai souvent vu un poète se retirer, après avoir eu l'usufruit de la partie la plus précieuse d'une ferme, tandis que le fermier bourru croyait qu'il avait seulement eu droit à quelques pommes sauvages. Eh bien, le propriétaire ignore durant de longues années qu'un poète a mis sa ferme en vers, la plus admirable espèce de clôture invisible, qu'il l'a littéralement confisquée, traite, tamisée, avant de prendre toute la crème et de laisser seulement au fermier le lait écrémé.

Les points vraiment positifs de la ferme de Hollowell étaient, selon moi : son isolement absolu, car elle se trouvait à deux miles du village, à un demi-mile du voisin le plus proche, et un large champ la séparait de la grand-route ; ses terres donnant sur la rivière, que les brouillards protégeaient des gelées de printemps, selon le propriétaire, mais je n'en avais rien à faire ; la couleur grise et l'état délabré de la maison et de la grange, sans compter les clôtures démolies, indiquant un laps de temps énorme entre le dernier occupant et moi ; les pommiers au tronc creux couvert de lichens, rongé par les lapins, et qui m'indiquaient la nature de mes futurs voisins ; mais surtout, le souvenir que j'en gardais à cause de mes pérégrinations antérieures en amont de la rivière, quand cette maison était cachée derrière un dense bosquet d'érables rouges, à travers lesquels j'entendais le chien de garde aboyer. J'avais hâte de l'acheter, avant que le propriétaire termine de retirer quelques rochers, de couper les pommiers creux et d'arracher plusieurs jeunes bouleaux qui avaient poussé dans la pâture, bref, avant qu'il n'ait procédé à de nouvelles « améliorations ». Afin de jouir de ces avantages, j'étais prêt à poursuivre l'exploitation ; tel Atlas, à porter le monde sur mes épaules – je n'appris jamais quelles sommes en tirait le fermier –, et à accomplir toutes ces tâches qui n'avaient pas d'autre motif ou d'excuse, si ce n'est que j'allais peut-être payer pour elles et les acquérir librement en bien propre ; car je savais tout le temps que ces terres produiraient la récolte la plus abondante du produit que je désirais le plus, si seulement je les laissais de côté. Mais l'affaire tourna comme je l'ai déjà expliqué.

Ainsi, tout ce que je pouvais dire au sujet d'une exploitation agricole à grande échelle (j'ai toujours cultivé un jardin), c'était que mes graines étaient prêtes. On croit volontiers que les graines s'améliorent avec le temps. Je ne doute pas que le temps fasse le tri entre les bonnes et les mauvaises graines ; et quand enfin je planterai, je serai sans doute moins déçu. Mais j'aimerais dire ceci à mes semblables, une bonne fois pour toutes : vivez libre et sans entraves le plus longtemps possible. Il y a peu de différences entre être pieds et poings liés à une ferme ou à une prison de comté.

Caton l'Ancien, dont le *De re rustica* est mon *Cultivator*, dit, et la seule traduction que j'aie lue rend ce passage tout à fait incompréhensible : « Si tu envisages d'acheter une ferme, réfléchis-y à deux fois et ne cède pas à l'avidité ; examine-la de fond en comble et ne te contente pas d'en faire une seule fois le tour. Si elle est bonne, plus souvent tu t'y rendras, plus elle te plaira. » Je crois que je n'en achèterai aucune par avidité, mais j'y retournerai encore et encore tant que je vivrai, et je m'y ferai enterrer d'abord, pour qu'enfin elle me plaise vraiment.

Mon expérience suivante dans le même ordre de choses, j'ai l'intention de la décrire plus à fond ; et par commodité, des deux années qu'elle a duré, je n'en ferai qu'une. Ainsi que je l'ai dit, je n'ai pas l'intention d'écrire une ode au découragement[2], mais de me vanter aussi vigoureusement que Chanteclair dressé à l'aube sur son perchoir, au moins pour réveiller mes voisins.

Quand je m'installai dans les bois, c'est-à-dire quand je passai là tant mes nuits que mes jours, ce qui, par hasard, arriva le jour de la fête de l'Indépendance, le 4 juillet 1845, ma maison n'était pas prête pour l'hiver, mais seulement protégée contre la pluie, sans plâtre ni cheminée, les murs réduits à des planches brutes tachées par les intempéries et largement espacées, ce qui rendait la maison assez fraîche pendant la nuit. Les montants verticaux, blancs et taillés, ainsi que la porte et le châssis des fenêtres, récemment rabotés, donnaient à l'ensemble un aspect propre et aéré, surtout le matin, lorsque le bois de charpente était gorgé de rosée et que je me figurais qu'à midi il exsuderait une gomme sucrée. Pour mon imagination, elle conservait toute la journée un peu de ce caractère matinal et me rappelait certaine maison bâtie sur une montagne que j'avais visitée l'année précédente. C'était une cabane aérée, aux murs non plâtrés, conçue pour accueillir un dieu voyageur, et où une déesse aurait pu venir pour y faire traîner sa grande robe. Les vents qui passaient au-dessus de ma demeure étaient ceux qui balaient les crêtes des montagnes, en portant les accents brisés ou seulement les fragments célestes de la musique terrestre. Le vent du matin souffle sans cesse, le poème de la création est ininterrompu ; mais rares sont les oreilles qui l'entendent. Partout l'Olympe n'est que l'envers de la terre.

La seule maison dont j'avais été propriétaire, si je ne compte pas un bateau, était une tente, dont je me servais de temps à autre pour mes excursions estivales, et elle est toujours roulée dans mon grenier ; quant au bateau, après être passé de main en main, il est parti au fil du temps. Désormais doté de cet abri plus substantiel autour de moi, j'avais fait quelque progrès dans mon installation terrestre. Cette charpente, si légèrement couverte, faisait comme une cristallisation qui m'entourait, et elle réagissait sur son bâtisseur. Elle suggérait, tel un dessin réduit aux contours des objets représentés. Je ne ressentais pas le besoin de sortir prendre l'air, car à l'intérieur l'atmosphère n'avait rien perdu de la fraîcheur du grand air. Je me tenais assis non pas tant en intérieur que derrière une simple porte, même quand il tombait des cordes. Le Hariwamsa dit : « Un logis sans oiseau est comme une viande sans assaisonnement. » Tel n'était pas mon logis, car je me retrouvai soudain le voisin des oiseaux ; non que j'en aie emprisonné le moindre, mais parce que je m'étais moi-même mis en cage dans leur voisinage. J'étais non seulement plus proche de certains qui fréquentent d'ordinaire les jardins et les vergers, mais aussi de ces chanteurs plus sauvages et plus émouvants de la forêt qui n'adressent jamais ou rarement leur sérénade aux villageois, la grive des bois, la grive fauve, le tangara écarlate, le bruant des champs, l'engoulevent et bien d'autres encore.

J'étais installé au bord d'un petit lac, à environ un mile et demi au sud de Concord, et un peu plus haut que ce dernier, au milieu d'un grand bois situé entre ce village et Lincoln, et à deux miles environ au sud de notre seul champ célèbre, le champ de bataille de Concord[3] ; mais je me trouvais dans une partie si basse de ce bois que la rive opposée, à un demi-mile de distance, comme le restant du paysage boisé, constituait mon horizon le plus lointain. Pendant la première semaine, chaque fois que je regardais le plan d'eau, il me faisait l'impression d'un de ces petits lacs de montagne, dont le fond est bien plus élevé que la surface d'autres lacs, et au soleil levant je le voyais ôter ses habits nocturnes et brumeux, puis çà et là, peu à peu, j'apercevais ses rides légères ou le miroir lisse de sa surface, tandis que la brume, telle une foule de fantômes, se retirait furtivement de toutes parts vers les bois, comme s'égaillerait quelque mystérieuse assemblée nocturne. La rosée même paraissait s'attarder sur les arbres plus tard dans la journée qu'il n'est coutume, comme sur les versants des montagnes.

Ce petit lac était un voisin précieux entre deux légères averses orageuses d'août quand, l'air et l'eau demeurant parfaitement immobiles, et le ciel couvert, le milieu d'après-midi avait toute la sérénité du soir et la grive des bois qui chantait à la cantonade se faisait entendre d'une rive à l'autre. Un lac tel que celui-ci n'est jamais plus calme qu'à ces moments-là ; au-dessus, la couche d'air lumineuse étant peu épaisse et obscurcie par les nuages, l'eau, saturée de clarté et de reflets, devient en soi un ciel inférieur, beaucoup plus saisissant que l'autre. Du haut d'une colline toute proche, où l'on avait récemment coupé les arbres, j'avais une vue agréable vers le sud, au-delà du lac, derrière une large trouée entre les collines qui se dressent là sur la rive, où les deux pentes opposées, inclinées l'une vers l'autre, suggéraient un ruisseau coulant dans cette direction à travers une vallée boisée, mais le fait est qu'il n'y avait pas de ruisseau à cet endroit. Ainsi regardais-je entre les collines vertes toutes proches et au-dessus d'elles, vers d'autres collines lointaines et plus élevées, teintées de bleu à l'horizon. De fait, en me dressant sur la pointe des pieds, je pouvais apercevoir quelques sommets des chaînes de montagnes encore plus bleues et éloignées qui s'élèvent au nord-ouest, ces pièces de monnaie d'un bleu pur frappées par le Ciel, et aussi un peu du village. Mais dans les autres directions et malgré mon point de vue éminent, je ne parvenais pas à voir au-dessus ni au-delà des bois environnants. Il est précieux d'avoir de l'eau dans son voisinage, pour permettre en quelque sorte à la terre de flotter. Un des avantages du plus petit des puits, c'est qu'il suffit de regarder au fond pour constater que la terre n'est pas un continent, mais une île. Chose aussi importante que de garder le beurre au frais dans son puits. Quand, de ce sommet, je regardais le lac en direction des prés de Sudbury, qu'en période d'inondation je voyais surélevés comme par un mirage dans leur vallée florissante, telle une pièce de monnaie dans une bassine, tout le paysage situé au-delà du lac me faisait l'effet d'une mince croûte isolée flottant sur cette petite nappe liquide qui nous séparait, et je me rappelais alors que l'endroit où j'habitais était un *terrain sec*.

Même si la vue que j'avais de ma porte était encore plus restreinte, je ne me sentais nullement à l'étroit, ni confiné. Car mon imagination avait suffisamment trouvé sa pâture. Le plateau bas couvert de chênes nains vers où montait la rive opposée s'étendait en direction des prairies de l'Ouest et des steppes de la Tartarie, offrant ainsi d'amples espaces aux familles vagabondes des hommes. « Les seuls êtres heureux en ce monde sont ceux qui jouissent librement d'un large horizon », disait Damodara, quand ses troupeaux réclamaient de nouveaux et plus vastes pâturages.

Le lieu et le temps étaient changés, j'habitais plus près de ces parties de l'univers et de ces époques historiques qui m'avaient le plus attiré. Je vivais aussi loin que dans les nombreuses régions observées de nuit par les astronomes. Nous imaginons volontiers des lieux rares et délectables situés dans quelque recoin éloigné et plus céleste du système de l'univers, derrière la constellation de la Chaise de Cassiopée, loin du bruit et de l'agitation. Je découvris que ma maison se situait vraiment dans une partie de l'univers retirée, mais toujours nouvelle et non profanée. S'il valait la peine de s'installer dans ces régions proches des Pléiades ou des Hyades, d'Aldébaran ou d'Altaïr, alors j'y étais pour de bon, ou du moins

à une distance égale de la vie que j'avais laissée derrière moi, rape-
tissée et clignotant d'une lueur aussi ténue que celle visible par
mon voisin le plus proche, et encore seulement par les nuits sans
lune. Telle était cette partie de la création où je m'étais installé ;

« Un berger vivait aussi haut
Qu'il dardait ses pensées,
Aussi haut que les monts où ses troupeaux
Le nourrissaient toute la journée. »

Que devrions-nous dire de la vie du berger dont les troupeaux
vagabonderaient sans cesse vers des pâturages plus élevés que ses
pensées ?

Chaque matin était une joyeuse invitation à rendre ma vie tout
aussi simple et, dirai-je, aussi innocente que la Nature elle-même.
J'ai toujours adoré Aurore aussi sincèrement que les Grecs. Je me
levais de bonne heure et me baignais dans le lac ; c'était un exercice religieux et l'une des meilleures choses que je fis jamais. On
raconte que les caractères suivants étaient gravés sur la baignoire
du roi Tching-Tang : « Renouvelle-toi entièrement chaque jour ;
fais-le encore et encore, et à jamais [4]. » Je comprends bien cela. Le
matin nous renvoie aux temps héroïques. J'étais autant ému par
la susurration discrète du moustique procédant à son invisible et
inimaginable inspection de mon appartement au point du jour, alors
que je me tenais assis avec la porte et les fenêtres ouvertes, que je
pourrais être touché par n'importe quelle trompette annonciatrice
de la gloire et de la renommée. C'était le requiem d'Homère ; en
soi une *Iliade* et une *Odyssée* dans l'air, chantant son courroux et
son errance. Ce bourdonnement avait quelque chose de cosmique ;
l'annonce durable, jusqu'à ce qu'on l'interrompe, des éternelles
vigueur et fertilité du monde. Le matin, période la plus mémorable
de la journée, est aussi l'heure de l'éveil. Alors le sommeil est le
moins présent en nous ; et pour une heure au moins, certaine partie
de chacun de nous s'éveille, qui somnole le reste de la journée et de
la nuit. Il ne faut pas attendre grand-chose d'un jour, si l'on peut
appeler cela un jour, auquel nous ne sommes pas éveillés par notre

Génie, mais par les secousses mécaniques de quelque serviteur; auquel nous ne sommes pas éveillés par nos forces et nos aspirations propres, intérieures et récemment acquises, accompagnées des accents d'une musique céleste, au lieu des cloches de l'usine, et tandis qu'un parfum embaume l'air, nous voilà attirés par une vie plus élevée que celle abandonnée en nous endormant; ainsi, l'obscurité porte ses fruits et se révèle bénéfique, au même titre que la lumière. Celui qui ne croit pas que chaque jour contient une heure plus matinale, sacrée et aurorale que celles qu'il a déjà profanées, désespère de la vie et suit un chemin descendant vers les ténèbres. Après une cessation partielle de sa vie sensuelle, l'âme de l'homme, ou plutôt ses organes, sont revigorés quotidiennement, et son Génie tend de nouveau vers toute la noblesse à laquelle il peut aspirer. Tous les événements mémorables, dirai-je, adviennent le matin et dans une atmosphère matinale. Selon les Védas, « toutes les intelligences s'éveillent le matin ». La poésie et l'art, ainsi que les plus belles et les plus mémorables actions humaines, s'ancrent dans cette heure. Tous les poètes et les héros, tel Memnon, sont des enfants de l'Aurore et créent leur musique au lever du soleil. Pour celui dont la pensée souple et vigoureuse suit un rythme solaire, le jour est un perpétuel matin. Et peu importe ce que disent les horloges, ou les attitudes ou les travaux des hommes. Le matin, c'est quand je suis éveillé et que l'aube point en moi. La réforme morale consiste en l'effort accompli pour repousser le sommeil. Comment les hommes peuvent-ils fournir un aussi piètre compte rendu de leur journée, s'ils ne l'ont pas passée à sommeiller? Ils ne sont pas aussi mauvais en calcul. Si la somnolence ne les avait pas envahis, ils auraient accompli quelque chose. Des millions d'individus sont assez éveillés pour effectuer un travail physique; mais seulement un sur un million est assez éveillé pour accomplir un effort intellectuel couronné de succès, un seulement sur cent millions est voué à une existence poétique ou divine. Être éveillé, c'est être vivant. Je n'ai toujours pas rencontré d'homme entièrement éveillé. Comment aurais-je pu le regarder droit dans les yeux?

Nous devons apprendre à nous réveiller, et à rester éveillés, non par des moyens mécaniques, mais par l'attente ininterrompue de l'aube, laquelle ne nous quitte pas même dans notre plus profond sommeil. Je ne connais pas de fait plus encourageant que la capacité indiscutable de l'homme à élever sa vie par un effort conscient. C'est une chose de pouvoir peindre un tableau particulier ou de sculpter une statue, et ainsi de fabriquer quelques beaux objets; mais il est beaucoup plus glorieux de sculpter et de peindre l'atmosphère même et le médium que nos regards traversent, ce que nous sommes moralement capables de faire. Modifier la qualité du jour, voilà le plus élevé des arts. À chaque homme incombe la tâche de rendre sa vie, jusqu'au moindre détail, digne d'être contemplée à son heure la plus élevée et la plus critique. Si nous refusions, ou plutôt épuisions, les informations dérisoires que nous pouvons obtenir, les oracles nous indiqueraient clairement la marche à suivre.

Je suis parti dans les bois parce que je désirais vivre de manière réfléchie, affronter seulement les faits essentiels de la vie, voir si je ne pouvais pas apprendre ce qu'elle avait à m'enseigner, et non pas découvrir à l'heure de ma mort que je n'avais pas vécu. Je ne désirais pas vivre ce qui n'était pas une vie, car la vie est très précieuse; je ne désirais pas davantage cultiver la résignation, à moins que ce ne fût absolument nécessaire. Je désirais vivre à fond, sucer toute la moelle de la vie, vivre avec tant de résolution spartiate que tout ce qui n'était pas la vie serait mis en déroute, couper un large andain et tondre ras, acculer la vie dans un coin et la réduire à ses composants les plus élémentaires, et si jamais elle devait se montrer mesquine, eh bien alors en tirer toute l'authentique mesquinerie, et avertir le monde entier de cette mesquinerie; ou si elle devait se révéler sublime, la connaître par l'expérience et réussir à en établir un rapport fidèle lors de mon excursion suivante. Car la plupart des hommes, me semble-t-il, sont plongés dans une étrange perplexité, incapables de décider si elle vient du diable ou de Dieu, et ils ont conclu *un peu vite* que le but premier de l'homme ici-bas est de « glorifier Dieu et de trouver en Lui un bonheur éternel ».

Nous vivons encore mesquinement, comme des fourmis, bien que
la fable nous affirme qu'il y a longtemps que nous avons été transformés en hommes ; tels les Pygmées, nous combattons les grues [5] ;
nous accumulons les erreurs et les rapiéçages, et chaque fois que
se manifeste notre meilleure vertu, elle aboutit à un malheur aussi
évitable que superflu. Notre vie s'émiette en menus détails. Un
honnête homme a rarement besoin de compter davantage que sur
ses dix doigts, et dans les cas extrêmes il peut y ajouter ses dix
orteils et laisser tomber le reste. Simplicité, simplicité, simplicité !
Je vous le dis, que vos affaires se réduisent à deux ou trois, et non
à une centaine ou à un millier ; à la place d'un million comptez
une demi-douzaine, et tenez vos comptes sur l'ongle d'un pouce.
Au milieu de cette mer clapoteuse de la vie civilisée, les nuages, les
tempêtes, les sables mouvants et les mille et un problèmes à régler
sont tels qu'un homme, s'il ne veut pas sombrer ni aller par le fond
sans jamais arriver à destination, doit naviguer à l'estime, et il faut
vraiment être un as du calcul pour réussir. Simplifiez, simplifiez.
Au lieu de trois repas par jour, n'en prenez qu'un le cas échéant ; au
lieu de cent plats, cinq ; et réduisez tout le reste à l'avenant. Notre
vie ressemble à une Confédération germanique, constituée d'États
minuscules aux frontières toujours changeantes, si bien qu'à tout
moment un Allemand est incapable de dire où se trouve sa frontière. Quant à la nation proprement dite, avec toutes ses prétendues
améliorations internes, qui soit dit en passant sont toutes externes
et superficielles, elle n'est qu'une institution pataude et boursou-
flée, encombrée de meubles et trébuchant sur ses propres chausse-
trapes, ruinée par les dépenses somptuaires et inconsidérées, par
le manque de calcul et d'un objectif digne de ce nom, exactement
comme les millions de foyers de ce pays ; et le seul remède pour
cet État comme pour eux est une stricte économie, une simplicité
austère et plus que spartiate dans leur mode de vie, ainsi qu'un
objectif élevé. Les hommes vivent trop vite. Ils trouvent sans
aucun doute essentiel que la *Nation* fasse du commerce, exporte
de la glace, converse grâce au télégraphe et voyage à la vitesse de
trente miles à l'heure, qu'eux-mêmes le fassent ou pas ; mais que
nous vivions comme des babouins ou comme des hommes, voilà

qui reste un peu incertain. Si, au lieu de fabriquer nos traverses de chemin de fer, de forger des rails et de consacrer nos jours et nos nuits au travail, nous remanions nos *vies* pour les améliorer, elles, qui construira les chemins de fer ? Et si nos chemins de fer ne sont pas construits, comment monterons-nous au ciel en temps voulu ? Mais si nous restons à la maison pour nous occuper de nos affaires, qui aura besoin de chemins de fer ? Nous ne montons pas dans le train ; c'est lui qui monte sur nous. Avez-vous déjà réfléchi à ce que sont ces traverses, qui soutiennent la voie de chemin de fer ? Chacune de ces traverses est un homme, un Irlandais ou un Yankee. Les rails sont posés dessus, puis elles sont recouvertes de sable et les wagons circulent sans heurt dessus. Et ces traverses, ces dormants *, ils dorment bien, je vous assure. Au bout de quelques années, on en pose de nouvelles, sur lesquelles on roule ; ainsi, quand certains ont le plaisir de chevaucher un rail * *, d'autres ont le déplaisir de se faire rouler dessus. Et lorsqu'on écrase un somnambule, un dormant surnuméraire placé au mauvais endroit, et qu'on l'éveille, on arrête brusquement les wagons et l'on pousse des cris de paon, comme s'il s'agissait là d'un accident exceptionnel. J'ai été heureux d'apprendre qu'il faut une équipe de cheminots tous les cinq miles afin de garder ces dormants en place, dans leur lit pour ainsi dire, car c'est le signe qu'ils peuvent parfois se lever.

Pourquoi devrions-nous vivre dans une telle hâte en gaspillant nos vies ? Nous sommes décidés à mourir de faim avant même de ressentir le moindre appétit. On dit qu'un point fait à temps en vaut cent, si bien qu'on fait mille points aujourd'hui pour s'en épargner neuf demain. Quant au *travail*, nous n'en avons aucun de crucial. Nous souffrons de la danse de Saint-Guy et sommes incapables de garder nos têtes tranquilles. Si je devais exercer seulement quelques tractions sur la corde de la cloche paroissiale, comme pour avertir d'un incendie, il y aurait à peine un fermier des environs de

---

* L'anglais *sleeper* désigne à la fois le dormeur et la traverse de chemin de fer.
** En plus de voyager par le train, Thoreau fait allusion à la coutume de reconduire hors du village une personne indésirable en la portant à cheval sur une perche de bois.

Concord, malgré ses engagements pressants qui tant de fois lui ont servi de prétextes ce matin-là, ni un garçon ni une femme, dirais-je aussi, qui n'abandonnerait toutes ses tâches présentes et suivrait ce bruit, non pas tant afin de sauver quelques biens des flammes, mais, s'il faut dire la vérité, beaucoup plus pour les voir brûler, puisqu'il faut qu'ils brûlent, et que ce n'est pas nous qui y avons mis le feu [6], – que cela soit bien clair –, ou pour voir comment on l'éteint et donner un coup de main, si le spectacle en vaut la chandelle ; oui, et même s'il s'agissait de l'église paroissiale. À peine un homme qui fait une sieste d'une demi-heure après le repas s'est-il réveillé qu'il lève la tête et demande, « Quelles nouvelles ? » comme si le restant de l'humanité venait de monter la garde auprès de lui. Certains exigent qu'on les réveille toutes les demi-heures, sans doute dans le même but ; puis, en guise de dédommagement, ils racontent leurs rêves. Après une nuit de sommeil, les nouvelles sont aussi indispensables que le petit-déjeuner. « Racontez-moi, je vous prie, toutes les nouveautés qui sont arrivées à l'homme partout sur ce globe », et il les lit en prenant son café et ses petits pains : untel s'est fait arracher les yeux ce matin-là sur le fleuve Wachito ; à cet instant, il ne songe guère qu'il habite lui-même l'insondable et obscure caverne de mammouth [7] du monde, et qu'il ne possède que le rudiment d'un œil.

Pour ma part, je me passerais facilement du bureau de poste. Je pense que très peu de communications importantes transitent par ce bureau. Pour m'exprimer de manière critique, je n'ai jamais reçu en cette vie plus d'une ou deux lettres – j'ai écrit ce texte voici quelques années – qui méritaient d'être postées. La poste à un penny est d'habitude une institution qui permet d'offrir sérieusement un penny à un homme en échange de ses pensées [8], un penny que l'on propose souvent sans danger comme une plaisanterie. Et je suis certain de n'avoir jamais lu la moindre nouvelle mémorable dans un journal. Si nous apprenons ainsi qu'un homme a été volé ou assassiné, ou tué par accident, qu'une maison a brûlé, qu'un navire a fait naufrage, qu'un bateau à vapeur a explosé, qu'une vache a été écrasée sur le Western Railroad, qu'un chien fou a été abattu ou que les sauterelles ont envahi telle ou telle région en hiver, nous n'avons jamais besoin de lire un autre journal. Un seul suffit. Quand on connaît le principe d'une chose, à quoi bon en avoir une myriade d'exemples et d'applications ? Pour le philosophe, toutes les *nouvelles*, comme on les appelle, relèvent du bavardage, et ceux qui les choisissent et les lisent sont des vieilles femmes sirotant leur thé. Et pourtant, nombreux sont ceux qui recherchent ces ragots. L'autre jour, d'après ce qu'on m'a dit, il y eut une telle bousculade à l'un des bureaux pour apprendre une nouvelle de dernière heure en provenance de l'étranger, que plusieurs grands panneaux de verre carrés appartenant à l'établissement explosèrent sous la pression, le genre de nouvelle que, je le crois sincèrement, un esprit délié pourrait rédiger douze mois ou douze années à l'avance avec une précision suffisante. Quant à l'Espagne, par exemple, si vous savez mélanger Don Carlos et l'Infante, Don Pedro, Séville et Grenade de temps à autre et selon les bonnes proportions, – peut-être ces noms ont-ils un peu changé depuis la dernière fois où j'ai lu les journaux –, et servir une corrida lorsque les autres distractions ne marchent plus, le résultat sera absolument exact et il nous donnera une aussi bonne idée de l'état précis ou de la ruine des choses que le reportage le plus succinct et lumineux publié sous ce titre dans les journaux : et quant à l'Angleterre, la dernière bribe de nouvelle significative issue de cette région du monde fut presque la révolution de 1649 ; lorsqu'on a appris l'histoire de ses récoltes durant une année normale, on n'a guère besoin de s'occuper encore de ce sujet, à moins que vos intérêts soient uniquement d'ordre pécuniaire. Si l'homme qui jette rarement un coup d'œil aux journaux peut exprimer son avis, il n'arrive jamais rien de nouveau à l'étranger, sans excepter une révolution française.

Quelles nouvelles ! Comme il importe plus de savoir ce qui ne fut jamais vieux ! « Kieou-he-yu (le grand dignitaire de l'État de Wei) dépêcha un homme auprès de Khoung-tseu pour prendre de ses nouvelles. Khoung-tseu fit asseoir le messager à ses côtés, puis l'interrogea en ces termes : Que fait ton maître ? Le messager répondit avec respect : Mon maître désire diminuer le nombre de ses défauts, mais il n'arrive pas à les juguler. Une fois le messager parti, le philosophe fit remarquer : Quel précieux messager ! Quel précieux messager ! » Le prédicateur, au lieu de rebattre les oreilles de fermiers somnolents pendant leur jour de repos à la fin de la semaine, – car le dimanche est l'adéquate conclusion d'une semaine mal employée, et non le début allègre et vaillant d'une nouvelle –, avec la énième mouture de son sermon puant, devrait s'écrier d'une voix tonnante : « Arrêtez ! N'avancez plus ! À quoi bon cette hâte apparente, alors que vous êtes d'une mortelle lenteur ? »

Impostures et illusions passent pour d'incontestables vérités, tandis que la réalité est fabuleuse. Si les hommes s'attachaient à observer seulement les réalités, sans se laisser bercer d'illusions, la vie, pour la comparer à des choses connues de nous, ressemblerait à un conte de fées et aux *Mille et Une Nuits*. Si nous respecions seulement ce qui est inévitable et a le droit d'être, alors la musique et la poésie résonneraient dans toutes les rues. Quand nous sommes sages et peu pressés, nous percevons que seules les choses grandes et dignes ont une existence permanente et absolue, – que les peurs mesquines et les plaisirs mesquins ne sont que l'ombre de la réalité. Cette constatation est toujours exaltante et sublime. En fermant les yeux, en s'abandonnant à la somnolence et en consentant à se laisser duper par toutes sortes de spectacles, les hommes établissent et confortent partout leurs routines et leurs habitudes quotidiennes, qui sont pourtant construites sur des fondations purement illusoires. Les enfants, qui jouent à la vie, discernent ses véritables lois et relations plus clairement que les hommes, qui ne parviennent pas à la vivre dignement, tout en se croyant plus sages à cause de leur expérience, c'est-à-dire de leur échec. J'ai lu dans un livre hindou l'histoire du fils d'un roi qui, « chassé de sa ville natale alors qu'il était nouveau-né, fut élevé par un forestier et, grandissant en cet état jusqu'à l'âge adulte, s'imagina appartenir à la race barbare au milieu de laquelle il vivait. L'un des ministres de son père l'ayant découvert, lui révéla sa véritable identité, et une fois son erreur dissipée, il se considéra comme un prince. Ainsi de l'âme », poursuit le philosophe hindou, « car à cause de la situation où elle se trouve, elle se méprend sur sa propre nature, jusqu'à ce que la vérité lui soit révélée par quelque maître vénérable, après quoi elle sait qu'elle est *brahmine*. » Je constate que nous autres, habitants de Nouvelle-Angleterre, vivons cette vie mesquine qui nous caractérise parce que notre vision ne pénètre pas au-delà de la surface des choses. Nous pensons qu'*est* ce qui *semble* être. Si un homme traversait notre village et voyait seulement la réalité, que ferait-il donc du *Mill-dam*[9] ? S'il nous faisait un compte rendu des réalités qu'il y a vues, nous ne reconnaîtrions pas cet endroit dans sa description. Regardez un temple, un tribunal, une prison, une boutique ou une maison d'habitation, dites ce que ces choses sont réellement pour un regard véridique, et toutes s'écrouleraient au fil de votre description. Les hommes croient la vérité éloignée, située dans la banlieue du système de l'univers, au-delà de l'étoile la plus lointaine, avant Adam et après le dernier homme. Dans l'éternité, il y a de fait quelque chose de vrai et de sublime. Mais tous ces temps, ces lieux et ces occasions appartiennent à l'ici et maintenant. Dieu lui-même s'accomplit dans l'instant présent, et ne sera jamais plus divin en aucune autre époque. Nous sommes seulement capables d'appréhender ce qui est noble et sublime, par instillation et infiltration perpétuelles de la réalité qui nous entoure. L'univers répond constamment et docilement à nos conceptions ; que nous voyagions vite ou lentement, la voie est là devant nous. Passons donc notre vie à concevoir. Le poète ou l'artiste n'ont jamais eu de projet si beau et si noble que la postérité n'ait au moins trouvé quelqu'un pour l'accomplir.

Passons une journée de manière aussi réfléchie que la Nature, sans permettre à aucune coquille de noix ni à aucune aile de moustique tombant sur la voie de nous faire dérailler. Levons-nous de bonne heure et restons à jeun, ou bien rompons le jeûne*, doucement et sans agitation ; que les visiteurs arrivent et repartent, que les cloches sonnent et les enfants crient – en restant bien décidés à fêter cette journée. Pourquoi devrions-nous succomber et nous

---

*Thoreau joue sur l'étymologie de « déjeuner » : rompre le jeûne.

laisser emporter par le courant ? Ne nous laissons pas bouleverser et submerger dans cet affreux rapide tourbillonnant appelé un dîner, et situé sur les hauts-fonds du milieu du jour. Affrontez ce danger et vous voilà sain et sauf, car le restant du chemin descend la pente. Les muscles bandés de vigueur matinale, passez au large en regardant ailleurs, attaché au mât comme Ulysse. Si la locomotive siffle, eh bien qu'elle siffle jusqu'à en être aphone. Si la cloche sonne, pourquoi courir ? Nous allons réfléchir à la nature de cette musique. Fixons-nous un objectif et enfonçons ardemment le coin de nos pieds dans la boue et la vase de l'opinion, les préjugés et la tradition, l'illusion et l'apparence, toutes ces alluvions qui recouvrent le globe, de Paris à Londres, de New York à Boston et Concord, dans les églises et les États, la poésie, la philosophie et la religion, jusqu'à ce que nous touchions un sol dur semé de rochers que nous pourrons appeler *réalité*, en disant : Ceci, sans erreur possible, *est* ; et ensuite commencer, en ayant un *point d'appui* *, en dessous de la crue, du gel et du feu, occuper un endroit idéal pour fonder un mur ou un État, ou pour y dresser sûrement un lampadaire, ou peut-être installer une jauge, pas un Nilomètre, plutôt un Réalomètre, afin que les siècles futurs sachent à quelle hauteur les crues d'impostures et d'apparences sont parfois montées. Quand on se tient debout et bien droit, face à face avec un fait, on voit le soleil briller sur ses deux surfaces, comme si ce fait était un cimeterre, et l'on sent son doux tranchant couper en deux votre cœur et votre moelle, et ainsi apporter une conclusion heureuse à votre carrière mortelle. Dans la vie comme dans la mort, nous aspirons seulement à la réalité. Si nous sommes bel et bien à l'agonie, écoutons le râle dans notre gorge et sentons le froid dans nos extrémités ; mais si nous sommes vivants, vaquons à nos occupations.

Le temps n'est que la rivière où je m'en vais pêcher. Je bois son eau ; et tout en buvant, je vois le fond sablonneux et remarque comme il est peu profond. Son faible courant entraîne toutes choses, mais l'éternité demeure. J'aimerais boire plus profond ; pêcher dans le ciel, dont le fond caillouteux est semé d'étoiles. Je ne peux compter jusqu'à un. Je ne connais pas la première lettre de l'alphabet. J'ai toujours regretté de ne pas être aussi sage que le jour de ma naissance. L'intellect est un couperet ; il discerne et se fraie un chemin vers le secret des choses. Je ne souhaite pas accomplir davantage de tâches manuelles qu'il n'est nécessaire. Ma tête, c'est mes mains et mes pieds. Je sens le meilleur de mes facultés s'y concentrer. Mon instinct me dit que ma tête est un organe destiné à creuser des terriers, comme le groin et les pattes avant de certains animaux, et ma tête me servira à creuser mes galeries et mon terrier sous ces collines. Je crois que la veine la plus riche se trouve quelque part par ici ; je compte donc me fier à la baguette du sourcier et aux faibles vapeurs qui s'élèvent de la terre ; c'est ici que je vais commencer à creuser ma mine.

Lire

En réfléchissant un peu plus sagement au choix de leurs projets, tous les hommes deviendraient peut-être des étudiants et des observateurs pour l'essentiel, car tous s'intéressent certainement à leur nature et à leur destin. Accumuler des biens pour nous-mêmes ou notre postérité, fonder une famille ou un État, ou même accéder à la renommée, en tout cela nous sommes mortels ; mais dès que nous avons affaire à la vérité, nous sommes immortels, et nous ne redoutons plus ni le changement ni l'accident. Le plus ancien philosophe égyptien ou hindou souleva un coin du voile qui recouvrait la statue de la divinité ; aujourd'hui encore, ce tissu frémissant demeure relevé et je contemple une gloire aussi nouvelle que celle qu'il découvrit jadis, car c'était moi en lui qui eus alors cette audace, et c'est lui en moi qui à cette heure retrouve cette vision. Nulle poussière ne s'est posée sur le voile ; aucun laps de temps ne s'est écoulé depuis que la divinité fut ainsi révélée. Ce temps, qui est notre vraie richesse, ou qui le deviendra, n'est ni passé, ni présent, ni futur.

Mon lieu de résidence était plus favorable, non seulement à la pensée, mais aux lectures sérieuses, qu'une université ; et bien que trop éloigné des bienfaits d'une bibliothèque ordinaire[1], j'étais plus que jamais sous l'influence de ces livres qui circulent autour du monde, dont les phrases furent d'abord écrites sur de l'écorce, pour être désormais simplement copiées de temps à autre sur du papier de lin. Comme dit le poète Mîr Camar Uddîn Mast, « Rester assis et arpenter les régions du monde spirituel, voilà l'avantage que j'ai trouvé dans les livres. S'enivrer en buvant un seul verre de vin ; j'ai goûté à ce plaisir en buvant la liqueur des doctrines ésotériques ». Tout l'été, j'ai gardé sur ma table l'*Iliade* d'Homère, même si je feuilletais seulement ce livre de temps à autre. Le travail manuel incessant, car je devais d'abord finir ma maison tout en sarclant mes haricots, m'interdit d'étudier davantage. Je gardais néanmoins l'espoir de lire ces livres dans un avenir proche. Je profitais des pauses dans mon labeur pour lire un ou deux livres de voyages[2] assez frivoles, jusqu'au jour où cette occupation me fit honte, et je me demandai où *moi* je vivais.

L'étudiant peut lire Homère ou Eschyle en grec sans risquer de s'abandonner à la dissipation ou à la volupté, car ces lectures impliquent que dans une certaine mesure l'étudiant imite leurs héros et consacre ses heures matinales à leurs pages. Les livres héroïques, même imprimés dans notre langue maternelle, seront toujours dans une langue morte pour les époques dégénérées ; et nous devons chercher laborieusement le sens de chaque mot et de chaque vers, en imaginant une signification plus vaste que l'usage commun ne l'autorise au regard de notre sagesse, de notre valeur et de notre générosité. L'édition moderne, bon marché et prolifique, avec toutes ses traductions, n'a pas fait grand-chose pour nous rapprocher des auteurs héroïques de l'Antiquité. Ils semblent aussi solitaires, et les caractères dans lesquels ils sont imprimés aussi rares et curieux, que jamais. Il est digne de consacrer certains jours de sa jeunesse et des heures précieuses pour apprendre ne serait-ce que quelques mots d'une langue ancienne, lesquels s'extraient de la trivialité de la rue pour devenir de perpétuelles évocations et provocations[3]. Ce n'est pas en vain que le fermier se rappelle et répète les rares mots de latin qu'il a entendus. Les hommes s'expriment parfois comme si l'étude des classiques devait finalement céder la place à des études plus modernes et pratiques ; mais l'étudiant aventureux restera toujours attaché aux classiques, dans quelque langue qu'ils aient été écrits et aussi anciens qu'ils puissent être. Car que sont les classiques, sinon les plus nobles pensées humaines jamais couchées sur le papier ? Ce sont les seuls oracles à ne jamais avoir vieilli, et ils contiennent des réponses aux questions les plus modernes, que ni Delphes ni Dodone ne fournirent jamais. Autant omettre d'étudier la Nature sous prétexte qu'elle est vieille. Lire bien, c'est-à-dire lire de vrais livres dans l'esprit adéquat, est un noble exercice, une activité qui exige davantage de peine du lecteur que n'importe quel autre exercice prisé par les coutumes du jour. Cela demande un entraînement semblable à celui que supportent les athlètes, la détermination inébranlable de presque toute une vie. Il faut lire les livres avec autant de soin et d'attention qu'on a mis à les écrire. Il ne suffit même pas d'être capable de lire la langue nationale dans laquelle ils sont écrits, car il existe une disparité marquée entre la langue parlée et la langue écrite, la langue entendue et la langue lue. L'une est d'ordinaire transitoire, un son, une inflexion, un simple dialecte, presque bestiale, et nous l'apprenons inconsciemment, telles des brutes, par notre mère. L'autre est la maturité et l'expérience de la première ; si l'une est notre langue maternelle, l'autre est notre langue paternelle, une expression mesurée et choisie, trop lourde de sens pour être entendue par l'oreille, et que nous pouvons seulement parler après une nouvelle naissance *. Les hommes innombrables qui simplement *parlaient* le grec et le latin au Moyen Âge n'avaient pas le droit, vu les circonstances de leur naissance, de *lire* les œuvres des génies écrites dans ces langues ; car ces livres n'étaient pas écrits dans le grec ou le latin qu'ils connaissaient, mais dans la langue choisie de la littérature. Ils n'avaient pas appris les dialectes plus nobles de la Grèce et de Rome, mais le matériau même sur lequel ces œuvres étaient écrites était pour eux du papier de rebut, et ils prisaient bien davantage une littérature contemporaine de mauvaise qualité[4]. Pourtant, lorsque les nations européennes eurent acquis des langues écrites indépendantes bien que grossières, qui suffisaient aux objectifs de leur littérature naissante, alors le goût du savoir ancien réapparut et les érudits réussirent à discerner les trésors de l'Antiquité malgré leur éloignement. Ce que les foules romaines et grecques ne pouvaient *entendre*, quelques savants le *lurent* maints siècles plus tard, et quelques savants seulement le lisent encore.

Nous avons beau admirer les éclats d'éloquence occasionnels de l'orateur, les plus nobles mots écrits se situent en général aussi loin derrière ou au-dessus de l'éphémère langage parlé, que le firmament et ses étoiles cachés derrière les nuages. Voilà les étoiles,

---

* Il faut entendre cette naissance comme une conversion religieuse.

et que ceux qui le peuvent les lisent. Sans cesse les astronomes les observent et les commentent. Ce ne sont pas des exhalaisons comme nos conversations quotidiennes et nos haleines vaporeuses. Ce qu'on qualifie d'éloquence sur le forum, le savant le démasque souvent comme une simple rhétorique. L'orateur s'abandonne à l'inspiration d'une occasion fugace pour s'adresser à la foule rassemblée devant lui, à tous ceux qui peuvent l'*entendre*; mais l'écrivain, dont la vie plus régulière constitue l'occasion prolongée, et qui perdrait tous ses moyens face à l'événement et à la foule qui inspire l'orateur, s'adresse à l'intellect et au cœur de l'humanité, à tous ceux qui peuvent ou pourront le *comprendre*.

Ne nous étonnons pas qu'Alexandre ait emporté l'*Iliade* avec lui dans un coffret précieux lors de ses expéditions. Un mot écrit est une relique incomparable. C'est une chose à la fois plus intime et plus universelle que toute autre œuvre d'art. C'est l'œuvre d'art la plus proche de la vie elle-même. On peut le traduire dans toutes les langues, et pas seulement le lire, mais toutes les lèvres humaines peuvent l'exhaler; on peut non seulement le représenter sur la toile ou dans le marbre, mais aussi le graver dans le souffle de la vie elle-même. Le symbole de la pensée d'un écrivain antique devient le discours d'un homme moderne. Deux mille étés ont seulement accordé aux monuments de la littérature grecque, comme à ses marbres, un or plus patiné et une teinte automnale, car ils ont transporté leur propre atmosphère sereine et céleste vers toutes les contrées afin de les protéger contre la corrosion du temps. Les livres constituent la précieuse richesse du monde, le digne héritage des générations et des nations. Les livres, les plus anciens et les meilleurs, trônent naturellement et justement sur les étagères de chaque chaumière. Ils n'ont aucune cause particulière à plaider, et tant qu'ils éclaireront et soutiendront le lecteur, son bon sens ne les refusera pas. Leurs auteurs forment une aristocratie naturelle et toute-puissante dans chaque société, et davantage que les rois ou les empereurs ils exercent leur influence sur l'humanité. Lorsque, grâce à son zèle et à son industrie, le commerçant illettré et peut-être méprisant a gagné le loisir et l'indépendance tant convoités, et qu'il se voit admis dans les cercles de la richesse et de la mode, il finit inévitablement par se tourner vers les cercles encore plus élevés mais toujours inaccessibles de l'intellect et du génie, alors il découvre seulement l'imperfection de sa culture ainsi que la vanité et l'insuffisance de toutes ses richesses, et il montre par ailleurs son bon sens en s'efforçant d'assurer à ses enfants cette culture intellectuelle dont il ressent si cruellement le manque ; et c'est ainsi qu'il devient le fondateur d'une famille.

Ceux qui n'ont pas appris à lire les classiques anciens dans la langue où ils furent écrits ont sans doute une connaissance très imparfaite de l'histoire de la race humaine ; on remarquera en effet qu'aucune transcription de ces textes n'a jamais été réalisée dans aucune langue moderne, à moins de considérer notre civilisation elle-même comme une telle transcription. Homère n'a jamais été édité en anglais, ni Eschyle, ni même Virgile – des œuvres pourtant aussi raffinées, aussi solidement construites, et presque aussi belles que le matin lui-même ; car les écrivains postérieurs, indépendamment de leur génie propre, ont rarement, voire jamais, égalé la beauté complexe, la perfection et le travail littéraire héroïque de toute une vie qui caractérisent les anciens. Seuls ceux qui ne les ont jamais connus parlent de les oublier. Mais il sera bien temps de les oublier quand nous aurons acquis le savoir et le génie qui nous permettront de les fréquenter et de les apprécier. L'époque future sera riche en vérité, lorsque ces reliques que nous appelons les textes classiques ainsi que les Écritures des nations, encore plus anciennes et plus que classiques, mais beaucoup moins connues qu'eux, se seront encore accumulées, lorsque les Vaticans déborderont de Védas, de Zendavestas et de Bibles, sans oublier les Homère, les Dante et les Shakespeare, et que tous les siècles à venir auront l'un après l'autre déposé leurs trophées sur le forum du monde. Alors, cette montagne de chefs-d'œuvre nous permettra peut-être d'escalader enfin le ciel.

Les livres des grands poètes n'ont toujours pas été lus par l'humanité, car seuls de grands poètes peuvent les lire. Ils ont seulement été lus comme la multitude lit les étoiles, d'un point de vue au mieux astrologique, et non astronomique. La plupart des hommes ont appris à lire pour servir des buts frivoles, comme ils ont appris à calculer afin de tenir leurs comptes et de ne pas se faire duper lors des échanges commerciaux ; mais de la lecture en tant que noble exercice intellectuel, ils ne savent rien ou presque rien ; pourtant, la seule vraie lecture, au sens élevé du terme, n'est pas celle qui nous berce tel un luxe sans jamais faire appel à nos facultés les plus nobles, mais celle qui exige que nous nous dressions sur la pointe des pieds pour lui consacrer nos heures de veille les plus alertes.

Pour moi, une fois nos lettres apprises, nous devrions lire le meilleur de la littérature, au lieu d'ânonner nos b-a-ba et les mots d'une syllabe à l'école primaire avant de passer toute notre vie assis sur le banc le plus bas et le plus proche de l'estrade [5]. La plupart des hommes se satisfont de savoir lire ou d'entendre quelqu'un lire ; peut-être ont-ils été sensibles à la sagesse d'un seul bon livre, la Bible, et durant le restant de leurs jours ils végètent et gâchent leurs facultés en lisant ce qu'on appelle des livres faciles. Il existe un ouvrage en plusieurs volumes dans la Bibliothèque de prêt de notre village, intitulé *Little Reading* (Petites Lectures [6]), que je croyais se rapporter à une ville de ce nom, où je n'avais jamais été. Il y a des gens qui, tels le cormoran ou l'autruche, sont capables de digérer toutes sortes de nourritures de ce genre, même après le plus copieux des dîners composé de viandes et de légumes, car ils ne supportent pas le moindre gâchis. Si d'autres personnes sont des machines à produire cette provende, alors eux-mêmes sont des machines à les lire. Ils dévorent la neuf millième histoire de Zebulon et Sephronia, ils ressassent cet amour à nul autre pareil, cet amour véritable au cours passablement chaotique, qui en tout cas courut et trébucha, se releva et continua d'aller de l'avant ! et comment un pauvre malheureux monta sur un clocher, alors qu'il n'aurait jamais dû aller plus haut que sur le beffroi ; et ensuite, après l'avoir gratuitement installé là-haut, le joyeux romancier sonne les cloches pour que le monde entier vienne l'écouter. Oh là là ! Comme il est redescendu vite ! Quant à moi, je crois qu'on ferait mieux de métamorphoser tous ces apprentis héros du royaume universel du roman en girouettes humaines, de même qu'on installait jadis les héros parmi les constellations, pour les laisser pivoter là jusqu'à ce qu'ils rouillent, et ne jamais les faire redescendre afin d'agacer de leurs facéties les honnêtes gens. La prochaine fois que le romancier sonnera les cloches, je ne bougerai pas d'un poil, quitte à ce que l'incendie ravage le temple. « *Les Sauts de Pied-Léger*, roman moyenâgeux, par le célèbre auteur de *Tra-la-la-la-lère*, à paraître en fascicules mensuels ; grande affluence ; ne venez pas tous ensemble. » Ils lisent tout cela avec des yeux grands comme des soucoupes, une curiosité primitive en éveil, et le gésier infatigable dont les replis n'ont toujours pas besoin d'être stimulés, exactement comme le petit écolier de quatre ans dévore son édition à deux sous de Cendrillon, sous couverture dorée, sans la moindre amélioration que je puisse déceler dans la prononciation, l'accent, la diction, ni le moindre talent pour y insérer ou en tirer une morale quelconque. Le résultat c'est l'affaiblissement de la vue, la stagnation des humeurs vitales, une déliquescence générale et un étiolement de toutes les facultés intellectuelles. Ce genre de pain d'épices se concocte tous les jours avec plus d'assiduité que le pain de pur froment ou celui de seigle et de maïs[7] dans presque tous les fours, et trouve un marché plus demandeur.

Les meilleurs livres ne sont même pas lus par ceux qu'on appelle de bons lecteurs. À quoi se résume notre culture à Concord ? Il n'y a dans ce village, à quelques rares exceptions près, aucun goût pour les meilleurs livres de la littérature anglaise, ou même pour les très bons, dont on peut lire et épeler tous les mots. Même les diplômés de l'université et ceux qui ont bénéficié d'une éducation soi-disant libérale, ici comme ailleurs, connaissent très peu ou pas du tout les classiques anglais ; et quant aux recueils écrits de la sagesse humaine, les classiques anciens et les Bibles, qui sont accessibles à tous ceux qui désirent les connaître, on constate partout les efforts dérisoires accomplis pour les découvrir. Je connais un bûcheron d'âge mûr qui prend un journal français, non pas pour s'informer, me dit-il, car il est au-dessus de cela, mais

« pour s'entretenir », car il est canadien de naissance ; et quand je lui demande ce qu'il croit être la meilleure chose à faire dans ce monde, il me répond, en plus de cette pratique, de ne pas oublier son anglais et de l'enrichir. Voilà en gros ce que les diplômés de l'université font ou aspirent à faire, et dans ce but ils prennent un journal anglais. Celui qui vient de finir peut-être l'un des meilleurs livres anglais, combien de gens trouvera-t-il pour en parler ? Ou imaginez qu'il sort de la lecture d'un classique grec ou latin dans la langue originale, dont même les soi-disant illettrés connaissent la réputation ; il ne trouvera absolument personne à qui en parler et devra donc garder le silence à ce sujet. Vraiment, il existe à peine un professeur de nos universités qui, ayant maîtrisé les difficultés de la langue, a maîtrisé en proportion les difficultés de l'esprit et de la poésie d'un auteur grec, et qui éprouve quelque sympathie à transmettre au lecteur alerte et héroïque ; quant aux Saintes Écritures, ou aux Bibles de l'humanité, qui dans cette ville peut m'en réciter seulement les titres ? La plupart ignorent que d'autres nations, en dehors des Hébreux, possédaient des écritures saintes. Un homme, n'importe quel homme, est prêt à s'écarter considérablement de son chemin pour ramasser un dollar d'argent ; mais voici des paroles d'or, sorties de la bouche des plus grands sages de l'Antiquité, et dont la valeur nous a été confirmée par les sages de toutes les époques successives ; et pourtant, nous n'apprenons pas à lire au-delà des Lectures Faciles, des abécédaires et des manuels scolaires, et quand nous quittons l'école, au-delà des « Petites Lectures » et des livres de contes destinés aux petits garçons et aux débutants ; ainsi, notre lecture, notre conversation et notre pensée se situent toutes à un niveau très bas, digne seulement des Pygmées et des nabots.

J'aspire à faire la connaissance d'hommes plus sages que ceux qu'a produits notre sol de Concord, et dont les noms sont à peine connus par ici. Faudra-t-il que j'entende le nom de Platon sans jamais lire son livre ? Comme si Platon était mon concitoyen et que je ne le voyais jamais – ou mon voisin le plus proche et que je ne l'entende jamais parler ou que je ne prête jamais l'oreille à la sagesse de ses propos. Mais quelle est précisément la situation ? Ses dialogues, qui contiennent sa part d'immortalité, sont sur l'étagère, à portée de main, et pourtant je ne les ai jamais lus. Nous sommes mal élevés, abjects, illettrés ; et de ce point de vue, j'avoue ne pas faire beaucoup de différences entre l'illettrisme de mes concitoyens totalement incapables de lire, et l'illettrisme de l'homme qui a seulement appris à lire ces livres destinés aux enfants et aux esprits faibles. Nous devrions être aussi grands que les grands hommes de l'Antiquité, mais pour une part en sachant d'abord combien ils furent grands. Nous sommes une race de marmousets, et nos envolées intellectuelles ne montent pas plus haut que les colonnes de nos journaux quotidiens.

Tous les livres ne sont pas aussi mornes que leurs lecteurs. Il existe sans doute des mots qui s'adressent très précisément à notre condition ; et si nous pouvions les entendre et les comprendre, ils nous seraient plus salutaires que le matin ou le printemps de notre vie, et ils nous révéleraient peut-être un aspect inédit des choses. Combien d'hommes ont vu une ère nouvelle de leur existence débuter avec la lecture d'un livre ! Pour chacun de nous il existe sans doute un livre capable d'expliquer nos miracles et d'en révéler de nouveaux. Ces choses pour l'instant indicibles, nous les trouverons peut-être énoncées quelque part. Ces questions qui nous troublent, nous laissent perplexes et confondus, tous les sages se les sont déjà posées ; aucune n'a été omise ; et chacun de ces sages, par ses paroles et ses actes, y a répondu selon ses capacités. De plus, avec la sagesse nous apprendrons la générosité. Le journalier solitaire qui travaille sur une ferme proche de Concord, qui est né une deuxième fois, qui a vécu des expériences religieuses hors du commun, et que sa foi pousse à une gravité silencieuse et à une farouche solitude, ne sera sans doute pas de mon avis ; mais quelques millénaires plus tôt, Zoroastre a suivi la même route et vécu la même expérience ; lui, néanmoins, étant sage, a compris qu'elle était universelle et il a traité ses voisins en conséquence ; on dit même qu'il aurait inventé le culte et l'aurait établi parmi les hommes. Que notre malheureux journalier communie donc humblement avec Zoroastre et, grâce à l'influence libéralisante de tous les grands hommes, qu'il communie avec Jésus-Christ en personne, et qu'il envoie « notre Église » par-dessus bord.

Nous nous vantons d'appartenir au XIXᵉ siècle et de progresser à pas plus rapides que toute autre nation. Mais voyez comme ce village fait peu pour sa propre culture. Je ne souhaite pas flatter mes concitoyens, ni être flatté par eux, car cela ne nous avancerait d'aucune manière. Nous avons besoin qu'on nous provoque, qu'on nous aiguillonne comme des bœufs, que nous sommes, pour nous faire trotter. Nous avons un système d'écoles communales à peu près acceptable, des écoles pour les très jeunes enfants seulement ; mais hormis le Lycéum [8], à moitié mort de pénurie en hiver, et plus récemment l'embryon chétif d'une bibliothèque suggérée par l'État, aucune école pour nous. Nous dépensons davantage pour presque n'importe quel produit alimentaire ou médicament*, que pour nous nourrir intellectuellement. Il est temps que nous ayons des écoles peu communes [9], afin de ne pas interrompre notre éducation dès que nous commençons à devenir des hommes et des femmes. Il est temps que les villages soient des universités, et leurs aînés des chargés de cours, jouissant de loisirs suffisants – à condition d'être suffisamment riches – pour continuer des études libérales durant le restant de leur vie. Le monde se limitera-t-il toujours à un seul Paris et un seul Oxford ? Ne pourrait-on accueillir ici même des étudiants en pension pour qu'ils suivent une éducation libérale sous les cieux de Concord ? Ne pourrions-nous payer un Abélard pour nous faire des conférences ? Hélas, entre le bétail à nourrir et la boutique à tenir, nous sommes trop longtemps tenus à l'écart de l'école, et notre éducation s'en ressent affreusement. Dans ce pays, le village devrait à certains égards prendre la place du noble en Europe. Il devrait être le mécène des beaux-arts. Il est bien assez riche. Il n'a besoin que de magnanimité et de raffinement. Il peut dépenser beaucoup d'argent pour ces choses prisées par les fermiers et les commerçants, mais on qualifie d'utopique toute proposition de dépenser de l'argent pour

---

* Il joue sur les mots *aliment* et *ailment* (un mal, une affection).

des choses que des hommes plus intelligents savent être bien plus précieuses. Ce village a dépensé dix-sept mille dollars pour une mairie, grâce aux fortunes ou à la politique, mais en un siècle il ne dépensera sans doute pas autant pour l'esprit vivant, la vraie chair à mettre dans cette coquille. Les cent vingt-cinq dollars de souscription annuelle pour le Lycéum en hiver sont mieux dépensés que toute autre somme levée dans ce village. Puisque nous vivons au XIXᵉ siècle, pourquoi ne pas profiter des avantages proposés par ce siècle ? Pourquoi notre existence devrait-elle être aussi provinciale ? Puisque nous lisons les journaux, pourquoi ne pas sauter les ragots de Boston pour saisir tout de suite le meilleur journal du monde ? – sans téter les mamelles des journaux pour « famille neutre [10] » ni feuilleter « *Olive-Branches* [11] » ici même en Nouvelle-Angleterre. Faisons venir jusqu'à nous tous les rapports des sociétés savantes, et nous verrons bien de quoi il retourne. Pourquoi laisser les éditeurs Harper & Brothers ou Redding & Cⁱᵉ. choisir nos lectures à notre place ? De même que le noble au goût cultivé s'entoure de tout ce qui nourrit sa culture – génie, savoir, esprit, livres, tableaux, statuaire, musique, instruments de physique, etc. –, le village doit en faire autant – ne pas se contenter d'un seul pédagogue, d'un pasteur, d'un sacristain, d'une bibliothèque paroissiale et de trois conseillers municipaux, sous prétexte que nos ancêtres pèlerins [12] survécurent jadis à un hiver glacé sur un sinistre rocher sans avoir davantage que cela. Agir collectivement, c'est s'inspirer de l'esprit de nos institutions ; et je suis certain que, notre situation étant plus florissante, nous avons davantage de moyens que le noble n'en avait. La Nouvelle-Angleterre peut embaucher tous les sages du monde pour qu'ils viennent ici enseigner, elle peut les loger pendant ce temps et se montrer tout sauf provinciale. Telle est l'école *non commune* que nous voulons. Au lieu de nobles, ayons de nobles villages d'hommes. Et s'il le faut, renonçons à un pont enjambant la rivière, acceptons de faire un petit détour, et lançons au moins une arche au-dessus de l'abîme d'ignorance crasse qui nous entoure.

Bruits

Mais tandis que nous nous limitons aux livres, même s'il s'agit des classiques les mieux choisis, et que nous lisons seulement des langues écrites spécifiques, qui ne sont elles-mêmes que des dialectes et des patois, nous risquons d'oublier le langage parlé sans métaphore par toutes choses et tous événements, lequel seul est prolixe et universel. On publie beaucoup, mais on imprime peu. Les rais de lumière qui traversent le volet, on ne s'en souviendra plus quand ce volet sera retiré. Aucune méthode ni aucune discipline ne remplace la nécessité d'être sans cesse en éveil. Qu'est-ce qu'un cours d'histoire, de philosophie ou de poésie, même judicieusement choisi, ou bien la meilleure société, ou encore la plus admirable routine de la vie quotidienne, comparée à cette injonction de toujours regarder ce qui se donne à voir ? Voulez-vous être un lecteur, un simple étudiant, ou un visionnaire ? Lisez votre destin, voyez ce qui est devant vous, et marchez droit vers l'avenir.

Le premier été, je ne lus aucun livre ; je sarclai les haricots. Non, je fis souvent encore mieux. Certains jours, je n'arrivais pas à sacrifier l'éclat splendide de l'instant présent à un quelconque travail, manuel ou cérébral. J'aime avoir une bonne marge dans ma vie. Parfois, un matin d'été, après mon bain habituel, je restais assis sur mon seuil ensoleillé, depuis l'aube jusqu'à midi, saisi d'une rêverie, au milieu des pins, des hickories et des sumacs, dans une solitude et un calme parfaits, alors qu'autour de moi les oiseaux chantaient ou voletaient sans bruit dans la maison, jusqu'à ce que le soleil entrant par ma fenêtre ouest ou le bruit du chariot de quelque voyageur sur la grand-route lointaine me rappelle au temps présent. J'ai poussé à cette époque comme le maïs croît dans la nuit, et ces journées étaient bien plus agréables que n'importe quel travail manuel. Ce n'était pas du temps soustrait à ma vie, mais un ajout conséquent à ma ration ordinaire. Je compris alors ce que les Orientaux entendent par la contemplation et le renoncement à toute tâche. Pour l'essentiel, je ne me souciais guère de l'écoulement du temps. Le jour avançait, comme pour éclairer quelque labeur qui m'incombait ; c'était le matin, et voilà que le soir arrivait, sans que rien de mémorable ne se fût accompli. Au lieu de chanter tel un oiseau, je souriais en silence à cause de ma chance obstinée. Tout comme le bruant égrenait ses trilles, perché sur le hickory devant ma porte, moi aussi dans mon nid j'émettais un petit rire ou un gazouillis étouffé, qu'il pouvait entendre. Mes jours n'étaient pas ceux de la semaine, marqués au sceau de quelque divinité païenne[1], et ils n'étaient pas davantage débités en heures ni tracassés par le tic-tac d'une horloge ; car je vivais comme les Indiens Puris, dont on dit que « pour hier, aujourd'hui et demain ils ont un seul mot, et ils expriment la diversité des sens possibles en pointant le doigt derrière eux pour dire hier, devant eux pour demain, et vers le ciel pour le jour présent ». C'était sans doute le comble de l'oisiveté aux yeux de mes concitoyens ; mais si les oiseaux et les fleurs m'avaient jugé selon leurs propres critères, je n'aurais certes pas été pris en défaut. Chacun doit trouver en lui-même son propre rythme, et c'est la vérité. Le jour naturel est très calme et il ne reprochera jamais à quiconque son indolence.

Mon mode de vie me fournissait du moins cet avantage sur ceux qui étaient contraints d'aller chercher ailleurs leurs distractions, dans la société et au théâtre, car ma vie elle-même était devenue ma distraction et elle ne cessait jamais de se renouveler. C'était un drame aux nombreuses scènes, et sans fin. Si vraiment nous trouvions toujours de quoi vivre et réglions sans cesse notre existence selon la dernière et meilleure façon que nous avons apprise, jamais nous ne connaîtrions l'ennui. Suivez votre génie d'assez près, il ne manquera pas de vous montrer à chaque heure une perspective inédite. Les tâches domestiques étaient un agréable passe-temps. Quand mon sol était sale, je me levais de bonne heure, j'installais tout mon mobilier dehors sur l'herbe, le lit et la literie en vrac, je jetais de l'eau sur mon plancher, j'y répandais du sable blanc venant du lac, puis je le frottais avec un balai pour le rendre propre et immaculé ; et à l'heure où les villageois prenaient leur petit-déjeuner, le soleil du matin avait suffisamment séché ma maison pour me permettre d'y réemménager, et c'est à peine si mes méditations s'en trouvaient interrompues. J'avais plaisir à voir tous mes meubles et mes objets dehors dans l'herbe, faisant un petit tas comme le ballot d'un bohémien, et ma table à trois pieds d'où je n'ôtais pas les livres, la plume et l'encrier, dressée parmi les pins et les hickories. Ils semblaient heureux de prendre l'air, et presque réticents à l'idée de réintégrer leur décor initial. Parfois, j'avais envie d'installer un auvent au-dessus d'eux et de m'asseoir dessous. Cela valait vraiment la peine de voir le soleil briller sur toutes ces choses et d'entendre le vent souffler librement sur elles ; nos objets les plus familiers semblent tellement plus intéressants quand ils sont dehors que dans la maison. Un oiseau est perché sur la branche toute proche, l'immortelle pousse sous la table et les ronces s'enroulent autour de ses pieds ; les pommes de pin, les bogues de châtaignes et les feuilles de fraisier jonchent l'herbe. On dirait que c'est la manière dont ces formes ont été métamorphosées en meubles, tables, chaises et lits – parce qu'ils ont été un jour parmi elles.

Ma maison se dressait à flanc de colline, à la lisière d'un grand bois, au milieu d'un jeune bosquet de pitchpins et de hickories, à une demi-douzaine de verges du lac, que rejoignait un étroit sentier descendant la colline. Dans ma cour, poussaient la fraise, la mûre et l'immortelle, le millepertuis et la gerbe d'or, le chêne nain et le cerisier nain, la myrtille et la noix de terre. Vers la fin mai, le cerisier nain (*Cerasus pumila*) décorait les deux côtés du sentier de ses fleurs délicates disposées en ombelles cylindriques tout autour de ses courtes tiges, lesquelles à l'automne, lestées de grosses et splendides cerises, tombaient en guirlandes, telle une nuée de rayons. Je les goûtais, par politesse envers la Nature, car elles étaient à peine mangeables. Le sumac (*Rhus glabra*) poussait à foison tout autour de la maison, franchissait le remblai que j'avais aménagé et, la première saison, atteignit une hauteur de cinq ou six pieds. Sa large feuille tropicale et pennée était agréable à voir, bien qu'un peu étrange. Les gros bourgeons, éclatant soudain à la fin du printemps sur des tiges sèches qui avaient jusque-là paru mortes, se transformaient comme par magie en gracieux rameaux verts et tendres, d'un pouce de diamètre ; parfois, alors que j'étais assis à ma fenêtre, leur croissance était si puissante et leurs attaches si fragiles, que j'entendais un rameau tout neuf et frêle tomber brusquement par terre comme un éventail, alors qu'il n'y avait pas un souffle d'air, brisé par son propre poids. En août, les énormes grappes de baies qui, en fleurs, avaient attiré d'innombrables abeilles sauvages, acquéraient peu à peu leur teinte vive de velours cramoisi, et leur poids faisait de nouveau ployer et se briser leurs minces tiges.

*

En cet après-midi d'été où je suis assis à ma fenêtre, les faucons décrivent des cercles au-dessus de ma clairière ; la fuite éperdue des pigeons sauvages qui volent par deux ou par trois devant mes yeux ou qui s'agitent sur les branches du pin blanc derrière la maison, donne une voix à l'air ; un balbuzard ourle le miroir du lac et s'envole avec un poisson ; un vison sort discrètement du marais devant ma porte et s'empare d'une grenouille près du bord ; la laîche ploie sous le poids des rousserolles qui volètent çà et là ; voilà une demi-heure que j'entends le fracas des wagons de chemin de fer, tantôt s'éloignant et tantôt augmentant comme le battement des ailes de la perdrix, transportant les voyageurs de Boston vers la campagne. Car je n'ai pas vécu aussi retiré du monde que ce garçon qui, m'a-t-on dit, avait été placé chez un fermier à l'est du village, mais qui s'enfuit bientôt pour retourner chez lui, en piètre état et abattu. De sa vie, il n'avait jamais vu endroit si triste et isolé ; tout le monde était parti, et l'on n'entendait même pas le sifflet des locomotives ! Je doute qu'aujourd'hui il y ait encore un endroit pareil dans tout le Massachusetts :

« Vraiment, notre village est devenu la cible

D'une de ces rapides flèches de fer, et sur
Notre paisible plaine son bruit mélodieux est : Concord[2]. »

Le chemin de fer de Fitchburg passe près du lac, à une centaine
de verges au sud de l'endroit où j'habite. Je longe d'habitude cette
chaussée pour aller au village et c'est cette voie qui, d'une certaine
manière, me relie à la société. Les hommes embarqués à bord des
trains de marchandises qui suivent la voie tout du long me saluent
comme si j'étais une vieille connaissance, car ils me croisent très
souvent et me prennent apparemment pour un employé ; ce que
je suis donc. Moi aussi j'aimerais être réparateur de voies ferrées
quelque part dans l'orbite de la terre.

Été comme hiver, le sifflet de la locomotive pénètre dans mes bois,
semblable au cri du faucon survolant la cour d'un fermier pour
m'informer que de nombreux commerçants agités arrivent de la
cité dans les parages de notre village ou que des marchands aventureux quittent la campagne en sens inverse. Dès qu'ils se trouvent à proximité, chacun crie pour avertir l'autre de laisser la voie
libre, et ils se font parfois entendre au-delà de deux villages. Voici
votre épicerie, gens de la campagne ! Voici vos rations ! Et il n'y a
personne d'assez indépendant dans sa ferme pour leur dire non. Et
voici votre paiement ! hurle le sifflet du campagnard ; du bois de
charpente comme de longs béliers se ruant à vingt miles à l'heure
contre le mur de la ville, et assez de chaises pour asseoir tous les
pauvres hères lourdement chargés qui résident dedans. Avec une
politesse pataude et pesante, la campagne offre une chaise à la ville.
Toutes les collines à myrtilles indiennes sont dépouillées, toutes les
prairies à canneberge sont ratissées, puis ces fruits partent tous vers
la ville. S'en vient le coton, s'en va le tissu ; s'en vient la soie, s'en va
la laine ; s'en viennent les livres, et s'en va l'esprit qui les écrit.

Quand je croise la locomotive, suivie de son convoi de wagons qui
s'éloignent dans un mouvement de planète – ou plutôt telle une
comète, car l'observateur ne sait pas si compte tenu de la vitesse
et de la direction elle repassera un jour dans son univers, d'autant

que son orbite n'a pas l'air d'une courbe fermée – avec son panache de vapeur semblable à un étendard flottant par-derrière en volutes d'or et d'argent, comme tant de nuages duveteux que j'ai déjà contemplés, très haut dans le ciel, déployant leurs masses dans la lumière, – comme si ce demi-dieu voyageur, ce maître des nuées, allait bientôt prendre le ciel du couchant pour la livrée de son cortège ; quand j'entends ce cheval de fer éveiller l'écho des collines en renâclant comme le tonnerre, ébranler la terre de ses pieds et faire jaillir le feu et la fumée de ses naseaux (quel genre de cheval ailé ou de dragon furieux ils vont faire entrer dans cette nouvelle mythologie, je l'ignore), il semble que la terre possède désormais une race digne de l'habiter. Ah, si la réalité était fidèle à l'apparence, et si les hommes asservissaient les éléments pour de nobles fins ! Si le nuage qui plane au-dessus de la machine était la sueur accompagnant d'héroïques exploits, ou une émanation aussi bienfaisante que celle qui flotte au-dessus des champs de la ferme, alors les éléments et la Nature elle-même accompagneraient avec joie les hommes dans leurs courses et les escorteraient.

J'observe le passage des trains matinaux avec le même sentiment que le lever du soleil, qui est à peine plus régulier. La traînée des nuées qui s'étendent loin derrière pour monter de plus en plus haut et rejoindre le ciel tandis que les wagons filent vers Boston, masque le soleil pendant une minute et plonge dans l'ombre mon champ éloigné, et c'est là un train céleste auprès duquel le convoi des vulgaires wagons assujettis à la terre n'est que la barbule de l'épieu. En cette matinée d'hiver, le palefrenier du cheval de fer s'est levé tôt, à la lumière des étoiles et parmi les montagnes, pour nourrir et harnacher son coursier. Le feu aussi fut réveillé de bonne heure pour lui insuffler la chaleur vitale et le mettre en branle. Si cette entreprise était aussi innocente qu'elle est matinale ! Quand il y a une épaisse couche de neige, on met au coursier ses raquettes et cette charrue géante laboure un sillon depuis les montagnes jusqu'au bord de mer, où les wagons, telle une semeuse mécanique, projettent tous ces hommes agités et ces marchandises flottantes comme autant de graines à travers la campagne. Tout le

jour, ce coursier de feu vole par monts et par vaux, s'arrêtant seulement pour laisser son maître se reposer, et je suis réveillé à minuit
par ses allées et venues et ses grognements coléreux, quand dans
quelque lointaine vallée boisée il affronte les éléments, couvert de
glace et de neige ; il ne rejoindra sa stalle qu'avec l'étoile du matin,
avant de reprendre une fois encore ses voyages sans se reposer ni
dormir. Ou bien le soir, je l'entends parfois dans son écurie souffler
pour dépenser l'énergie superflue de la journée, calmer ses nerfs
et refroidir son foie ainsi que son cerveau durant quelques heures
d'un sommeil de fer. Ah, si cette entreprise était aussi héroïque et
impérieuse qu'elle est obstinée et infatigable !

Tout au fond des bois solitaires situés aux confins des villes, où
jadis seul le chasseur s'aventurait de jour, ces salons illuminés
filent au cœur de la nuit à l'insu de leurs invités ; ils s'arrêtent
bientôt dans la gare brillamment éclairée d'une bourgade ou
d'une ville, où une foule s'est réunie ; puis au milieu du Marais
Lugubre, où ils effraient le hibou et le renard. Les départs et les
arrivées des trains sont désormais les événements qui rythment
la vie du village. Ils vont et viennent avec une régularité et une
précision telles, et leurs coups de sifflet s'entendent de si loin, que
les fermiers mettent leurs pendules à l'heure grâce à eux, si bien
qu'une seule institution rondement menée règle la vie de tout un
pays. Les hommes ne sont-ils pas devenus plus ponctuels depuis
l'invention des chemins de fer ? Ne parlent-ils pas et ne pensent-ils
pas plus vite dans les gares qu'autrefois aux relais de diligence ?
L'atmosphère des premières a quelque chose d'électrisant. Les
miracles accomplis par le train m'ont abasourdi ; et le fait que
certains de mes voisins, dont j'aurais juré sans l'ombre d'un doute
que jamais ils n'iraient à Boston par un moyen de transport si
rapide, sont dans leur wagon et à l'heure quand la cloche retentit.
Faire les choses « à la mode du chemin de fer » est désormais
une expression consacrée ; et c'est une bonne initiative que d'être
averti si souvent et si clairement par une autorité de lui laisser la
voie libre. Pas question de s'arrêter pour lire la loi sur les attrou-
pements séditieux et aucune salve ne sera tirée au-dessus de la tête

de la foule en guise de semence. Nous avons construit un destin, un *Atropos*, qui ne se défile jamais. (Que ce soit donc le nom de votre locomotive.) On avertit les gens qu'à telle heure et telle minute, ces carreaux d'arbalète seront décochés de telle direction de la rose des vents; mais cela ne modifie les affaires de personne et les enfants vont à l'école sur l'autre voie. Nous n'en vivons que plus régulièrement. Ainsi sommes-nous tous éduqués pour devenir les fils de Guillaume Tell. L'air grouille d'invisibles carreaux d'arbalète. Tous les chemins sauf le vôtre portent le sceau du destin. Restez donc sur votre voie.

Ce qui me plaît dans le commerce, c'est l'esprit d'entreprise et le courage. Il ne joint pas les mains pour prier Jupiter. Tous les jours, je vois ces hommes vaquer à leurs affaires avec plus ou moins d'entrain et de contentement, accomplissant même davantage qu'ils ne croient, et peut-être voués à des activités meilleures que celles qu'ils auraient pu eux-mêmes concevoir. Je suis moins ému par l'héroïsme de ceux qui en première ligne tinrent bon une demi-heure à Buena Vista [3], que par la joyeuse endurance de ces hommes qui habitent le chasse-neige et y tiennent leurs quartiers d'hiver; qui non seulement manifestent le courage de trois heures du matin, celui que Bonaparte considérait comme le plus rare de tous, mais dont le courage ne faiblit pas de si tôt, ces hommes qui s'endorment seulement lorsque la tempête s'est elle-même endormie ou que les tendons de leur coursier de fer ont gelé. Le matin de la Grande Neige [4], peut-être, laquelle fait encore rage et glace le sang dans les veines, j'entends le son assourdi de la cloche de leur locomotive émergeant de l'épais brouillard des haleines glacées, pour annoncer que les wagons *arrivent*, sans beaucoup de retard et en bravant le veto d'une tempête de neige de Nouvelle-Angleterre en provenance du nord-est, puis j'aperçois alors les cheminots couverts de neige et de givre, leur tête dépassant à peine au-dessus du versoir qui déblaie tout autre chose que des pâquerettes et des nids de mulots, tels ces blocs de pierre de la Sierra Nevada qui occupent une place à part dans l'univers.

De manière inattendue, le commerce est confiant et serein, alerte, aventureux et infatigable. Ses méthodes sont tout à fait naturelles, bien plus que tant d'entreprises hasardeuses ou d'expériences sentimentales, ce qui explique son singulier succès. Quand le train de marchandises passe devant moi en brinquebalant, je me sens revigoré et dilaté ; je respire l'odeur des denrées qui dispensent leurs parfums tout le long du chemin, depuis le Long Quai⁵ jusqu'au lac Champlain, et me rappellent les contrées lointaines, les récifs de corail, les océans Indiens, les climats tropicaux et toute l'étendue du globe. Je me sens davantage citoyen du monde en voyant les feuilles de palmier qui, l'été prochain, protégeront maintes chevelures blondes en Nouvelle-Angleterre, le chanvre de Manille et l'enveloppe des noix de coco, les vieilleries en vrac, les sacs de jute, des bouts de ferraille et des clous rouillés. Cette charretée de voiles déchirées est plus lisible et intéressante en l'état que si elles étaient transformées en papier et en livres imprimés. Qui pourrait écrire plus concrètement que ces déchirures l'histoire des tempêtes qu'elles ont affrontées ? Voici des épreuves qui n'ont besoin d'aucune correction. Passent maintenant devant moi des troncs d'arbre en provenance des forêts du Maine, qui lors des dernières crues ne se sont pas déversés dans la mer, dont le prix a augmenté de quatre dollars pour mille à cause de tout ce qui s'est perdu ou fracassé ; le pin, l'épicéa, le cyprès – de première, deuxième, troisième ou quatrième qualité, qui tous étaient récemment d'une qualité unique et oscillaient au-dessus de l'ours, de l'orignal et du caribou. Ensuite arrive la chaux de Thomaston, une précieuse cargaison qui voyagera loin parmi les collines avant de s'altérer. Ces ballots de chiffons, de toutes couleurs et qualités, la condition la plus vile à laquelle peuvent descendre le coton et le lin, l'ultime état du vêtement – et de modèles aujourd'hui passés de mode, sinon à Milwaukee, comme ces splendides articles, étoffes imprimées anglaises, françaises ou américaines, guingan, mousselines, etc., provenant de tous les horizons tant de la mode que de la pauvreté, et destinés à devenir du papier d'une couleur unique ou seulement de quelques nuances, sur lequel, n'en doutons pas, seront couchées des histoires tirées de la vraie vie, noble ou vile, et fondées sur des faits réels ! Ce wagon fermé sent le poisson salé, le puissant effluve commercial de la Nouvelle-Angleterre, et m'évoque les Grands Bancs[6] et les pêcheries. Qui n'a vu un poisson salé, fumé de la tête à la queue, si bien que rien ne peut le corrompre, et capable de ridiculiser la persévérance des saints ? Avec ce poisson, vous pouvez balayer les rues ou les paver, fendre vos bûches pour en faire du petit bois, et le charretier pourra s'abriter derrière ce poisson, lui et son chargement, pour se protéger du soleil, du vent et de la pluie – et le commerçant, comme le fit un jour un boutiquier de Concord, peut l'accrocher à côté de sa porte telle une enseigne au moment d'ouvrir son magasin pour la première fois, jusqu'au jour où son plus ancien client ne peut plus dire avec certitude si cet objet relève de l'animal, du végétal ou du minéral, et il sera malgré tout aussi pur qu'un flocon de neige, et si on le place dans une marmite d'eau bouillante, on en ressortira bientôt une excellente morue pour le dîner du samedi. Ensuite arrivent des peaux d'origine espagnole, à la queue encore tordue et relevée selon l'angle qu'elle faisait quand le bœuf qui en était pourvu caracolait à travers les pampas du territoire espagnol en Amérique –, cet exemple même de l'obstination prouvant que tous les vices congénitaux sont presque incurables et sans espoir. J'avoue que, de manière pratique, une fois que je connais le caractère d'un homme, je ne nourris pas le moindre espoir de le modifier dans le monde présent, ni en bien ni en mal. Comme disent les Orientaux, « On peut bien chauffer la queue d'un roquet, la comprimer, la ligaturer, mais on aura beau s'activer sur elle pendant douze années, au bout du compte elle conservera sa forme naturelle. » Le seul traitement efficace de pareille obstination, telle que ces queues la manifestent, est d'en fabriquer de la colle, ce que, je crois, on en fait d'habitude, et alors elles resteront en place une fois pour toutes. Voici maintenant une barrique de mélasse ou d'eau-de-vie à destination de John Smith, Cuttingsville, Vermont, quelque commerçant habitant les Green Mountains, qui importe cette denrée pour les fermiers voisins de sa clairière et qui maintenant est peut-être debout devant la porte de sa cave et réfléchit aux derniers arrivages sur la côte, il se demande comment ses prix s'en trouveront affectés, et il annoncera bientôt à ses clients, comme il leur a déjà dit vingt fois avant ce matin-là, qu'il attend une marchandise de première qualité par le prochain train. Il y a une réclame à ce sujet dans le *Cuttingsville Times*.

Tandis que toutes ces choses s'en vont, d'autres s'en viennent. Averti par le sifflement suraigu, je lève les yeux de mon livre et avise un grand pin, coupé sur de lointains versants septentrionaux, arrivé à tire d'ailes par-dessus les Green Mountains et le Connecticut, décoché comme une flèche traversant le territoire de la commune en moins de dix minutes, et je suis sans doute le seul à le voir ; il va

> « devenir le mât
> D'un vaisseau amiral[7]. »

Écoutez bien ! Voici le train de bestiaux amenant les bêtes de mille collines, bergeries, étables et cours de ferme en altitude, les bouviers avec leur bâton, les jeunes bergers au milieu de leur troupeau, tout, sauf les pâturages de montagne, emporté dans un tourbillon comme les feuilles que les tempêtes de septembre font dégringoler des montagnes. L'air s'emplit du bêlement des moutons, du mugissement des veaux, des bousculades des bœufs, à croire que toute une vallée pastorale défile sous mes yeux. Quand le vieux sonnailler qui va en tête du troupeau agite sa cloche, les montagnes bondissent vraiment comme des béliers et les petites collines comme des agneaux[8]. Tout un wagon de bouviers arrive aussi, au milieu du convoi, au même niveau que leurs bêtes maintenant, leur travail terminé, mais serrant toujours leur bâton désormais inutile, l'insigne de leur fonction. Et leurs chiens, où sont-ils donc ? Ils sont en proie à la panique ; ils sont déboussolés ; ils ont perdu la trace. Je crois les entendre aboyer derrière les collines de Peterborough, ou bien panteler en remontant le versant ouest des Green Mountains. Ils n'assisteront pas à l'abattage du troupeau. Leur travail, à eux aussi, est terminé. Leur fidélité et leur sagacité sont désormais dévaluées. Ils retourneront en disgrâce dans leurs chenils, à moins qu'ils ne s'enfuient, retrouvent l'état sauvage et se liguent avec le loup et le renard. Et voilà donc votre vie pastorale

qui file sous vos yeux et s'éloigne. Mais la cloche sonne : je dois
m'éloigner de la voie pour laisser passer les wagons ;

Qu'est le chemin de fer pour moi ?
Je ne vais jamais voir
Là où il finit.

Il remplit quelques vides,
Offre des perchoirs aux hirondelles,
Fait s'envoler le sable
Et pousser les mûres,

mais je le traverse comme une voie carrossable dans les bois. Je ne
compte pas me faire aveugler ni crever les tympans par sa fumée,
sa vapeur et ses sifflements.

Maintenant que tous les wagons sont passés et que tout ce monde
agité a disparu avec eux, maintenant que les poissons du lac ne
perçoivent plus ce grondement sourd, je suis plus seul que jamais.
Pendant le restant de ce long après-midi, peut-être que mes méditations seront seulement interrompues par le cliquetis étouffé d'une
voiture ou d'un attelage sur la lointaine grand-route.

Parfois, le dimanche, j'entendais des cloches, celles de Lincoln,
d'Acton, de Bedford ou de Concord, quand le vent était favorable,
une douce mélodie, tendre et pour ainsi dire naturelle, digne d'être
importée dans le monde sauvage. Lorsqu'on l'entend d'assez loin
à travers bois, ce son acquiert une sorte de bourdonnement vibra-
toire, comme si les aiguilles de pin à l'horizon étaient les cordes
d'une harpe dont il jouerait. Tous les sons entendus le plus loin
possible de leur source produisent invariablement le même effet,
une vibration de la lyre universelle, tout comme l'atmosphère rend
intéressante pour l'œil humain la crête d'une montagne lointaine
teintée d'azur. Dans le cas présent, m'arrivait une mélodie que l'air
avait déformée, et qui avait conversé avec toutes les feuilles et
toutes les aiguilles de pin des forêts, cette partie du son dont les
éléments venaient de s'emparer pour les moduler et les répercuter
de vallée en vallée. L'écho est, dans une certaine mesure, un son

original, ce qui explique sa magie et son charme. Ce n'est pas simplement la répétition de ce qui méritait d'être répété dans la cloche, mais en partie la voix des bois; ces mêmes paroles et notes banales, chantées par une nymphe sylvestre.

Le soir, le mugissement lointain de quelque vache à l'horizon, au-delà des bois, résonnait, doux et mélodieux, et je le prenais d'abord pour la voix de certains ménestrels qui m'offraient parfois leur sérénade, puis qui s'égaraient parmi les collines et les vallons; mais bientôt j'étais assez agréablement déçu quand lui succédait la musique triviale et naturelle de la vache. Loin de la moindre intention satirique, je désire seulement exprimer tout le plaisir que me procurait le chant de ces jeunes gens, quand je déclare que je percevais clairement qu'il était tout proche de la musique des vaches, car tous en définitive émanaient de la seule Nature.

Régulièrement, à sept heures et demie, à un certain moment de l'été, après le passage du train du soir, les engoulevents psalmo-diaient leurs vêpres durant une demi-heure, perchés sur une souche proche de ma porte ou sur le faîte de la maison. Tous les soirs, ils commençaient à chanter presque avec la précision d'une horloge, à cinq minutes près, à un moment rapporté à l'heure du coucher du soleil. J'ai eu la chance rare d'apprendre à connaître leurs habi-tudes. Parfois, j'en entendais quatre ou cinq en même temps, dans diverses parties du bois, l'un par accident en retard d'une mesure sur l'autre, et si proches de moi que je distinguais non seulement le léger gloussement qui suivait chaque note, mais souvent aussi ce singulier bourdonnement semblable à celui d'une mouche prise dans une toile d'araignée, mais en plus sonore. L'un de ces oiseaux décrivait quelquefois des cercles sans fin autour de moi dans les bois, à quelques pieds de distance, comme si je le tenais au bout d'une ficelle, lorsque sans doute je m'approchais de ses œufs. Ils chantaient de temps à autre durant toute la nuit, puis, juste avant l'aube, ils redevenaient aussi mélodieux que jamais.

Quand les autres oiseaux se taisent, les chouettes effraies entament leur mélopée, telles des femmes endeuillées leur antique ou-lou-

lou. Leur cri lugubre est vraiment Ben Jonsonien. Sages sorcières de minuit! Ce n'est pas l'honnête et rude tou-wit tou-wou des poètes[9], mais, toute plaisanterie mise à part, un très solennel refrain de cimetière, les consolations mutuelles d'amants suicidés se remémorant les affres et les délices d'un amour surnaturel dans les bosquets infernaux. J'aime pourtant entendre leur complainte, leurs répons attristés, trillés à la lisière des bois; me rappelant parfois la musique des oiseaux chanteurs; comme s'il s'agissait là du côté sombre et déchirant de la musique, de regrets et de soupirs en quête d'une voix. Ce sont les esprits, les esprits chagrinés et les prémonitions mélancoliques, d'âmes déchues qui jadis sous forme humaine parcouraient la terre enténébrée et accomplissaient leurs actes obscurs, pour expier maintenant leurs péchés avec leurs cantiques et leurs lamentations affligées, dans le décor même de leurs transgressions. Elles incarnent à mes yeux un aspect inédit de la variété et de la vigueur de cette nature où nous demeurons tous. *Oooooh pourquoi donc suis-je nééééée!* soupire l'une d'elles de ce côté-ci du lac, avant de décrire des cercles inquiets et désespérés, puis de trouver un nouveau perchoir sur les chênes gris. Ensuite, *pourquoi donc suis-je nééééée!* répond une autre, sur la rive opposée du lac, avec une sincérité vibrante et – *nééééée!* m'arrive faiblement du fin fond des bois de Lincoln.

J'avais aussi droit aux sérénades d'un grand-duc. Si vous l'entendez de près, vous imaginez aisément qu'il s'agit du son le plus mélancolique de la Nature, comme si par son chant le grand-duc voulait illustrer et répéter sans cesse les gémissements d'un être humain à l'agonie –, quelque pauvre et faible dépouille mortelle qui a renoncé à tout espoir, qui hurle comme un animal et pousse néanmoins des sanglots humains au moment d'entrer dans la vallée de la mort, rendus encore plus affreux par une espèce de glouglou mélodieux – je m'aperçois que je commence par les lettres *gl* dès que j'essaie de l'imiter –, révélateur d'un esprit qui a atteint le stade gélatineux et moisi dans la mortification de toute pensée saine et courageuse. Ces cris me rappelaient les hurlements des goules, des idiots et des fous. Mais voici qu'un autre répond depuis un bois lointain et avec des accents que la distance rend vraiment mélodieux – *Hou hou hou, houreur hou*; et l'essentiel de cet appel suggérait seulement des associations plaisantes, qu'on l'entendît de jour ou de nuit, en été ou en hiver.

L'existence des hiboux me réjouit. Qu'ils poussent pour les hommes leurs hululements imbéciles et maniaques. C'est un son qui convient admirablement aux marécages et aux bois obscurs qui ne connaissent pas la lumière du jour, suggérant une vaste nature encore primitive que les hommes n'ont toujours pas reconnue. Ils incarnent les pensées insatisfaites, sombres et crépusculaires, que nous avons tous. Tout le jour, le soleil a illuminé la surface de quelque marais sauvage où se dresse une sapinette noire aux branches couvertes de lichen filiforme, de petits faucons décrivent des cercles au-dessus de cet arbre, la mésange à tête noire balbutie parmi les arbres à feuilles persistantes, sous lesquels se cachent la perdrix et le lapin; mais voici maintenant que point un jour plus lugubre et approprié, et une race différente de créatures s'éveille pour manifester en ce lieu le sens de la Nature.

En fin de soirée, j'entendais le grondement lointain des chariots sur les ponts – la nuit, c'est le son qui porte plus loin que presque tout autre –, l'aboiement des chiens et parfois, derechef, le mugissement de quelque vache inconsolable dans une cour de ferme. Et tout ce temps, le rivage résonnait de la claironnée des grenouilles-taureaux, esprits robustes des vieux buveurs et des joyeux lurons toujours impénitents essayant d'entonner un canon dans leur lac stygien – à condition que les nymphes de Walden acceptent de me pardonner cette comparaison, car bien qu'il n'y ait presque pas d'herbe, les grenouilles y abondent –, qui voudraient bien perpétuer les rites hilarants de leurs anciens festins, et même si leur voix est désormais rauque, grave et solennelle, une parodie de la joie, et si le vin a perdu son bouquet pour devenir seulement un liquide gonflant leur panse, et si une douce ivresse ne parvient jamais à effacer le souvenir du passé, et n'est plus que saturation, imprégnation, dilatation aqueuse. La plus ventripotente, le menton posé sur une feuille de faux nénuphar en forme de cœur, qui sert de serviette à ses babines baveuses, sur la rive nord avale goulûment une bonne lampée de cette eau jadis méprisée et passe à la ronde la coupe en éructant *tr-r-r-oonk, tr-r-r-oonk, tr-r-r-oonk!* et aussitôt le même mot de passe maintes fois répété arrive de quelque anse lointaine à travers le plan d'eau, où la suivante quant à l'aînesse et le tour de taille vient d'avaler jusqu'à la marque fixée, et lorsque ce rite a été observé sur toutes les rives, alors le maître de cérémonies s'écrie avec satisfaction, *tr-r-r-oonk!* et chaque convive le répète à son tour, jusqu'au moins distendu, au moins enflé, au plus flasque, afin qu'il n'y ait point d'erreur; et la coupe continue de tourner, encore et encore, jusqu'à ce que le soleil dissipe la brume matinale et que seul le patriarche ne soit pas au fond du lac, mais occupé à beugler avec vanité *troonk* de temps à autre, en s'arrêtant pour attendre une réponse.

Je ne suis pas certain d'avoir jamais entendu le chant du coq depuis ma clairière et je songeai qu'il vaudrait peut-être la peine d'acquérir un jeune coq en guise d'oiseau chanteur, simplement pour écouter sa musique. Les notes émises par cet animal, jadis faisan indien sauvage, sont certainement les plus remarquables parmi tous les chants d'oiseau, et si l'on pouvait les rendre à la nature sans les domestiquer, leur chant deviendrait bientôt le plus fameux à résonner dans nos bois, surpassant le cri métallique de l'oie et le hululement du hibou; et puis imaginez le caquètement des poules qui remplirait les silences dès que le clairon de leur seigneur se reposerait! Rien d'étonnant à ce que l'homme ait ajouté ce volatile à son troupeau domestiqué – sans parler des œufs et des pilons de poulet. Un matin d'hiver, se promener dans un bois où ces oiseaux abonderaient, leurs bois natifs, et entendre le cri du jeune coq sauvage dans les arbres, résonnant clair et perçant à des miles à la ronde, noyant les notes plus faibles des autres oiseaux – pensez-y un peu! Il mettrait les nations en alerte. Qui ne se lèverait pas de bonne heure, voire chaque jour de plus en plus tôt, jusqu'à devenir indiciblement sain, riche et sage[10]? Ce chant de l'oiseau étranger est célébré par les poètes de tous les pays au même titre que ceux de leurs chanteurs autochtones. Tous les climats agréent au vaillant Chanteclair. Il est plus indigène que même les natifs du lieu. Sa santé est toujours parfaite, ses poumons sont excellents et il n'a jamais le moral en berne. Sa voix réveille jusqu'au marin sillonnant l'Atlantique et le Pacifique ; mais ses éclats sonores ne m'ont jamais empêché de dormir. Je n'avais ni chien, ni chat, ni vache, ni cochon, ni poules : ainsi aurait-on pu relever un déficit de sons domestiques ; ni baratte, ni rouet, ni même le chant de la bouilloire, ni le sifflement de la fontaine à thé, ni enfant criailleur, pour me réconforter. Un esprit vieux jeu en aurait perdu la raison ou serait mort d'ennui. Même pas de rats dans le mur, car la faim les en avait chassés, ou plutôt ils n'y avaient jamais été attirés, – seulement des écureuils sur le toit et sous le plancher, un engoulevent sur la poutre faîtière, un geai bleu criant sous la fenêtre, un lièvre ou une marmotte sous la maison, une chouette effraie ou un chat-huant par-derrière, un vol d'oies sauvages ou un huard rieur sur le lac, et un renard pour glapir dans la nuit. Pas même une alouette ou un loriot, ces aimables oiseaux habitués des champs, ne rendit jamais visite à ma clairière. Pas de coq pour chanter ni de poule pour caqueter dans la cour. Pas de cour ! Mais la Nature non clôturée arrivant jusqu'aux ouvertures de la maison. Une jeune forêt croissant sous vos fenêtres, le sumac sauvage et les branches des ronces pénétrant par effraction dans votre cave ; de vigoureux pitchpins se frottaient en craquant contre les bardeaux par manque de place, leurs racines s'étendant loin sous la maison. La tempête, au lieu d'arracher un seau à charbon ou un volet, brise un pin ou le déracine derrière votre maison pour vous offrir du bois de chauffe. Au lieu de pas de chemin pour accéder au portail de la cour pendant la Grande Neige, – pas de portail – pas de cour – et pas de chemin pour rejoindre le monde civilisé !

Solitude

Voilà bien une soirée délicieuse, quand le corps tout entier n'est plus qu'un sens et absorbe le plaisir par tous les pores de la peau ! Je vais et viens avec une étrange liberté dans la Nature, je me fonds en elle. Lorsque je longe la rive pierreuse du lac, en bras de chemise malgré le temps frais, nuageux et venteux, sans rien remarquer de particulier qui soit digne d'attirer mon attention, je me sens étrangement à l'unisson de tous les éléments. Les grenouilles-taureaux trompettent pour annoncer la tombée de la nuit et les bourrasques m'apportent de l'autre rive la voix de l'engoulevent. L'élan de sympathie qui me pousse vers les feuilles frémissantes de l'aulne et du peuplier me coupe presque le souffle ; pourtant, comme le plan d'eau du lac, ma sérénité se ride sans vraiment se troubler. Ces vaguelettes soulevées par le vent du soir sont aussi éloignées de la tempête que la surface lisse semblable à un miroir. Bien qu'il fasse maintenant nuit, le vent souffle et rugit toujours dans le bois, les vagues se brisent, et quelques créatures bercent les autres de leur chant. Le calme n'est jamais complet. Les plus sauvages parmi les animaux, loin de se reposer, cherchent maintenant leur proie ; le renard, le putois et le lapin rôdent à travers champs et bois, sans peur. Ce sont les veilleurs de la Nature – les liens qui relient les jours de la vie animée.

En rentrant chez moi, je découvre que des visiteurs sont passés et ont laissé leur carte, un bouquet de fleurs, une branche de pin en couronne, un nom écrit au crayon sur une feuille jaune de noyer ou sur un copeau. Ceux qui marchent rarement dans les bois prennent en main un petit morceau de la forêt pour jouer avec en chemin, qu'ensuite ils laissent là, sciemment ou à leur insu. L'un a pelé une baguette de saule, avant de la tresser en anneau et de l'abandonner sur ma table. Je savais toujours si des visiteurs étaient venus en mon absence, à cause des brindilles incurvées ou de l'herbe courbée, ou de l'empreinte de leurs chaussures, et d'habitude je devinais leur sexe, leur âge ou leur qualité grâce à quelque imperceptible indice, ainsi une fleur qu'on a laissé tomber, un bouquet d'herbes cueillies puis jetées, même aussi loin que la voie de chemin de fer, à un demi-mile de chez moi, ou encore l'odeur têtue d'un cigare ou d'une pipe. Mieux, j'étais souvent prévenu du passage d'un voyageur sur la grand-route distante de soixante verges par l'odeur de sa pipe.

Il y a d'habitude bien assez d'espace autour de nous. L'horizon n'est jamais à portée de notre main. Ce bois touffu n'arrive pas jusqu'à notre porte, ni le lac d'ailleurs, mais il y a toujours comme une clairière, familière et de nous frayée, appropriée et clôturée de quelque façon, ainsi ôtée à la Nature. Pourquoi donc disposé-je de cette vaste étendue et de toutes ces sentes, plusieurs miles carrés de forêt déserte, abandonnés à moi par les hommes pour mon seul usage privé ? Mon voisin le plus proche vit à un mile de chez moi, et de nulle part sinon du haut des collines distantes de moins d'un demi-mile de ma cabane on ne voit la moindre maison. J'ai pour moi tout seul mon horizon fermé par les bois ; d'un côté, une vue éloignée de la voie de chemin de fer à l'endroit où elle s'approche du lac, de l'autre la clôture qui longe la route forestière. Mais pour l'essentiel, c'est aussi isolé que si je vivais dans la Prairie. Et autant l'Asie ou l'Afrique que la Nouvelle-Angleterre. Je possède, pour ainsi dire, mon propre soleil, ma lune, mes étoiles, ainsi qu'un petit monde tout à moi. La nuit, jamais un voyageur ne s'aventura près de ma porte ni ne frappa, pas plus que si j'étais le premier ou le dernier des hommes ; à moins que ce ne soit au printemps, quand de loin en loin des gens venaient du village pêcher le tacaud – de toute évidence ils pêchaient bien davantage dans le lac Walden de leur propre nature et appâtaient leurs hameçons d'obscurité –, mais ils repartaient bientôt, d'ordinaire avec un panier léger, en laissant « le monde aux ténèbres et à moi[1] », et le cœur noir de la nuit ne fut jamais profané par aucun voisin humain. Je crois que la plupart des hommes ont encore un peu peur de l'obscurité, même si les sorcières ont toutes été pendues, remplacées par le christianisme et les bougies.

Néanmoins, j'ai parfois constaté que n'importe quel objet naturel peut procurer la compagnie la plus douce et tendre, la plus innocente et encourageante, même pour le misanthrope pauvre et l'homme le plus mélancolique. Quiconque vit au milieu de la Nature et a gardé son bon sens ne saurait connaître de très noire mélancolie. Il n'y eut jamais une tempête où une oreille saine et innocente n'ait pu déceler une musique éolienne. Rien ne peut contraindre absolument un homme simple et courageux à une tristesse vulgaire. Tant que je jouis de l'amitié des saisons, je suis sûr que rien ne peut faire de ma vie un fardeau. La douce pluie qui aujourd'hui arrose mes haricots et m'oblige à rester chez moi n'est ni lugubre ni mélancolique, mais elle est bonne pour moi aussi. Bien qu'elle m'empêche de les sarcler, elle est bien plus précieuse que mon sarclage. Et même si elle devait continuer assez longtemps pour faire pourrir les graines dans la boue et détruire les pommes de terre dans les basses terres, elle bénéficierait pourtant à l'herbe des plateaux, et étant bonne pour cette herbe, elle serait bonne pour moi. Parfois, quand je me compare à d'autres, il me semble avoir reçu des dieux davantage de bienfaits qu'eux, au-delà de tous les mérites dont j'ai conscience ; c'est comme s'ils m'avaient fait don d'une garantie et d'une sécurité que mes semblables n'ont pas, comme si moi tout spécialement j'étais guidé et gardé. Je ne me flatte pas, mais, si une telle chose est possible, ce sont eux qui me flattent. Je ne me suis jamais senti seul, jamais le moins du monde accablé par un sentiment de solitude, sauf une fois, quelques semaines après m'être établi dans les bois, quand, une heure durant, j'ai craint que le voisinage proche de l'homme ne fût essentiel à une vie sereine et saine. Vivre seul était déplaisant. Mais en même temps j'avais conscience de mon humeur légèrement dérangée, et il me semblait prévoir déjà ma guérison. Au beau milieu d'une petite pluie et tandis que je ruminais ces pensées, je fus soudain sensible à la compagnie tendre et bienveillante de la Nature, dans le tapotement même des gouttes d'eau, dans chaque son et dans chaque spectacle autour de ma maison, tout à coup une amitié infinie et inexplicable, comme une atmosphère nourricière qui rendait insignifiants les avantages imaginés d'un voisinage humain, et je n'y ai jamais repensé depuis. La moindre petite aiguille de pin s'allongeait et se dilatait de sympathie et d'amitié pour moi. J'ai pris si clairement conscience de la présence d'une chose qui m'était apparentée, même en des décors que nous qualifions volontiers de sauvages et désolés, comprenant aussi que les plus proches de moi par le sang et les caractéristiques humaines n'étaient certes pas des personnes ni des villageois, que j'ai pensé qu'aucun endroit ne pourrait plus jamais me sembler étranger.

« Le deuil consume prématurément les tristes ;
Leurs jours sont comptés au pays des vivants,
Ô fille splendide de Toscar[2]. »

J'ai connu certaines de mes heures les plus plaisantes au cours des longues pluies torrentielles du printemps ou de l'automne, qui m'obligeaient à passer tout l'après-midi ainsi que le matin dans la maison, bercé par leur rugissement et leurs trombes d'eau incessants ; puis un crépuscule précoce annonçait une longue soirée où une foule de pensées avaient le temps de prendre racine et de se déployer librement. Durant ces pluies diluviennes en provenance du nord-est, qui mettaient à rude épreuve les maisons du village, quand les servantes se tenaient en alerte avec seau et serpillière devant l'entrée pour empêcher le déluge de franchir le seuil, je restais assis derrière la porte de ma maisonnette, qui se réduisait à une entrée, et je savourais de tout mon être la protection qu'elle m'offrait. Lors d'un gros orage tonnant, la foudre tomba sur un grand pitchpin de la rive opposée du lac, creusant un sillon spiralé, très visible et parfaitement régulier, depuis la cime jusqu'au pied de l'arbre, profond d'un pouce au moins et large de quatre ou cinq, comme on en creuserait sur un bâton de marche. L'autre jour, en passant au pied de cet arbre, j'ai été frappé de stupeur en contemplant cette marque, plus visible que jamais, là où huit ans plus tôt un éclair terrible et irrésistible était tombé du ciel innocent. On me dit souvent : « M'est avis que vous devez vous sentir bien seul là-bas, que vous avez envie d'être plus près des gens, surtout quand il pleut ou qu'il neige, et puis la nuit. » Je suis tenté de répondre à ces gens : « Toute cette terre que nous habitons n'est qu'un point dans l'espace. À quelle distance, selon vous, vivent les deux habitants les plus éloignés de cette étoile, là-bas, dont le disque ne peut pas être mesuré par nos instruments ? Pourquoi devrais-je me sentir isolé ? Notre planète ne fait-elle pas partie de la Voie lactée ? Cette question que vous posez ne me semble pas être la plus importante. Quelle sorte d'espace sépare un homme de ses semblables et lui donne l'impression d'être seul ? J'ai constaté qu'aucune agitation des jambes ne saurait rapprocher deux esprits l'un de l'autre. De quoi au juste désirons-nous vivre proches ? Certes pas de beaucoup d'hommes, de la gare, du bureau de poste, du bar, de la chapelle, de l'école, de l'épicerie, de Beacon Hill[3] ou de Five Points[4], là où se retrouvent surtout les hommes, mais de la source éternelle de notre vie, d'où – notre expérience nous l'a montré – nous savons qu'elle découle, tout comme le saule dressé au bord de l'eau envoie ses racines dans cette direction. Cela varie d'une nature à l'autre, mais voici l'endroit où le sage creusera sa cave… Un soir, sur la route de Walden, je rejoignis l'un de mes concitoyens, qui avait acquis ce qu'on appelle « un joli domaine », – bien que je ne l'aie moi-même jamais *visité* –, qui menait deux bestiaux au marché et qui me demanda comment je pouvais accepter de renoncer à toutes ces commodités indispensables de l'existence. Je lui répondis que j'étais parfaitement certain d'apprécier ma vie telle qu'elle était ; et je ne plaisantais pas. Ainsi rentrai-je me mettre au lit, le laissant chercher son chemin dans les ténèbres et la boue jusqu'à Brighton – ou Bright-town[5] –, un endroit qu'il atteindrait dans la matinée.

Pour un mort, la perspective de s'éveiller ou de ressusciter lui rend indifférents le temps et le lieu de l'événement. L'endroit où cela peut se passer est toujours le même, procurant un plaisir indescriptible à tous nos sens. Le plus souvent, nous laissons seulement les circonstances extérieures et passagères décider des grands moments de notre vie. Elles sont bel et bien la cause de notre distraction.

Plus proche de toutes choses, se trouve le pouvoir qui façonne leur être. *Près* de nous, les lois suprêmes sont constamment appliquées. *Près* de nous, il n'y a pas l'ouvrier que nous avons embauché, avec lequel nous aimons tant bavarder, mais l'ouvrier dont nous sommes l'œuvre.

« Comme est vaste et profonde l'influence des puissances subtiles du Ciel et de la Terre !

« Nous voulons les percevoir, mais ne les voyons point ; nous voulons les entendre, mais ne les entendons point ; elles ne font qu'un avec la substance des choses et l'on ne peut donc pas les en séparer.

« C'est à cause d'elles que dans tout l'univers les hommes purifient et sanctifient leur cœur, et revêtent leurs plus beaux habits pour offrir sacrifices et oblations à leurs ancêtres. C'est un océan de subtiles intelligences. Elles sont partout, au-dessus de nous, à notre gauche, à notre droite ; elles nous entourent de toutes parts[6]. »

Nous sommes les sujets d'une expérience qui m'intéresse au plus haut point. Dans les circonstances présentes, ne pouvons-nous pas nous passer un moment des commérages de notre société, et nous en remettre à nos seules pensées pour nous égayer ? Confucius dit justement : « La vertu ne reste pas seule tel un orphelin abandonné ; elle a nécessairement des voisins[7]. »

En pensant, nous sortons parfois de nous-mêmes, mais dans un sens tout à fait sain. Par un effort conscient de l'esprit, nous pouvons nous tenir à l'écart des actes et de leurs conséquences ; et toutes choses, bonnes ou mauvaises, défilent devant nous comme un torrent. Nous ne sommes pas complètement impliqués dans la Nature. Je suis tantôt le bois flotté dans le cours d'eau, tantôt Indra qui du ciel le regarde. Il *m'arrive* d'être touché par une représentation théâtrale, et d'un autre côté il *m'arrive de ne pas* être touché par un événement réel qui devrait apparemment me concerner bien davantage. Je me connais seulement en tant qu'entité humaine ; la scène, pour ainsi dire, de pensées et d'émotions ;

et je me rends compte qu'une certaine dualité me permet de me tenir aussi loin de moi-même que d'un autre. Quelle que soit l'intensité de mon expérience, j'ai conscience de la présence critique d'une partie de moi qui, d'une certaine manière, ne fait pas partie de moi, mais est un spectateur, qui loin de partager la moindre expérience prend des notes dessus ; et ce n'est pas plus moi que vous. Dès que la pièce de théâtre qu'est la vie est finie, et ce peut bien être une tragédie, le spectateur s'en va. De son point de vue, c'était une sorte de fiction, une simple œuvre d'imagination. Ce dédoublement peut aisément faire de vous un mauvais voisin et un ami peu fiable, parfois.

Je trouve salutaire d'être seul la plupart du temps. La compagnie, même la meilleure, est bientôt fatigante et nocive. J'aime être seul. Je n'ai jamais trouvé compagnon d'aussi bonne compagnie que la solitude. Nous nous sentons en général plus seuls en nous mêlant aux autres que lorsque nous restons chez nous. Où qu'il soit, l'homme qui pense ou qui travaille est toujours seul. La solitude ne se mesure pas à la distance qui sépare un homme de ses semblables. L'étudiant réellement zélé dans l'une des ruches surpeuplées de l'Université de Cambridge[8] est aussi solitaire qu'un derviche du désert. Le fermier qui toute la journée travaille seul dans les champs ou en forêt, sarclant ou coupant son bois, ne se sent pas seul, car il est occupé ; mais le soir, une fois chez lui, il ne peut pas rester assis seul dans une pièce, à la merci de ses pensées, car il doit « voir la famille », trouver une récréation et, croit-il, une récompense à la solitude de sa journée ; ainsi se demande-t-il comment l'étudiant peut bien rester assis seul chez lui toute la nuit et presque toute la journée sans souffrir de l'ennui et de la mélancolie ; mais il ne saisit pas que cet étudiant, bien que dans son logis, est toujours au travail dans *son* champ à lui, qu'il coupe le bois dans *sa* forêt, tout comme le fermier dans la sienne, et qu'à son tour il cherche la même récréation et la même compagnie que ce dernier, bien que sans doute sous une forme plus condensée.

La compagnie est souvent de piètre qualité. Nous nous rencontrons à des intervalles très rapprochés, sans avoir eu le temps d'acquérir la moindre valeur nouvelle pour autrui. Nous nous retrouvons trois fois par jour pour les repas, où chacun offre à l'autre une énième dégustation de ce vieux fromage moisi que nous sommes. Afin de rendre supportable cette fréquentation effrénée, et de ne pas aboutir à une guerre déclarée, il nous a fallu accepter un certain nombre de règles, appelées étiquette et politesse. Nous nous rencontrons au bureau de poste, dans les réunions sociales et tous les soirs au coin du feu ; nous vivons serrés les uns contre les autres, en nous barrant sans cesse la route et en nous bousculant, et je crois que nous perdons ainsi un peu de respect les uns pour les autres. Une fréquence moindre suffirait sans nul doute pour toutes les communications importantes et cordiales. Regardez les jeunes filles à l'usine : jamais seules, à peine dans leurs rêves. Tout irait mieux s'il y avait un seul habitant au mile carré, comme là où je vis. La valeur d'un individu ne réside pas dans sa peau, pour qu'il nous faille le toucher.

J'ai entendu parler d'un homme perdu dans les bois, mourant de faim et d'épuisement au pied d'un arbre, dont l'esseulement fut soulagé par les visions grotesques dues à sa faiblesse physique, des visions dont son imagination maladive l'entourait et que lui-même prenait pour la réalité. De même, grâce à la santé et à la force, tant physiques que mentales, nous pourrions être sans cesse amusés par une compagnie similaire quoique plus normale et naturelle, et en venir à comprendre que nous ne sommes jamais seuls.

Chez moi, je jouis d'une abondante compagnie ; surtout le matin, quand personne ne me rend visite. Laissez-moi suggérer quelques comparaisons, pour que l'une d'elles parvienne à vous donner une idée de ma situation. Je ne me sens pas plus seul que le huard du lac qui rit si fort, ou que le lac Walden lui-même. Quelle compagnie a donc ce lac solitaire, je vous prie ? Pourtant, la teinte azurée de ses eaux ne contient nulle noire pensée *, mais bien plutôt des anges bleus. Le soleil est seul, sauf par temps brumeux, lorsqu'il semble parfois y en avoir deux et que l'un est un faux soleil. Dieu

---

* L'anglais parle de « diables bleus. »

est seul, – mais le diable, lui, est loin d'être seul ; il fréquente une nombreuse compagnie ; il est légion⁹. Je ne me sens pas plus seul qu'une simple molène, qu'un pissenlit dans un pré, une feuille de haricot ou d'oseille, un taon ou un bourdon. Je ne me sens pas plus seul que ce ruisseau, le Mill Brook, ou une girouette, ou l'étoile Polaire, ou le vent du sud, une averse d'avril, le dégel en janvier ou la première araignée dans une maison neuve.

Je reçois parfois la visite, durant les longues soirées d'hiver où il neige dru et où le vent hurle dans le bois, d'un vieux colon, le propriétaire originel des lieux, qui a paraît-il creusé le lac Walden, l'a empierré et entouré de bois de pins ; il me raconte des histoires du temps passé et de l'éternité nouvelle ; tous les deux, malgré l'absence de pommes et de cidre, nous réussissons à passer une soirée allègre et joyeuse, tout au plaisir de nos échanges –, c'est un ami très sage et plein d'humour, que j'aime beaucoup et qui reste plus secret que ne le furent jamais Goffe ou Whalley¹⁰ ; et bien qu'on le croie mort, personne n'a jamais trouvé sa tombe. Une dame âgée habite aussi dans mon voisinage, invisible à la plupart des gens ; j'aime me promener parfois dans son jardin d'herbes odorantes, pour cueillir des simples et écouter ses fables ; car son génie est d'une fertilité sans égale, sa mémoire remonte à des temps inconnus de la mythologie et elle me raconte volontiers l'origine de toutes les fables, sur quels faits chacune se fonde, car ces incidents eurent lieu durant sa jeunesse. Cette robuste vieille dame aux joues roses, qui se délecte de tous les temps et de toutes les saisons, survivra sans doute à tous ses enfants.

L'innocence et la bienfaisance indescriptibles de la Nature – du soleil, du vent et de la pluie, de l'été comme de l'hiver – quelle santé et quelle joie elles dispensent à jamais ! Et elles tiennent notre race en une telle sympathie, que toute la Nature serait affligée, et l'éclat du soleil se ternirait, et les vents pousseraient des soupirs pleins d'humanité, et les nuages répandraient une pluie de larmes, et les arbres des bois perdraient leurs feuilles et prendraient le deuil en plein été, si jamais un homme devait souffrir pour une juste cause. Ne suis-je pas en intelligence avec la terre ? Ne suis-je pas moi-même en partie feuilles et terreau végétal ?

Quelle est la pilule qui nous gardera en bonne santé, sereins et contents ? Certes pas celle de mon arrière-grand-père ou du tien, mais le médicament universel, végétal, botanique de notre arrière-grand-mère la Nature, grâce auquel elle est restée éternellement jeune, survivant à tant de vieux Parr[11] au fil du temps, dont l'obésité putrescente a fortifié sa santé. En guise de panacée, au lieu d'une de ces fioles de charlatan remplies d'une mixture tirée de l'Achéron et de la Mer Morte, qui sort d'un de ces longs chariots trapus semblables à un schooner noir que l'on aménage parfois pour transporter des bouteilles, laissez-moi respirer une bouffée non diluée d'air matinal. Ah, l'air du matin ! Si les hommes refusent d'en boire à la source du jour, eh bien, il nous faudra alors le mettre en bouteilles et le vendre dans les boutiques, au bénéfice de ceux qui ont perdu leur billet de souscription aux heures matinales de ce monde. Mais souvenez-vous que même dans la plus froide des caves il ne se gardera sans doute pas jusqu'à midi, et fera sauter les bouchons bien avant cette heure pour suivre vers l'ouest la course d'Aurore. Je ne suis pas un adorateur d'Hygie, la fille de ce vieil herboriste, Esculape, que l'on représente sur les monuments tenant dans une main un serpent et dans l'autre une coupe où le serpent boit parfois ; mais bien plutôt d'Hébé, échanson de Jupiter, fille de Junon et de la laitue sauvage, dotée du pouvoir de rendre aux dieux et aux hommes toute la vigueur de leur jeunesse. Elle fut certainement la seule jeune dame saine, robuste et parfaitement constituée, qui parcourut jamais le globe en apportant le printemps partout où ses pas la menaient.

Visiteurs

Je crois aimer la société autant que la plupart des gens, et je suis tout à fait prêt à m'accrocher comme une sangsue, pendant un certain temps, au premier homme doté d'un sang bien riche qui croisera mon chemin. Loin d'être un ermite par nature, je pourrais rester plus longtemps dans une salle de bar que son pilier le plus obstiné, à condition que mes affaires m'y appellent.

J'avais trois chaises dans ma maison; une pour la solitude, deux pour l'amitié, trois pour la société. Quand des visiteurs arrivaient à l'improviste et en nombre plus élevé, il n'y avait que la troisième chaise pour eux tous, mais d'habitude ils faisaient des économies de place en restant debout. Très étonnant, le nombre d'hommes et de femmes importants qu'une petite maison peut contenir... J'ai déjà accueilli sous mon toit et en même temps vingt-cinq ou trente âmes, chacune dotée d'un corps, et néanmoins nous nous séparions souvent sans être certains de nous être vraiment approchés les uns des autres. Presque toutes nos maisons, à usage tant public que privé, avec leurs pièces presque innombrables, leurs immenses entrées et leurs caves pour y entreposer les vins parmi d'autres munitions de paix, me semblent d'une taille extravagante pour leurs habitants. Elles sont si vastes et magnifiques que ces derniers semblent seulement être des parasites qui les infestent. Je suis toujours surpris d'entendre le héraut lancer son appel devant la Maison Tremont, Astor ou Middlesex[1], et de voir alors sortir en tapinois sur la véranda une ridicule souris en guise d'habitants, qui bientôt se faufile de nouveau dans quelque trou du trottoir.

Un inconvénient que j'ai parfois constaté dans une aussi petite maison, c'est la difficulté que j'avais de m'éloigner assez de mon visiteur dès que nous commencions à formuler de grandes idées avec des grands mots. On désire alors avoir de la place pour envoyer toutes les voiles de ses pensées et leur faire tirer un bord ou deux avant qu'elles n'atteignent leur destination. Il faut que la balle de votre pensée ait eu le temps de rectifier son mouvement de ricochet latéral et de suivre son ultime course régulière avant d'atteindre l'oreille de votre interlocuteur, si vous ne voulez pas la voir ressortir de l'autre côté de sa tête. Et puis, nos phrases avaient besoin d'espace pour se déployer et constituer leurs colonnes dans l'intervalle. Les individus, comme les nations, doivent avoir des frontières assez vastes et naturelles, voire un considérable terrain neutre qui les sépare. J'ai découvert un luxe singulier : parler à un compagnon qui se trouvait de l'autre côté du lac. Sous mon toit, nous étions si proches l'un de l'autre que nous ne pouvions même pas nous comprendre, – impossible de parler assez bas pour se faire entendre ; comme lorsqu'on lance deux pierres dans une eau calme, si près que chacune brise les ondulations de l'autre. Si nous sommes simplement loquaces et tonitruants, alors nous pouvons accepter de nous tenir tout près l'un de l'autre, joue contre joue, chacun humant l'haleine de son voisin ; mais si nous parlons avec une réserve pensive, nous avons besoin d'une plus grande distance entre nous, afin que toute chaleur et humidité animales aient la possibilité de s'évaporer. Si nous souhaitons goûter le commerce le plus intime avec ce qui, en chacun de nous, échappe à la conversation ou se situe au-dessus, alors nous devons non seulement rester silencieux, mais d'ordinaire si éloignés l'un de l'autre qu'en ce cas chacun ne peut absolument pas entendre la voix de l'autre. À en juger selon ce critère, la parole ne convient qu'à ceux qui sont durs d'oreille ; mais quand nous devons crier, il existe maintes choses que nous ne pouvons pas dire. À mesure que la conversation prenait un ton plus élevé et plus majestueux, nous écartions peu à peu nos chaises jusqu'à ce qu'elles touchent le mur dans les angles opposés, et puis en général il n'y avait toujours pas assez de place.

Ma « meilleure » pièce, cependant, celle où je me retirais volontiers*, toujours prêt à recevoir des visiteurs, et où les tapis

---

* Thoreau crée un mot-valise qui transforme le salon de réception en lieu de retraite.

accueillaient rarement la lumière du soleil, c'était le bois de pins situé derrière ma maison. Mes hôtes de marque, je les emmenais là en été ; un domestique incomparable balayait le sol, époussetait les meubles et gardait tout en ordre.

Quand un seul invité franchissait ma porte, il partageait parfois mon repas frugal, et notre conversation n'était guère interrompue par la préparation d'un pudding à la bouillie de maïs ou par l'observation d'une miche de pain en train de lever et de cuire parmi les cendres. Mais si vingt personnes arrivaient et s'installaient chez moi, on ne parlait pas davantage de dîner, même lorsqu'il y avait du pain pour deux, que si l'alimentation humaine était une coutume tombée en désuétude ; nous pratiquions donc tout naturellement l'abstinence ; et personne n'y voyait jamais un affront aux lois de l'hospitalité, mais l'attitude la plus adéquate et la plus polie. En pareil cas, la fatigue et la faiblesse de l'être physique, qui très souvent nécessitent des soins, semblaient miraculeusement ajournées, et la vigueur ainsi que la vitalité tenaient bon. Ainsi pouvais-je aussi bien accueillir mille visiteurs que vingt ; et si jamais l'un d'eux s'en allait déçu ou bien affamé après m'avoir trouvé chez moi, il peut être certain que j'ai au moins sympathisé avec lui. Il est vraiment facile, même si de nombreuses maîtresses de maison en doutent, d'établir de nouvelles et meilleures coutumes à la place des anciennes. Inutile de fonder votre réputation sur les dîners que vous donnez. Pour ma part, je ne fus jamais plus efficacement dissuadé de fréquenter la maison des autres, par aucune sorte de Cerbère imaginable, que par les ronds de jambe que me fit l'un d'eux pour m'inviter à dîner, et que je pris pour une suggestion très polie et détournée de ne plus jamais le déranger. Je crois que je ne me rendrai plus jamais chez lui. Je devrais être fier d'adopter pour devise de ma cabane ces vers de Spenser qu'un de mes visiteurs a écrits sur une feuille jaune de noyer en guise de carte de visite :

« Arrivés là, ils emplissent la petite maison,
Sans chercher l'hospitalité là où il n'y en a point ;
Le repos tient lieu de festin, et ils agissent à leur guise :
Plus noble l'esprit, plus grand le contentement. [2] »

Lorsque Winslow, qui devint ensuite gouverneur de la colonie de Plymouth, partit à pied à travers bois avec un compagnon pour rendre une visite de cérémonie à Massassoit, et qu'il arriva, fatigué et affamé, à sa hutte, ils furent bien reçus par le roi, mais ce jour-là on ne parla point de manger. À la tombée de la nuit, pour citer leurs propres mots, « Il nous fit étendre sur le lit avec lui-même et son épouse, eux à un bout et nous à l'autre, ce lit se réduisant à des planches, posées à un pied du sol, et recouvertes d'une mince natte. Deux autres de ses chefs, par manque de place, se pressaient contre et sur nous ; ainsi, nous fûmes plus fatigués d'être logés de la sorte, que d'avoir voyagé ». Le lendemain à une heure, Massassoit « apporta deux poissons qu'il avait pris », à peu près trois fois plus gros qu'une brème ; « ceux-ci étant bouillis, il y eut au moins quarante hommes pour en chercher une part. Presque tous en mangèrent. En deux nuits et un jour, nous prîmes seulement ce repas ; et si l'un de nous n'avait pas attrapé une perdrix, nous serions repartis à jeun. » Redoutant de céder au vertige par manque de nourriture ainsi que de sommeil, à cause des « chants barbares de ces sauvages (car ils avaient l'habitude de chanter pour s'endormir) », et désireux de rentrer chez eux tant qu'ils avaient encore la force de marcher, ils partirent. Sur le chapitre du logement, ils furent certes mal accueillis, même si ce qu'ils prirent pour une gêne était sans nul doute un honneur ; mais sur celui de la nourriture, je ne vois pas comment ces Indiens auraient pu mieux faire. Eux-mêmes n'avaient rien à manger, et ils eurent la sagesse de ne pas croire que des excuses auraient pu remplacer des plats auprès de leurs invités ; ils se serrèrent donc la ceinture et n'en parlèrent point. Lors d'une autre visite de Winslow, en période d'abondance pour ces Indiens, il fut reçu avec générosité à cet égard.

Quant aux hommes, on n'en manquera jamais nulle part. J'ai eu davantage de visites pendant que je vivais dans les bois qu'à toute autre période de ma vie ; je veux dire que j'en ai eu quelques-unes. J'ai rencontré là plusieurs personnes dans des conditions plus favorables que nulle part ailleurs. Bien peu, toutefois, venaient me voir pour des broutilles. De ce point de vue, la simple distance qui me séparait de la ville réduisait le flot de mes visiteurs. Je m'étais retiré si loin sur le vaste océan de la solitude, où se jettent tous les fleuves de la société, que le plus souvent seuls les plus fins sédiments se déposaient autour de moi pour satisfaire à mes besoins. Par ailleurs, le vent m'apportait par bouffées les preuves de continents inexplorés et inexploités situés de l'autre côté.

Devinez un peu qui est passé ce matin à ma cabane, sinon un vrai personnage d'Homère ou de Paphlagonie, – il porte un nom si approprié et poétique[3] que je suis navré de ne pouvoir l'imprimer ici –, un Canadien, bûcheron et fabricant de poteaux, capable d'en planter cinquante en un seul jour, et qui pour son dernier repas a mangé une marmotte attrapée par son chien. Lui aussi a entendu parler d'Homère, et « sans les livres », dit-il, il ne saurait « pas quoi faire les jours de pluie », bien qu'il n'en ait peut-être pas lu un seul en entier depuis d'innombrables saisons pluvieuses. Un prêtre qui savait prononcer le grec lui apprit à lire ses versets du Testament, là-bas dans sa paroisse natale ; et maintenant, alors qu'il tient le livre, je dois lui traduire les reproches que fait Achille à Patrocle à cause de la tristesse de ce dernier : « Pourquoi pleures-tu comme une jeune fille, Patrocle ? »

> « Ou bien as-tu seul appris quelque nouvelle de Phtios ?
> On dit que Ménoetios vit encore, le fils d'Actor,
> Et Pélée aussi, le fils d'Eaque, parmi les Myrmidons,
> Si l'un ou l'autre était mort, grandement nous nous
> affligerions.[4] »

« C'est bien », dit-il. Il serre sous le bras un gros fagot d'écorce de chêne blanc qu'il a ramassée en ce dimanche matin et qu'il destine à un malade. « Y pas de mal, j'imagine, à aller chercher ce genre de chose aujourd'hui », ajoute-t-il. Pour lui, Homère était un grand écrivain, même s'il ignore tout de ce qu'il a écrit. Il serait difficile de trouver un homme plus simple et plus naturel. Le vice et la maladie, qui jettent une terrible ombre morale sur le monde, semblent exister à peine pour lui. Âgé d'environ vingt-huit ans, il avait quitté le Canada et la maison de son père une douzaine d'années plus tôt pour se mettre à travailler aux États-Unis, gagner de l'argent et acheter enfin une ferme, peut-être dans son pays natal. On l'avait fondu dans le plus fruste des moules ; un corps massif et lent, néanmoins gracieux, un cou épais et brûlé par le soleil, des cheveux bruns broussailleux, des yeux bleus ternes et endormis, où s'allumait parfois une lueur expressive. Il portait une casquette plate d'étoffe grise, un manteau miteux couleur de laine brute et des chaussures en cuir de vache. C'était un gros mangeur de viande, qui transportait d'habitude son dîner jusqu'à son lieu de travail, à deux miles de ma maison, – car il abattait des arbres tout l'été –, dans une gamelle en fer-blanc ; diverses viandes froides, souvent de la marmotte, et du café dans une bouteille en pierre qui se balançait au bout d'une ficelle attachée à sa ceinture ; il me proposait parfois à boire. Il arrivait tôt et il traversait mon champ de haricots sans manifester cette inquiétude ni cette hâte d'aller au travail, propres aux Yankees. À quoi bon se rendre malade ? Il se fichait de gagner seulement de quoi vivre. Souvent, il laissait son dîner dans les buissons, quand en chemin son chien avait pris une marmotte, et il rentrait chez lui en parcourant un mile et demi pour la préparer et la serrer dans la cave de la maison où il logeait, après avoir d'abord passé une demi-heure à se demander s'il ne la garderait pas plutôt immergée et bien en sécurité dans le lac jusqu'à la tombée de la nuit, – car il adorait se poser ce genre de question. En passant de bon matin, il me disait : « Comme les pigeons sont nombreux ! Si j'arrêtais de travailler tous les jours, je me procurerais toute la viande que je désire en chassant – les pigeons, les marmottes, les lapins, les perdrix – nom de nom ! Tout ce qu'il me faut pour la semaine, je me le chasserais en une seule journée. »

C'était un habile bûcheron, qui prenait plaisir à quelques fantaisies et autres fioritures de son art. Il coupait ses arbres selon un plan horizontal situé au ras du sol pour que les rejets qui pousseraient ensuite soient plus vigoureux et qu'un traîneau puisse glisser sans encombre sur les souches ; et au lieu de laisser un arbre entier pour soutenir le bois coupé, il le taillait en un mince épieu, un bâton effilé qu'on pouvait casser à la main dès qu'on avait fini.

Il m'intéressait à cause de son calme, de son existence solitaire, et en outre de son bonheur; cet homme était un puits de bonne humeur et de joie de vivre qui débordait au niveau des yeux. Sa gaieté était limpide. Je le voyais parfois travailler dans les bois, occupé à abattre des arbres; il me lançait alors un grand rire de satisfaction sans pareille et m'adressait une salutation en français canadien, bien qu'il parlât l'anglais aussi bien. Quand je m'approchais de lui, il marquait une pause dans son travail, puis, avec une joie à demi contenue il s'allongeait contre le tronc du pin qu'il venait d'abattre, il grattait l'intérieur de l'écorce, qu'il roulait en boule et mâchait tout en riant et en parlant. Il était habité par une telle exubérance d'esprits animaux qu'il lui arrivait de tomber de sa chaise et de se rouler par terre, pris d'un fou rire dû à une pensée qui lui titillait l'esprit. Regardant les arbres autour de lui, il s'exclamait: « Pardieu! Je m'amuse vraiment bien à couper du bois ici; je pourrais faire quoi de plus agréable? » Parfois, quand il ne travaillait pas, il se distrayait toute la journée dans les bois avec un petit pistolet, dont tout en marchant il tirait à intervalles réguliers des salves à sa propre gloire. En hiver, il faisait un feu sur lequel il réchauffait son café de midi dans une bouilloire; et tandis qu'assis sur une bûche il dînait, les mésanges à tête noire venaient parfois se percher sur son bras et picorer la pomme de terre qu'il tenait entre ses doigts; il disait alors: « J'aime bien avoir mes petites *copines* autour de moi. »

Chez cet homme, le côté animal surtout était développé. Pour l'endurance physique et la satisfaction, il était le cousin du pin et du roc. Je lui demandai un jour si, après avoir travaillé toute la journée, il ne lui arrivait pas d'être fatigué le soir; il me répondit avec une expression sincère et grave: « Du diable si j'ai jamais été fatigué de ma vie! » Mais la partie intellectuelle et celle qu'on qualifie de spirituelle dormaient en lui comme chez le nourrisson. Il avait seulement bénéficié de cette éducation innocente et inefficace que les prêtres catholiques donnent aux aborigènes, où l'élève n'apprend jamais à acquérir quelque conscience, mais seulement la confiance et le respect, où l'enfant ne devient pas homme, mais demeure enfant. Quand la Nature le créa, elle lui octroya une généreuse portion de vigueur physique et de contentement, et elle l'étaya d'une forte dose de respect et de confiance afin qu'il puisse vivre comme un enfant ses soixante-dix ans. Il était si authentique et ingénu qu'aucune présentation ne lui aurait rendu justice, pas plus qu'on ne présente une marmotte à son voisin. Chacun devait trouver moyen de le découvrir. Il refusait de jouer le moindre rôle. On le payait pour son travail, l'aidant ainsi à se nourrir et à s'habiller, mais il ne conversait jamais avec ses employeurs. Il était d'une humilité tellement simple et naturelle, – si tant est qu'on puisse qualifier d'humble celui qui ne désire jamais –, que cette humilité n'était pas une qualité distincte en lui, et il n'en avait pas la moindre conception. Les hommes sages étaient pour lui des demi-dieux. Quand on lui annonçait la venue d'un de ces hommes, il se comportait comme s'il croyait qu'une créature aussi formidable n'attendrait rien de lui, mais prendrait toute la responsabilité sur elle, et le laisserait de côté, oublié. Il n'entendit jamais la moindre louange. Il respectait tout particulièrement l'écrivain et le prédicateur. Leurs activités étaient pour lui des miracles. Lorsque je lui dis que j'écrivais beaucoup, il crut longtemps que je parlais seulement de calligraphie, car lui-même avait une fort belle écriture. Je découvrais parfois, joliment tracé dans la neige du talus de la grand-route, le nom de sa paroisse natale, avec les accents français de rigueur, et ainsi je savais qu'il était passé par là. Un jour, je lui demandai s'il avait déjà ressenti le désir de noter par écrit ses pensées. Il me répondit qu'il avait déjà lu et rédigé des lettres pour ceux qui ne pouvaient le faire, mais il n'avait jamais essayé de noter ses pensées par écrit – non, il ne le pourrait pas, il ne saurait guère par où commencer, il en mourrait, et puis il fallait en même temps faire attention à l'orthographe !

J'appris qu'un très distingué sage et réformateur lui demanda un jour s'il n'avait pas envie de voir le monde changer ; mais il répondit alors avec un gloussement de surprise et son accent canadien, sans se douter que cette question était une classique du genre : « Non, je l'aime bien comme ça ». Un philosophe qui l'eût fréquenté aurait beaucoup appris. Devant un inconnu, il semblait ne rien connaître du monde en général ; pourtant, il m'arrivait de voir en lui un homme que je n'avais pas soupçonné jusque-là, et je ne savais plus s'il était aussi sage que Shakespeare ou tout simplement ignorant comme un enfant, s'il fallait subodorer en lui une belle conscience poétique ou la bêtise pure et simple. Un villageois me confia qu'en le croisant alors qu'il se promenait dans une rue en sifflotant, avec sa petite casquette vissée sur le crâne, il eut l'impression d'un prince déguisé.

Ses seuls livres étaient un almanach et un manuel d'arithmétique, discipline dans laquelle il excellait. Le premier était à ses yeux une sorte d'encyclopédie, qui renfermait selon lui un résumé du savoir humain, comme c'est d'ailleurs le cas dans une large mesure. J'aimais le sonder sur les diverses réformes de l'époque, et il ne manquait jamais de les envisager sous le jour le plus simple et le plus pratique. Il n'avait jamais entendu parler de tout cela. Pouvait-il se passer des usines ? lui demandai-je. Il avait porté le gros drap gris du Vermont, et c'était du bon. Pouvait-il se passer de thé et de café ? Ce pays offrait-il d'autres boissons que l'eau ? Il avait fait infuser des feuilles de sapin ciguë dans de l'eau avant de la boire, et conclu que c'était meilleur que l'eau par temps chaud. Quand je lui demandai s'il pourrait vivre sans argent, il évoqua les avantages de l'argent d'une manière qui suggérait et coïncidait avec les points de vue les plus philosophiques sur l'origine de cette institution, sans oublier l'étymologie même du mot *pecunia*. S'il possédait un bœuf, et s'il voulait se procurer des aiguilles et du fil à coudre au magasin idoine, il pensait qu'il serait peu pratique et bientôt impossible d'hypothéquer chaque fois une partie de cette bête pour telle ou telle somme. Mieux qu'aucun philosophe, il savait défendre de nombreuses institutions, car en les décrivant selon l'usage qu'il pouvait en faire il découvrait la vraie raison de leur existence, et ses réflexions ne lui en avaient pas suggéré d'autres. Une autre fois, en entendant la définition de l'homme selon Platon – un bipède sans plumes –, et apprenant que quelqu'un avait exhibé un coq plumé en disant que c'était l'homme de Platon, il songea qu'il y avait entre les deux, une différence cruciale : *les genoux* se pliaient de l'autre côté. Il s'écriait parfois : « Que j'aime parler ! Par Dieu, je pourrais parler toute la journée ! » Un jour, alors que je ne l'avais pas vu depuis plusieurs mois, je lui demandai s'il avait eu une nouvelle idée durant l'été. « Seigneur ! répondit-il. Un homme qui doit trimer comme je fais, s'il n'oublie pas les idées qu'il vient d'avoir, il a bien de la chance. Peut-être que l'homme qui sarcle avec vous a tendance à faire la course ; alors, sacrebleu, faut penser à ce qu'on fait ; faut penser aux mauvaises herbes. » Parfois, lors de telles rencontres, il me demandait en premier si j'avais accompli quelque progrès. Un jour d'hiver, je lui demandai s'il était toujours content de lui, car je désirais suggérer un substitut au-dedans de lui pour remplacer le prêtre au dehors, ainsi qu'une raison de vivre plus élevée. « Content ! fit-il. Certains hommes sont contents d'une chose, et d'autres d'une autre. Un homme, s'il possède assez, sera sans doute content de rester assis toute la journée, le dos au feu et le ventre contre la table, bon Dieu ! » Néanmoins, je n'ai jamais réussi, par aucun stratagème, à l'amener à une conception spirituelle des choses ; ce qu'il semblait concevoir de plus élevé, c'était un opportunisme ordinaire, tel qu'on peut l'attendre d'un animal ; on ferait d'ailleurs la même constatation chez la plupart des hommes. Quand je lui suggérais une quelconque amélioration de son mode de vie, il répondait simplement, sans manifester le moindre regret, que c'était trop tard. Pourtant, il croyait absolument à l'honnêteté et aux vertus similaires.

On pouvait déceler en lui une originalité évidente, bien que modeste, et je constatais de temps à autre qu'il pensait par lui-même et qu'il exprimait ses propres opinions, un phénomène si rare que tous les jours je serais prêt à faire dix miles à pied pour l'observer, une démarche consistant à remettre en cause l'origine de bon nombre des institutions de la société. Bien qu'hésitant et réussissant peut-être rarement à s'exprimer avec clarté, il avait toujours une idée présentable par-derrière. Mais sa pensée, plus prometteuse que celle d'un homme simplement instruit, était néanmoins si primitive et immergée dans son existence animale, qu'elle ne mûrissait pas souvent pour produire un fruit digne d'être relaté. Toute sa personne suggérait l'existence possible d'hommes de génie dans les strates inférieures de la vie, aussi définitivement humbles et illettrés puissent-ils être, qui toujours se font leur idée ou alors ne font pas semblant de juger; qui sont insondables comme on croyait autrefois que l'était le lac Walden, et tout aussi sombres et vaseux.

De nombreux voyageurs faisaient un détour pour me voir ainsi que l'intérieur de ma maison, et, prétexte à leur visite, ils me demandaient un verre d'eau. Je leur rétorquais que je buvais celle du lac, que je leur montrais alors en proposant de leur prêter une louche. J'avais beau vivre à l'écart de tout, je n'étais pas exempté de ces visites d'inspection annuelles qui ont lieu, je crois, vers le premier avril, quand tout le monde se met en branle; et j'ai eu ma part de chance, même si mes visiteurs incluaient parfois de curieux spécimens. Des demeurés résidant à l'hospice et ailleurs venaient jusqu'à chez moi; je m'efforçais alors de faire fonctionner le peu d'esprit qu'ils avaient et de les pousser à se confesser à moi; en pareil cas, je choisissais l'esprit comme thème de notre conversation et je me trouvais ainsi dédommagé. De fait, je découvris que certains étaient plus sages que les soi-disant *surveillants* des pauvres et les conseillers municipaux du village, et je me dis que le moment était venu de renverser les rôles. À propos de l'esprit, j'appris qu'il n'y avait pas grande différence entre la moitié et le tout. Un jour, en particulier, un indigent inoffensif et simplet, que j'avais souvent vu, avec d'autres, employé comme l'équivalent d'un poteau de clôture, debout ou assis sur un boisseau dans les champs pour empêcher le bétail ainsi que lui-même de divaguer, me rendit visite et exprima le désir de vivre comme je le faisais. Il me déclara, avec une simplicité et une sincérité confondantes, très au-dessus ou plutôt *au-dessous* de tout ce qu'on appelle l'humilité, qu'il avait « l'intellect déficient ». Tels furent ses mots. Le Seigneur l'avait créé ainsi, mais il supposait qu'Il veillait autant sur lui que sur autrui. « J'ai toujours été ainsi, me dit-il, depuis l'enfance ; je n'ai jamais eu toute ma tête à moi ; je n'étais pas comme les autres enfants ; je souffre d'une faiblesse cérébrale. C'était la volonté du Seigneur, j'imagine. » Et il était là pour prouver la vérité de ses dires. Il incarnait à mes yeux une énigme métaphysique. Je n'ai jamais rencontré aucun de mes semblables sur un terrain aussi prometteur, – car tout ce qu'il disait était très simple, très sincère et très vrai. Et en vérité, à mesure qu'il semblait s'abaisser, il s'élevait[5]. Je ne le compris pas d'abord, mais c'était le résultat d'une attitude pleine de sagesse. Sur cette base de vérité et de franchise qu'avait posée ce pauvre et malheureux faible d'esprit, il semblait que notre relation en allant de l'avant pût dépasser en qualité celle qu'entretiennent les sages.

J'avais des hôtes qu'on ne compte pas d'ordinaire parmi les pauvres de la ville, mais qu'on devrait inclure dans cette catégorie ; car ils figurent, en tout cas, parmi les pauvres du monde ; des hôtes qui font appel, non à votre hospitalité, mais à votre *hôpitalité* ; qui désirent sincèrement être aidés et qui, avant leur appel à l'aide, vous annoncent qu'ils sont tout à fait décidés à ne jamais s'aider eux-mêmes. J'exige de mes visiteurs qu'ils ne soient pas en train de mourir de faim pour de bon, même s'ils bénéficient du meilleur appétit du monde, et peu importe l'origine de cet appétit. Celui qui fait appel à votre charité n'est pas un hôte. Des hommes qui ne comprenaient pas que la visite était terminée, bien que je fusse retourné à mes affaires, en leur répondant de plus en plus loin. Des hommes dotés d'intelligences très contrastées me rendaient visite durant la saison des migrations. Quelques-uns étaient d'une telle intelligence qu'ils ne savaient plus quoi en faire ; des esclaves fugitifs ayant conservé les manières de la plantation tendaient l'oreille de temps à autre, tel le renard de la fable, comme s'ils entendaient déjà les aboiements des chiens lancés à leur poursuite, et ils me regardaient alors d'un air suppliant, comme pour dire :

« Ô chrétien, vas-tu me renvoyer[6] ? »

J'aidai un authentique esclave fugitif, parmi d'autres, à poursuivre sa route vers l'étoile Polaire. Des hommes à une seule idée, comme une poule dotée d'un seul poussin, et encore, c'est un caneton ; des hommes à mille idées, et à la tête mal faite, comme ces poules qu'on oblige à s'occuper de cent poussins, tous pourchassant le même insecte, une vingtaine d'entre eux manquant à l'appel dans la rosée matinale – et qui deviennent tout frisés et galeux en conséquence ; des hommes munis d'idées à la place de jambes, une sorte de mille-pattes intellectuel qui vous donne la chair de poule. Quelqu'un me suggéra de tenir un livre où chaque visiteur écrirait son nom, comme aux White Mountains ; mais hélas, j'ai trop bonne mémoire pour que ce soit nécessaire.

Je ne pouvais m'empêcher de remarquer certaines particularités de mes visiteurs. Les filles, les garçons et les jeunes femmes étaient en général heureux de se retrouver dans les bois. Ils regardaient le lac ainsi que les fleurs, et passaient un bon moment. Les hommes d'affaires et même les fermiers ne pensaient qu'à ma solitude et à mon oisiveté, à la grande distance qui me séparait d'une chose ou d'une autre ; et ils avaient beau dire qu'ils adoraient se promener à l'occasion dans les bois, on voyait bien que ce n'était pas le cas. Des hommes agités, préoccupés, qui consacraient tout leur temps à gagner leur vie ou à garder leur emploi ; des pasteurs qui parlaient de Dieu comme s'ils détenaient le monopole de la divinité, et qui ne supportaient pas toutes sortes d'opinions ; des médecins, des hommes de loi, des maîtresses de maison troublées qui profitaient de mon absence pour mettre le nez dans mon placard et dans mon lit, – comment Mme Untel peut-elle bien savoir que mes draps ne sont pas aussi propres que les siens ? –, de jeunes hommes qui avaient cessé d'être jeunes et qui avaient conclu qu'il était plus sûr de suivre le sentier battu des professions libérales –, tous ceux-là disaient d'habitude qu'il n'était pas possible de faire le bien dans ma situation présente. Ah ! C'était donc là la difficulté. Les vieux, les infirmes et les timides, de tous âges et des deux sexes, pensaient surtout à la maladie, à l'accident soudain et à la mort ; la vie leur semblait pleine de dangers, – mais quel danger y a-t-il quand on ne pense à aucun ? –, ils jugeaient qu'un homme prudent devait choisir avec soin l'endroit le plus sûr où le docteur B. pourrait venir d'urgence. À leurs yeux, le village était littéralement une *communauté*, une association de défense mutuelle, et l'on se disait volontiers qu'ils n'étaient pas du genre à aller cueillir des airelles sans se munir d'une pharmacie portative. Pour résumer leur point de vue, il suffit qu'un homme soit vivant pour être toujours *en danger* de mourir, mais il faut admettre que ce danger diminue à mesure que l'homme est plus mort que vif. L'homme qui court mène une vie d'autant plus risquée. Enfin, il y avait les réformateurs autoproclamés, les pires casse-pieds qui soient, convaincus que je passais mon temps à chanter :

Voici la maison que j'ai construite ;
Voici l'homme qui habite la maison que j'ai construite[7] ;

mais ils ignoraient que le troisième vers était :

Voici les gens qui tracassent l'homme
Qui habite la maison que j'ai construite.

Je ne craignais pas les busards des marais, qui tourmentent la volaille, car je n'avais pas de poulets ; bien plutôt, je craignais ceux qui tourmentent* les hommes.

J'avais des visiteurs plus réjouissants que ces derniers. Des enfants venus cueillir des baies ; des employés des chemins de fer qui faisaient leur promenade du dimanche matin en chemise propre ; des pêcheurs et des chasseurs, des poètes et des philosophes, bref toutes sortes d'honnêtes pèlerins qui venaient dans les bois par amour de la liberté et laissaient pour de bon le village derrière eux, et j'étais prêt à les accueillir tous au cri de « Bienvenue, les Anglais ! Bienvenue, les Anglais ![8] » car j'avais été en rapport avec cette race.

---

* Le nom anglais du rapace contient l'idée de tourmenter ; Thoreau fait peut-être allusion à la police fédérale qui harcelait les esclaves en fuite.

Le champ de haricots

Pendant ce temps-là, mes haricots, dont la longueur totale des rangées déjà plantées aurait avoisiné les sept miles, se montraient impatients d'être sarclés, car les premiers avaient poussé de manière spectaculaire avant que les derniers ne soient en terre ; il fallait vraiment s'occuper d'eux sans plus tarder. En quoi consistait ce labeur très régulier et respectueux de lui-même, à la fois modeste et herculéen, je l'ignorais. J'en vins à aimer mes rangs, mes haricots, bien que leur nombre dépassât infiniment mes besoins. Ils me liaient à la terre, et comme Antée j'en tirais ma vigueur. Mais pourquoi les faire pousser ? Dieu seul le sait. Je m'adonnai tout l'été à cet étrange travail : contraindre ladite portion de surface terrestre, qui jusqu'alors avait seulement produit potentille rampante, mûres, herbe de la Saint-Jean et autres, fruits sauvages et fleurs plaisantes, à engendrer à la place ce légume à gousse. Qu'apprendrai-je des haricots, ou les haricots de moi ? Je les cajole, je les sarcle, je les surveille au point du jour et à la tombée de la nuit ; tel est mon labeur quotidien. C'est une belle et large feuille à regarder. Mes assistantes sont les rosées et les pluies qui apportent de l'eau à cette terre sèche, et le peu de fertilité qui se trouve dans le sol proprement dit, lequel pour l'essentiel est pauvre et stérile. Mes ennemis sont les vers, la froidure et surtout les marmottes. Ces dernières m'ont grignoté un quart d'arpent sans rien y laisser. Mais après tout, de quel droit ai-je chassé l'herbe de la Saint-Jean et les autres, pour ainsi défricher leur antique jardin d'herbes aromatiques ? Bientôt, néanmoins, les haricots restants seront trop coriaces pour leurs dents, et ils se battront contre de nouveaux ennemis.

À l'âge de quatre ans, je m'en souviens très bien, on m'amena de Boston jusqu'à mon village natal, et je traversai ces mêmes bois et ce champ pour arriver au lac. C'est l'une des premières scènes gravées dans ma mémoire[1]. Et ce soir, ma flûte a réveillé les échos de ce même plan d'eau. Les pins se dressent toujours ici, plus vieux que moi-même; ou bien, si quelques-uns sont tombés, j'ai préparé mon souper avec le bois de leur souche, et de nouvelles pousses croissent tout autour, qui préparent d'autres visions pour les yeux tout neufs d'autres petits enfants. Dans ce pré, c'est presque la même herbe de la Saint-Jean qui jaillit de la même racine pérenne, et moi-même j'ai enfin contribué à vêtir ce paysage fabuleux de mes rêves d'enfant, car ces feuilles de haricots, ces tiges de maïs et ces plants de pommes de terre sont l'un des résultats de ma présence et de mon intervention.

Je plantai environ deux arpents et demi au-dessus de la maison; et parce que ce terrain n'avait été défriché que depuis une quinzaine d'années environ, et que j'en avais moi-même extrait deux ou trois stères de souches, je ne le fumai pas; mais au cours de l'été, les pointes de flèches que je mettais au jour en sarclant témoignaient qu'un peuple disparu avait jadis habité là et planté du maïs et des haricots avant que l'homme blanc vienne défricher la terre, et ainsi avait dans une certaine mesure épuisé le sol pour cette récolte précise.

Avant qu'aucune marmotte ou aucun écureuil ait traversé la route en courant, ou que le soleil ait dépassé la cime des chênes nains, avant que la rosée ait commencé de s'évaporer, et bien que les fermiers m'aient exhorté à ne pas le faire, – je vous conseille d'effectuer tout votre travail si possible quand la rosée est encore là –, j'entrepris d'égaliser les rangs des mauvaises herbes fières dans mon champ de haricots et de répandre de la poussière sur leurs têtes[2]. Le matin de bonne heure, je travaillais pieds nus, tel un sculpteur modelant le sable mouillé qui s'effritait, mais plus tard dans la journée le soleil me brûlait les pieds. Là, il m'éclairait pour sarcler mes haricots tandis que j'arpentais lentement, dans un sens puis dans l'autre, ce plateau jaune plein de gravillon, entre les rangées vertes longues de quinze perches, dont une extrémité buttait contre un bosquet de chênes nains où je pouvais me reposer à l'ombre, l'autre bout s'achevant dans un champ de ronces où, le temps que j'accomplisse un autre aller et retour, la teinte des mûres encore vertes s'assombrissait. Désherber, mettre du terreau autour des tiges de haricots, encourager cette plante que j'avais semée, inciter le sol jaune à exprimer ses pensées estivales sous forme de feuilles et de fleurs de haricot plutôt qu'en armoise, chiendent et millet, contraindre la terre à dire haricots et non herbes folles, – tel était mon travail quotidien. Comme je n'avais guère d'aide de la part de chevaux, bétail, journaliers ni garçons, sans parler d'instruments agricoles perfectionnés, j'étais très lent, ce qui me permit de devenir beaucoup plus intime que d'ordinaire avec mes haricots. Mais le travail manuel, même prolongé jusqu'à la limite de la corvée, n'est peut-être jamais la pire forme d'oisiveté. Il contient une morale immuable et impérissable, et à l'homme instruit il délivre un résultat classique. Pour les voyageurs en route vers l'ouest à travers Lincoln et Wayland, vers Dieu sait où, j'incarnais parfaitement l'*agricola laboriosus*; eux, confortablement installés dans leur cabriolet, les coudes posés sur les genoux, les rênes lâches pendant en festons; moi, le sédentaire, le laborieux homme du cru. Mais bientôt ma ferme disparaissait de leurs yeux et de leurs pensées. Comme c'était le seul champ ouvert et cultivé sur une vaste distance de part et d'autre de la route, ils le regardaient avec de grands yeux; et parfois, l'homme dans le champ entendait plus de bavardages et de commentaires qu'on n'en destinait à ses oreilles: « Des haricots si tard! Des pois si tard! » – car je continuais à planter quand d'autres avaient déjà commencé de sarcler, – contrairement aux prévisions du pasteur-cultivateur[3]. « Du maïs, mon garçon, en guise de fourrage; du maïs comme fourrage. » « Il habite vraiment là? » demande le bonnet noir au manteau gris; et le fermier au visage marqué tire sur les rênes de son canasson reconnaissant pour s'enquérir de ce que vous pouvez bien faire là, car il ne voit aucun fumier dans le sillon, et vous recommander un peu de copeaux de bois, ou n'importe quel vulgaire déchet, voire des cendres ou du plâtre. Mais il y avait là deux arpents et demi de sillons, seulement une houe en guise de charrue, et deux mains pour la tirer, – aucune envie d'emprunter une charrette ou des chevaux –, et les copeaux étaient au diable vauvert. À voix haute, les voyageurs brinquebalant le comparaient aux champs qu'ils venaient de dépasser, et j'apprenais ainsi quelle position j'occupais dans le monde de l'agriculture. Voilà un champ qui ne figurait pas dans le rapport de Mr. Colman. Et soit dit en passant, qui donc estime la valeur de la récolte que la Nature produit dans ces champs encore plus sauvages que l'homme ne cultive pas ? La récolte de foin *anglais* est pesée avec soin, l'humidité calculée, ainsi que les silicates et la potasse ; mais dans tous les vallons, les dépressions des lacs, dans les bois, les pâtures et les marais, croît une riche récolte de plantes variées que l'homme laisse tranquille. Mon champ était, pour ainsi dire, le chaînon reliant ces champs sauvages et les cultivés ; de même que certains États sont civilisés, d'autres à demi civilisés, et d'autres enfin sauvages ou barbares, mon champ était un champ à demi cultivé, mais pas au sens péjoratif du terme. Mes haricots retournaient gaiement à leur état sauvage et primitif, que je cultivais, tandis que mon sarcloir leur jouait le *Ranz des Vaches**.

Tout près, perchée sur la branche la plus élevée d'un bouleau, chante une grive brune – ou grive chanteuse rouge, comme certains aiment l'appeler –, toute la matinée, ravie de votre compagnie, et qui trouverait un autre champ de fermier si le vôtre n'était pas là. Pendant que vous plantez les graines, elle crie, « Jette, jette – couvre, couvre – tire, tire, tire ! » Mais comme mes graines n'étaient pas du maïs, elles étaient à l'abri d'ennemis tels que cette grive. On se demandera sans doute ce que sa comédie, ses interprétations de Paganini amateur jouées sur une seule corde ou sur vingt, ont à voir avec mes semailles, et cependant je les préfère aux cendres tamisées ou au plâtre. C'était une sorte d'engrais de surface bon marché dans lequel j'avais entièrement confiance.

En remuant avec mon sarcloir une terre encore plus fraîche dans les rangées, je troublais les cendres de nations non répertoriées qui en des temps primitifs vivaient sous ces cieux, et leurs modestes instruments de guerre et de chasse se voyaient exposés à la lumière de ce jour moderne. Ils gisaient là, mêlés à des pierres naturelles, certaines portant la trace des feux indiens qui les avaient marquées, d'autres brûlées par le soleil, au milieu de fragments de poterie et de verre apportés là par des cultivateurs plus récents de cette terre. Quand mon sarcloir tintait contre des pierres, les échos de cette musique se répercutaient dans les bois et le ciel, et elle accompagnait mon labeur qui produisait une récolte instantanée et incomparable. Ce n'étaient plus des haricots que je sarclais, ni moi qui sarclais des haricots ; je me rappelais alors, avec autant de pitié que de fierté, si vraiment je me les rappelais, mes connaissances parties à la ville écouter des oratorios. Les après-midi ensoleillés, l'engoulevent décrivait des cercles au-dessus de moi, – car il m'arrivait d'y passer la journée –, telle une poussière dans l'œil, ou dans l'œil du ciel, fondant parfois en piqué avec un grand bruit d'ailes comme si le ciel se déchirait, enfin déchiqueté en haillons, laissant néanmoins une voûte céleste intacte ; de petits lutins qui emplissent l'air et pondent leurs œufs sur la terre, sur le sable nu ou les rochers au sommet des collines, où on les trouve rarement ; gracieux et sveltes comme des rides arrachées à la surface du lac ou des feuilles brassées par le vent puis emportées jusqu'aux cieux ; tant il est d'analogies dans la Nature. L'engoulevent est le frère aérien de la vague qu'il survole et surveille, ses ailes parfaites gonflées d'air répondant aux renflements élémentaires et primitifs de la mer. Ou bien j'observais parfois deux buses volant en cercles très haut dans le ciel, tour à tour s'élevant et descendant, s'approchant puis s'éloignant l'une de l'autre, telles les incarnations de mes propres pensées. Ou encore j'étais attiré par le passage de pigeons sauvages allant d'un bois à l'autre avec toute la hâte de messagers, en émettant le bruit légèrement tremblant de la graine qu'on vanne ; ou sous une souche pourrie mon sarcloir délogeait une salamandre mouchetée, léthargique et exotique, présage de mauvais augure et souvenir de l'Égypte et du Nil, pourtant notre contemporaine. Dès que je m'arrêtais afin de m'appuyer sur mon sarcloir, partout dans la rangée j'entendais ces bruits et je voyais ces choses, et tout cela faisait partie de l'inépuisable intérêt qu'offre la campagne.

Les jours de gala, le village tire ses gros canons, dont les détonations résonnent comme des pistolets à bouchon dans ces bois, et parfois des bouffées de musique martiale arrivent jusqu'ici. Pour moi, isolé dans mon champ de haricots à l'autre bout de la commune, le bruit de ces gros canons ressemblait à celui d'une vesse-de-loup qu'on crève; et lorsqu'il s'agissait d'un déploiement militaire dont j'ignorais la nature, j'ai parfois eu toute la journée la vague sensation d'une démangeaison et d'une maladie à l'horizon, comme si quelque éruption allait s'y produire incessamment, la scarlatine ou l'ulcère rongeur, jusqu'à ce qu'enfin un souffle d'air venant vers moi et se hâtant au-dessus des champs et de la route de Wayland m'apporte l'explication: la milice de Concord. Ce bourdonnement lointain donnait volontiers à croire que les abeilles de quelqu'un venaient d'essaimer et que les voisins, suivant le conseil de Virgile, en émettant un faible *tintinnabulum* avec leurs ustensiles domestiques les plus sonores, essayaient de les rappeler dans leur ruche. Et lorsque ce bruit se taisait tout à fait, que le bourdonnement cessait et que les brises les plus favorables ne racontaient plus aucune histoire, je comprenais qu'on avait réussi à les rapatrier toutes, jusqu'à la dernière, dans la ruche de Middlesex[4] et qu'on ne pensait plus désormais qu'au miel dont celle-ci était enduite.

J'étais fier de savoir que les libertés du Massachusetts et de notre patrie étaient en de si bonnes mains; et en reprenant mon sarclage, je débordais d'une indicible confiance, poursuivant mon labeur avec allégresse et une foi paisible en l'avenir.

Quand il y avait plusieurs orchestres de musiciens, le village ressemblait à un vaste soufflet, et le fracas résultant faisait se gonfler et se dégonfler tous les bâtiments. Mais c'étaient parfois des accents vraiment nobles et inspirés qui atteignaient ces bois, et la trompette annonciatrice de gloire; alors, je me sentais capable d'embrocher joyeusement un Mexicain, – car pourquoi devrions-nous toujours nous contenter de demi-mesures? –, et je cherchais autour de moi une marmotte ou un putois sur qui exercer mes talents de chevalier. Ces airs martiaux semblaient aussi lointains que la Palestine, et ils m'évoquaient un défilé de croisés à l'horizon, un petit galop et un frémissement dans les cimes des ormes qui dominaient le village. C'était là un des *grands* jours ; mais contemplé de ma clairière, le ciel arborait cette même grandeur éternelle qu'on lui voit tous les jours, et je n'y remarquais pas la moindre différence.

Singulière expérience que ce commerce prolongé entretenu avec les haricots : planter, sarcler, récolter, battre, trier, vendre, – cette dernière opération étant la plus pénible de toutes –, et j'ajouterai manger, car bien sûr j'y goûtai. J'étais bien décidé à travailler pour des haricots[5]. Alors qu'ils poussaient, je sarclais de cinq heures du matin jusqu'à midi, et occupais d'habitude à d'autres affaires le restant de ma journée. Pensez au rapport intime et curieux qu'on a avec diverses sortes d'herbes, – leur liste sera un peu lassante, car le travail ne le fut pas qu'un peu –, troubler d'une main impitoyable leurs délicats arrangements, procéder avec le sarcloir à des distinctions très blessantes, anéantir des rangées entières de telle espèce pour en cultiver telle autre avec zèle. Voici l'ambroisie, voici l'amarante réfléchie, voici l'oseille, voici le chiendent – attaque-la, coupe-la, mets-lui les racines à l'air, ne lui laisse pas une seule radicelle à l'ombre, sinon elle se retournera sur le côté et après-demain elle sera verte comme un poireau. Une longue guerre, non pas contre les grues, mais contre les herbes, ces Troyens qui avaient pour alliés le soleil, la pluie et les rosées. Tous les jours, les haricots me voyaient voler à leur secours, armé d'un sarcloir, et décimer les rangs de leurs ennemis, remplir les tranchées de morts végétaux. Plus d'un vigoureux Hector au panache ondulant, qui dépassait d'une bonne tête la foule de ses compagnons, tomba sous mon arme et mordit la poussière.

Ces journées d'été, que certains de mes contemporains consacraient aux beaux-arts à Boston ou à Rome, d'autres à la contemplation en Inde, et d'autres encore au commerce à Londres ou à New York, moi, comme tous les autres fermiers de Nouvelle-Angleterre, je les consacrais à l'agriculture. Non que j'en aie eu besoin pour manger, car par nature sur le chapitre des haricots je suis pythagoricien[6], qu'ils servent au porridge ou au vote, et je les échangeais contre du riz; mais peut-être, comme certains doivent travailler aux champs, quand ce ne serait que pour les tropes et l'expression, afin de servir un jour à un créateur de paraboles. C'était en définitive une précieuse distraction qui, prolongée trop longtemps, aurait pu virer à la dissipation. Je ne leur donnai aucun fumier et jamais je ne les sarclai tous ensemble, mais au fil du temps je les sarclai étonnamment bien, et je fus finalement récompensé de mes efforts, car, comme dit Evelyn, « il n'existe ni compost ni limon comparable à ce mouvement continuel, ce binage, et retournement de la terre avec la bêche ». « La terre, ajoute-t-il ailleurs, surtout si elle est neuve, contient un certain magnétisme, qui lui permet d'attirer le sel, la puissance ou la vertu (appelez-la à votre guise), qui lui accorde la vie et constitue la logique de tout le labeur et de toute la peine que nous nous donnons pour elle, afin de nous nourrir; tous les fumiers et autres sordides ajouts n'étant que de piètres succédanés de cette amélioration-là. » De plus, s'agissant d'un de ces « champs laïcs usés et épuisés qui jouissent du repos dominical », il avait peut-être, ainsi que sir Kenelm Digby le croit probable, attiré « des esprits vitaux » de l'air. Je récoltai douze boisseaux de haricots.

Mais pour être plus précis, car on s'est plaint que Mr. Colman a surtout rapporté les expériences coûteuses de *gentlemen farmers*, mes dépenses furent les suivantes:

Un sarcloir	$0.54
Labourage, hersage, sillons à creuser (*c'était trop cher*)	7.50
Semences de haricots	3.12½
Semences de pommes de terre	1.33
Semences de pois	0.40
Semences de navets	0.06
Corde blanche pour éloigner les corneilles	0.02
Cheval de labour et garçon (*trois heures*)	1.00
Charrette et cheval pour la récolte	0.75
Total	$14.72½

Mes revenus furent (*patrem familias vendacem, non emacem esse oportet*) :

Neuf boisseaux et douze litres de haricots vendus	$16.94
Cinq boisseaux de grosses pommes de terre	2.50
Neuf boisseaux de petites	2.25
Herbe	1.00
Tiges	0.75
Total	$23.44

Ce qui me laissait un profit, comme je l'ai déjà dit, de $8.7½.

Voilà le résultat de mon expérience de la culture des haricots. Semez le petit haricot blanc commun vers le premier juin, en rangées de trois pieds et séparées de dix-huit pouces, en prenant bien garde de choisir des semences nouvelles, rondes et correctement triées. Commencez par guetter les vers, puis replantez à neuf dans les espaces vides. Ensuite, méfiez-vous des marmottes si elles fréquentent votre champ, car elles grignoteront les premières feuilles tendres à mesure qu'elles pousseront ; de plus, dès l'apparition des jeunes vrilles, les marmottes les remarqueront et, assises bien droites comme autant d'écureuils, elles les mangeront avec les bourgeons et les jeunes cosses. Mais surtout, récoltez aussi vite que possible, si vous voulez éviter les gelées et avoir une bonne récolte à vendre ; en procédant ainsi, vous vous éviterez beaucoup de pertes.

J'acquis aussi une autre expérience, que voici. Je me dis : l'été prochain, je ne planterai pas des haricots et du maïs avec autant d'enthousiasme, mais des graines – si celles-ci ne sont pas perdues – telles que la sincérité, la vérité, la simplicité, la foi, l'innocence et ainsi de suite, et je verrai si elles se développent bien dans cette terre, même avec moins de labeur et de fumier, pour me nourrir, car elle n'a sûrement pas été épuisée par ces récoltes. Hélas ! me dis-je ; mais voilà un autre été de passé, et puis un autre et encore un autre, et je suis contraint de vous dire, cher lecteur, que les graines que j'ai plantées, s'il s'agissait réellement des graines de ces vertus, furent mangées par les vers, à moins qu'elles n'aient perdu toute vitalité, tant et si bien qu'elles ne germèrent point. D'habitude, les hommes sont seulement courageux ou timides dans la mesure où l'était leur père. Chaque nouvelle année, la présente génération plantera très certainement du maïs et des haricots à la manière très précise dont les Indiens le firent il y a des siècles et apprirent aux premiers colons à le faire, comme s'il s'agissait là d'un décret du destin. L'autre jour, à ma grande stupéfaction, je vis un vieil homme creuser des trous avec un sarcloir pour la dix-septième fois au moins, et certes pas pour s'allonger dedans ! Mais pourquoi l'habitant de Nouvelle-Angleterre ne tenterait-il pas de nouvelles aventures en oubliant un peu ses grains, ses récoltes de pommes de terre et de foin, ainsi que ses vergers – afin de cultiver d'autres récoltes ? Pourquoi nous inquiéter autant de nos semences de haricots et nous désintéresser entièrement de la nouvelle génération des hommes ? Nous serions sans nul doute nourris et ravis si, lorsque nous rencontrons un homme, nous constations avec certitude que certaines des qualités que je viens de nommer, et que tous nous estimons davantage que ces autres produits de la terre, mais dont l'essentiel a été dispersé dans l'air pour y léviter, ont pris racine et poussé en lui. Voici par exemple une qualité subtile et ineffable comme la vérité ou la justice, même si nous n'en voyons venir sur la route qu'une infime quantité ou une variété inédite. On devrait ordonner à nos ambassadeurs d'envoyer de telles semences dans leur patrie[7], et au Congrès de les distribuer dans tout le pays. Nous ne devrions jamais faire des manières avec la sincérité. Nous ne devrions jamais tromper autrui, l'insulter ni le bannir par notre malice, si les graines de la dignité et de l'amitié étaient toujours présentes en nous. Nous ne devrions pas nous rencontrer dans l'urgence. La plupart des gens, je ne les rencontre pas du tout, car ils semblent ne pas en avoir le temps ; ils s'occupent de leurs haricots. Nous voulons côtoyer non pas un homme trimant sans cesse, appuyé sur son sarcloir ou sa bêche comme sur un bâton quand il interrompt son travail, non pas un champignon, un homme seulement à demi sorti de terre, mais bien plutôt quelque chose de plus que debout, comme des hirondelles qui se posent et marchent sur le sol :

« Alors qu'il parlait, ses ailes se déployaient de temps à autre,

Comme s'il voulait s'envoler, puis se refermaient[8] »,

si bien que nous penserions être sans doute en conversation avec un ange. Le pain ne nous nourrit pas toujours; mais il nous fait toujours du bien, il ôte même la raideur à nos articulations, il nous rend souples et énergiques, quand nous ignorions ce dont nous souffrions, afin de reconnaître de la générosité chez l'homme ou dans la Nature, afin de partager une joie pure et héroïque.

La poésie et la mythologie antiques suggèrent, pour le moins, que l'agriculture fut jadis un art sacré; mais nous la pratiquons désormais avec une hâte et une indifférence sacrilèges, notre objectif consistant seulement à posséder de grosses fermes et d'énormes récoltes. Nous n'avons ni fêtes, ni processions, ni cérémonies, aucune hormis nos foires aux bestiaux et nos prétendues fêtes d'action de grâces, par quoi le fermier exprime le caractère sacré de sa vocation, ou se rappelle son origine sacrée. Ce sont la prime et le festin qui le tentent. Il ne sacrifie ni à Cérès ni au Jupiter terrestre, mais bien davantage au Pluton des enfers. Par avarice et égoïsme, et cette habitude servile, dont aucun d'entre nous n'est affranchi, de considérer la terre comme un bien, ou comme un moyen d'acquérir surtout des biens, le paysage est défiguré, l'agriculture est dégradée de notre seul fait, et le fermier mène la plus médiocre des vies. Il connaît la Nature, mais comme un voleur. Caton dit que les profits tirés de l'agriculture sont particulièrement pieux ou justes (*maximeque pius quaestus*), et d'après Varron les anciens Romains « appelaient la terre à la fois Mère et Cérès, ils pensaient que ceux qui la cultivaient menaient une vie pieuse et utile, et qu'ils étaient les seuls survivants de la race du roi Saturne ».

Nous oublions volontiers que le soleil brille indifféremment sur nos champs cultivés, sur les prairies ou les forêts. Tous reflètent et absorbent également ses rayons, et les premiers ne constituent qu'une modeste partie du glorieux tableau qu'il contemple dans sa course quotidienne. À ses yeux, la terre est tout uniment cultivée comme un jardin. Ainsi devrions-nous accepter les bienfaits de sa lumière et de sa chaleur avec une confiance et une magnanimité équivalentes. Qu'importe si j'accorde une grande valeur à la semence de ces haricots, et si je les récolte à l'automne de cette année ? Ce vaste champ que j'ai si longtemps considéré, il ne me considère pas comme étant son principal cultivateur, mais se détournant de moi il envisage des influences plus bienfaisantes pour lui, qui l'arrosent et le font verdir. Ces haricots produisent des résultats qui ne figurent pas dans ma récolte. Ne poussent-ils pas en partie pour les marmottes ? L'épi de blé (*spica* en latin, *speca* en langue archaïque, de *spe*, espoir) ne devrait pas constituer le seul espoir du cultivateur ; son cœur ou son grain (*granum*, de *gerendo*, le fait de porter) n'est pas tout ce qu'il porte. Comment notre récolte pourrait-elle donc échouer ? Ne me réjouirai-je pas aussi de l'abondance de ces mauvaises herbes dont les graines constituent le grenier des oiseaux ? Peu importe, en comparaison, que les champs remplissent les granges du fermier. Le vrai cultivateur cessera donc de s'inquiéter, tout comme les écureuils ne se soucient guère de savoir si cette année les bois produiront des châtaignes ou pas ; il achèvera son labeur quotidien, en renonçant à réclamer le produit de ses champs et en sacrifiant mentalement non seulement ses premiers fruits, mais aussi ses derniers [9].

Le village

Après avoir sarclé, ou peut-être lu et écrit dans la matinée, j'allais d'habitude me baigner de nouveau dans le lac, traversant à la nage l'une de ses criques en guise d'exercice quotidien, pour laver mon corps de la poussière du labeur ou effacer la dernière ride laissée par l'étude, après quoi j'étais libre comme l'air pour tout l'après-midi. Presque chaque jour, je me rendais à pied au village afin d'entendre les histoires qui s'y colportent en permanence, passant de bouche en bouche, ou de journal en journal, et qui, absorbées à dose homéopathique, étaient vraiment aussi délassantes que le bruissement des feuilles et le coassement des grenouilles. Comme je marchais dans les bois pour voir les oiseaux et les écureuils, de même je marchais dans le village pour voir les hommes et les garçons; à la place du vent dans les pins, j'entendais le roulement des charrettes. À quelque distance de chez moi, vivait une colonie de rats musqués parmi les prés longeant la rivière; sous le bosquet d'ormes et de sycomores, de l'autre côté, se trouvait un village d'hommes affairés, aussi curieux à mes yeux que s'ils avaient été des chiens de prairie, chacun assis à l'entrée de son terrier ou courant chez un voisin pour bavarder. J'allais donc souvent là-bas observer leurs habitudes. Ce village me faisait l'effet d'une grande salle de rédaction; d'un côté, pour le faire vivre, comme autrefois chez Redding & Cie sur State Street[1], on vendait des noix et des raisins secs, ou bien du sel, de la farine et d'autres produits. Certains ont un tel appétit pour ces premières denrées, c'est-à-dire les nouvelles, et des organes digestifs si solides, qu'ils peuvent rester éternellement assis sans bouger dans les avenues publiques, et les laisser mijoter et susurrer en eux tels les vents étésiens, ou comme s'ils inhalaient de l'éther, ce qui cause seulement engourdissement et insensibilité à la douleur, – sinon, les entendre serait souvent pénible –, sans atténuer la conscience qu'on a des choses. Lorsque je déambulais dans le village, je voyais presque chaque fois une rangée de ces dignes citadins, soit assis sur des échelles pour prendre le soleil, le buste penché en avant et le regard courant parfois d'un bout à l'autre de la rue avec une expression voluptueuse, soit adossés à une grange, les mains dans les poches, telles des caryatides, comme pour la soutenir. Ayant l'habitude de vivre au grand air, ils entendaient tout ce que le vent charriait. Ce sont là les plus rudimentaires des moulins, dans lesquels tous les ragots sont d'abord grossièrement digérés ou brisés, avant d'être vidés dans les trémies les plus fines et les plus délicates qui se trouvent dans les maisons. J'observai que les organes vitaux du village étaient l'épicerie, le bar, la poste et la banque ; et puis, éléments indispensables du mécanisme, ils entretenaient aussi aux endroits qu'il fallait une cloche, un gros canon et une pompe à incendie ; par ailleurs, les maisons étaient disposées de manière à tirer le meilleur parti de l'humanité, le long de ruelles et en vis-à-vis, de sorte que chaque voyageur devait passer par les baguettes [2], et tout homme, toute femme et tout enfant pouvait lui flanquer un bon coup. Bien sûr, ceux qui se trouvaient le plus près du début des deux rangs, où ils pouvaient le mieux voir et être vus, et lui assener le premier coup, payaient le plus cher leur place ; quant aux quelques habitants clairsemés loin de l'entrée, là où la ligne était ponctuée de grandes béances, où le voyageur pouvait escalader des murs ou bifurquer dans un chemin à vaches, et ainsi s'échapper, ils ne payaient qu'un très faible impôt foncier ou sur les fenêtres. Des enseignes étaient accrochées partout pour l'attirer ; certaines destinées à son appétit, comme la taverne ou le cellier à vivres ; d'autres à ses goûts de luxe, comme la mercerie ou le bijoutier ; d'autres encore visant ses cheveux, ses pieds ou son habit, comme le barbier, le cordonnier ou le tailleur. Et puis il y avait une autre et bien plus terrible invitation permanente à rendre visite à chacune de ces maisons, aux heures où l'on attendait les visiteurs. Le plus souvent, j'échappais magnifiquement à ces périls, soit en allant aussitôt droit au but avec courage et détermination, ainsi qu'il est recommandé à ceux qui passent par les baguettes, soit en me concentrant sur des choses élevées, tel Orphée qui, « chantant d'une voix forte les louanges des dieux sur sa lyre, domina le chant des sirènes et échappa au danger[3] ». Il m'arrivait de faire soudain volte-face, sans que personne ne pût dire où j'étais passé, car je ne faisais guère preuve d'amabilité et devant un trou dans une clôture je n'hésitais jamais. J'avais même coutume de faire irruption dans certaines maisons où j'étais bien reçu, puis, après avoir appris l'essentiel et le contenu du tout dernier tamis de nouvelles, ce qui s'était apaisé, les perspectives de guerre ou de paix, si le monde allait tenir bon encore un peu, on me laissait partir par-derrière, et je m'enfuyais une fois de plus vers les bois.

Quand je restais tard au village, il était très agréable de me lancer dans la nuit, surtout si elle était sombre et tempétueuse, et de mettre les voiles depuis quelque salon ou salle de conférence bien éclairée dans le village, un sac de seigle ou de farine de maïs jeté sur l'épaule, pour rejoindre mon port bien douillet dans les bois, après avoir soigneusement fermé toutes les issues et m'être retiré sous les écoutilles en compagnie d'un joyeux équipage de pensées, laissant seulement dehors à la barre mon alter ego, ou même attachant celle-ci quand la navigation ne présentait aucun risque. « Tout en voguant », j'eus maintes douces pensées au coin du feu dans ma cabane. Par tous les temps, et même si j'affrontai quelques tempêtes impressionnantes, je ne me sentis jamais naufragé ni déprimé. Il fait plus sombre dans les bois, même par une nuit ordinaire, qu'on ne le croit souvent. Pour me guider, il me fallait fréquemment lever les yeux vers l'espace qui séparait les arbres au-dessus du sentier, et là où il n'y avait nul chemin carrossable, laisser mes pieds retrouver la faible trace que j'avais laissée, ou bien naviguer en me fiant à la position connue de certains arbres que j'avais tâtés de la main, passant par exemple entre deux pins séparés d'au moins dix-huit pouces, au milieu des bois, invariablement, même par la nuit la plus sombre. Parfois, lorsque je rentrais ainsi à travers une nuit obscure, chaude et humide, et que mes pieds retrouvaient le sentier invisible à mes yeux, rêvant et absorbé tout du long, jusqu'à ce que le geste de lever la main pour faire jouer le loquet me ramène à la conscience, je me découvrais incapable de me rappeler un seul pas que je venais d'accomplir et je me disais que mon corps retrouverait peut-être son chemin tout seul à condition que son maître renonce à le commander, comme la main trouve toute seule le chemin de la bouche sans la moindre assistance. Plusieurs fois, quand un visiteur restait par hasard jusqu'au soir et qu'il faisait alors nuit noire, il me fallait le ramener jusqu'au chemin carrossable situé derrière la maison, puis lui indiquer la direction dans laquelle il devait continuer, et ce faisant accorder davantage de confiance à ses pieds qu'à ses yeux pour le guider. Par une nuit très noire, j'accompagnai ainsi deux jeunes gens qui avaient pêché dans le lac. Ils habitaient à environ un mile de là à travers bois et connaissaient bien le chemin. Un ou deux jours plus tard, l'un d'eux me révéla qu'ils avaient erré presque toute la nuit, à deux pas de chez eux, ne rentrant à la maison que vers le matin, heure à laquelle, vu qu'il y avait eu entre-temps plusieurs grosses averses et que les feuilles étaient très mouillées, ils étaient trempés jusqu'aux os. J'ai entendu parler de beaucoup de gens qui s'étaient perdus, même dans les rues du village, quand, selon l'expression consacrée, les ténèbres étaient si épaisses qu'on aurait pu les couper au couteau. Quelques-uns, qui vivent à la périphérie, étant venus au village en chariot afin de faire des emplettes, ont dû trouver à se loger pour la nuit ; ou encore, des messieurs et des dames en visite se sont écartés d'un demi-mile de leur route, sentant seulement le trottoir avec leurs pieds et ne sachant plus quand ils tournaient. Se perdre dans les bois à n'importe quel moment de la journée ou de la nuit est une expérience surprenante et mémorable, autant que précieuse. Pendant une tempête de neige et même de jour, on arrive souvent sur une route bien connue sans être capable de dire dans quelle direction il faut aller pour rejoindre le village. Bien qu'on sache l'avoir empruntée mille fois, on n'y reconnaît plus le moindre détail, et elle semble aussi étrangère que s'il s'agissait d'une route de Sibérie. La nuit, bien sûr, la perplexité est infiniment plus grande. Lors de nos promenades les plus anodines, nous nous orientons constamment, bien qu'à notre insu, tels des pilotes, grâce à certains fanaux ou promontoires bien connus et, si nous nous éloignons de notre parcours habituel, nous gardons néanmoins à l'esprit la position de quelque cap voisin ; et c'est seulement lorsque nous sommes complètement perdus ou désorientés, – car il suffit de faire tourner une seule fois sur lui-même un homme aux yeux fermés pour qu'il soit perdu en ce monde –, que nous apprécions l'immensité et l'étrangeté de la Nature. L'homme doit réapprendre les points cardinaux chaque fois qu'il s'éveille, que ce soit du sommeil ou d'une pensée abstraite. C'est seulement lorsque nous sommes perdus, autrement dit lorsque nous avons perdu le monde, que nous commençons à nous trouver, et à comprendre où nous sommes, ainsi que l'étendue infinie des liens qui nous y rattachent.

Un après-midi, vers la fin du premier été, quand j'allai au village pour récupérer une chaussure chez le cordonnier, je fus arrêté et jeté en prison, car, ainsi que je l'ai déjà relaté ailleurs [4], je n'avais pas payé un impôt ni reconnu l'autorité d'un État qui achète et vend des hommes, des femmes et des enfants comme du bétail à la porte du Sénat. J'avais rejoint les bois pour d'autres raisons. Mais où que vous alliez, les hommes vous poursuivront afin de vous infliger leurs sales institutions et, s'ils le peuvent, ils vous obligeront à appartenir à leur lamentable société des *Odd Fellows* [5]. C'est vrai, j'aurais pu leur résister par la force avec plus ou moins de réussite, j'aurais pu me déchaîner et déclarer la guerre à la société ; mais j'ai préféré que la société se déchaîne contre moi, car c'était elle qui se trouvait dans un état lamentable. Je fus néanmoins libéré dès le lendemain, j'allai chercher ma chaussure réparée et je retournai à temps dans les bois pour cueillir mon dîner de myrtilles sur Fair Haven Hill. Je n'ai jamais été importuné par personne, sinon par les représentants de l'État. Je n'avais ni serrure ni verrou, sauf pour le bureau où je rangeais mes papiers, pas même un clou à mettre pour coincer mon loquet ou mes fenêtres. De jour comme de nuit, je ne fermais jamais ma porte, même si je savais que mon absence durerait plusieurs jours ; même pas la fois où, à l'automne suivant, je passai quinze jours dans les bois du Maine. Et malgré tout, on respectait davantage ma maison que si une rangée de soldats l'eût entourée. Le vagabond fatigué pouvait se reposer et se réchauffer devant mon feu, l'homme de lettres s'amuser avec les quelques livres posés sur ma table, ou le curieux, en ouvrant la porte de mon placard, constater ce qu'il restait de mon dîner et ce qui m'attendait en guise de souper. Néanmoins, bien que beaucoup de gens appartenant à toutes les classes de la société aient pris ce chemin pour aller jusqu'au lac, je ne souffris d'aucune vicissitude de leur part, et rien ne disparut jamais de chez moi sinon un petit livre, un volume d'Homère, qui avait peut-être pour seul défaut d'être doré et qui, je l'espère, se trouve aujourd'hui entre les mains d'un soldat de notre camp[6]. Je suis convaincu que, si tous les hommes devaient vivre aussi simplement que moi à cette époque, les vols et les cambriolages nous seraient inconnus. On déplore seulement ces délits dans les communautés où certains possèdent plus qu'il n'est suffisant tandis que d'autres n'ont pas assez. Les Homère de Pope seraient bientôt équitablement distribués.

> « *Nec bella fuerunt,*
> *Faginus astabat dum scyphus ante dapes.* »

> « Les guerres n'accablaient pas les hommes
> Quand seule l'écuelle de hêtre était à l'honneur. »

« Vous qui êtes en charge des affaires publiques, quel besoin avez-vous d'user de châtiments ? Aimez la vertu, et le peuple sera vertueux. Les vertus d'un homme supérieur sont comme le vent ; les vertus d'un homme du commun sont comme l'herbe ; quand le vent passe sur elle, l'herbe ploie[7]. »

Les lacs

Parfois, lorsque je souffrais d'une indigestion de la société des hommes et de leurs commérages, et que j'avais usé jusqu'à la corde tous mes amis du village, je partais à l'aventure encore plus loin vers l'ouest que je n'en avais l'habitude, vers des parties de la commune encore plus écartées, « bois inconnus et nouveaux pâturages », ou bien, tandis que le soleil se couchait, je soupais d'airelles et de myrtilles sur Fair Haven Hill, et j'en faisais provision pour plusieurs jours. Les fruits ne dispensent pas leur vraie saveur à celui qui les achète ni à celui qui les fait pousser pour le marché. Il n'y a qu'une seule manière d'obtenir cette saveur, mais peu s'en donnent la peine. Si vous tenez à connaître la saveur des airelles, interrogez le garçon vacher ou la perdrix. Croire qu'on a goûté aux airelles quand on ne les a jamais cueillies soi-même, est une grossière erreur. Jamais une airelle digne de ce nom n'a atteint Boston ; là-bas, on ne les connaît plus depuis l'époque où elles poussaient sur les trois collines de cette ville. Le goût divin et l'essence de ce fruit sont perdus ainsi que la pruine qui se trouve frottée dans la charrette du marché, de sorte qu'il devient un simple aliment. Tant que régnera la Justice Éternelle, on ne pourra transporter là-bas aucune airelle innocente, depuis les collines de la campagne.

Une fois terminé mon sarclage de la journée, il m'arrivait de rejoindre un compagnon impatient qui pêchait dans le lac depuis le matin, silencieux et immobile comme un canard ou une feuille flottant sur l'eau, et qui, après avoir tâté de diverses sortes de philosophie, avait d'habitude conclu, au moment où j'arrivais, qu'il appartenait à la secte antique des Cénobites *. Il y avait un

---

* La prononciation du mot en anglais permet d'entendre : « Vous voyez, ça ne mord pas. »

vieil homme, excellent pêcheur et très habile menuisier, qui se plaisait à considérer ma maison comme un bâtiment érigé pour la commodité des pêcheurs ; de mon côté, je trouvais tout aussi plaisant de le voir s'installer sur mon seuil pour arranger ses lignes. De temps à autre, nous restions ensemble sur le lac, lui à une extrémité du bateau, et moi à l'autre ; mais nous échangions peu de mots, car la vieillesse l'avait rendu sourd, ce qui ne l'empêchait pas de fredonner parfois un psaume, lequel s'accordait assez bien à ma philosophie. Notre relation était donc d'une parfaite harmonie, beaucoup plus agréable dans mon souvenir que si des échanges verbaux l'avaient accompagnée. Quand je n'avais personne avec qui communier, ce qui m'arrivait souvent, j'éveillais l'écho en frappant le flanc de mon bateau avec une rame, emplissant alors les bois environnants d'ondes sonores circulaires de plus en plus vastes, les excitant comme le gardien d'une ménagerie provoque ses bêtes sauvages, jusqu'à tirer un grondement de tous les vallons boisés et de tous les versants de colline.

Les soirs de chaleur, assis dans le bateau, je jouais souvent de la flûte et voyais les perches, que j'avais semblait-il charmées, nager doucement autour de moi, et la lune suivre sa course au-dessus du fond cannelé et jonché des épaves de la forêt. Jadis, poussé par l'esprit d'aventure, j'avais parfois rejoint ce lac dans la nuit noire de l'été, avec un compagnon ; nous faisions alors au bord de l'eau un feu qui, pensions-nous, attirerait les poissons, et nous prenions des tacauds avec un paquet de vers enfilés sur une ligne ; tard dans la nuit, quand nous en avions fini, nous lancions très haut les tisons incandescents, telles des fusées, et lorsqu'ils retombaient dans l'eau, ils s'éteignaient avec un grand chuintement, et nous nous retrouvions soudain à tâtonner dans une obscurité totale. Puis, en sifflant un air, nous repartions à travers cette ténèbre vers les repaires des hommes. Mais à présent, je vivais près du rivage.

Quelquefois, après être resté dans un salon du village jusqu'à ce que tous les membres de la famille se soient retirés, je retournais dans les bois et, en partie pour assurer le dîner du lendemain, je passais les heures du milieu de la nuit à pêcher au clair de lune dans mon bateau, parmi les sérénades des hiboux et des renards, en entendant de temps à autre les notes grinçantes de quelque oiseau inconnu et tout proche. Ces expériences étaient pour moi précieuses et inoubliables – ancré au-dessus de quarante pieds d'eau, à vingt ou trente verges du rivage, parfois entouré de milliers de petites perches et de vairons, dont la queue mouchetait la surface au clair de lune, je communiquais par de longues lignes en lin avec de mystérieux poissons nocturnes qui vivaient quarante pieds plus bas, ou bien il m'arrivait de traîner soixante pieds de ligne sur le lac tandis que je dérivais dans la douce brise nocturne en sentant de temps à autre une légère vibration indiquant une créature qui rôdait à l'autre bout, un tâtonnement flou et incertain, une grande indécision. On finit par tirer lentement, une main après l'autre, et par hisser à l'air libre un tacaud cornu qui se débat en se tortillant et pousse de petits cris. C'était très étrange, surtout lorsqu'il faisait nuit noire et que vos pensées avaient dérivé vers de vastes thèmes cosmogoniques situés dans d'autres sphères, de sentir cette faible secousse, qui venait interrompre vos rêves et rétablir votre lien avec la Nature. Ensuite, il me semblait que j'aurais pu lancer ma ligne en l'air aussi bien que vers le bas dans cet élément à peine plus dense. Ainsi attrapai-je deux poissons, pour ainsi dire, avec un seul hameçon.

*

Le paysage de Walden est d'humbles dimensions ; bien que fort beau, il n'a rien de grandiose, et il laissera sans doute indifférent celui qui ne l'a pas longtemps fréquenté ni n'a vécu sur sa rive ; pourtant, la profondeur et la pureté de ce lac sont si remarquables qu'il mérite une description particulière. C'est un puits limpide, d'un vert sombre, long d'un demi-mile, d'une circonférence d'un mile trois-quarts, d'une superficie d'environ soixante et un arpents et demi ; une source intarissable au milieu de bois de pins et de chênes, sans alimentation ni évacuation visibles en dehors des nuages et de l'évaporation. Les collines environnantes s'élèvent directement de ses rives jusqu'à une hauteur comprise entre quarante et quatre-vingts pieds, mais au sud-est et à l'est elles atteignent une centaine et cent cinquante pieds respectivement, à moins d'un quart ou d'un tiers de mile du lac. Ce sont exclusivement des terres boisées. À Concord, tous nos plans d'eau sont de deux couleurs au moins, l'une lorsqu'on les voit de loin, l'autre, plus exacte, de près. La première dépend surtout de la lumière, et suit les caprices du ciel. Par temps clair, en été, l'eau apparaît bleue à faible distance, surtout lorsqu'elle est agitée, et à grande distance tout semble identique. Par temps orageux, elle prend parfois une couleur foncée d'ardoise. On dit de la mer qu'elle est un jour bleue et un autre verte, en l'absence de tout changement perceptible dans l'atmosphère. J'ai vu notre rivière quand, le paysage étant recouvert de neige, tant l'eau que la glace étaient presque aussi vertes que l'herbe. Pour certains, le bleu « est la couleur de l'eau pure, qu'elle soit liquide ou solide ». Mais en scrutant directement nos eaux à partir d'un bateau, on les voit de couleurs très différentes. Walden est bleu à un certain moment, puis vert à un autre, même observé du même point de vue. Situé entre la terre et les cieux, le lac prend à chacun sa couleur. Quand on le regarde du haut d'une colline, il reflète la couleur du ciel, mais vu de plus près il est d'une teinte jaunâtre aux abords de la rive où l'on aperçoit le sable, puis d'un vert clair qui s'approfondit peu à peu jusqu'à un vert foncé uniforme dans ce corps liquide. Sous certaines lumières, et même contemplé du sommet d'une colline, il est d'un vert vif près du rivage. Certains expliquent cette couleur par le reflet de la verdure ; mais le lac est tout aussi vert en contrebas du talus sablonneux de la voie de chemin de fer, ainsi qu'au printemps avant le déploiement final des feuilles, et c'est peut-être tout simplement le résultat du bleu dominant mélangé au jaune du sable. Telle est la couleur de son iris. C'est aussi la partie où, au printemps, la glace, se réchauffant à la chaleur du soleil réfléchie sur le fond et aussi transmise par la terre, fond la première pour former un étroit chenal autour du centre encore gelé. Comme le reste de nos eaux quand elles sont très agitées, par temps clair, si bien que la surface des vagues réfléchit parfois le ciel selon l'angle adéquat, ou parce qu'il y a davantage de lumière qui s'y mêle, elle apparaît vue de loin d'un bleu plus foncé que le ciel lui-même; à de tels moments, lorsque je me trouvais sur l'eau et que je regardais en divisant mon rayon visuel pour voir le reflet, j'ai discerné un bleu clair incomparable et défiant toute description, comme celui que suggèrent la soie moirée ou changeante et la lame d'une épée, plus céruléen que le ciel lui-même, alternant avec le vert sombre originel sur le versant opposé des vagues, lequel paraissait seulement boueux en comparaison. Dans mon souvenir, c'est un bleu verdâtre et vitreux, semblable à ces pans de ciel hivernal aperçus à l'ouest à travers des percées nuageuses, juste avant le coucher du soleil. Pourtant, un simple verre de son eau brandi devant la lumière est aussi incolore qu'une égale quantité d'air. Il est bien connu qu'une grande plaque de verre aura une teinte verte, à cause, selon les fabricants, de son « corps », mais un petit morceau de la même plaque sera incolore. Quelle étendue d'eau de Walden serait ainsi nécessaire pour revêtir une teinte verte similaire, je n'en ai jamais fait l'expérience. L'eau de notre rivière est noire ou d'un brun très foncé pour celui qui la regarde directement, et comme celle de la plupart des lacs elle accorde à la peau de celui qui s'y baigne une teinte jaunâtre; mais cette eau-ci est d'une pureté si cristalline que le corps du baigneur paraît d'une blancheur d'albâtre encore plus surnaturelle, et parce que les membres y sont grossis et déformés, l'effet résultant est monstrueux et digne d'inspirer des études à un Michel-Ange.

L'eau est si transparente qu'on voit facilement le fond du lac jusqu'à une profondeur de vingt-cinq ou trente pieds. En pagayant, vous apercevez à de nombreux pieds sous la surface les bancs de perches et de vairons, sans doute longs d'à peine un pouce, les premières aisément repérables à leurs lignes transversales, et vous pensez alors que ces poissons doivent être de vrais ascètes pour trouver là leur pitance. Il y a des années, un hiver, alors que je venais de découper des trous dans la glace pour attraper des brochetons, en rejoignant la rive je lançai ma hache derrière moi sur la glace, et comme si un mauvais génie l'avait dirigée, elle glissa sur quatre ou cinq verges et tomba droit dans l'un de mes trous, taillé au-dessus de vingt-cinq pieds d'eau. Poussé par la curiosité, je m'allongeai sur la glace et regardai par ce trou, jusqu'à apercevoir ma hache un peu penchée sur le côté, dressée sur son fer, et le manche vertical qui oscillait doucement de droite et de gauche, au rythme du lac ; sans mon intervention, elle serait restée plantée là à se balancer en attendant que le manche pourrisse au fil du temps. Je creusai un autre trou juste au-dessus avec un ciseau à glace que je possédais, j'abattis avec mon couteau le plus grand bouleau que je pus trouver dans le voisinage, je fis un nœud coulant que j'attachai à son extrémité, puis je le descendis avec précaution par le trou, je le fis passer au-dessus du renflement du manche et le tirai grâce à une ligne qui courait le long du bouleau. C'est ainsi que je récupérai ma hache.

En dehors d'une ou deux petites plages de sable, la rive est constituée d'une ceinture de pierres lisses, rondes et blanches, comme des pavés, et elle est si escarpée qu'à de nombreux endroits un seul bond vous entraînera dans une partie du lac où vous n'aurez pas pied ; et sans l'exceptionnelle transparence de l'eau, vous n'en verriez plus le fond avant de rejoindre la rive opposée. Certains croient ce lac insondable. Il n'est nulle part vaseux, et un observateur rapide affirmerait qu'il ne contient absolument aucune herbe ; comme plantes remarquables, en dehors de la petite prairie récemment submergée, qui à proprement parler n'en fait pas partie, un examen plus attentif ne permet d'y trouver ni iris ni jonc, pas même un nénuphar blanc ou jaune, mais seulement quelques petits potamots et faux nénuphars, voire un ou deux plantains d'eau ; toutes plantes qu'un baigneur ne remarquera sans doute pas ; et puis elles sont propres et lumineuses comme l'élément où elles poussent. Les pierres descendent dans l'eau sur une longueur d'une ou deux verges, après quoi le fond est de sable pur, sauf dans les parties les plus profondes, où se trouve d'habitude un peu de sédiment, sans doute à cause de la décomposition des feuilles qui durant tant d'automnes successifs ont été emportées sur l'eau, et même en plein hiver l'ancre remonte une herbe vert vif.

Nous avons un seul autre lac semblable à celui-ci, le lac Blanc à Nine Acre Corner, à environ deux miles et demi vers l'ouest ; mais bien que familier de la plupart des lacs dans un rayon de douze miles autour de Walden, je n'en connais pas un troisième qui présente ce caractère de puits à l'eau pure. Des peuples successifs en ont sans doute bu, ont admiré ce lac et l'ont sondé, puis ont disparu, mais cette eau est toujours aussi verte et limpide. Sa source est ininterrompue ! En cette matinée printanière où Adam et Ève furent chassés hors du jardin d'Éden, le lac Walden existait peut-être déjà, et sans doute y tombait-il une douce averse de printemps accompagnée de brouillard et d'un vent du sud ; peut-être était-il couvert d'une myriade de canards et d'oies, qui n'avaient pas entendu parler de la chute*, quand des lacs à l'eau aussi pure leur suffisaient encore. Déjà, il avait commencé à monter et descendre, il avait tamisé ses eaux pour leur accorder la nuance colorée qu'elles montrent aujourd'hui, et obtenu du Ciel un brevet pour être le seul lac Walden du monde, l'unique distillateur des rosées célestes. Qui sait combien de nations oubliées ont célébré dans leur littérature la Fontaine de Castalie ? Quelles nymphes présidèrent sur ses rives à l'âge d'or ? C'est un bijou des eaux primordiales que Concord arbore à sa couronne.

Mais peut-être que les premiers à rejoindre ce puits ont laissé quelques traces de leurs pas. Tout autour du lac, même là où un bois touffu a été coupé sur la rive, j'ai découvert avec surprise un étroit sentier qui semble taillé au flanc de la colline abrupte, qui monte et descend, s'approche et s'éloigne du bord de l'eau, aussi vieux sans doute que l'arrivée de l'homme en ces lieux, usé par les pieds des chasseurs aborigènes, et encore foulé parfois et à leur insu par les présents occupants du pays. C'est surtout frappant pour celui qui en hiver se tient debout au milieu du lac, juste après une légère chute de neige ; en l'absence des herbes et des rameaux qui le cachaient, le sentier apparaît alors comme une indéniable ligne blanche ondoyante, et dans beaucoup d'endroits son évidence est

---

* Thoreau utilise le double sens du mot américain, à la fois l'automne et la chute d'Adam.

saisissante à un quart de mile de distance, alors qu'en été il est à peine visible, même de tout près. La neige le réimprime, pour ainsi dire, en caractères blancs et en haut-relief frappant. Les jardins d'agrément des villas qu'un jour on construira ici en garderont peut-être la trace.

Le lac monte et descend, mais avec quelle régularité et selon quelle périodicité, personne ne le sait, même si comme d'habitude beaucoup prétendent le contraire. Il est d'ordinaire plus haut en hiver et plus bas en été, bien que ces phénomènes ne correspondent pas aux périodes de pluies ni de sécheresse. Je me rappelle la fois où il avait baissé d'un ou deux pieds, et aussi quand il était monté d'au moins cinq pieds, avant que je ne m'installe sur ses rives. Il y a un mince banc de sable qui y descend, d'un côté bordé d'une eau très profonde, sur lequel, vers 1824, j'aidai à faire bouillir une marmite de soupe de poissons, à six verges environ du rivage principal, chose qu'il n'a pas été possible de faire depuis vingt-cinq ans ; par ailleurs, mes amis m'écoutaient d'une oreille incrédule quand je leur déclarais que, quelques années plus tard, j'avais l'habitude de pêcher en bateau dans une anse isolée au milieu des bois, à quinze verges de la seule rive connue d'eux, un endroit qui depuis belle lurette est un pâturage. Mais le lac vient de monter régulièrement pendant deux ans, et à présent, durant l'été 52, il est de cinq pieds plus haut que lorsque j'y habitais, ou encore aussi haut qu'il y a trente ans, et la pêche a repris sur le pâturage. Ce qui fait une différence de niveau de six ou sept pieds tout au plus ; et pourtant, la quantité d'eau déversée par les collines environnantes est insignifiante, si bien que cette montée du niveau du lac est certainement liée à une modification des sources profondes. Ce même été, le lac s'est remis à descendre. Il est remarquable que cette fluctuation, périodique ou non, paraît s'accomplir sur plusieurs années. J'ai moi-même observé une montée et une partie de deux descentes des eaux, et je m'attends à ce que dans douze ou quinze ans ces mêmes eaux soient de nouveau aussi basses que je les aie jamais vues. Le lac de Flint, à un mile vers l'est, compte tenu des perturbations occasionnées par les rivières qui s'y jettent ou en partent, sans oublier les plus petits lacs intermédiaires sympathisent avec Walden et atteignirent récemment leur plus haut niveau en même temps que ce dernier. La même chose est vraie, pour autant que je puisse me fier à mes observations, du lac Blanc.

Cette montée et cette descente des eaux de Walden à de longs intervalles ont au moins une conséquence bénéfique : le niveau restant très haut durant un an ou plus, même s'il rend difficile de faire à pied le tour du lac, tue les arbustes et les arbres qui ont envahi ses berges depuis la dernière crue, pitchpins, bouleaux, aulnes, trembles et autres ; ensuite, lorsqu'il redescend, le lac laisse un rivage dégagé ; car, contrairement à de nombreux autres lacs et à toutes les eaux sujettes à des marées quotidiennes, son rivage est le plus propre quand l'eau est à son plus bas. Sur le côté du lac tout proche de ma maison, une rangée de pitchpins haute de quinze pieds a été tuée et renversée comme par un levier, et ainsi furent arrêtés leurs empiètements ; leur taille indique combien d'années ont passé depuis la dernière montée des eaux jusqu'à ce niveau. Par cette fluctuation, le lac affirme son droit à avoir un rivage, ce rivage est ainsi rasé *, et les arbres ne peuvent y revendiquer aucun titre de propriété. Ce sont les lèvres du lac, où aucune barbe ne pousse. Il se lèche les babines de temps à autre. Quand l'eau atteint son niveau le plus élevé, les aulnes, saules et érables génèrent une masse de racines rouges et fibreuses, longues de plusieurs pieds, qui partent tout autour de leur tronc dans l'eau et jusqu'à une hauteur de trois ou quatre pieds au-dessus du sol, dans leur effort pour survivre ; j'ai appris que les buissons d'airelles en corymbe qui poussent près de la rive et ne produisent d'habitude aucun fruit, portent en ces circonstances une récolte abondante.

Certains se sont étonnés de voir la rive pavée si régulièrement. Mes concitoyens connaissent tous l'explication traditionnelle, que les gens les plus âgés m'affirment avoir entendue dans leur jeunesse : autrefois, les Indiens organisaient là un pow-wow sur une colline qui s'élevait dans le ciel, aussi haut que le lac s'enfonce aujourd'hui

*Thoreau motive le mot rivage (*shore*) parce qu'il est rasé (*shorn*).

dans la terre; ils blasphémaient tant et plus, dit l'histoire, bien que ce vice fasse partie de ceux dont les Indiens ne se sont jamais rendu coupables, et tandis qu'ils se livraient à ces sacrilèges, la colline trembla et s'effondra soudain, et seule survécut une vieille squaw nommée Walden, qui donna son nom au lac ainsi formé. On conjectura qu'au moment où la colline trembla, ces pierres dégringolèrent sur ses flancs pour constituer le rivage actuel. En tout cas, il est très certain qu'autrefois il n'y avait pas de lac à cet endroit et que maintenant il y en a un; mais cette fable indienne ne contredit nullement le récit de cet antique colon, dont j'ai déjà parlé, et qui se rappelle fort bien le jour où il arriva ici pour la première fois avec sa baguette de sourcier, où il vit un mince filet de vapeur s'élever du gazon et le coudrier s'incliner obstinément vers le sol; il en conclut qu'il fallait creuser là un puits. Quant aux pierres, beaucoup trouvent difficile d'expliquer leur présence par l'action des vagues sur ces collines; mais je remarque que les collines environnantes regorgent étonnamment de cette même espèce de pierres, au point qu'on a dû les empiler en remblais de part et d'autre de la voie de chemin de fer sur la portion la plus proche du lac; de plus, il y a davantage de pierres là où le rivage est le plus abrupt; ainsi, malheureusement, il n'y a plus là aucun mystère pour moi. Je sais qui est ce paveur[1]. Si le nom n'était pas dérivé de quelque localité anglaise – Saffron Walden, par exemple –, on pourrait supposer qu'il s'appelait, à l'origine, *Walled-in Pond*, le lac emmuré.

Le lac me servait de puits tout creusé. Quatre mois par an, son eau est aussi froide qu'elle est pure en permanence; et je crois qu'elle est alors aussi bonne que n'importe quelle autre qu'on trouve au village, sinon meilleure. En hiver, toute eau exposée à l'air est plus froide que les sources et les puits qui en sont protégés. Le 6 mars 1846, la température de l'eau du lac qui était restée dans la pièce où je vivais, entre cinq heures de l'après-midi et le milieu de la journée du lendemain, le thermomètre étant monté jusqu'à 65° ou 70° pendant quelque temps, en partie à cause du soleil qui frappait le toit, était de 42°, soit de 1° plus froide que l'eau qu'on tirait du puits le plus froid du village. La température de *Boiling Spring* (la Source Bouillonnante) le même jour était 45°, c'est-à-dire la plus chaude que j'aie goûtée, même s'il s'agit de l'eau la plus froide que je connaisse en été, lorsqu'en outre on n'y a pas mêlé une eau peu profonde ou stagnante. De plus, en été, l'eau de Walden ne devient jamais aussi chaude que celle des plans d'eau exposés au soleil, et ce à cause de sa profondeur. Les jours vraiment chauds, je plaçais d'habitude un seau plein d'eau dans ma cave, où elle refroidissait durant la nuit et restait fraîche toute la journée du lendemain; mais je m'approvisionnais aussi à une source du voisinage. Cette eau était tout aussi bonne au bout d'une semaine que le jour où je l'avais puisée, et elle ne sentait pas la pompe. Celui qui campe une semaine en été au bord d'un lac a seulement besoin d'enterrer un seau d'eau à quelques pieds de profondeur dans l'ombre de son camp afin de pouvoir faire l'économie de cet article de luxe qu'est la glace.

On a pris dans les eaux de Walden des brochetons, dont un de sept livres, pour ne rien dire d'un autre qui déroula et emporta un moulinet à une vitesse incroyable, et que le pêcheur concerné estima sans exagérer à huit livres parce qu'il ne le vit point; des perches et des tacauds, dont certains pesant plus de deux livres, des vairons, des chevesnes ou gardons (*Leuciscus pulchellus*), quelques rares brèmes, et deux ou trois anguilles, dont une de quatre livres, – si je me montre aussi précis, c'est parce que d'ordinaire le poids d'un poisson est son seul titre de gloire, et il s'agit des seules anguilles dont j'ai jamais entendu parler ici; j'ai aussi le vague souvenir d'un petit poisson long d'environ cinq pouces, aux flancs argentés et au dos verdâtre, à l'aspect rappelant la vandoise, que je mentionne surtout ici pour associer mes faits à la fable. Quoi qu'il en soit, ce lac n'est guère poissonneux. Seuls ses brochetons, malgré leur rareté, pourraient redorer son blason. Un jour, j'ai vu, reposant sur la glace, des brochetons de trois espèces différentes au moins; un poisson long et plat, couleur acier, très semblable à ceux qu'on pêche dans la rivière; un autre d'un jaune d'or éclatant, avec des reflets verdâtres et remarquablement large, qui constitue ici l'espèce la plus commune; et un autre encore, couleur or et de la même forme que le précédent, mais aux flancs mouchetés de petites taches brun foncé ou noires, mélangées à quelques autres d'un rouge sang délavé, tout à fait semblable à une truite. Le nom spécifique, *reticulatus*, ne s'appliquerait pas à ce dernier spécimen, qu'il faudrait plutôt qualifier de *guttatus*. Ce sont tous des poissons à chair très ferme, et qui pèsent davantage que leur taille ne l'annonce. Les vairons, les tacauds ainsi que les perches, et tous les poissons qui habitent ce lac sont beaucoup plus fins, plus beaux et plus fermes que ceux de la rivière et de la plupart des autres lacs, car l'eau en est plus pure et ils se distinguent sans mal des autres. De nombreux ichtyologues y trouveraient sans nul doute de nouvelles variétés. Il y a aussi une belle race de grenouilles et de tortues, ainsi que quelques moules; les rats musqués et les visons laissent leurs traces dans les parages et parfois une tortue de vase en voyage lui rend visite. Certains matins, en poussant mon bateau vers l'eau profonde, je dérangeais une grosse tortue de vase qui s'était cachée sous l'embarcation pour y passer la nuit. Les canards et les oies le fréquentent au printemps et à l'automne, les hirondelles à ventre blanc (*Hirundo bicolor*) l'effleurent de l'aile, et les chevaliers grivelés (*Totanus macularius*) avancent tout l'été en se dandinant sur ses rivages pierreux. J'ai parfois troublé un balbuzard perché sur un pin blanc au-dessus de l'eau; mais je ne crois pas que ce lac ait jamais été profané par l'aile d'une mouette, contrairement à Fair Haven. Il tolère tout au plus la visite annuelle d'un seul huard. Tels sont tous les animaux de quelque importance qui le fréquentent aujourd'hui.

Si vous êtes en bateau par temps calme, près de la rive sablonneuse située à l'est, là où l'eau est profonde de huit ou dix pieds, ainsi que dans d'autres parties du lac, vous apercevrez peut-être des monticules circulaires hauts d'un pied et larges d'une demi-douzaine, composés de petites pierres moins grosses qu'un œuf de poule, et partout entourés de sable nu. Vous vous demandez d'abord si les Indiens ne les ont pas dressés sur la glace dans quelque dessein, si bien qu'une fois la glace fondue ils ont coulé au fond; mais ces monticules sont trop réguliers et certains paraissent de toute évidence trop récents pour cette explication. Ils ressemblent à ceux qu'on trouve dans les rivières ; mais comme il n'y a ici ni rémoras ni lamproies, j'ignore de quels poissons ils pourraient être l'œuvre. Peut-être sont-ils des nids de chevesnes. Leur présence accorde un agréable mystère au fond du lac.

La rive est suffisamment irrégulière pour ne pas être monotone. Je garde présent à l'esprit le côté ouest découpé de baies profondes, la rive nord plus abrupte, le rivage sud magnifiquement dentelé, où des caps s'étagent les uns derrière les autres et suggèrent entre eux des criques inexplorées. La forêt n'est jamais plus à son avantage ni aussi belle, que contemplée du milieu d'un petit lac parmi des collines qui s'élèvent à partir des berges ; car l'eau où elle se reflète, non seulement dresse le meilleur premier plan en pareil cas, mais son rivage ondoyant dessine la plus naturelle et agréable des lisières. Rien de rude ni d'imparfait dans cette orée, comme lorsque la hache a défriché une parcelle ou qu'un champ cultivé vient buter contre. Les arbres ont largement la place de s'étendre sur l'eau, et chacun envoie dans cette direction sa branche la plus vigoureuse. La Nature a tissé là une lisière naturelle et l'œil parcourt une gradation adéquate depuis les arbustes bas du rivage jusqu'aux arbres les plus élevés. On voit peu de traces de la main humaine. L'eau lave la rive comme elle le faisait il y a mille ans.

Un lac est le trait le plus beau et le plus expressif du paysage. C'est l'œil de la terre ; en y plongeant son regard, l'homme qui le contemple mesure la profondeur de sa propre nature. Les arbres fluviatiles voisins de la rive sont les cils effilés qui le frangent ; les collines et les falaises boisées qui l'entourent, le sourcil qui le surplombe.

Debout sur la plage de sable uni qui s'étend du côté est du lac, par un calme après-midi de septembre où une légère brume estompait les contours de la rive opposée, j'ai compris d'où vient l'expression « la surface du lac, lisse comme un miroir ». Si vous renversez la tête en bas[2], il ressemble au plus mince fil de la Vierge tendu à travers la vallée et miroitant devant les lointains bois de pins en séparant une couche de l'atmosphère de la suivante. Pour un peu, on se croirait capable de marcher en dessous à pied sec pour rejoindre les collines opposées et l'on dirait que les hirondelles qui l'effleurent de leur aile pourraient s'y percher. De fait, elles plongent parfois sous cette ligne, comme par erreur, et sont aussitôt détrompées. Quand on regarde le lac vers l'ouest, on est obligé de se servir de ses deux mains pour se protéger les yeux du soleil reflété autant que du vrai, car tous deux sont également brillants ; et si, entre les deux, vous examinez la surface du lac d'un œil critique, elle est littéralement aussi lisse que le verre, sauf aux endroits où les insectes patineurs, dispersés sur toute son étendue à intervalles réguliers, font jaillir, par leurs mouvements dans le soleil, les étincelles les plus légères qu'on puisse imaginer, ou peut-être là où un canard se nettoie les plumes, ou encore, comme je l'ai déjà dit, une hirondelle l'effleure de si près que son aile la touche. Peut-être, au loin, un poisson saute à trois ou quatre pieds en l'air, décrit un arc de cercle, et un vif éclair surgit à l'endroit où ce poisson jaillit, puis un autre là où il retombe dans l'eau ; parfois, l'arc argenté est entièrement visible ; ou encore, çà et là, un duvet de chardon flotte parfois sur l'eau, les poissons se ruent dessus, et de nouveau la surface se ride. Elle est comme du verre fondu, refroidi mais pas encore solidifié, et les quelques pailles qu'elle contient sont aussi pures et belles que les imperfections du verre. On aperçoit souvent une eau encore plus lisse et sombre, comme séparée du reste par une toile d'araignée invisible, le barrage des nymphes d'eau posé dessus. Du haut d'une colline, vous voyez les poissons sauter presque partout ; car aucun brocheton ni vairon ne gobe un insecte sur cette surface polie sans à l'évidence troubler l'équilibre du lac tout entier. On constate avec stupéfaction la réclame inouïe dont ce simple fait bénéficie, – ce poisson assassin sera démasqué –, et de mon lointain point de vue j'aperçois les cercles concentriques quand ils ont une demi-douzaine de verges de diamètre. Vous pouvez même distinguer à un quart de mile de distance un tourniquet (*Gyrinus*) qui avance sans arrêt sur la surface unie ; car il y trace un léger sillon qui produit une ride bien visible bordée de deux lignes divergentes, tandis que les patineurs glissent dessus sans la perturber de manière appréciable. Quand la surface est très agitée, il n'y a ni patineur ni tourniquet dessus, mais on dirait que par temps calme ils quittent leur refuge pour s'aventurer loin du rivage en glissant par brèves saccades jusqu'à explorer toute la surface. Par une de ces belles journées d'automne où l'on goûte pleinement la chaleur du soleil, c'est une occupation apaisante que de rester assis sur une souche à une altitude telle que celle-ci au-dessus du lac, pour observer les rides circulaires qui sans cesse s'inscrivent sur cette surface sinon invisible parmi les reflets du ciel et des arbres. Aucune perturbation ne vient troubler cette immense étendue, qui ne soit aussitôt calmée et doucement amortie, comme lorsqu'on agite un vase rempli d'eau et que les cercles tremblants en atteignent les bords avant que l'eau ne redevienne étale. Nul poisson ne bondit, nul insecte ne tombe dans le lac sans que des rides concentriques n'en proclament la nouvelle en lignes de beauté, comme un constant débordement de sa fontaine, la douce pulsation de sa vie, le soulèvement de son sein. Les frémissements de joie ne se distinguent pas des tremblements de douleur. Que les phénomènes liés au lac sont paisibles ! L'œuvre de l'homme brille encore, comme au printemps. Oui, chaque feuille et chaque brindille, chaque pierre et toile d'araignée étincelle à présent en milieu d'après-midi, comme si la rosée d'un matin de printemps les recouvrait encore. Le plus léger mouvement d'une rame ou d'un insecte engendre un éclair lumineux ; et si la rame tombe, l'écho en est délicieux !

En un tel jour de septembre ou d'octobre, Walden est un parfait miroir de la forêt, serti de pierres aussi précieuses à mes yeux que si elles étaient plus rares ou de grand prix. Rien de si beau, de si pur, et en même temps de si vaste qu'un lac, ne se trouve sans doute à la surface de la terre. Eau de ciel. Il ne requiert aucune clôture. Les peuples vont et viennent sans le souiller. C'est un miroir qu'aucune pierre ne peut briser, dont le vif-argent ne se ternira jamais, dont le tain est sans cesse réparé par la Nature ; aucune tempête, nulle poussière ne peut obscurcir sa face toujours limpide ; – un miroir dans lequel toute impureté qu'on lui présente coule, balayée, effacée par la brosse vaporeuse du soleil – ce léger, ce radieux torchon à poussière –, qui ne garde aucune haleine soufflée sur ses eaux, mais exhale plutôt la sienne en nuages flottant très haut par-dessus sa surface, tout en demeurant reflétée en son sein.

Toute pièce d'eau trahit l'esprit qui imprègne l'air. Elle reçoit sans cesse d'en haut une vie nouvelle et un mouvement inédit. Par nature, elle est l'intermédiaire entre la terre et le ciel. Sur la terre seulement, l'herbe et les arbres oscillent, mais l'eau elle-même est ridée par le vent. Les paillettes ou les coulées de lumière me révèlent les endroits où la brise traverse vivement le lac. Il est tout à fait étonnant que nous puissions baisser les yeux vers sa surface. Un jour, enfin, nous baisserons peut-être ainsi les yeux vers la surface de l'air afin de déceler l'endroit où un esprit encore plus subtil la balaie.

Les derniers jours d'octobre, quand arrivent les fortes gelées, les patineurs et les tourniquets disparaissent enfin ; à cette période de l'année ainsi qu'en novembre, par temps calme, il n'y a d'habitude absolument rien pour rider le plan d'eau. Un après-midi de novembre, dans l'apaisement qui suit plusieurs jours de pluies orageuses, alors que le ciel était encore entièrement couvert et l'air saturé de brume, j'observai que le lac était remarquablement lisse, au point qu'il était difficile d'en distinguer la surface ; pourtant, il ne réfléchissait plus les teintes éclatantes d'octobre, mais les couleurs sombres des collines environnantes en novembre. J'avais beau naviguer le plus doucement possible, les légères ondulations produites par mon bateau voyageaient presque à perte de vue et accordaient aux reflets du lac un aspect cannelé. Mais tandis que j'observais la surface, j'aperçus çà et là, assez loin, une faible lueur, comme si quelques insectes patineurs qui avaient survécu aux gelées s'étaient rassemblés là, à moins que la surface absolument lisse du lac ne trahît la présence d'une source jaillissant au fond des eaux. Pagayant doucement vers l'un de ces endroits, j'eus la surprise de me retrouver entouré d'une myriade de petites perches, longues d'environ cinq pouces, d'une belle couleur bronze dans l'eau verte, qui s'ébattaient là et montaient sans cesse à la surface pour la rider, y laissant parfois des bulles. Sur une eau aussi transparente et apparemment sans fond, parmi les reflets des nuages, je croyais flotter à travers les airs tel un ballon, et ces poissons qui nageaient me firent l'impression de voler et de planer comme un groupe compact d'oiseaux qui seraient passés juste au-dessous de moi, à droite et à gauche, leurs nageoires telles des voiles déployées tout autour d'eux. Il y avait dans le lac de nombreux bancs similaires, qui profitaient sans doute de ce bref sursis avant que l'hiver n'installe son volet glacé au-dessus de leur vaste lucarne, et qui faisaient parfois penser que l'étendue liquide était balayée d'une légère brise ou bien mouchetée de quelques gouttes de pluie. Lorsque j'approchais sans précaution de ces petites perches et que je les inquiétais, leurs queues éclaboussaient brusquement l'eau et la ridaient, comme si on l'avait frappée avec une branche touffue, et elles se réfugiaient aussitôt dans les profondeurs. Le vent finit par se lever, le brouillard s'épaissit, les vagues se formèrent et les perches bondirent beaucoup plus haut que précédemment, à moitié hors de l'eau, une centaine de traits noirs, longs de trois pouces, tous ensemble propulsés au-dessus de la surface. Une année, aussi tard que le 5 décembre, j'aperçus quelques rides sur l'eau et, convaincu qu'il allait aussitôt tomber des cordes, car l'air était chargé de brume, je me hâtai de prendre les rames pour rentrer chez moi au plus vite ; déjà la pluie semblait redoubler, même si je n'en sentais pas la moindre goutte sur ma joue, et je m'attendais à être trempé jusqu'aux os. Soudain, les rides disparurent sur l'eau, car elles étaient produites par les perches, que le bruit de mes rames avait effrayées, chassées vers les profondeurs, et j'entrevis leurs bancs qui disparaissaient ; ainsi, je passai finalement l'après-midi au sec.

Un vieil homme qui fréquentait ce lac il y a près de soixante ans, quand les forêts environnantes l'assombrissaient, me dit qu'à cette époque il le voyait parfois grouillant de canards et d'autre gibier d'eau, et qu'il y avait de nombreux aigles parmi eux. Il venait pêcher ici, se servant d'une vieille pirogue en bois qu'il avait trouvée sur la rive. Elle était faite de deux tronçons de pin blanc évidés puis fixés ensemble, taillés en carré à chaque extrémité. Elle était difficile à manœuvrer, mais elle dura de longues années avant de s'imbiber d'eau et de couler sans doute au fond du lac. Il ignorait à qui elle appartenait, sinon au lac. Pour son ancre, il noua ensemble des bandes d'écorce de hickory. Un autre vieillard, un potier, qui vivait au bord du lac avant la Révolution, lui confia un jour qu'il y avait un coffre en fer au fond, et qu'il l'avait vu de ses propres yeux. Parfois, ce coffre flottait jusqu'au rivage ; mais il suffisait de s'en approcher pour qu'il retourne vers l'eau profonde et y disparaisse. Je fus ravi d'entendre parler de cette vieille pirogue en bois, qui remplaça une pirogue indienne fabriquée dans le même matériau, mais de construction plus raffinée, qui peut-être avait d'abord été un arbre de la berge, avant de tomber en quelque sorte dans l'eau pour y flotter durant toute une génération et devenir le bateau le plus approprié à ce lac. Je me souviens que, lorsque je regardai pour la première fois au fond de l'eau, j'entrevis un grand nombre de gros troncs qui gisaient au fond, qui avaient jadis été précipités par le vent ou abandonnés sur la glace lors de la dernière coupe, quand le bois ne valait pas aussi cher ; mais aujourd'hui, ils ont presque tous disparu.

Quand je pagayai pour la première fois sur le lac Walden, il était entouré de tous côtés par des bois touffus de pins et de chênes élevés, et dans certaines criques des vignes avaient recouvert les arbres tout proches de l'eau pour former des berceaux de verdure sous lesquels un bateau pouvait passer. Les collines qui bordent ses rives sont si pentues, et les bois qui les recouvrent montent si haut que, lorsque vous baissiez les yeux à partir de l'extrémité ouest, on aurait dit un amphithéâtre destiné à quelque spectacle sylvestre. Plus jeune, j'ai passé bien des matinées estivales à flotter sur ses eaux au gré du zéphyr, après avoir pagayé jusqu'au milieu du lac, allongé sur le dos en travers des bancs, jusqu'à ce que le bateau touchant le sable me tire de mes rêves éveillés et que je me lève pour découvrir vers quelle rive mon destin m'avait poussé ; des jours où l'oisiveté était l'industrie la plus séduisante et la plus féconde. Combien de matinées ai-je ainsi volées, préférant passer de la sorte la partie la plus précieuse de la journée ! Car j'étais riche, sinon en argent, du moins en heures ensoleillées et en journées d'été, que je dépensais sans compter ; et je ne regrette point de ne pas en avoir gaspillé davantage à l'atelier ou au bureau de l'instituteur[3]. Mais depuis que j'ai quitté ces rivages, les bûcherons les ont encore un peu plus dévastés, et à présent il faudra attendre des années pour vagabonder à nouveau dans les travées de ces bois où de temps à autre une échappée vous permettra à nouveau de voir le plan d'eau. Dorénavant, le silence de ma muse n'est pas sans excuse. Comment s'attendre à ce que les oiseaux chantent quand leurs bosquets ont été ravagés ?

Les troncs d'arbre au fond de l'eau, la vieille pirogue en bois et les sombres forêts environnantes ont désormais disparu, et les villageois, qui savent à peine où il se trouve, au lieu d'aller se baigner dans le lac ou de boire son eau, envisagent de la détourner – elle qui devrait être au moins aussi sacrée que celle du Gange – pour l'amener au village dans un tuyau et faire leur vaisselle avec ! – de gagner leur Walden en tournant simplement un robinet ou en ouvrant une bonde ! Ce diabolique Cheval de Fer, dont le hennissement déchirant s'entend par toute la commune, a troublé de son sabot la Source Bouillonnante, et c'est lui qui a brouté tous les bois sur les rives de Walden ; ce cheval de Troie, au ventre abritant mille hommes, introduit par des mercenaires grecs ! Où donc est le champion de la nation, le Moore de Moore Hall[4], capable de l'affronter à la Tranchée Profonde et de planter une lance vengeresse entre les côtes de cette engeance bouffie ?

Néanmoins, de tous les personnages que j'ai connus, c'est peut-être Walden qui manifeste, qui conserve au mieux sa pureté. On lui a comparé beaucoup d'hommes, mais peu méritent cet honneur. Bien que les bûcherons aient ravagé d'abord cette rive, puis une autre, bien que les Irlandais aient bâti leurs porcheries tout près, même si le chemin de fer en a violé la lisière, et si les marchands de glace en ont un jour débité une partie, il demeure en lui-même inchangé, et c'est le même plan d'eau que celui contemplé dans ma jeunesse; tout le changement est en moi. Toutes les rides éphémères occasionnées par les vents ne lui en ont pas laissé une seule permanente. Il est éternellement jeune, et debout près de lui je peux observer une hirondelle fondre vers sa surface pour se saisir sans doute d'un insecte, comme jadis. Ce spectacle m'a de nouveau frappé ce soir, à croire que je n'y ai pas assisté presque quotidiennement depuis plus de vingt ans. Voici donc Walden, ce même lac boisé que j'ai découvert il y a tant d'années; à l'endroit proche du rivage où l'hiver dernier on a abattu une forêt, une autre pousse, aussi vigoureuse que jamais; aujourd'hui comme hier, la même pensée bouillonnante remonte à sa surface; ce sont les mêmes joie et bonheur fluides qui s'adressent à lui-même et à son Créateur, et peut-être aussi à moi. C'est sûrement l'œuvre d'un homme courageux, en qui jamais il n'y eut de fourberie! De ses mains il a arrondi cette pièce d'eau, puis il l'a approfondie et éclaircie de ses pensées, avant de la léguer enfin par testament à Concord. Je vois à son visage que la même réflexion le visite; et je puis presque demander: Walden, est-ce bien toi?

Je n'ai pas le désir
De forger un beau vers;
Je ne saurais m'approcher davantage de Dieu ou du Ciel
Qu'en vivant à Walden.
Je suis les pierres de son rivage,
Et la brise qui souffle dessus
Au creux de ma main
Il y a son eau et son sable,
Et son plus profond séjour
S'inscrit au cœur de mes pensées.

Les wagons ne s'arrêtent jamais pour le regarder; j'imagine pourtant que les mécaniciens, les chauffeurs et les serre-freins, ainsi que ces voyageurs qui ont un abonnement et le voient souvent, retirent de sa vue quelque bienfait. Le soir, le mécanicien n'oublie pas, ou du moins sa nature n'oublie pas qu'une fois au moins durant la journée il a contemplé cette vision de sérénité et de pureté. Bien qu'il l'ait vue une seule fois, elle l'aide à se laver de State Street et de la suie de la machine. On propose de l'appeler « la Goutte de Dieu ».

J'ai dit que Walden ne possède ni affluent ni effluent visible, mais il est relié d'une part, de manière lointaine et indirecte, au lac de Flint, qui est plus élevé, par un chapelet de petits lacs venant de là-bas, et de l'autre, de façon directe et évidente, à la rivière Concord, qui est plus basse, par un chapelet semblable de lacs dans lesquels, en une ère géologique révolue, il s'est peut-être déversé, et quelques petites excavations – puisse Dieu les empêcher ! – permettraient de rétablir ce système de déversoirs. Si c'est en vivant depuis aussi longtemps dans cet austère isolement d'ermite parmi les bois qu'il a acquis cette si merveilleuse pureté, alors qui ne regretterait que les eaux comparativement impures du lac de Flint se mêlent aux siennes, ou que lui-même aille un jour répandre et gâcher sa douceur dans les vagues de l'océan ?

Le lac de Flint ou le lac Sablonneux, à Lincoln, notre plus grand lac et notre mer intérieure, se trouve à un mile environ à l'est de Walden. Il est beaucoup plus vaste, on dit qu'il couvre cent quatre-vingt-dix-sept arpents, et il contient davantage de poissons ; mais il est peu profond en comparaison et son eau n'est guère pure. Je me suis souvent promené parmi les bois jusqu'à lui. C'était agréable, au moins parce que je sentais le vent souffler librement sur ma joue, je voyais courir les vagues et je me remémorais la vie des marins. J'allais là-bas ramasser les châtaignes en automne, par les jours venteux, quand elles tombaient dans l'eau et que les vagues les ramenaient vers mes pieds ; un jour que je me traînais parmi la laîche du rivage, le visage fouetté d'embruns, je découvris l'épave vermoulue d'un bateau, les flancs disparus, et à peine davantage que l'empreinte de son fond plat parmi les joncs ; cependant, sa forme était encore bien définie, comme s'il s'agissait d'une grosse patte pourrissante dont on discernait les veines. C'était une épave aussi impressionnante qu'on puisse l'imaginer sur la grève marine, et elle suggérait une morale tout aussi frappante. Elle n'est plus maintenant que moisissure végétale enfin indiscernable de la rive du lac, à travers laquelle les joncs et l'iris ont poussé. J'admirais autrefois les ondulations des fonds sablonneux, à l'extrémité nord de ce lac, compactées par la pression de l'eau et dures sous le pied du baigneur, et les lignes ondoyantes des joncs qui poussaient en file indienne en suivant ces marques, une rangée après l'autre, comme si les vagues elles-mêmes les avaient plantés. J'ai aussi trouvé là, et en quantités considérables, de curieuses pelotes, apparemment constituées d'herbes ou de racines très fines, peut-être d'ériocaule aquatique, au diamètre compris entre un demi et quatre pouces, et parfaitement sphériques. L'eau, peu profonde, les fait aller et venir sur le fond sableux, puis elles sont parfois rejetées sur le rivage. Elles sont entièrement faites d'herbe, ou bien elles ont un peu de sable au centre. On dirait à première vue qu'elles ont été formées par l'action des vagues, comme un galet ; mais les plus petites, longues d'un demi-pouce, sont faites des mêmes matériaux grossiers et on ne les trouve qu'à une seule saison de l'année. Par ailleurs, je soupçonne les vagues, non pas de les fabriquer, mais plutôt d'user un matériau qui a déjà acquis sa consistance. Séchées, ces pelotes conservent leur forme durant un temps indéterminé.

Le lac de Flint ! Que notre nomenclature est pauvre… De quel droit le fermier malpropre et imbécile dont la ferme touchait cette eau de ciel, et qui a impitoyablement dévasté ses rives, lui a-t-il donné son nom ? Un grippe-sou qui préférait la surface miroitante d'un dollar ou d'un sou rutilant, où il pouvait voir sa propre face d'effronté ; qui considérait comme des intrus jusqu'aux canards sauvages qui s'y posaient ; ses doigts transformés en serres calleuses et crochues à force d'agripper telles des harpies – non, ce n'est pas moi qui lui ai donné son nom. Je ne vais pas là-bas pour voir ce fermier ni pour entendre parler de lui, qui ne l'a jamais *vu*, qui ne s'y est jamais baigné, qui ne l'a jamais aimé, qui ne l'a jamais protégé, qui n'en a jamais dit le moindre bien, et qui n'a jamais remercié le Seigneur de l'avoir créé. Mieux vaudrait qu'il tire son nom des poissons qui y nagent, des oiseaux sauvages ou des quadrupèdes qui le fréquentent, des fleurs sauvages qui poussent sur ses rives, d'un homme des bois ou d'un enfant sauvage dont l'histoire s'entremêle à la sienne ; et non de cet individu qui n'y a aucun droit en dehors du titre de propriété que lui a transmis un voisin du même acabit ou le législateur, – lui qui n'a jamais pensé qu'à sa valeur fiduciaire ; dont la seule présence a peut-être constitué une malédiction pour toutes ses rives, qui a épuisé la terre autour de lui et qui aurait volontiers épuisé ses eaux ; lui qui a seulement regretté que ce ne fût pas du foin anglais ou un champ de canneberge, – pour lui, il n'y avait rien à sauver dans ce lac –, et qui aurait été tout prêt à le drainer et à en vendre la vase accumulée au fond. Ses eaux ne faisaient pas tourner son moulin et il ne ressentait aucun *privilège* en le regardant. Je ne respecte pas son labeur, ni sa ferme où tout a un prix ; lui qui transporterait bien le paysage, et qui transporterait même son Dieu, au marché, s'il arrivait à en tirer quelque argent ; lui qui va au marché *pour* ce dieu-là ; lui dont la ferme ne produit rien gratuitement, dont les champs ne portent aucune récolte, les prairies aucune fleur, les arbres aucun fruit, mais seulement des dollars ; lui qui n'aime pas la beauté de ses fruits, lui dont les fruits ne sont pas mûrs à ses yeux tant qu'ils ne sont pas transformés en dollars. Donnez-moi la pauvreté qui apprécie la vraie richesse. Pour moi, les fermiers sont respectables et intéressants dans la mesure où ils sont pauvres, de pauvres fermiers. Une ferme modèle ! Où la maison se dresse tel une moisissure sur un tas de saletés, des pièces pour les hommes, les chevaux, les bœufs et les porcs, propres ou répugnantes, toutes contiguës les unes aux autres ! Bourrées d'hommes ! Une grosse tache bien grasse, puant le fumier et le babeurre ! Quelle prouesse de l'agriculture que cette terre engraissée de cœurs et de cerveaux humains ! Comme si l'on devait faire pousser ses pommes de terre au cimetière ! Voilà pour la ferme modèle.

Non, non ; s'il faut vraiment donner des noms d'hommes aux plus beaux fleurons du paysage, alors choisissons seulement les plus nobles et les plus dignes des hommes. Que nos lacs s'appellent de noms aussi véridiques que la mer d'Icare, où « la grève résonne toujours d'une tentative audacieuse ».

*

En allant au lac de Flint, je rencontre le lac de l'Oie, de petites dimensions ; Fair Haven, un élargissement de la rivière Concord, qui dit-on couvre soixante-dix arpents, se trouve à un mile au sud-ouest ; et le lac Blanc, d'environ quarante arpents, est à un mile et demi au-delà de Fair Haven. C'est là ma région des lacs. Avec la rivière Concord, ce sont mes privilèges aquatiques ; et de nuit comme de jour, d'une année sur l'autre, je leur apporte tout le grain que j'ai à moudre.

Depuis que les bûcherons, le chemin de fer et moi-même avons profané Walden, peut-être le plus séduisant sinon le plus beau de tous nos lacs, la perle de nos bois est le lac Blanc ; un piètre nom car trop banal, qu'il soit dû à la pureté remarquable de ses eaux ou à la couleur de son sable. De ce point de vue comme d'autres, c'est néanmoins un jumeau plus petit de Walden. Ils se ressemblent tant qu'on les dirait forcément reliés par des accès souterrains. Il présente le même rivage pierreux, et ses eaux ont la même couleur. Comme pour Walden, par un temps lourd et caniculaire, si à travers les arbres vous baissez les yeux vers quelques-unes de ses baies qui ne sont pas aussi profondes, mais que le reflet venant du fond colore, ses eaux sont d'un bleu vert vaporeux ou d'une couleur glauque. Il y a bien des années, j'allais y ramasser le sable par tombereaux entiers, pour faire du papier de verre, et depuis je n'ai jamais cessé de lui rendre visite. Quelqu'un qui s'y rend souvent a proposé de le baptiser le lac Viride. Peut-être pourrait-on l'appeler le lac du Pin Jaune à cause de ce qui suit. Il y a une quinzaine d'années, on apercevait la cime d'un pitchpin, de cette sorte appelée pin jaune dans la région, bien qu'il ne s'agisse pas d'une espèce distincte, qui dépassait au-dessus de la surface en eau profonde, à de nombreuses verges du rivage. Certains supposaient même que le niveau du lac avait baissé et qu'il s'agissait d'un des spécimens de la forêt primitive qui avait anciennement poussé là. J'ai découvert que, dès 1792, dans une « Description topographique de la ville de Concord » rédigée par l'un de ses citoyens, dans les collections de la Société Historique du Massachusetts, l'auteur, après avoir évoqué le lac Walden et le lac Blanc, ajoute : « Au milieu de ce dernier on peut voir, quand l'eau est très basse, un arbre qui paraît avoir grandi à l'endroit où il se dresse, bien que ses racines se trouvent à cinquante pieds sous la surface des eaux ; la cime de cet arbre est brisée, et à cet endroit elle mesure quatorze pouces de diamètre. » Au printemps 1849, j'ai parlé avec l'homme qui habite le plus près de ce lac, à Sudbury, et qui m'a appris que c'était lui qui avait enlevé cet arbre dix ou quinze ans plus tôt. Pour autant qu'il pouvait s'en souvenir, l'arbre se dressait à douze ou quinze verges du rivage, où l'eau était profonde de trente ou quarante pieds. C'était en hiver, il avait passé la matinée à extraire de la glace du lac, et il avait décidé que cet après-midi-là, avec l'aide de ses voisins, il sortirait le vieux pin jaune. Il scia un chenal dans la glace vers la rive, puis il le hissa et le traîna sur la glace avec des bœufs ; mais avant d'avoir bien avancé son opération, il découvrit avec surprise que l'arbre était sens dessus dessous, les moignons de branches dirigés vers le bas et l'extrémité la plus mince fermement amarrée au fond sablonneux. Il faisait environ un pied de diamètre à son extrémité la plus grosse, et l'homme avait espéré en tirer une bonne bille de bois à scier, mais il était si pourri qu'il aurait seulement fait du bois de chauffe, et encore. Il lui en restait dans son bûcher. Il y avait des traces de coups de hache et de picsverts sur le bout coupé. Il pensait que ç'avait peut-être été un arbre mort sur la rive, qui avait finalement été emporté par une tempête vers le lac ; le haut s'était imprégné d'eau, tandis que l'autre bout restait encore sec et léger, si bien que l'arbre avait dérivé loin du bord et s'était planté la tête en bas. Le père de cet homme, âgé de quatre-vingts ans, ne se rappelait pas une époque où le pin jaune n'avait pas été là. On voit encore plusieurs assez gros troncs qui reposent au fond de l'eau où, à cause des ondulations de surface, ils évoquent d'énormes serpents d'eau en mouvement.

Ce lac a rarement été profané par un bateau, car il ne contient pas grand-chose qui soit digne de tenter un pêcheur. À la place du nénuphar blanc, qui a besoin de vase, ou de l'iris d'eau commun, l'iris bleu (*Iris versicolor*) croît çà et là dans l'eau pure, s'élevant du fond rocheux tout autour des rives, où il est visité par les oiseaux-mouches en juin, et la couleur de ses fleurs et de ses longues feuilles bleuâtres, mais surtout leurs reflets, s'harmonisent singulièrement avec l'eau glauque.

Le lac Blanc et Walden sont de splendides cristaux à la surface de la terre, des Lacs de Lumière. S'ils étaient glacés en permanence et assez petits pour qu'on pût les saisir dans la main, ils seraient peut-être emportés par des esclaves, telles des pierres précieuses, pour décorer la tête des empereurs ; mais parce qu'ils sont liquides et vastes et que leur présence nous est assurée ainsi qu'à nos successeurs et à jamais, nous les méconnaissons et courons après le diamant Koh-i-Noor. Ils sont trop purs pour avoir une quelconque valeur marchande ; ils ne contiennent aucun fumier. Comme ils sont plus beaux que nos vies, plus transparents que nos personnalités ! Nous n'avons jamais appris d'eux la moindre médiocrité. Et qu'ils sont plus plaisants que la mare devant la porte du fermier, où barbotent ses canards ! Ici, ce sont d'impeccables canards sauvages qui viennent. La Nature n'a pas d'habitant humain pour l'apprécier à sa juste mesure. Les oiseaux, leur plumage et leurs chants, sont en harmonie avec les fleurs, mais quel jeune homme ou quelle jeune fille concourt avec la beauté sauvage et luxuriante de la Nature ? Elle s'épanouit au mieux dans la solitude, loin des villes où ils résident. Parlez-moi donc du ciel ! Vous déshonorez la terre.

La ferme Baker

Je dirigeais parfois mes pas vers des bois de pins, dressés comme des temples ou telles des flottes de vaisseaux en mer, toutes voiles dehors, leurs branches se balançant, où la lumière vibrait, si doux, verts et ombreux que les Druides auraient renoncé à leurs chênes pour aller adorer parmi eux ; ou bien je rejoignais le bois de cèdres situé au-delà du lac de Flint, où les arbres couverts de baies bleues pruinées, élevant toujours plus haut leurs flèches, méritent de se présenter devant le Valhalla, et le genévrier rampant recouvre le sol de ses guirlandes lestées de fruits ; ou bien vers des marais où les lichens de l'usnée barbue pendent en festons aux branches des épinettes blanches, et les champignons vénéneux, tables rondes des dieux des marais, recouvrent le sol, et d'autres encore plus beaux décorent les souches, tels des papillons ou des coquillages, des bigorneaux végétaux ; où poussent l'hélonias rose et le cornouiller à fleurs, les baies rouges de la bourdaine brillent comme des yeux de lutins, le célastre grimpant creuse, tord et broie jusqu'aux plus durs des bois, et les splendides baies du houx sauvage font oublier son foyer à celui qui les contemple, lequel est tenté et ébloui par d'autres fruits sauvages interdits et sans nom, trop délicieux pour être goûtés par les mortels. Au lieu de rendre visite à quelque érudit, j'allais très souvent voir un arbre ou un autre, de ces espèces peu courantes dans le voisinage, dressé très loin au milieu d'un pâturage, au plus profond d'un bois ou d'un marais, ou encore au sommet d'une colline ; ainsi, le bouleau flexible dont nous avons quelques beaux spécimens de deux pieds de diamètre ; son cousin, le bouleau jaune, avec son ample gilet doré, aussi parfumé que le premier ; le hêtre, au tronc si bien dessiné et peint de lichens magnifiques, parfait jusqu'au moindre détail, et dont à ma connaissance il reste seulement sur la commune, en dehors de quelques spécimens isolés, un petit bois d'arbres de belle taille, qui selon certains auraient été semés par les pigeons jadis attirés dans ces parages par les faînes du hêtre; il vaut la peine de voir le grain argenté scintiller quand on fend ce bois; le tilleul, le charme, le *celtis occidentalis* ou micocoulier de Virginie, dont nous n'avons qu'un seul beau spécimen adulte; un pin haut comme un mât, un arbre à bardeaux ou un sapin ciguë plus parfait qu'à l'ordinaire, dressé telle une pagode au milieu des bois; et je pourrais en citer beaucoup d'autres. Voilà les sanctuaires auxquels je rendais visite tant en été qu'en hiver.

Il m'arriva un jour de me trouver par hasard à la base même de l'arche d'un arc-en-ciel, qui emplissait la couche inférieure de l'atmosphère en colorant l'herbe et les feuilles autour de moi et m'éblouissait comme si je regardais à travers un cristal coloré. C'était un lac de lumière d'arc-en-ciel dans lequel je vécus brièvement tel un dauphin. S'il avait duré plus longtemps, mes tâches et ma vie auraient sans doute changé de couleur. Quand je marchais sur la voie de chemin de fer, je m'étonnais souvent du halo de lumière autour de mon ombre et je m'imaginais volontiers que je comptais parmi les élus. Un de mes visiteurs m'assura que l'ombre de certains Irlandais postés devant lui n'avait aucun halo pour la cerner, et que seuls les indigènes présentaient cette particularité. Benvenuto Cellini nous dit dans ses mémoires qu'après certain rêve ou vision terrible qu'il eut durant sa captivité au château Saint-Ange, une lumière resplendissait matin et soir au-dessus de l'ombre de sa tête, qu'il fût en Italie ou en France, et elle était surtout visible lorsque la rosée mouillait l'herbe. Il s'agit sans doute du même phénomène que celui dont je viens de parler, lequel s'observe en particulier le matin, mais aussi à d'autres moments de la journée, et même au clair de lune. Malgré ses manifestations récurrentes, on remarque rarement ce phénomène, et pour une imagination aussi excitable que celle de Cellini il suffira à engendrer la superstition. Par ailleurs, il nous dit l'avoir montré à très peu de gens. Mais les êtres conscients de faire l'objet d'un traitement particulier ne sont-ils pas vraiment exceptionnels?

*

Un après-midi je partis pêcher à Fair Haven, à travers bois, pour ajouter à mon maigre ordinaire de légumes. Mon chemin passait par Pleasant Meadow, une dépendance de la ferme Baker, cette retraite qu'un poète a chantée depuis, dans des vers commençant par :

« Ton entrée est un agréable pré,
Que de moussus arbres fruitiers
Partagent avec un beau ruisseau,
Fréquenté du rat musqué qui y glisse
Et de la truite vif-argent
Qui y file[1]. »

Avant d'aller à Walden, j'envisageai de m'installer là. Je chipais les pommes, sautais le ruisseau, effrayais les rats musqués[2] et les truites. C'était l'un de ces après-midi qui vous semblent sans fin, où beaucoup de choses pouvaient arriver, une grande partie de votre vie ordinaire, même s'il était déjà à moitié fini quand je partis. En chemin, je rencontrai la pluie, qui m'obligea à rester une demi-heure debout sous un pin, amoncelant des branches au-dessus de ma tête et protégé sous mon mouchoir ; quand enfin j'eus effectué un lancer par-dessus les pontédéries à feuilles en cœur, debout dans l'eau jusqu'à la taille, je me trouvai soudain dans l'ombre d'un nuage, et le tonnerre se mit à gronder avec une telle emphase que je ne pus faire autrement que l'écouter. Les dieux doivent se sentir bien fiers, pensai-je, de déployer tous ces éclairs fourchus pour mettre en déroute un pauvre pêcheur désarmé. J'allai donc m'abriter en toute hâte dans la cabane la plus proche, à un demi-mile de tout chemin, mais beaucoup plus proche du lac, et qui était restée longtemps inhabitée :

« Ici un poète bâtit,
Au cours des années passées,
Et voici une humble cabane
Qui s'achemine vers la destruction. »

Ainsi, la Muse fabule. Mais là, à l'intérieur, je le découvris, vivait maintenant John Field, un Irlandais, avec son épouse et plusieurs enfants, depuis le garçon au large visage qui aidait son père à travailler et qui arrivait maintenant de la tourbière en courant avec lui pour échapper à la pluie, jusqu'au nouveau-né tout ridé, sibyllin et à tête conique, qui trôna bientôt sur le genou de son père comme dans les palais des nobles seigneurs et qui, dans son logis familier de l'humidité et de la faim lança des regards inquisiteurs à cet inconnu, avec le privilège de son âge précoce, ne sachant point qu'il était le dernier produit d'une noble lignée, l'espoir et le point de mire du monde, et non le rejeton affamé de John Field. Nous sommes donc restés assis sous cette partie du toit qui fuyait le moins, tandis qu'au dehors il tombait des cordes et tonnait tant et plus. Jadis, j'étais maintes fois resté là, avant que ne fut construit le bateau qui emmena cette famille en Amérique. John Field était de toute évidence un homme honnête, travailleur, mais fainéant ; et son épouse aussi était courageuse de préparer tant et tant de dîners dans les recoins de cette grande cuisinière ; avec son visage rond et luisant de graisse, sa gorge nue, elle croyait dur comme fer que sa situation s'améliorerait un jour ; elle tenait en permanence une serpillière à la main, mais dont les effets n'étaient nulle part visibles. Les poulets, qui s'étaient eux aussi réfugiés ici pour échapper à la pluie, arpentaient la pièce comme des membres à part entière de la famille, trop humanisés selon moi pour bien rôtir. Ils se figeaient pour me regarder dans le blanc des yeux, ou bien picoraient ma chaussure avec insistance. Pendant ce temps-là, mon hôte me racontait son histoire, me disant qu'il travaillait dur à tirer de la tourbe pour un fermier voisin, retournant une prairie à la pelle ou avec une bêche à tourbe, en échange de dix dollars l'arpent et du libre emploi de cette terre, avec engrais, pendant un an, et son petit garçon au large visage travaillait gaiement aux côtés de son père, sans se douter de la mauvaise affaire réalisée par son géniteur. J'essayai de l'aider de mon expérience, lui disant qu'il était l'un de mes plus proches voisins, et que moi aussi, qui venais pêcher ici et passais pour un flemmard, je gagnais ma vie comme lui ; que j'habitais une petite maison claire et propre, qui m'avait coûté à peine plus que le loyer annuel de la ruine qui les abritait, lui et sa famille ; et que, s'il le voulait, en un mois ou deux il pouvait se construire un palais tout à lui ; que je ne consommais ni thé, ni café, ni beurre, ni lait, ni viande fraîche, si bien que je n'étais pas contraint de travailler pour en acheter ; et puis, comme je ne travaillais pas très dur, je ne devais pas manger beaucoup, et je dépensais très peu pour me nourrir ; mais lui qui commençait par le thé, le café, le beurre, le lait et la viande de bœuf, il devait travailler dur pour les payer, et puisqu'il avait travaillé dur, il devait encore manger beaucoup pour renouveler ses forces – ainsi, c'était du pareil au même, ou plutôt pas tout à fait au même, car il était mécontent et il gâchait sa vie par-dessus le marché ; et pourtant, il avait considéré sa venue en Amérique comme un bien, car ici on pouvait tous les jours trouver du thé, du café et de la viande. Mais la seule vraie Amérique est ce pays où vous avez la liberté de choisir le mode de vie qui vous permet de vous passer de toutes ces choses, et où l'État n'essaie pas de vous obliger à soutenir l'esclavage, la guerre et d'autres dépenses superflues qui directement ou indirectement résultent de l'emploi de ces choses. Car je lui parlai à dessein comme s'il était un philosophe, ou désirait le devenir. Je serais heureux de voir tous les prés de la terre laissés à l'état sauvage, si telle était la conséquence des tentatives que faisait l'homme pour son salut. On n'a pas besoin d'étudier l'histoire afin de découvrir ce qui convient le mieux pour sa propre culture. Mais hélas, cultiver un Irlandais est une entreprise qu'il faut commencer avec une sorte de louchet à tourbière morale. Je lui dis que, puisqu'il travaillait si dur à extraire la tourbe, il avait besoin de grosses bottes et de vêtements à toute épreuve, qui néanmoins se salissaient et s'usaient vite, mais moi je portais des chaussures légères et de minces vêtements, qui ne coûtaient même pas moitié moins cher, bien qu'il pût penser que j'étais vêtu comme un gentleman (ce qui n'était pourtant pas le cas), et en une heure ou deux, sans me fatiguer mais en me récréant, je pouvais, si je le désirais, attraper assez de poissons pour me nourrir pendant deux jours, ou gagner assez d'argent pour subvenir à mes besoins durant une semaine. Si sa famille et lui acceptaient de vivre simplement, ils pourraient tous s'amuser en allant cueillir les myrtilles en été. John poussa alors un soupir tandis que sa femme, les poings sur les hanches, me fixait du regard, et tous deux semblaient se demander s'ils avaient assez de capital pour se lancer dans l'aventure, ou assez de connaissances en arithmétique afin de la mener à bien. Pour eux, cela revenait à naviguer à l'aveuglette et ils ne voyaient pas très clairement comment ils rejoindraient ainsi leur port de destination ; je suppose donc qu'ils continuent d'affronter la vie avec courage, à leur manière, face à face, en se battant bec et ongles, sans avoir le talent de fendre ses colonnes massives en y enfonçant habilement un coin, pour la mettre en pièces et en déroute –, ne songeant qu'à la traiter sans délicatesse, comme on manipule un chardon. Mais ce combat est par trop inégal, car John Field vit, hélas, sans l'arithmétique, et il est condamné d'avance.

« Vous arrive-t-il de pêcher ? » demandai-je. « Oh oui, une friture de temps en temps, quand je ne travaille pas ; c'est des bonnes perches que j'attrape. » « Et votre appât ? » « Je prends des vairons avec des vers, et j'appâte les perches avec. » « Tu ferais mieux d'y aller maintenant, John », dit sa femme avec une expression radieuse et pleine d'espoir ; mais John tergiversa.

L'averse était terminée et au-dessus des bois situés à l'est un arc-en-ciel promettait une belle soirée ; je pris donc congé. Une fois sorti de la cabane, je demandai à boire de l'eau, en espérant découvrir le fond du puits et achever ainsi mon exploration des lieux ; mais hélas, il y avait là des hauts-fonds et des sables mouvants, ainsi qu'une corde brisée et un seau impossible à récupérer. Entre-temps, on choisissait le récipient adéquat, on distillait apparemment l'eau, et après maintes consultations et un long retard, elle fut transmise à l'assoiffé, – sans pourtant qu'on l'ait laissée refroidir ni reposer. Voilà le brouet qui maintient ici en vie, pensai-je ; ainsi, fermant les yeux et chassant les saletés grâce à un courant habilement dirigé, je bus à leur authentique hospitalité une goulée aussi enthousiaste que possible. Quand il faut faire preuve de politesse, je ne fais jamais le dégoûté.

Comme je quittais le toit de l'Irlandais après la pluie pour diriger de nouveau mes pas vers le lac, ma hâte à attraper des brochetons tout en pataugeant dans des prés isolés, des bourbiers et des trous de tourbières, dans des lieux sinistres et sauvages, me parut, l'espace d'un instant, triviale, à moi qui avais fréquenté l'école et l'université[3]; mais alors que je dévalais la colline en courant vers l'ouest rougeoyant, l'arc-en-ciel s'élevant derrière mon épaule et quelques faibles tintements venus de je ne sais où traversant l'air désormais pur jusqu'à mon oreille, mon Bon Génie sembla me dire, Va pêcher et chasser loin et encore plus loin, jour après jour, et bien plus loin encore, puis repose-toi sans crainte près de maintes rivières et cheminées. Souviens-toi de ton Créateur aux jours de ton adolescence[4]. Lève-toi avant l'aube, affranchi de tout souci, et pars à l'aventure. Que le midi te trouve près d'autres lacs, et que partout la nuit te trouve chez toi. Il n'existe pas de champ plus vaste que ceux-ci, nul jeu qui mérite davantage qu'on y joue. Laisse les coudées franches à la sauvagerie de ta nature, comme ces laîches et ces fougères, qui ne deviendront jamais du foin anglais. Que le tonnerre gronde; qu'importe s'il menace de détruire les récoltes du fermier? Ce n'est pas ce qu'il veut te dire. Abrite-toi sous le nuage, pendant que tout le monde s'enfuit vers les charrettes et les cabanes. Que ton métier ne consiste pas à gagner ta vie, mais à te distraire. Jouis de la terre, ne la possède pas. Par manque d'esprit d'entreprise et de foi, les hommes sont là où ils en sont, ils achètent et ils vendent, ils passent leur vie comme des serfs.

Ô, ferme Baker!

« Paysage où la vraie richesse
Est un petit rayon de soleil innocent...

Personne ne court s'amuser
Dans ton pré enclos...

Tu ne débats avec personne,
Tu n'es troublé d'aucune question,
Aussi docile à première vue que maintenant,
Dans ta tenue de gabardine brune...

Venez, vous qui aimez
Et vous qui haïssez,

Enfants de la Sainte Colombe
Et Guy Fawkes de l'État,
Et pendez les conspirateurs
Aux chevrons massifs des arbres ! »

Le soir, les hommes rentrent sagement chez eux en quittant le champ voisin ou la rue d'à côté, que hantent leurs échos domestiques, et leur vie se traîne, car elle respire seulement son propre souffle, encore et encore ; le matin comme le soir, leurs ombres s'allongent davantage que leurs pas quotidiens. Nous devrions chaque jour rentrer de lointaines contrées, après des aventures, des périls et des découvertes, riches d'expériences inédites et d'une âme nouvelle.

Je n'avais pas atteint le lac que, poussé par une inspiration soudaine, John Field changea d'avis et renonça à extraire la tourbe jusqu'au coucher du soleil. Mais lui, le pauvre, ne dérangea qu'une paire de nageoires alors que j'en attrapais une belle brochette, et il déclara qu'il n'avait vraiment pas de chance ; mais dès que nous changeâmes de banc dans le bateau, la chance aussi changea de place. Pauvre John Field ! – je suppose qu'il ne lira pas ces lignes, à moins qu'il ne doive en tirer profit –, qui dans ce pays neuf et primitif croit pouvoir adopter un mode de vie issu de l'ancien monde – essayer de prendre des perches avec des vairons ! C'est parfois un bon appât, je le concède volontiers. Avec son horizon bien à lui, et pourtant un pauvre, né pour être pauvre, avec sa pauvreté et sa pauvre vie, atavismes irlandais, sa grand-mère née d'Adam[5] et ses manières de tourbière, ni lui ni sa postérité ne s'élèveront en ce monde avant que leurs pieds palmés foulant la tourbe et y pataugeant n'aient à leurs talons des talonnières.

Des lois plus élevées [1]

Alors que je rentrais chez moi à travers bois avec ma brochette de poissons, en traînant ma canne à pêche, il faisait maintenant tout à fait nuit et j'entrevis une marmotte qui traversait furtivement mon chemin ; je ressentis alors un étrange frisson de délice sauvage et je fus fortement tenté de m'en emparer pour la dévorer toute crue ; non que j'aie eu faim à ce moment-là, sinon pour cette vie sauvage qu'elle incarnait. Une ou deux fois, néanmoins, pendant que j'habitais au bord du lac, je me surpris à arpenter les bois comme un chien à demi affamé, en proie à un étrange abandon, cherchant quelque gibier que j'aurais pu dévorer, et dont aucun morceau ne m'aurait semblé trop sauvage. Les endroits les plus perdus m'étaient devenus étonnamment familiers. Comme la plupart des hommes, je découvris en moi, et je découvre toujours en moi, une aspiration à une vie plus élevée ou, comme on dit, à une vie spirituelle, et une autre qui me poussait vers une vie primitive et sauvage, et je les respecte toutes les deux. Je n'aime pas moins la vie sauvage que le bien. La liberté et l'aventure inhérentes à la pêche me la recommandaient d'autant plus. J'aime parfois m'emparer de la vie dans toute sa luxuriance et passer ma journée comme font les animaux. Peut-être dois-je à cette occupation et à la chasse, dès ma prime jeunesse, ma connaissance très intime de la Nature. Très tôt, elles nous font découvrir et nous retiennent dans des lieux sauvages que sinon, à cet âge, nous ignorerions presque entièrement. Les pêcheurs, chasseurs, bûcherons et autres personnes passant leur vie dans les champs et les bois, et qui en un sens font eux-mêmes partie de la Nature, sont souvent d'humeur plus favorable pour l'observer dans les intervalles ménagés par leurs occupations, que les philosophes ou même les poètes, qui l'abordent en attendant beaucoup d'elle. Elle n'a pas peur de se montrer à eux. Le voyageur dans la prairie est naturellement chasseur, puis trappeur aux sources du Missouri et de la Columbia, enfin pêcheur aux chutes de la St. Mary. Qui est seulement voyageur apprend les choses de seconde main et par moitiés, et n'est qu'une piètre autorité. Nous nous intéressons surtout à ce que la science nous enseigne du savoir pratique ou instinctif de ces hommes, car cela seul est la vraie *humanité*, ou le récit véridique de l'expérience humaine.

On a tort de dire que le Yankee s'amuse peu, sous prétexte qu'il n'a pas autant de jours de congé officiels et que les hommes et les garçons ne jouent pas à autant de jeux qu'en Angleterre, car ici les passe-temps plus primitifs mais solitaires que sont la chasse ou la pêche parmi d'autres n'ont toujours pas été remplacés par les premiers. Presque tous les garçons de Nouvelle-Angleterre dont je suis le contemporain ont épaulé une carabine entre dix et quatorze ans ; et leurs terrains de chasse et de pêche, loin d'être limités comme les réserves d'un noble anglais, étaient encore plus vastes que ceux d'un sauvage. Rien d'étonnant, dans ces conditions, à ce qu'ils ne soient pas plus souvent restés à jouer dans le pré communal[2] ! Mais ces pratiques changent déjà, non pas à cause d'une compassion soudaine, mais de la rareté accrue du gibier, car le chasseur est sans doute le meilleur ami des animaux chassés, la Société Protectrice des Animaux incluse.

Par ailleurs, lorsque je vivais près du lac et que je souhaitais diversifier mon menu, j'y ajoutais parfois du poisson. Si j'ai pêché, c'est poussé par la même nécessité que les premiers pêcheurs. Tous les arguments dictés par un sentiment d'humanité que je pouvais trouver contre cette pratique étaient factices, et émanaient davantage de ma philosophie que de mes sentiments. Je ne parle que de la pêche, car j'avais depuis longtemps une conviction différente pour la chasse au gibier à plumes, et je vendis mon fusil avant d'aller m'installer dans les bois. Non que je sois moins accessible à la pitié que d'autres, mais je n'ai pas remarqué que j'étais particulièrement ému. En fait, je n'éprouvais aucune pitié pour les poissons ni les vers. À cause de l'habitude. Quant à la chasse au gibier à plumes, les dernières années où je me promenais avec un fusil, mon excuse était l'étude de l'ornithologie et le fait que je recherchais seulement les oiseaux nouveaux ou rares. Mais j'avoue qu'aujourd'hui je pense volontiers qu'il existe une meilleure manière d'étudier l'ornithologie que celle-là. Elle requiert une attention bien plus grande aux habitudes des oiseaux, et, ne serait-ce que pour cette raison, j'ai décidé de me passer de mon fusil. Néanmoins, malgré l'objection liée aux sentiments d'humanité, je suis contraint de me demander si un sport aussi profitable peut remplacer celui-là ; et quand certains de mes amis m'ont interrogé avec inquiétude à propos de leurs fils pour savoir s'ils devaient les laisser chasser, je leur ai répondu que oui, en me souvenant qu'il s'agissait là d'un des meilleurs moments de toute mon éducation, – *faites* d'eux des chasseurs, mais d'abord de simples amateurs, et enfin, si c'est possible, de grands chasseurs, si bien qu'ils ne trouveront bientôt pas de gibier assez gros pour eux dans cette forêt ni dans aucune autre – des chasseurs autant que des pêcheurs d'hommes [3]. Jusque-là, je suis de l'avis de la nonne de Chaucer qui

« n'échangerait pas une poule plumée contre le texte
Disant que les chasseurs ne sont pas de saints hommes ».

Il existe une période dans l'histoire de l'individu comme dans celle de la race, où les chasseurs sont « les meilleurs des hommes », ainsi que les appelaient les Algonquins. Nous ne pouvons qu'avoir pitié du garçon qui n'a jamais tiré avec un fusil ; il n'en est pas plus humain, et son éducation a été tristement négligée. Voilà ma réponse au sujet de ces jeunes qui envisageaient de pratiquer ce sport en croyant qu'ils s'en désintéresseraient bientôt. Car une fois passé l'âge irréfléchi de l'enfance, aucun être doté d'un tant soit peu d'humanité ne voudra tuer gratuitement une créature qui a reçu la vie de la même entité que lui. Au moment de mourir, le lièvre crie comme un enfant. Je vous préviens, ô mères, que mes sympathies ne font pas toujours les distinctions phil-*anthropiques* d'usage.

C'est très souvent ainsi que le jeune homme apprend à connaître la forêt, et la partie la plus originale de soi. Il y va d'abord en chasseur ou en pêcheur, et enfin, s'il porte en lui les germes d'une vie meilleure, il discerne les objets qui le concernent, sans doute en tant que poète ou naturaliste, et il laisse derrière lui le fusil et la canne à pêche. De ce point de vue, la plupart des hommes demeurent encore et toujours jeunes. Dans certains pays, un pasteur qui chasse est un spectacle fort banal. Un tel homme fera sans doute un bon chien de berger, mais il est loin d'être le Bon Berger. J'ai remarqué avec surprise que la seule activité évidente, en dehors de la coupe du bois, de la taille de la glace ou autres occupations similaires, qui à ma connaissance a jamais retenu au lac Walden durant toute une demi-journée un seul de mes concitoyens, qu'ils soient les pères ou les enfants de ce village, et à une exception près, était la pêche. D'habitude, ils ne se trouvaient pas chanceux, ni bien payés de leur temps, à moins qu'ils n'aient pris une belle brochette de poissons, et même si du début à la fin ils avaient l'occasion de voir le lac. Ils y allaient peut-être mille fois avant que le sédiment de la pêche ne décante et révèle la pureté de leur dessein ; mais nul doute qu'un tel processus de clarification ne s'interrompait jamais durant leur séjour. Le gouverneur et ses conseillers se souvenaient vaguement du lac, car enfants ils étaient venus y pêcher, mais ils sont désormais trop âgés et trop dignes pour aller pêcher, et ils ne le connaîtront plus jamais. Pourtant, même eux s'attendent à aller au ciel. Si les législateurs s'y intéressent, c'est surtout pour déterminer le nombre d'hameçons que l'on peut y utiliser ; mais ils ignorent tout de l'hameçon des hameçons avec lequel on attrape le lac lui-même, en y empalant le corps législatif en guise d'appât. Ainsi, même dans les communautés civilisées, l'homme embryonnaire passe par l'étape du chasseur dans son développement.

Ces dernières années, j'ai constaté à maintes reprises que je ne puis pêcher sans perdre un peu de ma propre estime. J'ai essayé, encore et encore. Je suis doué pour pratiquer cette activité et, comme bon nombre de mes semblables, j'y fais preuve d'un instinct sûr, qui se réveille de temps à autre, mais après avoir fini j'ai toujours l'impression que j'aurais mieux fait de ne pas pêcher. Je ne crois pas me tromper. C'est une faible annonce, tout comme les premières lueurs de l'aube. Il y a indubitablement en moi cet instinct qui appartient aux ordres les plus bas de la création ; et pourtant, chaque année je suis moins pêcheur, mais certainement pas plus humain ni plus sage ; en ce moment, je ne suis pas pêcheur du tout. Je sais néanmoins que, si je devais vivre en un lieu sauvage, je serais tenté de redevenir pêcheur et chasseur pour de bon. Et puis, il y a quelque chose de foncièrement sale dans ce régime alimentaire et dans toute chair, et je comprends peu à peu le début du travail domestique ainsi que l'origine de ces efforts si coûteux qu'on fait pour arborer tous les jours une apparence propre et respectable, pour tenir la maison à l'abri de toutes les mauvaises odeurs et des visions déplaisantes. Après avoir été mes propres boucher, marmiton et cuisinier autant que le gentleman à qui les plats étaient servis, je peux faire part d'une expérience exceptionnellement complète. Dans mon cas, l'objection essentielle aux aliments d'origine animale était leur malpropreté ; de plus, quand j'avais attrapé, vidé, nettoyé, cuit et mangé mon poisson, je n'avais pas la sensation qu'il m'avait réellement nourri. Insignifiant et superflu, il me coûtait davantage qu'il ne valait. Un peu de pain ou quelques pommes de terre auraient aussi bien fait l'affaire, au prix de moins de souci et de saleté. Comme bon nombre de mes contemporains[4], pendant des années j'avais rarement utilisé des aliments d'origine animale, du thé ou du café, etc. ; pas tant à cause d'éventuels effets néfastes que j'aurais identifiés chez eux, que parce qu'ils déplaisaient à mon imagination. La répugnance qu'on éprouve envers les aliments d'origine animale ne résulte pas de l'expérience, mais de l'instinct. Il paraissait plus admirable de vivre de peu et à la dure sous maints rapports et, bien que n'ayant jamais pratiqué ce mode de vie, j'allais assez loin pour satisfaire mon imagination. Je crois que quiconque sincèrement essaie de conserver intactes ses facultés les plus élevées ou sa fibre poétique, est particulièrement enclin à s'abstenir de tout aliment d'origine animale et de toute abondance de nourriture, quelle qu'elle soit. C'est là un fait remarquable et relevé par les entomologistes, que je trouve chez Kirby et Spence : « certains insectes dans leur état parfait, bien que dotés d'organes liés à l'alimentation, ne s'en servent nullement » ; et ils affirment qu'« en règle générale, presque tous les insectes dans cet état mangent beaucoup moins qu'à celui de larve. La chenille vorace, dès qu'elle se transforme en papillon... », « et l'asticot glouton quand il devient mouche », se contentent d'une goutte ou deux de miel ou de quelque autre liquide sucré. L'abdomen situé sous les ailes du papillon représente encore la larve. C'est le morceau de choix qui tente son destin insectivore. Le gros mangeur est un homme à l'état larvaire ; et il existe des nations entières dans cet état, des nations dépourvues de fantaisie ou d'imagination, et dont le vaste abdomen les trahit.

Il est difficile de se procurer et de cuisiner des aliments si simples et propres qu'ils n'offensent pas l'imagination ; à mon avis, il faut la nourrir quand nous nourrissons le corps ; tous deux doivent s'asseoir à la même table. Mais c'est peut-être chose possible. Les fruits, consommés avec modération, ne doivent pas nous rendre honteux de notre appétit ni interrompre nos aspirations les plus élevées. Pourtant, ajoutez un condiment supplémentaire à votre plat, et il vous empoisonnera. Il ne vaut pas la peine d'avoir une cuisine trop riche. La plupart des hommes auraient honte d'être surpris en train de préparer eux-mêmes un tel dîner, qu'il soit composé d'aliments animaux ou végétaux, comme le repas que d'autres leur préparent quotidiennement. Pourtant, nous ne sommes pas civilisés tant qu'il n'en va pas autrement, et quand bien même nous serions des messieurs et des dames, nous ne sommes ni de vrais hommes ni de vraies femmes. Voilà qui suggère sans doute le changement à faire. Il est peut-être vain de demander pourquoi l'imagination refuse de se réconcilier avec la viande et la graisse. Je constate avec satisfaction qu'elle ne le veut point. Cela ne revient-il pas à reprocher à l'homme d'être un animal carnivore ? Certes, il peut subsister et subsiste en effet dans une large mesure en tuant d'autres animaux ; mais c'est une façon de vivre bien pitoyable, – comme l'apprend sans doute celui qui attrape les lapins au collet ou qui égorge les agneaux –, et celui qui apprendra aux hommes à se limiter à un régime plus innocent et plus sain passera pour un bienfaiteur de l'humanité. Indépendamment de mes propres habitudes en la matière, je ne doute pas qu'une partie du destin de la race humaine, dans son amélioration progressive, consiste à cesser de manger des animaux, tout aussi sûrement que les tribus sauvages renoncèrent à s'entre-dévorer lorsqu'elles entrèrent en contact avec des civilisations plus évoluées.

Si l'on prête l'oreille aux suggestions très ténues mais constantes de son génie[5], qui sont certainement vraies, on ne sait à quelles extrémités, sinon à quelle folie, il peut nous conduire ; et pourtant, à mesure qu'on devient plus résolu et plus fidèle à soi-même, c'est là qu'est la route à suivre. L'objection têtue, aussi faible soit-elle, dont un homme sain est pénétré, finira par l'emporter sur les arguments et les coutumes de l'humanité. Personne n'a jamais suivi son génie pour se retrouver fourvoyé. Bien que la faiblesse physique en résulte parfois, personne ne peut sans doute dire qu'il faut regretter les conséquences, car c'était là une vie vécue en conformité avec des principes plus élevés. Si le jour et la nuit sont tels que vous les accueillez dans la joie, et si la vie embaume comme les fleurs et les herbes odorantes, si elle est plus souple, plus étoilée, plus immortelle, – alors vous tenez votre succès. La nature tout entière vous félicite, et à cet instant vous avez bien raison de vous réjouir. Les valeurs et les bénéfices les plus grands sont ceux qu'on apprécie le plus difficilement. Nous doutons aisément de leur existence. Peut-être que les faits les plus étonnants et les plus réels ne sont jamais communiqués à l'homme par son semblable. En un sens, la vraie moisson de ma vie quotidienne est aussi intangible et indescriptible que les teintes du matin ou du soir. C'est un peu de poussière d'étoile saisi au vol, un fragment d'arc-en-ciel que j'ai attrapé à la main.

Mais en ce qui me concerne, je n'ai jamais fait le délicat ; je pourrais à l'occasion manger avec grand plaisir un rat grillé, si c'était nécessaire. Je suis content d'avoir si longtemps bu de l'eau, pour la même raison que je préfère le ciel naturel au paradis du mangeur d'opium. Je suis prêt à rester toujours sobre, et il y a des degrés infinis dans l'ivresse. Je crois que l'eau est la seule boisson destinée au sage ; le vin n'est pas un breuvage aussi noble ; et songez combien une tasse de café chaud anéantit les espoirs matinaux, ou un bol de thé ceux du soir! Ah, que je tombe bas dès que je suis tenté par l'une ou l'autre! Même la musique peut engendrer l'ivresse. Ce sont ces causes, dérisoires en apparence, qui anéantirent la Grèce et Rome, et qui vont anéantir l'Angleterre et l'Amérique. Parmi toutes les ébriétés, qui ne préférerait celle que lui procure l'air qu'il respire? J'ai découvert que mon objection la plus grave aux travaux grossiers et prolongés, c'était qu'ils me poussaient à manger et à boire tout aussi grossièrement. Mais à dire vrai, je constate que je suis aujourd'hui un peu moins difficile à cet égard. Je sers moins de religion au repas, je ne demande aucune bénédiction; non que je sois plus sage qu'autrefois, mais, il me faut l'avouer, parce que, tout regrettable que ce soit, au fil des ans je suis devenu plus commun et indifférent. Peut-être ces questions n'intéressent-elles que la jeunesse, comme on le croit volontiers de la poésie. Ma pratique est « nulle part », mon opinion ici. Malgré tout, je suis loin de me considérer comme un de ces êtres privilégiés dont parle le Ved en disant que « celui qui a une foi sincère dans l'Être Suprême Omniprésent peut manger tout ce qui existe », c'est-à-dire qu'il n'est pas tenu de s'enquérir de la nature de sa nourriture ni de l'identité de celui qui l'a préparée; et même dans leur cas, on soulignera que, ainsi qu'un commentateur hindou l'a remarqué, le Vedant limite ce privilège aux « périodes de détresse ».

Qui, en savourant des mets, n'a jamais trouvé une satisfaction indicible où l'appétit n'entrait pour rien? J'ai pensé avec grand plaisir que le sens habituellement fruste du goût m'avait procuré une perception intellectuelle, que mon inspiration me venait du palais, que certaines baies que j'avais mangées sur le versant d'une colline avaient nourri mon génie. « L'âme n'étant pas maîtresse d'elle-même, dit Thseng-tseu, on regarde et on ne voit pas; on écoute et on n'entend pas; on mange et on ne connaît pas la saveur des aliments. » Celui qui distingue la vraie saveur de ses aliments ne saurait être un glouton; celui qui ne le peut ne saurait être autre chose. Un puritain peut bien aborder sa croûte de pain bis avec un appétit aussi vorace qu'un échevin sa soupe de tortue. Ce n'est pas la nourriture qui pénètre dans la bouche d'un homme qui le souille⁶, mais l'appétit avec lequel elle est mangée. Ce n'est ni la qualité ni la quantité, mais l'attachement aux saveurs sensuelles, quand ce qui est mangé n'est pas un aliment destiné à soutenir nos forces ou à inspirer notre vie spirituelle, mais seulement une nourriture pour les vers qui nous possèdent. Si le chasseur manifeste un goût particulier pour les tortues de vase, les rats musqués et autres gourmandises sauvages, la belle dame a plutôt un faible pour les gelées faites avec un pied de veau ou pour les sardines importées d'outre-mer, et ils se retrouvent à égalité. Quand lui va les chercher à la retenue du moulin, elle retrouve sa conserve en pot. Mais le plus surprenant, c'est que ces deux-là, ainsi que vous et moi, peuvent mener cette répugnante vie bestiale, tout occupés qu'ils sont à manger et à boire.

Notre vie tout entière est étonnamment morale. Il n'y a jamais la moindre trêve d'un instant entre le vice et la vertu. Le bien est le seul investissement toujours sûr. Dans la musique de la harpe qui résonne autour du monde, c'est ce thème insistant qui nous ravit. Cette harpe est le bonimenteur de la Compagnie d'Assurances de l'Univers, qui nous recommande ses lois, et le peu de bien qui se trouve en nous est toute la prime que nous payons. Même si la jeunesse finit par devenir indifférente, les lois de l'univers ne sont pas indifférentes, mais toujours du côté des êtres les plus sensibles. Écoutez chaque zéphyr en essayant d'y déceler quelque reproche, car ce reproche y est sûrement, et celui qui ne l'entend pas est bien malheureux. Nous ne pouvons toucher une corde ni déplacer un registre sans nous trouver paralysés par cette morale enchanteresse. Bien des bruits déplaisants, à condition de s'en éloigner assez, deviennent musique pour votre oreille, une satire altière et douce de la bassesse de nos vies.

Nous avons conscience d'un animal en nous, qui s'éveille à mesure que notre nature élevée s'assoupit. Il est rampant et sensuel, et peut-être ne pouvons-nous pas l'expulser entièrement; comme les vers qui, même durant notre vie et quand nous sommes en bonne santé, occupent notre corps. Nous pouvons sans doute nous en éloigner, mais jamais modifier sa nature. Je crains qu'il ne jouisse d'une certaine santé qui lui est propre ; que nous puissions aller bien, sans jamais être purs. L'autre jour, j'ai ramassé la mâchoire inférieure d'un sanglier, dotée de dents et de défenses blanches et saines, suggérant l'existence d'une santé et d'une vigueur animales distinctes de la vie spirituelle. Cette créature prospérait par d'autres moyens que la tempérance et la pureté. « La différence entre les hommes et les bêtes brutes, dit Mencius, est une chose infime ; le troupeau des hommes ordinaires la perd très vite ; les hommes supérieurs la gardent avec soin. » Qui sait quel genre de vie serait la nôtre si nous avions atteint la pureté ? Si je connaissais un homme si sage qu'il pourrait m'enseigner la pureté, j'irais le trouver sur-le-champ. « L'empire sur nos passions et sur les sens extérieurs de notre corps, ainsi que les bonnes actions, sont, assure le Ved, indispensables à l'approche de Dieu par l'esprit. » Néanmoins, l'esprit peut, pour un temps, pénétrer et contrôler tous les membres et toutes les fonctions du corps, et transmuer en pureté et en piété ce qui est en apparence la plus basse sensualité. L'énergie génératrice qui, lorsque nous nous abandonnons, nous dissipe et nous souille, lorsque nous sommes continents, nous donne vigueur et inspiration. La chasteté est l'épanouissement de l'homme[7] ; et ce qu'on appelle Génie, Héroïsme, Sainteté et autres, ne sont que les divers fruits qu'elle génère. Dès que le canal de la pureté est ouvert, l'homme s'écoule aussitôt vers Dieu. Tour à tour, notre pureté nous inspire et notre impureté nous abat. Béni soit celui qui est certain que l'animal meurt en lui jour après jour, pour laisser place au divin. Personne ne devrait sans doute avoir honte de cette nature basse et bestiale à laquelle il est lié. Je crains que nous ne soyons seulement des dieux ou des demi-dieux comme le sont les faunes et les satyres, le divin mêlé à la bête, des créatures aux vils appétits, et que dans une certaine mesure notre vie même soit notre disgrâce.

« Qu'il est heureux celui qui a assigné leur place
À ses bêtes et a déboisé son esprit ! »

* * *

Il se sert de son cheval, sa chèvre, son loup et ses autres
animaux,
Sans être, lui, l'âne de tout le reste !
Sinon, l'homme est non seulement un troupeau de porcs,
Mais aussi ces démons qui déchaînent en eux
Une fureur terrible et les rendent pires encore[8]. »

Toute sensualité est une, bien qu'elle prenne maintes formes ; toute
pureté est une. Il est indifférent qu'on mange, boive, vive en couple
ou se livre à la lascivité. Ce n'est là qu'un seul et même vil appétit,
et il suffit de voir quelqu'un accomplir l'une de ces choses pour
comprendre que c'est un être entièrement sensuel. L'impur ne peut
rester ni debout ni assis avec la pureté. Quand le reptile est attaqué
à l'une des entrées de son trou, il ressort par une autre. Si l'on
veut être chaste, il faut être tempéré. Qu'est-ce que la chasteté ?
Comment un homme saura-t-il s'il est chaste ? Il ne le saura point.
Nous avons entendu parler de cette vertu, mais nous ignorons ce
qu'elle est. Nous en parlons à l'aise, en nous fiant à la rumeur
que nous avons entendue. De l'exercice, naissent la sagesse et la
pureté ; de la paresse, l'ignorance et la sensualité. Chez l'étudiant
la sensualité est un ramollissement de l'esprit. Universellement,
une personne vile est une personne paresseuse, qui reste assise
près du poêle, que le soleil éclaire quand elle est couchée, qui se
repose sans être fatiguée. Si l'on veut éviter l'impureté et tous les
péchés afférents, il faut travailler avec ardeur, quand bien même
ce serait pour nettoyer une simple écurie. Il est difficile de dominer
la nature, mais il faut la dominer. À quoi bon être chrétien, si l'on
n'est pas plus pur que les païens, si l'on ne se maîtrise pas mieux
qu'eux, et si l'on n'est pas plus religieux ? Je connais bon nombre
de systèmes religieux taxés de paganisme, dont les préceptes font
honte au lecteur et le poussent à accroître ses efforts, même s'il
s'agit seulement de rites à accomplir.

J'hésite à dire ces choses, non pas à cause du sujet abordé, – je
ne m'inquiète pas de l'éventuelle obscénité de mes *mots* –, mais

parce que je ne peux en parler sans trahir ma propre impureté. Nous détaillons librement et sans la moindre honte telle forme de sensualité, mais restons silencieux sur telle autre. Nous sommes devenus si vils que nous ne pouvons parler simplement des fonctions nécessaires de la nature humaine. Autrefois, dans quelques pays, toutes ces fonctions étaient évoquées avec respect et régulées par la loi. Rien n'était trop trivial pour le législateur hindou, aussi offensant cela puisse-t-il paraître au goût moderne. Il enseigne comment manger, boire, vivre en couple, éliminer les excréments et l'urine, et ainsi de suite, en élevant ainsi ce qui est bas, et il ne se dérobe pas hypocritement en qualifiant toutes ces choses de simples broutilles.

Chaque homme est le bâtisseur d'un temple, appelé son corps, consacré au dieu qu'il adore, portant un style bien à lui, et il ne peut pas davantage s'en tirer en se contentant de marteler du marbre. Nous sommes tous sculpteurs et peintres, et nos matériaux sont notre propre chair, notre sang et nos os. Toute noblesse commence d'emblée par raffiner les traits d'un homme, toute bassesse ou sensualité par en faire ressortir la brute.

Un soir de septembre, après une rude journée de travail, Jean le Fermier était assis devant sa porte, l'esprit encore plus ou moins obnubilé par son labeur. S'étant lavé, il s'assit pour délasser son intellect. C'était une soirée assez fraîche et certains de ses voisins redoutaient une gelée. Il ne s'intéressait pas depuis longtemps au fil de ses pensées quand il entendit quelqu'un jouer de la flûte, et cette musique s'harmonisa à son humeur. Il pensait toujours à son travail ; mais le fardeau de ses cogitations était tel que, même si elles lui occupaient l'esprit sans relâche, il se retrouva à échafauder des plans et des projets contre sa volonté, bien que lui-même ne s'y impliquât que fort peu. Ce n'étaient que peaux mortes à la surface de son corps, et qui se desquamaient constamment. Et les notes de la flûte qui arrivaient à ses oreilles et le touchaient, émanaient d'une sphère différente de celle où il travaillait, suggérant une activité inédite pour certaines facultés jusque-là assoupies en lui. Cette musique éliminait en douceur la rue, le village et l'État où il habitait. Une voix lui disait : « Pourquoi donc restes-tu ici à mener cette vie méprisable de labeur harassant, quand une existence glorieuse t'est accessible ? Ces mêmes étoiles scintillent au-dessus d'autres champs que ceux-ci. » Mais comment sortir de cette situation afin d'émigrer pour de bon là-bas ? Tout ce qu'il put imaginer de faire, ce fut de pratiquer quelque forme nouvelle d'austérité, laisser son esprit descendre au fond de son corps, pour le racheter, et se traiter lui-même avec un respect sans cesse accru.

Voisins animaux

J'avais parfois un compagnon de pêche[1], qui partait de l'autre bout du village et le traversait pour venir jusqu'à chez moi, et le fait de pêcher notre dîner était une occupation aussi sociale que l'activité consistant à le manger.

L'Ermite. Je me demande ce que fait le monde en ce moment. Voilà trois heures que je n'ai même pas entendu la moindre sauterelle dans les fougères. Tous les pigeons dorment sur leur perchoir : pas un bruit d'ailes. Était-ce la trompe d'un fermier qui vient d'annoncer midi de l'autre côté des bois ? Les ouvriers arrivent pour prendre leur déjeuner de bœuf salé bouilli, de cidre et de pain de maïs. Pourquoi donc les hommes se tracassent-ils autant ? Celui qui ne mange pas n'a pas besoin de travailler. Je me demande quelle quantité ils ont moissonnée. Qui voudrait vivre là où l'on ne s'entend plus penser à cause des aboiements de Médor ? Et puis toutes ces tâches ménagères ! Faire briller ces maudits boutons de porte, récurer ces fichues cuvettes par une si belle journée ! Mieux vaudrait ne pas avoir de maison du tout à entretenir. Disons, quelque arbre creux ; parfait pour les visites matinales et les invitations à dîner ! Il n'y aurait que les petits coups de bec du pic-vert. Ô, il y en a tant ! Le soleil est trop chaud là-bas ; ils sont trop avancés dans la vie pour moi. J'ai l'eau de la source et une miche de pain bis sur l'étagère. Écoutez ! J'entends un bruissement de feuilles. Serait-ce quelque chien mal nourri, venu du village pour donner libre cours à son instinct de chasseur ? Ou bien le cochon égaré qui, paraît-il, erre dans ce bois, et dont j'ai vu les traces après la pluie ? Il arrive vite ; mes sumacs et mes églantiers tremblent. – Eh, monsieur le Poète, est-ce vous ? Comment trouvez-vous le monde aujourd'hui ?

Le Poète. Voyez ces nuages ; comme ils sont joliment suspendus ! C'est la plus belle chose que j'aie observée aujourd'hui. Rien d'aussi beau dans la peinture ancienne, rien d'aussi beau dans les pays étrangers, – sauf quand nous naviguions au large des côtes espagnoles. C'est un vrai ciel méditerranéen. Puisqu'il me faut gagner ma vie et que je n'ai rien mangé depuis hier soir, je me suis dit que j'allais pêcher. C'est la vraie tâche du poète. Le seul métier que j'ai appris. Allons, accompagnez-moi.

L'Ermite. Je ne saurais résister. Mon pain bis sera bientôt fini. Je vous accompagnerai sans tarder et avec plaisir, mais je dois d'abord terminer une grave méditation. Je crois qu'elle est presque finie. Laissez-moi donc seul un moment. Mais pour que nous ne prenions aucun retard, mettez-vous à creuser pour trouver des vers en guise d'appâts. Les asticots ne sont pas fréquents par ici, où le sol n'a jamais été engraissé de fumier ; la race en est presque éteinte. Quand l'appétit n'est pas trop aiguisé, l'exercice consistant à chercher les appâts est presque aussi agréable que celui d'attraper des poissons ; et aujourd'hui, il faudra peut-être que vous vous en occupiez tout seul. Je vous conseillerais d'aller bêcher là-bas, parmi les châtaignes de terre, là où vous voyez onduler l'herbe de la Saint-Jean. Je crois pouvoir vous garantir un ver toutes les trois mottes que vous retournerez, à condition de bien regarder entre les racines d'herbe, comme si vous vouliez désherber. Mais si vous préférez aller plus loin, ce serait une bonne idée, car j'ai constaté que la quantité de bon appât était proportionnelle au carré de la distance parcourue.

L'Ermite seul. Voyons ; où en étais-je ? Il me semble que je me trouvais à peu près dans cette disposition d'esprit, et que le monde s'offrait à moi sous cet angle. Irai-je au paradis ou à la pêche ? Si je mettais bientôt un terme à cette méditation, une autre occasion aussi douce pourrait-elle se présenter ? Jamais, de ma vie, je n'ai été aussi près d'être absorbé dans l'essence des choses. Je crains que mes pensées ne me quittent sans le moindre espoir de retour. Si une telle chose pouvait être utile, je les sifflerais volontiers. Quand elles nous font une offre, est-il sage de leur répondre, « Nous allons y réfléchir » ? Mes pensées n'ont laissé aucune trace, et je n'arrive pas à retrouver leur chemin. À quoi réfléchissais-je donc au juste? C'était une journée très brumeuse. Je vais simplement essayer ces trois phrases de Confucius; elles réussiront peut-être à me faire retrouver cet état. J'ignore si c'était un cafard noir ou un début d'extase. *Nota Bene*: l'occasion manquée ne se retrouve jamais.

Le Poète. Alors, l'Ermite, est-ce vraiment trop tôt? J'en ai déterré treize entiers, et plusieurs imparfaits ou de petite taille; mais ils conviendront très bien pour le menu fretin; ils ne recouvrent pas complètement l'hameçon. Ces vers de village sont bien trop gros; un vairon peut en faire son repas sans même s'embrocher.

L'Ermite. Eh bien alors, partons. Irons-nous sur la rivière Concord? On y pêche bien, si l'eau n'est pas trop haute.

*

Pourquoi précisément ces objets que nous contemplons font-ils un monde? Pourquoi l'homme a-t-il justement ces espèces animales pour voisins? Comme si rien d'autre qu'une souris n'aurait pu combler cette fissure? Je soupçonne que Pilpay & Cie [2] ont fait des animaux le meilleur usage possible, car en un sens ce sont toutes des bêtes de somme faites pour porter une part de nos pensées.

Les souris qui hantaient ma maison n'étaient pas de l'espèce commune, que l'on dit avoir été introduite dans notre pays, mais une espèce sauvage et indigène qu'on ne trouvait pas au village. J'en envoyai un spécimen à un naturaliste distingué [3], qui s'y intéressa beaucoup. Alors que je bâtissais, l'une d'elles avait fait son nid sous la maison, et avant que je n'aie commencé à construire le plafond et balayé les copeaux de bois, elle sortait régulièrement de son trou à l'heure du déjeuner pour ramasser les miettes à mes pieds. Sans doute n'avait-elle jamais vu un homme avant moi; mais elle devint bientôt très familière, au point de courir sur mes chaussures et dans mes vêtements. Elle grimpait aisément le long des murs de la pièce par petits bonds, comme un écureuil, dont elle semblait imiter les mouvements. Enfin, un jour où j'avais le coude appuyé contre le banc, elle courut sur mes vêtements, puis le long de ma manche avant de se mettre à tourner encore et encore autour du papier qui contenait mon dîner, tandis que je gardais ce dernier fermé et qu'elle m'évitait et jouait à cache-cache avec lui ; pour finir, quand je tins un morceau de fromage immobile entre le pouce et l'index, elle vint le grignoter, assise sur ma paume, après quoi elle se nettoya le museau et les pattes comme une mouche et s'en alla tranquillement.

Un moucherolle phébi bâtit bientôt son nid dans ma cabane, et un merle d'Amérique vint s'abriter dans un pin qui poussait contre la maison. En juin, la perdrix (*Tetrao umbellus*), un oiseau pourtant craintif, mena sa couvée depuis les bois de derrière jusqu'à la façade de ma maison et près de mes fenêtres, en gloussant et en les appelant telle une poule, et par tout son comportement elle mérita d'être qualifiée de poule des bois. Les petits se dispersent soudain à votre approche, au signal donné par la mère, comme si un tourbillon les avait emportés, et ils ressemblent si exactement à des feuilles mortes et à des brindilles que maints voyageurs ont mis le pied au beau milieu d'une couvée et entendu le bruissement des ailes de la mère qui s'envolait, puis ses appels inquiets et ses cris plaintifs, ou bien l'ont vue traîner ses ailes à terre pour attirer l'attention de l'intrus, sans que ces voyageurs n'aient soupçonné pareil voisinage. La mère se roule et tournoie parfois devant vous, en proie à une telle frénésie que pendant quelques instants vous ne sauriez dire de quelle créature il s'agit. Les petits s'aplatissent à terre et restent immobiles, la tête souvent cachée sous une feuille, seulement attentifs aux directives que la mère leur donne de loin, et à votre approche ils ne se remettent pas à courir ni à trahir leur présence. Vous pouvez même leur marcher dessus ou garder les yeux rivés sur eux durant une bonne minute, sans les découvrir. Je les ai tenus dans ma paume en de telles circonstances, et pourtant leur seul souci était d'obéir à leur mère et à leur instinct, et donc de rester accroupis là sans peur ni tremblement. Cet instinct est si parfait qu'un jour où je les avais reposés sur les feuilles, l'un d'eux tomba par accident sur le flanc et dix minutes plus tard je le retrouvai avec les autres exactement dans la même position. Contrairement aux petits de la plupart des oiseaux, ils ne sont pas dépourvus de plumes, mais mieux développés et plus précoces même que les poulets. L'expression étonnamment adulte et néanmoins innocente de leurs yeux ouverts et sereins est inoubliable. Toute l'intelligence du monde paraît s'y refléter. Ils suggèrent non seulement la pureté de la petite enfance, mais une sagesse purifiée par l'expérience. Un tel œil n'est pas né en même temps que l'oiseau, il est contemporain du ciel qui s'y reflète. Les bois n'abritent pas un autre bijou aussi précieux. Le voyageur ne regarde pas souvent au fond d'un puits aussi limpide. Le chasseur ignorant ou désinvolte abat souvent la mère à cette époque de l'année, et abandonne ces petits innocents à la merci de quelque bête ou oiseau de proie affamé, après quoi ils se mêlent peu à peu aux feuilles pourrissantes auxquelles ils ressemblent tant. Lorsqu'une poule les couve, on dit qu'ils se dispersent aussitôt au moindre danger et ils se perdent ainsi, car ils n'entendent jamais l'appel de la mère, qui seul pourrait les rassembler. C'étaient là mes poules et mes poulets.

Il est remarquable que tant de créatures vivent, libres, sauvages et pourtant en secret, dans les bois, et parviennent encore à se nourrir au voisinage des villages, connues des seuls chasseurs. Avec quelle discrétion la loutre réussit à vivre ici ! Adulte, elle atteint la taille de quatre pieds, celle d'un petit garçon, sans que peut-être aucun être humain ne parvienne à l'apercevoir. Je vis autrefois le raton laveur dans les bois situés derrière l'endroit où ma maison est bâtie, et j'entendis sans doute ses piaulements nocturnes. D'habitude, après avoir planté, je me reposais une heure ou deux à l'ombre, vers midi, je déjeunais et je lisais un peu près d'une source qui alimentait un marais et un ruisseau, suintant par-dessous la colline de Brister, à un demi-mile de mon champ. J'y accédais en descendant une succession de vallons herbeux, pleins de jeunes pitchpins, jusqu'à un bois plus vaste qui jouxtait le marais. Là, en un endroit très retiré et ombragé, sous le branchage abondant d'un pin blanc, il y avait encore un gazon dru et propre où s'asseoir. J'avais creusé cette source pour y aménager un puits d'eau claire et grise, où je pouvais tirer un plein seau sans la troubler, et c'est là qu'en été, lorsque le lac était très chaud, j'allais presque tous les jours dans ce but. C'est là aussi que la bécasse menait sa couvée, afin de sonder la boue à la recherche de vers, voletant à moins d'un pied au-dessus d'eux sur la berge, tandis qu'ils couraient en bande sous ses ailes ; mais dès qu'elle me repérait, elle laissait ses petits pour décrire des cercles sans fin autour de moi, de plus en plus près, jusqu'à m'approcher à moins de quatre ou cinq pieds, faisant semblant d'avoir les ailes et les pattes brisées afin d'attirer mon attention et de sauver ses petits, lesquels s'étaient déjà remis en marche, en pépiant faiblement, à la queue leu leu à travers le marais, ainsi qu'elle le leur ordonnait. Ou alors j'entendais le pépiement des petits sans réussir à voir la mère. Il y avait là aussi des tourterelles posées sur la source, ou qui voletaient de branche en branche parmi les souples pins blancs qui me dominaient ; ou encore l'écureuil roux dégringolait une branche toute proche de moi, particulièrement familier et curieux. Il suffit de rester assis et immobile assez longtemps dans quelque coin plaisant des bois pour que tous ses habitants viennent tour à tour s'exhiber devant vous.

Je fus témoin d'événements d'une nature moins paisible. Un jour où je rejoignais mon tas de bois, ou plutôt mon tas de souches, j'observai deux grosses fourmis, l'une rouge et l'autre beaucoup plus massive, longue de près d'un demi-pouce, et noire, qui se battaient furieusement. Une fois qu'elles s'étaient agrippées, elles ne se lâchaient plus, mais luttaient sans merci et roulaient incessamment parmi les copeaux de bois. Regardant mieux, j'eus la surprise de constater que les copeaux étaient recouverts de tels combats, que ce n'était pas un *duellum* mais un *bellum*, une guerre entre deux races de fourmis, les rouges affrontant toujours les noires, et souvent deux rouges contre une seule noire. Les légions de ces Myrmidons couvraient toutes les collines et les vallées de la cour de mon bûcher, et ce champ de bataille était déjà jonché de morts et de mourants, tant rouges que noirs. Ce fut la seule bataille à laquelle j'aie jamais assisté, et le seul champ de bataille que j'aie jamais foulé alors que les combats y faisaient rage ; une guerre civile ; les républicains rouges dans un camp, les impérialistes noirs dans l'autre. De tous côtés se livrait une lutte à mort, pourtant sans le moindre bruit que je pus déceler, et jamais soldats humains ne combattirent avec une telle vaillance. Dans un vallon ensoleillé parmi les copeaux, j'observai un couple aux corps étroitement imbriqués et comme embrassés, prêt en ce milieu de journée à se battre jusqu'au coucher du soleil, ou jusqu'à ce que mort s'ensuive. La championne rouge, plus menue, s'était rivée comme un étau à la partie antérieure du corps de son adversaire, et malgré tous les roulés-boulés elle ne cessa pas un instant de lui grignoter l'une de ses antennes près de la base, après avoir déjà réglé son compte à l'autre ; alors que la noire, plus forte, balançait la rouge de droite et de gauche, et ainsi que je m'en aperçus en regardant de plus près, lui avait déjà arraché plusieurs de ses membres. Elles combattaient plus opiniâtrement que des bulldogs. Aucune des deux ne manifestait la moindre disposition à la retraite. De toute évidence, leur cri de guerre était « vaincre ou mourir ». Arriva alors une fourmi rouge isolée sur le versant de cette vallée, manifestement très excitée, qui soit s'était débarrassée de son ennemie, soit n'avait pas encore pris part à la bataille ; cette dernière hypothèse était sans doute la bonne, car elle n'avait perdu aucun de ses membres, et sa mère lui avait commandé de revenir avec son bouclier, ou dessus[4]. Ou peut-être s'agissait-il de quelque Achille, qui avait nourri son courroux à part soi, et venait maintenant venger ou sauver son Patrocle. Elle aperçut de loin ce combat inégal, – car les fourmis noires étaient à peu près deux fois plus grosses que les rouges –, puis elle approcha d'un pas rapide et se mit en garde à moins d'un demi-pouce des combattantes ; alors, saisissant sa chance au bond, elle sauta sur la guerrière noire et entama son opération près de la base de la patte avant droite, laissant l'ennemie faire son choix parmi ses propres membres ; voilà donc trois insectes unis pour la vie, comme si l'on venait d'inventer une nouvelle espèce d'attirance qui dépassait de loin toutes les serrures et autres ciments. À ce moment-là, je n'aurais pas dû m'étonner de découvrir que chaque armée avait posté ses propres fanfares sur quelque copeau surplombant, pour jouer l'hymne national de chaque pays, encourager les pleutres et consoler les combattants à l'agonie. J'étais moi-même quelque peu excité, comme s'il s'était agi de vrais guerriers humains. Plus on y réfléchit, plus la différence s'estompe. Et ce n'est pas la bataille figurant dans les annales historiques de Concord[5] ou même celles de l'histoire de l'Amérique, qui pourront supporter un seul instant la comparaison avec celle-ci, que ce soit pour les effectifs engagés, le patriotisme ou l'héroïsme manifesté par les soldats. Pour le nombre et le carnage, c'était Austerlitz ou Dresde. La bataille de Concord! Deux morts dans les rangs des patriotes, et Luther Blanchard blessé! Ici, chaque fourmi était un Buttrick – « Tirez! Pour l'amour de Dieu, tirez! » – et des milliers partagèrent le destin de Davis et d'Hosmer. Il n'y avait pas un seul mercenaire ici. Je ne doute pas qu'elles luttaient pour un principe, tout comme nos ancêtres, et non afin d'éviter une taxe de six pence sur leur thé[6]; et que l'issue de cette bataille sera aussi importante et mémorable pour tous les individus concernés que le résultat de la bataille de Bunker Hill[7], au moins.

Je ramassai le copeau sur lequel luttaient les trois fourmis que je viens de décrire, je le rapportai chez moi et le plaçai sous un grand verre, sur le rebord de ma fenêtre, afin de voir comment allait se terminer ce combat. En regardant au microscope la première fourmi rouge mentionnée, je constatai que, même si elle grignotait assidûment la patte avant la plus proche de la tête de son ennemie après avoir tranché l'antenne restante, son propre thorax était tout déchiré, mettant ses organes vitaux à la portée directe des mâchoires de la guerrière noire, dont le plastron était apparemment trop épais pour que l'assaillante le transperce; et les sombres escarboucles des yeux de la victime brillaient d'une férocité que seule la guerre engendre. Elles luttèrent encore une demi-heure sous le verre et, quand je regardai de nouveau leur mêlée, la guerrière noire avait tranché les têtes de ses ennemies, et ces têtes encore vivantes restaient suspendues, tels d'affreux trophées accrochés à son pommeau de selle, de part et d'autre de la fourmi victorieuse, apparemment toujours aussi fermement fixés, et elle s'efforçait faiblement, étant privée d'antennes, avec seulement un reste de patte et je ne sais combien d'autres blessures, de se débarrasser de ces têtes coupées ; un exploit qu'au bout d'une autre demi-heure elle accomplit. Je soulevai le verre, et l'infirme s'en alla par-dessus le rebord de la fenêtre. Qu'elle ait ou non survécu à ce combat pour passer le restant de ses jours dans quelque *Hôtel des Invalides**, je l'ignore ; mais je me dis que sa force de travail serait désormais réduite à presque rien. Je n'appris jamais quel camp l'avait emporté, ni la cause de cette guerre ; mais tout le reste de la journée, j'eus l'impression d'avoir été excité et bouleversé par ce combat, la férocité et le carnage d'une vraie bataille entre humains, là devant ma porte.

Kirby et Spence nous apprennent que les batailles de fourmis sont célèbres depuis longtemps, et que leurs dates ont été notées, même s'ils affirment que Huber est le seul auteur moderne qui semble en avoir été le témoin. « Aeneas Sylvius, disent-ils, après avoir fourni un compte rendu très détaillé de l'un de ces affrontements d'une obstination rare entre une grande et une petite espèces sur le tronc d'un poirier, ajoute ceci : "Cette bataille eut lieu sous le pontificat d'Eugène IV, en présence de Nicolas Pistoriensis, un éminent homme de loi, qui relata toute l'histoire de cette bataille avec une fidélité exemplaire." » Un affrontement similaire entre grandes et petites fourmis est décrit par Olaus Magnus, lors duquel les petites, étant victorieuses, auraient enterré les corps de leurs propres guerrières, mais abandonné ceux de leurs ennemies les géantes pour que les oiseaux les dévorent. Cet événement eut lieu avant l'expulsion du tyran Christiern le second hors de Suède. » La bataille à laquelle j'ai assisté eut lieu sous la présidence de Polk, cinq ans avant l'adoption de la loi Webster[8] sur les esclaves fugitifs.

Beaucoup de Médor de village, seulement capables de courser une tortue de vase dans un cellier à provisions, allaient gambader pesamment dans les bois, à l'insu de leur maître, pour renifler sans résultat les vieux terriers de renard et les trous de marmottes. Parfois mené par quelque maigre cabot qui filait avec agilité à travers bois et toujours capable d'inspirer une vraie terreur à ses habitants ; – tantôt loin derrière son guide, aboyant comme un taureau canin après quelque petit écureuil grimpé dans un arbre pour mieux voir, tantôt courant, de tout son poids écartant les buissons, en s'imaginant sur la piste d'un spécimen égaré de la famille des gerbilles. Un jour, je découvris avec surprise un chat qui longeait la berge rocheuse du lac, car ces animaux s'éloignent rarement de chez eux. Cette surprise fut partagée. Néanmoins, le chat le plus domestique, qui est resté toute sa vie couché sur un tapis, semble parfaitement chez lui dans les bois et, par son air rusé et furtif, prouve ici qu'il appartient davantage à la nature que ses habitants ordinaires. Un jour où je cueillais des baies dans les bois, je tombai sur une chatte avec ses chatons, tout à fait sauvages, et tous imitant leur mère se mirent à faire le gros dos et à cracher férocement dans ma direction. Quelques années avant d'aller vivre dans les bois, il y avait ce qu'on appelle « un chat ailé » dans l'une des fermes de Lincoln les plus proches du lac, celle de Mr. Gilian Baker. Quand je passai le voir en juin 1842, il était parti chasser dans les bois selon son habitude, (ne sachant pas avec certitude s'il s'agissait d'un mâle ou d'une femelle, j'emploie le pronom ordinaire), mais sa maîtresse me dit qu'il était arrivé dans le voisinage un peu plus d'un an auparavant, en avril, qu'on avait fini par l'accueillir dans la maison, qu'il avait un poil gris brun sombre, avec une tache blanche sur la gorge ainsi que des pattes blanches, et une grosse queue touffue comme celle d'un renard ; qu'en hiver, sa fourrure devenait plus épaisse et s'aplatissait le long des flancs pour former des bandes longues de dix ou douze pouces et larges de deux et demi, et une sorte de manchon sous le menton, la partie supérieure étant souple, la partie inférieure emmêlée comme du feutre, et qu'au printemps tous ces appendices tombaient. Ils me donnèrent une paire de ces « ailes », que je possède toujours. Elles ne présentent pas le moindre aspect de membrane. Pour certains, il s'agissait en partie d'un écureuil volant ou de quelque autre animal sauvage, ce qui n'a rien d'impossible, car, selon les naturalistes, de nombreux hybrides ont résulté de l'union de la martre et du chat domestique. Ce chat, si j'avais dû en avoir un, m'aurait parfaitement convenu, car pourquoi un chat de poète ne serait-il pas ailé, comme son cheval ?

À l'automne, le huard (*Colymbus glacialis*) arrivait comme toujours, pour muer et se baigner dans le lac, faisant résonner son rire sauvage parmi les bois avant même mon lever. La seule rumeur de son arrivée suffit à déclencher le branle-bas de combat chez tous les chasseurs de *Mill-dam*⁹, qui se mettent en route, en carriole ou à pied, deux par deux et trois par trois, avec des fusils brevetés, des balles coniques et des longues-vues. Ils font frémir les fourrés comme les feuilles d'automne, au moins dix hommes pour un seul huard. Certains se postent de ce côté-ci du lac, d'autres sur la rive opposée, car le malheureux volatile ne saurait être omni-présent ; s'il plonge ici, il faut qu'il ressorte là. Mais l'aimable vent d'octobre se lève bientôt, qui fait bruire les feuilles et se rider la surface de l'eau, si bien qu'on ne peut plus ni entendre ni voir le moindre huard, même si ses ennemis scrutent le lac avec leurs lunettes d'approche, et de leurs détonations font résonner les bois. Les vagues se lèvent, généreuses, et se brisent, courroucées, prenant le parti de tout le gibier d'eau, et nos chasseurs doivent battre en retraite vers le village, la boutique et les travaux inachevés. Mais trop souvent, ils réussissaient leur coup. Le matin, en allant puiser un seau d'eau, je voyais souvent cet oiseau majestueux s'envoler de ma crique, à quelques perches de moi. Si j'essayais de le rejoindre en bateau afin de voir comment il allait réagir, il plongeait alors et je le perdais complètement, de sorte que parfois je ne le redécouvrais pas avant la fin de la journée. Mais à la surface du lac, j'avais de loin l'avantage sur lui. Quand il pleuvait, il s'en allait d'habitude.

Alors que je pagayais le long de la rive nord par un après-midi d'octobre au calme parfait, car ces jours-là surtout ils se posent sur l'eau des lacs, comme le duvet du laiteron, ayant vainement cherché des yeux un huard sur le lac, soudain l'un d'eux, voguant de la rive vers le milieu du lac à quelques perches devant moi, poussa son éclat de rire sauvage et se trahit. Je le poursuivis en jouant de la pagaie et il plongea, mais quand il remonta à la surface il était plus près qu'avant. Il replongea, alors je calculai mal la direction qu'il allait prendre, et cette fois, quand il remonta, cinquante perches nous séparaient, car je venais de mon propre fait d'augmenter cette distance; et une fois encore, il poussa un long et sonore éclat de rire, qui s'expliquait bien mieux que précédemment. Très habile, il s'arrangeait toujours pour que je ne puisse pas l'approcher à moins d'une demi-douzaine de perches. Chaque fois qu'il refaisait surface, il tournait la tête de-ci de-là pour surveiller tranquillement le plan d'eau et la terre, et il semblait choisir son chemin afin de pouvoir remonter là où il y avait le plus d'eau autour de lui, et le plus loin possible du bateau. La rapidité avec laquelle il se décidait et mettait sa décision à exécution était surprenante. Il m'emmena aussitôt vers la partie la plus large du lac, d'où je ne pus le chasser. Pendant qu'il concoctait une pensée dans son cerveau, je tâchais de deviner sa pensée dans le mien. C'était un jeu plaisant, joué à la surface lisse du lac, un homme contre un huard. Soudain, le pion de votre adversaire disparaît sous le damier, et le problème consiste à placer le vôtre le plus près de l'endroit où le sien va réapparaître. Il lui arrivait de ressurgir de manière inattendue de l'autre côté, après être sans doute passé juste sous le bateau. Il avait un tel souffle et une telle résistance qu'après avoir nagé très loin, il replongeait malgré tout aussitôt; et aucun stratège n'aurait alors pu deviner où dans ce lac profond, sous la surface polie, il pourrait bien nager très vite, tel un poisson, car il avait le temps et la capacité de descendre jusqu'au plus profond du lac. On dit que, dans les lacs de l'État de New York, on a pêché des huards jusqu'à quatre-vingts pieds de profondeur, avec des hameçons destinés à la truite – même si Walden est plus profond que cela. Comme les poissons doivent être surpris de découvrir ce visiteur malhabile en provenance d'une autre sphère et filant très vite parmi leurs bancs! Il semblait néanmoins savoir se diriger aussi bien sous l'eau qu'à sa surface, et il y nageait beaucoup plus vite. Une fois ou deux, à son approche je vis une ride se former sur l'eau, il sortit alors la tête pour se repérer, puis replongea aussitôt. Je découvris bientôt que je pouvais aussi bien me reposer sur mes avirons et attendre qu'il réapparaisse, plutôt que d'essayer de deviner où il allait remonter ; car encore et encore, alors que je scrutais la surface dans une direction précise, je sursautais soudain en entendant derrière moi son rire surnaturel. Mais pourquoi, après avoir manifesté tant de ruse, se trahissait-il invariablement, dès l'instant où il retrouvait l'air libre, par son rire sonore ? Sa gorge blanche n'était-elle pas assez visible ? C'était vraiment un huard bien stupide, pensai-je. D'habitude, j'entendais les éclaboussures qui accompagnaient sa sortie à l'air libre, et je le repérais alors. Mais au bout d'une heure de ce manège, il semblait aussi frais que jamais, il plongeait avec autant d'énergie et nageait encore plus loin que la première fois. Je constatai avec surprise qu'une fois remonté il s'éloignait en voguant avec calme, les plumes de la gorge parfaitement lisses, ses pattes palmées effectuant tout le travail sous l'eau. Son cri habituel était ce rire démoniaque, pourtant assez proche du chant du gibier d'eau ; mais à l'occasion, lorsqu'il avait réussi à bien me tromper et qu'il refaisait surface très loin de moi, il poussait un long hurlement surnaturel, sans doute plus proche de celui du loup que d'aucun autre oiseau ; comme lorsqu'une bête abaisse le museau vers le sol et se met à hurler de toutes ses forces. Tel était son cri de cinglé[10] – peut-être le son le plus sauvage qu'on entend jamais ici, et qui résonne loin à travers les bois. J'en conclus qu'il riait pour se moquer de mes efforts, lui-même ayant une confiance inébranlable en ses propres ressources. Le ciel s'était voilé, mais le lac était si lisse que, sans même entendre mon huard, je voyais bien l'endroit où il brisait la surface. Sa gorge blanche, l'immobilité de l'air et le miroir poli des eaux, tout cela jouait contre lui. Enfin, s'étant éloigné de cinquante perches, il poussa l'un de ses hurlements prolongés, comme pour appeler à l'aide le dieu des huards, et aussitôt arriva un vent d'est qui rida la surface du lac et emplit toute l'atmosphère d'une bruine brumeuse, et je fus frappé comme si la prière du huard était exaucée et que son dieu manifestait sa colère contre moi ; ainsi le laissai-je filer et il disparut au loin à la surface tumultueuse des eaux.

En automne, j'observais pendant des heures les habiles canards qui tiraient des bords et occupaient le milieu du lac, loin des chasseurs ; des ruses qu'ils auraient eues moins besoin de pratiquer dans les bayous de la Louisiane. Contraints de s'envoler, ils décrivaient parfois des cercles sans fin au-dessus du lac, à une hauteur considérable, d'où ils voyaient aisément les autres lacs et la rivière, et ils ressemblaient alors à des points noirs dans le ciel ; quand je les croyais depuis longtemps partis ailleurs, ils descendaient en un vol oblique d'un quart de mile pour se poser sur une partie éloignée et encore libre du lac ; mais leur sécurité mise à part, j'ignore l'intérêt qu'ils trouvaient à voguer ainsi au milieu du lac Walden, à moins qu'ils n'aient aimé ses eaux pour la même raison que moi.

Pendaison de crémaillère

En octobre, j'allais vendanger dans les prairies proches de la rivière et j'en revenais chargé de grappes à la beauté et au parfum plus précieux que leur qualité nutritive. Là aussi j'admirais, mais sans les cueillir, les canneberges, petites gemmes cirées, boucles d'oreille de l'herbe des prés, rouges et nacrées, que sans y penser le paysan arrache avec un affreux râteau, laissant la prairie lisse toute hirsute, les mesurant aux seuls boisseau et dollar, pour vendre ce butin campagnard à Boston et New York ; destinés à être *confiturés*, afin de satisfaire aux goûts de ces lointains amants de la Nature. De même, les bouchers ramassent au râteau les langues de bison dans l'herbe de la prairie, sans se préoccuper de la plante arrachée et flasque. Le fruit brillant de l'épine-vinette nourrissait aussi mes seuls yeux ; mais je rassemblais une petite provision de pommes sauvages pour les déguster, celles que le propriétaire et les voyageurs avaient négligées. Quand les châtaignes étaient mûres, j'en mettais de côté un demi-boisseau pour l'hiver. En cette saison, il était très excitant de sillonner les bois de châtaigniers de Lincoln, alors sans limites, – ils dorment aujourd'hui de leur dernier sommeil sous la voie de chemin de fer[1] –, un sac sur l'épaule et le bâton en main pour ouvrir les bogues, car je n'attendais pas toujours les premières gelées, parmi le bruissement des feuilles et les réprobations sonores des écureuils roux et des geais, dont je volais parfois les fruits à moitié mangés, car les bogues qu'ils avaient choisies en contenaient à coup sûr d'excellents. Je grimpais parfois aux arbres pour les secouer. Ils poussaient aussi derrière ma maison, et un très grand arbre, qui l'ombrageait presque entièrement, lorsqu'il était en fleurs, embaumait tout le voisinage comme un bouquet, mais les écureuils et les geais dévoraient presque toutes ses châtaignes ; ces derniers arrivaient de bonne heure et en bandes pour cueillir les châtaignes dans leurs bogues avant qu'elles ne tombent à terre. Je leur abandonnais ces arbres et rendais visite à des bois plus éloignés, uniquement composés de châtaigniers. Ces fruits, tout le temps qu'ils duraient, constituaient un excellent substitut au pain. On en trouvera sans doute maints autres. Un jour où je creusais la terre à la recherche de vers pour pêcher, je découvris la glycine tubéreuse (*Apios tuberosa*) sur sa tige, la pomme de terre des aborigènes, une sorte de fruit fabuleux, dont je commençais à douter d'en avoir jamais déterré et mangé durant mon enfance, comme je l'ai déjà dit, ou bien de l'avoir seulement rêvée. Souvent depuis lors, j'avais vu sa fleur rouge veloutée toute plissée, soutenue par les tiges d'autres plantes, sans me douter que c'était la même. Les cultures l'ont presque entièrement détruite. Elle a un goût douçâtre, très semblable à celui de la pomme de terre gelée, et je la préférais bouillie plutôt que rôtie. Ce tubercule évoquait une vague promesse, faite par la Nature, d'élever ses propres enfants et de les nourrir simplement ici dans un avenir indéterminé. En ces temps de bétail engraissé et de champs de céréales ondulant au vent, cette humble racine, qui fut autrefois le *totem* d'une tribu indienne, est complètement oubliée, ou seulement connue à cause de ses prolongements fleuris ; mais une fois encore, laissons la Nature sauvage régner ici, et les tendres et coûteuses céréales anglaises disparaîtront sans doute devant une horde d'ennemis, et sans le soin de l'homme la corneille emportera même la dernière graine de maïs jusqu'au grand champ du Dieu des Indiens dans le Sud-Ouest, d'où il paraît qu'elle l'avait apportée ; mais la glycine tubéreuse, aujourd'hui presque exterminée, revivra et fleurira peut-être malgré les gelées et la terre sauvage, elle prouvera qu'elle est indigène, elle retrouvera son importance et sa dignité anti-ques comme aliment de la tribu des chasseurs. Une Cérès ou une Minerve indienne l'a sûrement inventée pour l'offrir aux hommes ; et dès que la poésie aura ici établi son règne, ses feuilles et son chapelet de tubercules seront sans doute représentés dans nos œuvres d'art.

Dès le premier septembre, j'avais vu deux ou trois petits érables devenir écarlates de l'autre côté du lac, sous l'endroit où les troncs blancs de trois trembles s'élevaient en éventail, à la pointe d'un promontoire, tout près de l'eau. Ah, leur couleur racontait tant d'histoires ! Peu à peu, d'une semaine à la suivante, le tempérament de chaque arbre se révéla, et chacun d'eux admira son reflet sur le miroir poli du lac. Tous les matins, le directeur de cette galerie retirait du mur l'ancien tableau pour y substituer un nouveau aux couleurs plus vives ou plus harmonieuses.

En octobre, les guêpes arrivèrent par milliers jusqu'à mon domicile, comme pour y prendre leurs quartiers d'hiver, et s'installèrent à l'intérieur de mes fenêtres et en haut des murs, dissuadant parfois les visiteurs d'entrer. Chaque matin, alors qu'elles étaient engourdies de froid, j'en balayais quelques-unes au dehors, mais je ne pris pas vraiment la peine de m'en débarrasser ; leur choix de ma maison en tant qu'abri désirable me flattait même. Bien que couchant avec moi, elles ne me firent jamais beaucoup de mal ; et puis elles disparurent peu à peu, dans des fissures que je ne connaissais pas, fuyant ainsi l'hiver et son froid rigoureux.

Comme ces guêpes, avant de prendre enfin mes quartiers d'hiver en novembre, je me rendais souvent du côté nord-est de Walden, que le soleil, reflété par les bois de pitchpin et les pierres de la rive, transformait en « coin du feu » au bord du lac ; il est tellement plus agréable et plus sain de se faire chauffer par le soleil tant qu'on le peut, plutôt que par un feu artificiel. Je me réchauffais donc ainsi auprès des braises encore rougeoyantes que l'été, tel un chasseur, avait laissées derrière lui.

*

Quand il me fallut construire ma cheminée, j'étudiai la maçonnerie. Mes briques de récupération durent être nettoyées à la truelle, ce qui me permit d'en apprendre davantage que d'ordinaire sur les qualités des briques et des truelles. Le mortier qui les recouvrait était vieux de cinquante ans, et l'on disait qu'il durcissait toujours ; mais c'est là une de ces phrases que les hommes adorent répéter, qu'elles soient vraies ou pas. Ces phrases elles-mêmes durcissent et adhèrent plus solidement avec le temps, et de nombreux coups de truelle seraient nécessaires pour nettoyer celles d'un vieux monsieur je-sais-tout. De nombreux villages de Mésopotamie sont construits avec des briques de récupération d'excellente qualité, tirées des ruines de Babylone, et le ciment qui les recouvre est plus ancien et sans doute encore plus dur. Quoi qu'il en soit, je fus frappé par la dureté caractéristique de l'acier qui assenait un nombre énorme de coups violents sans s'user le moins du monde. Comme mes briques avaient précédemment été dans une cheminée, et même si je ne lisais pas dessus le nom de Nabuchodonosor, je choisis autant de briques de foyer que possible, afin d'économiser mes forces et de ne pas faire trop de gâchis, et je remplis les espaces entre les briques de mon âtre avec des pierres ramassées au bord du lac, et je préparai aussi mon mortier avec le sable blanc trouvé au même endroit. Je m'attardai longuement sur cet âtre, comme étant la partie la plus vitale de la maison. Vraiment, je travaillais avec tant de concentration que, même si le matin je commençais au niveau du sol, une rangée de briques haute de quelques pouces me servait d'oreiller le soir ; pourtant, je ne me souviens pas d'avoir souffert du moindre torticolis à cause de cette disposition ; mon torticolis est bien plus ancien. Vers cette époque, je pris pour pensionnaire un poète[2] durant deux semaines, ce qui me posa un problème de place. Il apporta son propre couteau, bien que j'en eusse deux, et d'habitude nous les enfoncions dans la terre pour les nettoyer. Il partagea avec moi les travaux de cuisine. Je voyais avec plaisir ma cheminée grandir selon une succession solide de niveaux impeccables, et je me dis que, si les progrès étaient lents, elle était néanmoins vouée à durer longtemps. La cheminée est, dans une certaine mesure, une structure indépendante, fichée dans la terre et s'élevant à travers la maison jusqu'au ciel ; même quand la maison a brûlé, elle reste parfois debout, et son importance ainsi que son indépendance sautent aux yeux. C'était vers la fin de l'été. Nous étions maintenant en novembre.

*

Le vent du nord refroidissait déjà le lac, mais pour y arriver il fallut de nombreuses semaines durant lesquelles il souffla régulièrement, car Walden est très profond. Quand je commençai à faire du feu le soir, avant de plâtrer ma maison, la cheminée tirait particulièrement bien, à cause des nombreux espaces entre les planches. Je passais malgré tout quelques plaisantes soirées dans cette pièce fraîche et aérée, entouré des planches brutes et brunes, pleines de nœuds, les poutres au-dessus de ma tête encore couvertes de leur écorce. Après qu'elle fut plâtrée, ma maison ne ravit jamais autant mon œil, même si je devais reconnaître qu'elle était plus confortable. La pièce où l'on séjourne ne devrait-elle pas être assez haute pour créer quelque obscurité supérieure, là où des ombres dansantes pourraient jouer, le soir, parmi les chevrons ? Ces formes plaisent davantage à la fantaisie et à l'imagination que les peintures à la fresque ou le mobilier de prix. Je commençai à habiter ma maison pour de bon, dirais-je, le jour où je me mis à l'utiliser pour sa chaleur autant que comme abri. Je m'étais procuré une paire de vieux chenets pour rehausser le bois au-dessus de l'âtre, je me félicitai de voir la suie se déposer au fond de la cheminée que je venais de construire, et je tisonnai ce feu avec davantage de satisfaction qu'à l'ordinaire et la conviction d'être en droit de le faire. Mon logis était modeste, je n'y créais guère d'écho ; mais il me semblait plus grand qu'en réalité, car il comptait une seule pièce et il se trouvait très éloigné des voisins les plus proches. Tous les charmes domestiques se concentraient dans cette unique pièce ; c'était à la fois la cuisine, la chambre, le salon et la pièce à vivre ; et je savourais tous ces plaisirs que le parent ou l'enfant, le maître ou le serviteur, tirent de leur séjour dans une maison. Caton[3] dit que le chef de famille (*patrem familias*) doit avoir dans sa villa de campagne « *cellam oleariam, vinariam, dolia multa, uti lubeat caritatem expectare, et rei, et virtuti, et gloriae erit* », c'est-à-dire « une cave pour l'huile et le vin, de nombreux tonneaux pour qu'on puisse attendre plaisamment des temps difficiles, et ce sera à son avantage, pour sa vertu et sa gloire ». J'avais dans mon cellier une petite barrique de pommes de terre, environ quatre livres de petits pois avec leurs charançons, et sur mon étagère un peu de riz, un pichet de mélasse, ainsi qu'un picotin de seigle et un autre de farine de maïs.

Je rêve parfois d'une maison plus vaste et plus peuplée, bâtie dans un âge d'or avec de solides matériaux, sans fioritures tarabiscotées, qui n'inclut toujours qu'une seule pièce, une vaste salle rustique, massive et primitive, sans plafond ni plâtrage, dont les chevrons et les pannes nues soutiennent une sorte de ciel inférieur, indispensable pour se tenir à l'abri de la pluie et de la neige ; où les nobles poutres se dressent pour recevoir vos hommages, une fois que vous avez manifesté votre respect au Saturne prosterné d'une ancienne dynastie en franchissant le seuil ; une maison caverneuse, où il faut brandir une torche au bout d'une perche pour en voir le toit ; où certains pourraient vivre dans la cheminée, d'autres dans l'embrasure d'une fenêtre, d'autres encore sur des bancs à haut dossier, quelques-uns à un bout de la salle, quelques autres à l'autre bout, et certains en haut sur les chevrons avec les araignées, si le cœur leur en dit ; une maison où l'on est de plain-pied dès qu'on a ouvert la porte extérieure, sans plus de cérémonie ; où le voyageur fatigué peut se laver, manger, converser et dormir, sans avoir besoin d'aller plus loin ; le genre d'abri qu'on est heureux de découvrir par une nuit de tempête, qui contient tout l'essentiel d'une maison, mais rien qui nécessite le moindre entretien ; où, au premier regard, on embrasse tous ses trésors, où tous les objets dont on peut avoir besoin sont accrochés à des chevilles ; en même temps cuisine, garde-manger, salon, chambre, entrepôt et grenier ; où l'on peut voir des choses aussi indispensables qu'un tonneau ou une échelle, aussi pratiques qu'un placard, et entendre bouillir la marmite, et présenter ses salutations au feu qui cuit votre dîner et au four qui cuit votre pain, où le mobilier et les ustensiles nécessaires constituent les principaux ornements ; d'où l'on n'exclut ni la lessive, ni le feu, ni la maîtresse de maison, et où l'on vous demande parfois de vous écarter de la trappe, quand la cuisinière veut descendre à la cave, et ainsi apprenez-vous si le sol est plein ou creux sans avoir besoin de taper du pied. Une maison dont l'intérieur est aussi ouvert et visible qu'un nid d'oiseau, et vous ne pouvez y entrer par la porte de devant et en ressortir par-derrière sans rencontrer certains de ses habitants; où l'invité se voit offrir toute la liberté de l'espace intérieur, au lieu d'être soigneusement tenu à l'écart des sept huitièmes de celui-ci, enfermé dans une cellule bien définie et sommé de s'y sentir comme chez lui – dans sa prison solitaire. De nos jours, votre hôte ne vous admet pas près de *son* âtre, mais il a demandé au maçon de vous en construire un quelque part dans sa ruelle, et l'hospitalité est l'art de vous *tenir* à la plus grande distance possible. La cuisine est entourée d'autant de secret que si l'on avait l'intention de vous empoisonner. J'ai conscience d'être entré chez de nombreuses personnes, d'où l'on aurait pu m'expulser légalement, mais je n'ai pas conscience d'avoir été reçu dans de nombreuses maisons. Vêtu de mes vieux habits, je pourrais rendre visite à un roi et une reine qui vivraient simplement dans une maison telle que je viens de décrire, si jamais je passais par là; mais au cas malheureux où je me retrouverais dans un palais moderne, tout ce que je désire apprendre c'est le moyen d'en sortir à reculons.

Il semblerait que le langage même de nos parloirs perde toute sa vigueur et dégénère complètement en *palabres*, nos vies se passent si loin de ses symboles, et ses métaphores et ses tropes sont nécessairement alambiqués, comme s'ils transitaient en quelque sorte par des passe-plats ou des monte-plats; autrement dit, le salon est très éloigné de la cuisine et de l'atelier. D'ordinaire, même le dîner est seulement une parabole de dîner. Comme si seul le sauvage vivait assez près de la Nature et de la Vérité pour leur emprunter un trope. Comment le savant, qui réside là-bas dans les Territoires du Nord-Ouest[4] ou sur l'île de Man, saurait-il ce qu'il y a de parlementaire dans la cuisine?

Néanmoins, seuls un ou deux de mes invités eurent jamais l'audace de rester manger avec moi une bouillie de maïs; mais dès qu'ils virent cette crise approcher, ils préférèrent battre en retraite, comme si ce plat devait ébranler la maison jusque dans ses fondements. Pourtant, elle a résisté à d'innombrables bouillies de maïs.

J'attendis les premières gelées pour plâtrer les murs. Dans ce but, j'allai chercher du sable plus blanc et plus propre, de l'autre côté du lac et en bateau, un moyen de transport qui m'eût donné envie d'aller beaucoup plus loin, si nécessaire. Entre-temps, ma maison avait été couverte de bardeaux de tous les côtés et jusqu'au sol. En posant mes lattes, j'avais le plaisir d'enfoncer chaque clou d'un seul coup de marteau, et je comptais transférer proprement et rapidement le plâtre à partir de la planche vers le mur. Je me rappelai l'histoire d'un vaniteux qui, élégamment vêtu, se promenait volontiers au village en donnant des conseils aux ouvriers. S'aventurant un jour à substituer l'acte à la parole, il remonta ses manches, s'empara de la taloche d'un plâtrier, et, ayant chargé sa truelle sans encombre, lançant un regard suffisant au lattage supérieur, il fit un grand geste dans cette direction; et aussitôt, à sa profonde consternation, reçut tout le plâtre sur son jabot. J'admirai une fois de plus l'économie et la commodité du plâtrage, qui isole très efficacement du froid extérieur et arbore une belle finition, tout en apprenant les divers accidents auxquels le plâtrier s'expose. Je fus surpris de constater combien les briques avaient soif, car elles absorbaient toute l'eau de mon plâtre avant même que j'aie pu le lisser, et combien de seaux d'eau sont nécessaires pour baptiser un nouveau foyer. L'hiver précédent, j'avais préparé une petite quantité de chaux en brûlant des coquilles d'*Unio fluviatilis*, que notre rivière fournit, pour le seul plaisir de faire cette expérience; je connaissais donc la provenance de tous mes matériaux. Si j'avais choisi de le faire, j'aurais pu trouver du bon calcaire à moins d'un ou deux miles, pour le brûler moi-même.

*

Pendant ce temps, dans les criques les plus ombragées et les moins profondes, le lac s'était couvert d'une fine écume de glace, quelques jours sinon quelques semaines avant de geler entièrement. La première glace est particulièrement intéressante et parfaite, étant dure, sombre et transparente, et elle fournit la meilleure occasion qui s'offre jamais d'examiner le fond là où il est proche de la surface; car on peut s'allonger de tout son long sur une glace seulement épaisse d'un pouce, tel l'insecte patineur évoluant sur l'eau, et étudier le fond à sa guise, à deux ou trois pouces seulement de distance, comme un tableau derrière un verre, d'autant que dans ces conditions l'eau est forcément toujours calme. Il y a dans le sable de nombreux sillons tracés par quelque créature qui avance puis rebrousse chemin; quant aux épaves, le sable est jonché des enveloppes de larves de phryganes, constituées de minuscules grains de quartz blanc. Ce sont peut-être elles qui l'ont ainsi creusé, car on trouve certaines de leurs enveloppes dans les sillons, même s'ils sont bien profonds et larges pour avoir été creusés par elles. Mais c'est la glace elle-même qui suscite l'intérêt, bien qu'il faille saisir la première occasion de l'étudier. Quand vous l'examinez de près le matin après qu'elle a gelé, vous découvrez que la majeure partie des bulles, qui semblent d'abord y être incluses, se trouvent en réalité contre sa surface inférieure, et que d'autres montent continuellement du fond, tandis que la glace est encore relativement sombre et homogène, c'est-à-dire que vous voyez l'eau au travers. Ces bulles, très claires et belles, mesurent entre un quatre-vingtième et un huitième de pouce de diamètre, et vous voyez votre visage s'y refléter à travers la glace. Il y en a peut-être trente ou quarante par pouce carré. Mais déjà, vous remarquez aussi, à l'intérieur de cette glace, d'étroites bulles oblongues et perpendiculaires, longues d'environ un demi-pouce, des cônes effilés pointant vers le haut; ou encore plus souvent, si la glace vient de se former, de minuscules bulles sphériques, l'une au-dessus de l'autre, tel un chapelet de perles. Malgré tout, ces perles serties dans la glace ne sont pas aussi nombreuses ni aussi visibles que celles d'en dessous. Il m'arrivait parfois de lancer des pierres pour tester la résistance de la glace, et celles qui la brisaient emportaient de l'air sous l'eau, ce qui formait de très grosses et spectaculaires bulles blanches. Un jour où je revins au même endroit quarante-huit heures plus tard, je remarquai que ces grosses bulles étaient toujours aussi parfaites, malgré la formation d'un pouce supplémentaire de glace, comme je pus très clairement le constater sur la tranche d'un morceau. Mais comme les deux derniers jours avaient été très chauds, semblables à l'été de la Saint-Martin, la glace avait désormais perdu sa transparence ainsi que sa capacité à montrer la couleur vert foncé de l'eau et le fond, mais elle était opaque, blanchâtre ou grise et, bien que deux fois plus épaisse, elle était à peine plus solide qu'auparavant, car les bulles d'air s'étaient beaucoup dilatées à cause de la chaleur pour s'amalgamer et elles avaient perdu leur régularité ; elles n'étaient plus situées l'une au-dessus de l'autre, mais souvent semblables à des pièces d'argent versées hors d'un sac, l'une recouvrant l'autre, ou bien organisées en minces copeaux qui se seraient glissés en d'étroites fentes. La beauté de la glace avait disparu, il était trop tard pour observer le fond. Curieux de savoir quelle position mes grosses bulles occupaient dans cette glace nouvelle, je brisai un morceau contenant une des bulles de taille moyenne, puis le retournai sens dessus dessous. La glace nouvelle s'était formée autour et au-dessous de la bulle, laquelle se trouvait maintenant incluse entre les deux glaces. Entièrement prise dans la glace inférieure, mais toute proche de la couche supérieure, elle était aplatie, peut-être légèrement lenticulaire, dotée d'un bord arrondi, épaisse d'un quart de pouce, et large de quatre ; et je découvris avec surprise que, directement sous la bulle, la glace était fondue très régulièrement en forme de soucoupe renversée, haute de cinq huitièmes de pouce au centre, laissant là une mince cloison entre l'eau et la bulle, à peine épaisse d'un huitième de pouce ; à de nombreux endroits, les petites bulles de cette cloison avaient éclaté vers le bas, et il n'y avait sans doute plus aucune glace du tout sous les plus grosses bulles, qui faisaient un pied de diamètre. J'en déduisis que le nombre infini des bulles minuscules que j'avais vues la première fois sous la surface inférieure de la glace étaient maintenant prises elles aussi dans la glace, et que chacune, à sa manière propre, avait joué le rôle d'une lentille chauffant la glace située sous elle, pour la faire fondre et pourrir. Tels sont les petits pistolets à air comprimé qui contribuent à faire craquer et claquer la glace.

*

Enfin l'hiver s'installa pour de bon, alors que je venais de finir de plâtrer la maison, et le vent se mit à hurler autour d'elle comme si jusque-là il n'avait pas eu la permission de le faire. Nuit après nuit, les oies arrivaient d'un vol pesant dans l'obscurité, en faisant entendre leurs cris rauques et le sifflement de leurs ailes, même quand le sol fut couvert de neige, certaines se posant sur Walden, d'autres volant bas au-dessus des bois vers Fair Haven, en route pour le Mexique. Plusieurs fois, alors que je revenais du village vers dix ou onze heures du soir, j'entendis les pas d'un troupeau d'oies, ou peut-être de canards, sur les feuilles sèches des bois, près d'une mare située derrière chez moi, où elles étaient venues se nourrir, et puis leur chef cacarda ou corna faiblement tandis qu'elles s'enfuyaient. En 1845, Walden gela complètement pour la première fois dans la nuit du 22 décembre, alors que le lac de Flint, d'autres lacs moins profonds et la rivière étaient gelés depuis dix jours ou plus ; en 46, le 16 décembre ; en 49, vers le 31 ; en 50, vers le 27 décembre ; en 52, le 5 janvier ; en 53, le 31 décembre. La neige, qui recouvrait déjà le sol depuis le 25 novembre, m'entoura soudain d'un décor hivernal. Je me retirai encore plus profond dans ma coquille et m'efforçai d'entretenir un feu vaillant à la fois dans ma maison et dans mon cœur. Mes occupations en plein air consistaient désormais à ramasser du bois mort en forêt, à le rapporter entre mes bras ou sur mes épaules, ou encore, parfois, à traîner un pin mort sous chaque aisselle jusqu'à ma cabane. Une ancienne clôture forestière qui avait connu des jours meilleurs fut pour moi un précieux butin. Je la sacrifiai à Vulcain, car elle n'était plus en mesure de servir le dieu Terminus. Comme l'événement qu'est le souper d'un homme devient plus intéressant, quand cet homme vient de sillonner le paysage enneigé pour chasser, non, mieux vaut dire *voler* le combustible destiné à faire cuire ce souper ! Son pain et sa viande gagnent en saveur. Il y a, dans les forêts entourant la plupart de nos villages, assez de fagots et de bois mort de toutes sortes pour alimenter de nombreux feux, mais qui à présent ne réchauffent personne et, selon certains, entravent la croissance des arbrisseaux. Il y avait aussi le bois flotté du lac. Durant l'été, j'avais découvert un radeau de troncs de pitchpin ayant conservé leur écorce, liés ensemble par les Irlandais à l'époque de la construction de la voie de chemin de fer. Je le hissai en partie sur la berge. Après être resté deux ans dans l'eau, puis six mois sur le rivage, ce bois était parfaitement sain, bien que si détrempé qu'il n'aurait jamais pu sécher. Un jour d'hiver, je m'amusai à en faire glisser des morceaux à travers le lac, sur près d'un demi-mile, en patinant derrière, une extrémité d'un tronc de quinze pieds posée sur l'épaule, l'autre sur la glace ; ou bien j'attachais ensemble plusieurs troncs avec un lien en bouleau, puis, à l'aide d'un rameau plus long de bouleau ou d'aulne terminé par un crochet, je les tirais sur la glace. Bien qu'entièrement imbibés d'eau et presque aussi lourds que du plomb, non seulement ils brûlaient longtemps, mais ils dégageaient une chaleur impressionnante ; mieux, je trouvais qu'ils brûlaient d'autant mieux qu'ils étaient saturés d'eau, à croire que la résine, conservée par l'eau, brûlait plus longtemps comme dans une lampe.

Gilpin[5] dit, à propos des Anglais vivant en bordure de forêt, que « les empiètements des intrus, ainsi que les maisons et clôtures élevées en lisière de forêt » étaient « considérés comme de graves infractions par les anciennes lois forestières, et sévèrement punis sous le nom de *pourprestures* comme tendant *ad terrorem ferarum – ad nocumentum forestae*, etc. », soit à effrayer le gibier et à saccager la forêt. Mais moi, davantage que les chasseurs ou les bûcherons, je m'intéressais à la protection du chevreuil et de ses aliments végétaux, tout autant que si j'avais été le Lord Garde-chasse en personne ; et si une partie en brûlait, même si c'était moi qui avais déclenché ce feu par accident, j'en concevais un chagrin plus long et inconsolable que si j'en avais été le propriétaire ; mieux, je m'affligeais même quand les arbres étaient abattus par les propriétaires eux-mêmes[6]. J'aimerais que nos paysans, lorsqu'ils coupent une forêt, ressentent un peu de cette terreur respectueuse qu'éprouvaient les Romains en taillant ou en abattant quelques arbres d'un bosquet sacré (*lucum conclucare*) pour y laisser entrer la lumière, bref j'aimerais qu'ils le croient protégé par quelque dieu. Les Romains faisaient une offrande expiatoire et priaient ainsi : Qui que tu sois, dieu ou déesse à qui ce bosquet est consacré, sois propice à moi, ma famille, mes enfants, etc.[7].

Il faut remarquer la valeur que nous accordons toujours au bois, même à notre époque et dans ce pays neuf, une valeur plus pérenne et universelle que celle de l'or. Malgré toutes nos découvertes et nos inventions, aucun homme ne passe avec indifférence près d'un tas de bois. Il nous est tout aussi précieux qu'il l'était pour nos ancêtres saxons et normands. Quand ils y taillaient leurs arcs, nous en faisons des crosses de fusil. Voilà plus de trente ans, Michaux[8] dit que le prix du bois de chauffage à New York et à Philadelphie « égale presque, et dépasse parfois, celui du meilleur bois à Paris, même si cette immense capitale consomme chaque année plus de trois cent mille stères, et est entourée de plaines cultivées jusqu'à une distance de trois cents miles ». Dans notre ville, le prix du bois augmente presque régulièrement, et la seule question qui se pose est : de combien sera-t-il plus cher cette année que l'an passé ? Les travailleurs manuels et les commerçants qui se rendent en forêt pour cette raison précise assistent ponctuellement aux ventes de bois aux enchères et paient même le prix fort pour le privilège de glaner après les bûcherons. Il y a bien longtemps que les hommes vont chercher dans les bois leur combustible et les matériaux des artisans ; l'habitant de la Nouvelle-Angleterre et de la Nouvelle-Hollande, le Parisien et le Celte, le fermier et Robin des Bois, Goody Blake et Harry Gill[9], dans presque tous les pays du monde le prince et le paysan, le savant et le sauvage, tous ont également besoin de quelques bouts de bois issus de la forêt pour se réchauffer et faire cuire leurs aliments. D'ailleurs, moi non plus, je ne pouvais pas m'en passer.

Nous regardons tous notre tas de bois avec une sorte d'affection. J'aime avoir le mien devant ma fenêtre, et plus il y a de copeaux, mieux je me souviens de mon agréable labeur. J'avais une vieille hache, que personne ne me réclamait, avec laquelle, les jours d'hiver, quand l'envie m'en prenait, du côté ensoleillé de la maison, je m'exerçais pour m'amuser sur les souches extraites de mon champ de haricots. Comme l'avait prédit le garçon qui menait le cheval alors que je labourais, elles me réchauffaient deux fois, d'abord quand je les fendais, puis une autre fois lorsqu'elles étaient dans le feu, de sorte qu'aucun combustible ne donna jamais davantage de chaleur. Quant à la hache, on me conseilla d'aller voir le forgeron du village pour qu'il en affûte le fer; mais j'étais assez futé pour me passer de son savoir-faire, et, une fois dotée d'un manche que je taillai dans un hickory de la forêt, elle fit très bien l'affaire. À défaut d'être très aiguisée, je la tenais bien en main.

Quelques morceaux de pin résineux me firent un vrai trésor. On ne manquera pas de se rappeler qu'une grande partie de ce bois de chauffe demeure cachée dans les entrailles de la terre. Au cours des années précédentes, j'étais souvent parti « prospecter » sur quelque versant de colline déboisé, où un bois de pitchpin s'était autrefois dressé, et j'y déterrais les racines de pin résineux. Elles sont presque indestructibles. Des souches vieilles de trente ou quarante ans au moins ont toujours un cœur sain, même si l'aubier s'est transformé en humus végétal comme on le voit aux écailles de l'écorce épaisse qui forme un anneau au niveau du sol, à quatre ou cinq pouces du cœur. Avec la hache et la bêche, on explore cette mine en suivant ce magasin de moelle, aussi jaune que la graisse de bœuf, ou encore c'est comme si l'on était tombé sur un filon d'or profondément enfoui sous terre. Mais d'habitude, j'allumais mon feu avec les feuilles sèches de la forêt, que j'avais amassées dans mon appentis avant les premières neiges. Une bille de hickory vert finement coupée produit le petit bois du bûcheron qui campe en forêt. De temps à autre, il m'arrivait d'en obtenir un peu. Quand les villageois allumaient leurs feux au-delà de l'horizon, moi aussi par un panache de fumée sortant de ma cheminée j'annonçais aux divers habitants sauvages du vallon de Walden que j'étais réveillé.

Fumée ailée, oiseau d'Icare,
Dans ton vol aérien tu fais fondre tes plumes,
Alouette muette et messagère de l'aube,

Volant en cercles sur les hameaux
Comme si c'était ton nid ;
Ou bien rêve évanoui et vision vague
D'un ténébreux minuit, rassemblant les pans de ta robe ;
Voilant les étoiles nocturnes,
Assombrissant la lumière du jour, effaçant le soleil ;
Monte, ô mon encens, de ce foyer,
Et demande aux dieux de pardonner cette flamme claire.

Du bois dur et vert, fraîchement coupé, même si j'en utilisais peu, répondait mieux que tout autre à mes besoins. Je laissais parfois un bon feu derrière moi quand j'allais faire une marche par un après-midi d'hiver ; à mon retour, trois ou quatre heures plus tard, ce feu était encore vif et ardent. J'avais beau être parti, ma maison n'était pas vide pour autant. C'était comme si j'avais laissé chez moi un gardien plein de gaieté. C'étaient moi et Feu qui habitions là ; et le plus souvent, mon gardien se révélait digne de confiance. Un jour, néanmoins, où je fendais du bois, je songeai à jeter un simple coup d'œil à l'intérieur par la fenêtre pour voir si la maison n'avait pas pris feu ; ce fut la seule fois, je m'en souviens, où je manifestai de l'inquiétude à ce sujet ; je regardai donc et découvris qu'une étincelle était tombée sur mon lit, puis j'entrai et l'éteignis alors qu'elle avait déjà brûlé un endroit grand comme la main. Mais ma maison occupait un emplacement si ensoleillé et abrité, et son toit était si bas, que je pouvais me permettre de laisser le feu s'éteindre au milieu de presque n'importe quelle journée d'hiver.

Les taupes qui nichaient dans ma cave grignotaient une pomme de terre sur trois et se faisaient, même là, un nid douillet avec du papier brun et le peu de crin resté à cet endroit après le plâtrage ; car tout comme l'homme, même les animaux les plus sauvages aiment le confort et la chaleur, et ils survivent seulement à l'hiver en s'assurant avec grand soin qu'ils n'en manqueront pas. Certains de mes amis parlaient comme si j'étais uniquement allé vivre dans les bois pour me geler. L'animal fait simplement un lit, qu'il réchauffe de son propre corps en un lieu abrité ; mais l'homme, ayant découvert le feu, confine de l'air dans une pièce spacieuse et la chauffe au lieu de puiser dans ses propres réserves, il en fait son lit dans lequel il peut se déplacer, sans s'encombrer de vêtements gênants, maintenir une espèce d'été au cœur de l'hiver, et à l'aide de fenêtres laisser même entrer la lumière, et avec une lampe allonger la durée du jour. Ainsi dépasse-t-il d'un pas ou deux l'instinct, et il économise un peu de temps pour le consacrer aux beaux-arts. Néanmoins, quand j'étais exposé depuis longtemps aux plus violentes intempéries, tout mon corps commençait à s'engourdir, et dès que je retrouvais l'atmosphère réconfortante de ma maison, je recouvrais bientôt mes facultés, prolongeant ainsi ma vie. Mais l'homme le plus luxueusement logé ne devrait guère se vanter sur ce point, de même que nous n'avons pas à nous inquiéter de savoir comment la race humaine pourrait être finalement détruite. À tout moment, quelques rafales un peu plus aiguisées de vent du nord trancheraient aisément le fil de toutes ces vies. Nous gardons en mémoire les dates des Froids Vendredis ou des Grandes Neiges ; mais un vendredi un peu plus froid, ou une neige plus abondante, mettraient un point final à l'existence de l'homme sur cette planète.

L'hiver suivant, par économie j'utilisai un petit fourneau de cuisine, car la forêt ne m'appartenait pas ; mais le feu ne s'y gardait pas aussi bien que dans l'âtre. Faire la cuisine devint, pour l'essentiel, non pas une activité poétique, mais un simple processus chimique. En cette époque de fourneaux, on oubliera bientôt que nous avions jadis l'habitude de faire rôtir les pommes de terre parmi les cendres, selon la méthode des Indiens. Non seulement ce fourneau prenait de la place et laissait son odeur dans toute la maison, mais il dissimulait le feu et j'eus l'impression d'avoir perdu un compagnon. On voit toujours un visage dans un feu. Le travailleur, qui le soir y plonge son regard, purifie ses pensées des scories terrestres qui s'y sont accumulées durant la journée. Moi, je ne pouvais plus m'asseoir pour contempler le feu, et les paroles judicieuses d'un poète me revinrent en mémoire avec une force accrue :

« Que jamais, flamme vive, ne me soit refusée
Ta chère et tendre sympathie, image de la vie.

Seuls mes espoirs jaillirent jamais si élevés.
Seule ma fortune sombra au plus profond de la nuit.

Pourquoi es-tu bannie des âtres et des salles,
Toi que tous accueillent et chérissent ?
Ton existence était-elle trop fantasque
Pour la lueur banale de notre vie si terne ?
Ton brillant éclat témoignait-il d'un mystérieux commerce
Avec nos âmes ? De secrets indicibles ?

Oui, nous sommes forts et sans crainte, car assis
Près d'un âtre d'où ne filtre nulle ombre dansante,
Sans tristesse et sans joie – rien qu'un feu
Qui nous chauffe pieds et mains, et qui n'aspire à rien ;
Près de cette masse utilitaire et compacte
Le présent peut s'asseoir et dormir,
Sans craindre les fantômes revenus du passé ténébreux,
Qui à la lueur inégale de l'ancien feu de bois nous parlaient. »

Ellen Hooper [10]

Anciens habitants et visiteurs d'hiver

J'affrontai quelques joyeuses tempêtes de neige et passai de réjouissantes soirées d'hiver au coin du feu, tandis que les flocons tourbillonnaient furieusement au-dehors et que même le hululement de la chouette se taisait. Durant plusieurs semaines je ne rencontrai personne lors de mes promenades, sinon ceux qui venaient de temps à autre couper du bois et l'emporter au village sur leur traîneau. Les éléments m'encouragèrent néanmoins à déblayer un chemin à travers la neige la plus épaisse des bois, car après mon passage le vent jeta des feuilles de chêne sur mes traces, où elles restèrent, et en absorbant les rayons du soleil elles firent fondre la neige ; ainsi, non contentes de me faire un sentier où je pouvais marcher au sec, elles me guidaient la nuit grâce à leur ligne sombre. En guise de compagnie humaine, je devais évoquer les anciens occupants de ces bois. Dans le souvenir de bon nombre de mes concitoyens, la route proche de ma maison résonnait des rires et des bavardages d'habitants, et les bois qui la longent étaient parsemés et marqués çà et là de leurs jardinets et de leurs maisonnettes, même si elle était alors bordée d'une forêt beaucoup plus touffue qu'aujourd'hui. À certains endroits, dans mon propre souvenir, les pins frottaient en même temps les deux côtés d'un cabriolet, et puis les femmes et les enfants obligés de passer là pour se rendre à Lincoln seuls et à pied étaient très effrayés et souvent couraient presque tout du long. Bien qu'il s'agît pour l'essentiel d'une humble route menant aux villages voisins, et parcourue par l'équipage du bûcheron, sa variété amusait autrefois le voyageur davantage qu'aujourd'hui, et demeurait plus longtemps dans sa mémoire. Là où, à présent, des champs au sol stable s'étendent entre le village et les bois, elle traversait alors un marécage où poussaient des érables sur des fondations de troncs, dont les vestiges constituent sans doute le soubassement de l'actuelle route poussiéreuse, depuis la ferme de Stratton, aujourd'hui l'hospice, jusqu'à la colline de Brister.

À l'est de mon champ de haricots, de l'autre côté de la route, habitait Caton Ingraham[1], esclave de Duncan Ingraham[2], Esquire, gentleman du village de Concord, qui bâtit une maison à son esclave et lui donna la permission de vivre dans les bois de Walden; Caton, non pas d'Utique, mais de Concord. Selon certains, c'était un nègre de Guinée. Il y en a même quelques-uns pour se souvenir de son petit lopin de terre parmi les noyers, qu'il laissait pousser en vue de sa vieillesse et du besoin qu'il en aurait alors; mais ce fut un spéculateur plus jeune et plus blanc que lui qui mit la main dessus. Lui aussi, pourtant, occupe à présent une demeure tout aussi étroite. Le creux de la cave de Caton est toujours là, à demi effacé et connu de peu de gens, car une rangée de pins le dissimule aux yeux du promeneur. Les sumacs (*Rhus glabra*) y poussent à présent, ainsi que l'une des variétés les plus précoces de la verge d'or (*Solidago stricta*), avec une grande luxuriance.

Ici, à l'angle même de mon champ, encore plus près du village, Zilpha[3], une femme de couleur, avait sa petite maison, où elle filait de la toile pour les gens du village en faisant résonner les bois de Walden de son chant perçant, car elle avait une voix remarquablement forte. Enfin, au cours de la guerre de 1812, son logement fut incendié en son absence par des soldats anglais, prisonniers libérés sur parole, si bien que son chat, son chien et ses poules brûlèrent tous ensemble. Elle menait une existence pénible, presque inhumaine. Un vieil habitué de ces bois se rappelle qu'en passant un midi devant la maison de Zilpha, il l'entendit marmonner toute seule au-dessus de sa marmite qui bouillonnait – « C'est rien que des os, des os! » Là-bas, j'ai retrouvé des briques dans le bosquet de chênes.

Plus loin sur la route, à main droite, sur la colline de Brister, vivait Brister Freeman, un « nègre débrouillard », jadis esclave du sieur Cummings[4], là où poussent toujours les pommiers plantés par Brister et entretenus par lui; ce sont aujourd'hui de vieux arbres imposants, mais leurs fruits ont encore pour moi un goût sauvage de cidre. Il y a peu, j'ai lu son épitaphe dans le vieux cimetière de

Lincoln, un peu à l'écart, près des tombes anonymes de quelques grenadiers britanniques tombés après la retraite de Concord – où on l'appelle « Sippio Brister », alors qu'il aurait eu droit au titre de « Scipion l'Africain[5] », – un « homme de couleur », comme s'il était décoloré. Cette épitaphe m'apprit aussi, avec une évidence frappante, quand il était mort : ce qui n'était qu'une manière indirecte de m'informer qu'il avait vécu. Avec lui vivait Fenda, son épouse hospitalière, qui prédisait l'avenir, mais gentiment, – grosse, ronde et noire, plus noire qu'aucun enfant de la nuit, et jamais orbe aussi sombre ne se leva sur Concord, ni avant ni depuis.

Plus loin vers le bas de la colline, à gauche, sur l'ancienne route des bois, sont les traces d'une habitation de la famille Stratton, dont le verger recouvrait jadis tout le versant de la colline de Brister, mais il y a longtemps qu'il a été tué par le pitchpin, hormis quelques souches dont les vieilles racines servent encore de greffon sauvage à de nombreux arbres de villageois économes.

Encore plus près du bourg, de l'autre côté du chemin, juste à la lisière des bois, on arrive aux terres de Breed[6] ; un lieu célèbre pour les excentricités d'un démon dépourvu du moindre nom précis dans l'ancienne mythologie, qui a joué un rôle crucial et étonnant dans la vie de notre Nouvelle-Angleterre, et qui, autant que n'importe quel personnage mythologique, mérite qu'on écrive un jour sa biographie ; il se présente d'abord comme un ami ou un serviteur, puis il dépouille et assassine la famille tout entière, – le Rhum de la Nouvelle-Angleterre. Mais l'histoire ne doit pas raconter encore les tragédies qui se déroulèrent ici ; laissons un peu de temps passer pour les adoucir et leur accorder une patine d'azur. Ici, selon la tradition la plus floue et la plus douteuse, se dressait autrefois une taverne ; le puits est toujours là, qui mêlait son eau au breuvage du voyageur et rafraîchissait sa monture. Ici, les hommes échangeaient jadis des saluts, annonçaient et écoutaient les nouvelles, avant de repartir chacun sur son chemin.

La cabane de Breed se dressait encore il y a seulement une douzaine d'années, mais elle était inoccupée depuis longtemps. Elle avait à peu près la même taille que la mienne. Un soir d'élections, si je ne m'abuse, elle fut incendiée par des mauvais garçons. Je vivais alors à l'orée du village et je venais de me plonger dans le *Gondibert* de Davenant, cet hiver-là où je souffrais de léthargie – et soit dit en passant, je n'ai jamais su si je devais la considérer comme une maladie de famille, ayant un oncle qui s'endort en se rasant et qui le dimanche est obligé de dégermer les pommes de terre dans une cave afin de se maintenir éveillé et d'observer le sabbat, ou comme la conséquence de mes tentatives pour lire le recueil de poésie anglaise de Chalmers sans en sauter une seule page. Le feu eut aisément raison de mes Nervii*. Ma tête venait de rejoindre ma lecture quand les cloches annoncèrent l'incendie, et les voitures des pompiers partirent à tombeau ouvert vers le sinistre, menées par une troupe désordonnée d'hommes et de garçons, dont moi, car j'avais sauté le ruisseau. Nous pensions que c'était loin au sud derrière les bois – car nous avions déjà couru au feu – une grange, un magasin ou une maison d'habitation, ou tout cela ensemble. « C'est la grange de Baker ! » s'écriait l'un. « C'est la ferme Codman », affirmait un autre. Des gerbes d'étincelles jaillirent alors au-dessus des bois, comme si le toit s'effondrait, et nous avons tous crié : « Concord, à la rescousse ! » Des chariots nous dépassaient à une vitesse folle, chargés comme jamais, transportant peut-être parmi leurs passagers l'agent de la Compagnie d'Assurances, qui devrait sans doute s'avancer le plus possible ; de temps à autre, la cloche de la pompe à incendie tintait par-derrière, plus lente et sûre ; et tout à fait en arrière, ainsi qu'on le chuchota par la suite, venaient ceux qui avaient mis le feu et déclenché l'alarme. Ainsi progressions-nous tels d'authentiques idéalistes, rejetant l'évidence de nos sens, jusqu'à certain virage de la route où nous entendîmes les crépitements et sentîmes pour de bon la chaleur de l'incendie au-dessus du mur, et nous comprîmes, hélas, que nous étions enfin arrivés. La proximité même de l'incendie refroidit notre ardeur. Nous pensâmes d'abord y jeter toute une mare aux grenouilles, avant de conclure qu'il valait mieux laisser tout brûler, les choses

---

* Thoreau joue sur les mots nerfs et Nerviens : Shakespeare, *Jules César*, III, II, 173.

étant déjà très avancées et le bâtiment dépourvu de valeur. Debout autour de notre voiture à pompe, nous échangions des coups de coude, exprimions nos sentiments avec des porte-voix, ou sur un ton plus bas évoquions les grandes conflagrations que le monde avait connues, y compris l'incendie de la boutique de Bascom, et entre nous tous, nous pensions qu'à condition d'arriver à temps sur les lieux avec notre « baquet[7] » et de trouver une belle mare aux grenouilles à proximité, nous pourrions changer ce dernier brasier universel annoncé en un nouveau déluge. Nous finîmes par nous retirer sans avoir commis de dégât – chacun retrouve le sommeil ou *Gondibert*. À propos de *Gondibert*, j'aimerais citer ce passage de la préface sur le trait d'esprit comparé à la poudre de l'âme : « mais la plupart des hommes sont étrangers à l'esprit, comme les Indiens à la poudre. »

Il se trouva que, la nuit suivante, vers la même heure, je traversais les champs de ce côté-là, et, entendant un gémissement sourd à cet endroit, je m'approchai dans l'obscurité et découvris le seul survivant de la famille que je connaisse, l'héritier de ses vertus comme de ses vices[8], le seul à s'intéresser à cet incendie, allongé à plat ventre et regardant au-dessus du mur de la cave les cendres qui tout en bas rougeoyaient encore, en marmonnant dans sa barbe comme à son habitude. Il avait passé toute la journée à travailler au loin, dans les prairies de la rivière, et il avait profité des premiers moments qu'il avait en quelque sorte à lui pour rendre visite au foyer de ses pères et de sa jeunesse. Il observait la cave de tous côtés et en changeant de point de vue tour à tour, en s'allongeant chaque fois à plat ventre, comme si elle contenait quelque trésor dont il se rappelait l'existence, caché parmi les pierres, là où il n'y avait absolument rien d'autre qu'un tas de briques et de cendres. La maison ayant disparu, il regardait ce qu'il en restait. Il fut apaisé par la sympathie que ma seule présence impliquait et, autant que l'obscurité le permettait, il me montra l'endroit où le puits était couvert, et qui, grâce au ciel, ne pouvait brûler ; puis sa main tâtonna longtemps contre le mur avant de trouver la potence que son père avait fabriquée et montée, cherchant le crochet de fer ou le crampon où l'on avait attaché un poids du côté le plus lourd, – c'était là tout ce à quoi le malheureux pouvait désormais se raccrocher –, pour me convaincre qu'il ne s'agissait pas d'un vulgaire « cavalier ». Je le touchai, et je le vois encore presque tous les jours lors de mes promenades, car c'est l'histoire d'une famille qui y est suspendue.

Une fois encore, sur la gauche, là où l'on aperçoit le puits et les massifs de lilas près du mur, dans ce qui est désormais la campagne, vivaient Nutting et Le Grosse[9]. Mais retournons vers Lincoln.

Plus loin qu'aucun de ceux-là parmi les bois, à l'endroit où la route s'approche au plus près du lac, vivait Wyman le potier, qui fournissait ses concitoyens en pots de terre et laissa des descendants pour lui succéder. Aucun d'eux ne s'enrichit de biens terrestres, car tant qu'ils y vécurent ils tenaient seulement leurs terres par tolérance; et le shérif y venait souvent, mais sans résultat, collecter les impôts, et il « attachait un bout de bois[10] » pour la forme, ainsi que je l'ai lu dans ses comptes, car il ne pouvait mettre la main sur rien d'autre. Un jour du milieu de l'été, alors que je sarclais, un homme qui transportait un chargement de poterie jusqu'au marché arrêta son cheval près de mon champ et s'enquit de Wyman le jeune. Il lui avait jadis acheté un tour de potier, et il désirait savoir ce qu'il était devenu. J'avais certes lu dans les saintes Écritures ce qu'on disait de l'argile et du tour du potier[11], mais il ne m'était jamais venu à l'esprit que les pots que nous utilisions ne nous avaient pas été transmis intacts à partir de cette époque reculée, ou qu'ils n'avaient pas poussé quelque part sur un arbre comme des calebasses, et j'appris donc avec plaisir qu'on avait pratiqué cet art si plastique dans mon voisinage.

Le dernier habitant de ces bois avant moi fut un Irlandais, Hugh Quoil[12] (j'espère avoir *coilectement* écrit son nom), qui occupait le logement de Wyman – on l'appelait le colonel Quoil. Le bruit courait qu'il avait été soldat à Waterloo. S'il avait vécu plus longtemps, je lui aurais fait revivre ses batailles. Ici, son métier était celui de cureur de fossés. Napoléon partit à Sainte-Hélène ; Quoil s'en vint aux bois de Walden. Tout ce que je sais de lui est tragique. C'était un homme très poli, comme s'il avait vu le monde, et il était capable de faire des discours plus civils que vous ne pouviez en entendre. En plein été, il portait un grand manteau, car il souffrait du delirium tremens et son visage était rouge carmin. Il mourut sur la route, au pied de la colline de Brister, peu après mon arrivée dans les bois, de sorte que je ne me souviens pas de lui comme d'un voisin. Avant que sa maison ne fut démolie, alors que ses camarades l'évitaient comme étant « un château hanté », je lui rendis visite. Ses vieux vêtements ratatinés par le temps étaient étendus, comme s'il s'agissait de lui en personne, sur la planche élevée à quoi se réduisait son lit. Sa pipe, brisée, gisait dans l'âtre, au lieu du vase brisé à la fontaine [13]. Ce dernier n'aurait jamais pu être le symbole de sa mort, car il m'avoua que, bien qu'ayant entendu parler de la Source de Brister, il ne l'avait jamais vue ; des cartes sales, rois de carreau, de pique et de cœur, gisaient éparpillées par terre. Un poulet noir, que l'administrateur de ses biens n'avait pu saisir, noir comme la nuit et tout aussi silencieux, qui ne caquetait même pas, attendait maître Renard et revenait encore se percher dans la pièce voisine. À l'arrière, on apercevait le vague contour d'un jardin, qu'on avait planté mais sans jamais le sarcler, à cause de ces terribles crises de tremblote, alors que c'était le moment de récolter. Il était infesté d'armoise amère et de bident à feuilles, ce dernier s'attachant à mes vêtements en guise de fruits. On avait récemment tendu la peau d'une marmotte sur l'arrière de la maison, un trophée du dernier Waterloo du colonel ; mais désormais, il n'aurait plus besoin de bonnet chaud ni de moufles.

Seul un creux dans la terre signale aujourd'hui le site de ces habitations, avec les pierres de la cave enterrées, les fraisiers, les framboisiers, les ronces à petites fleurs, les noisetiers et les sumacs poussant dans l'herbe et au soleil ; quelque pitchpin ou chêne rabougri occupe la place où se dressait jadis la cheminée, un bouleau flexible odorant oscille peut-être là où se trouvait la pierre de seuil. Parfois la cavité du puits demeure visible, là où jadis une source jaillissait ; ce n'est plus désormais qu'herbe sèche et sans larmes ; à moins qu'elle ne soit profondément enfouie – pour être seulement découverte dans un avenir lointain – sous une pierre plate enterrée, quand le dernier de la race aura disparu. Quel geste désespéré ce doit être, cette fermeture d'un puits, qui doit coïncider avec l'ouverture de puits de larmes ! Ces creux de cave, tels des terriers de renard abandonnés, de vieux trous, sont tout ce qu'il reste du mouvement et de l'agitation de la vie humaine révolue, de ces endroits où « le destin, le libre arbitre, la prescience absolue[14] » sous une forme ou une autre, dans un dialecte ou un autre, étaient tour à tour discutés. Mais tout ce que je peux apprendre de leurs conclusions se résume simplement à ceci : « Cato et Brister raclaient la laine », ce qui est à peu près aussi édifiant que l'histoire de plus célèbres écoles de philosophie.

Le lilas vivace pousse encore, une génération après la disparition de la porte, du linteau et du seuil, déployant chaque printemps ses fleurs parfumées, pour que le voyageur pensif les cueille ; jadis planté et soigné par des mains enfantines, sur des parcelles situées devant la maison, maintenant dressé contre un mur dans une pâture écartée, et laissant place à de nouvelles forêts ; le dernier de cette lignée, l'unique survivant de cette famille. Ces enfants au teint sombre, ils ne se doutaient pas que la pauvre bouture aux deux malheureux bourgeons qu'ils enfoncèrent en terre à l'ombre de la maison, puis qu'ils arrosèrent tous les jours, prendrait aussi bien racine et leur survivrait, pour s'installer derrière cette maison qui lui donnait de l'ombre, et qu'une fois devenue le jardin et le verger de l'homme, elle murmurerait doucement leur histoire au promeneur solitaire un demi-siècle après qu'ils grandirent puis décédèrent, – produisant des fleurs aussi belles et un parfum aussi délicieux que lors de ce premier printemps. Je remarque ses couleurs lilas encore tendres, aimables et gaies.

Mais ce petit village, où germait quelque chose de plus, pourquoi donc a-t-il échoué tandis que Concord a tenu bon ? N'avait-il aucun atout naturel, aucun privilège d'eau en vérité ? Certes, le profond lac Walden et la fraîche source de Brister – le privilège d'y boire à longues et saines goulées, sans que rien n'ait été amélioré par ces hommes, qui se contentèrent d'en diluer leur boisson. C'était une race toujours assoiffée. Le marché des paniers, des balais, des paillassons, du séchage du maïs, du filage du lin et de la poterie n'aurait-il pas pu y prospérer, pour que le désert s'épanouisse comme une rose [15] et qu'une nombreuse postérité hérite des terres léguées par leurs pères ? La stérilité du sol aurait au moins pu éviter les dégénérescences que l'on constate sur les basses terres. Hélas ! Comme le souvenir de ces habitants humains honore peu la beauté du paysage ! Mais peut-être la Nature essayera-t-elle encore avec moi en guise de premier colon, et ma maison bâtie au printemps dernier deviendra peut-être la plus ancienne du hameau.

Je ne crois pas que quiconque ait jamais construit à l'endroit que j'occupe. Délivrez-moi des villes bâties sur le site d'une ville plus ancienne, dont les matériaux proviennent de ruines, et les jardins de cimetières. Le sol en est blême et maudit ; avant que cette nécessité s'impose, la terre elle-même sera détruite. Avec de telles réminiscences, je repeuplais les bois et me berçais pour m'endormir.

*

J'avais rarement de la visite à cette saison. Quand la neige était très épaisse, aucun promeneur ne s'aventurait près de ma maison durant une ou deux semaines, mais je vivais là aussi douillettement qu'un mulot, ou comme le bétail ou la volaille, dont on dit qu'ils ont longtemps survécu, enfouis dans des congères, malgré l'absence de toute nourriture ; ou comme cette famille d'un des premiers pionniers du village de Sutton, dans notre État du Massachusetts, dont la chaumière fut entièrement recouverte par la grande tempête de 1717 alors qu'il en était absent, et un Indien la découvrit seulement grâce au trou fait dans la congère par l'haleine de la cheminée, ce qui lui permit de sauver la famille. Mais nul Indien amical ne se souciait de moi ; et le cas échéant c'eût été superflu, car le maître de maison était chez lui. La Grande

Neige! Quel plaisir d'entendre ces mots! Lorsque les fermiers ne pouvaient plus aller dans les bois ni dans les marais avec leurs équipages, et qu'ils devaient couper les arbres qui ombrageaient leurs maisons; et quand la croûte de neige eut durci, ils allèrent couper les arbres des marais à dix pieds du sol, comme on s'en rendit compte au printemps suivant.

Lors des plus fortes chutes de neige, on aurait pu représenter le sentier que je suivais depuis la grand-route jusqu'à ma maison, long d'environ un demi-mile, par une ligne pointillée sinueuse, ponctuée de grands intervalles entre les points successifs. Durant une semaine de temps inchangé, je fis exactement le même nombre de pas, et de la même longueur, allant et venant en marchant avec grand soin et la précision d'un compas, dans mes traces profondes, – à pareille routine l'hiver nous réduit –, mais ces empreintes étaient souvent remplies du bleu du ciel. Aucun mauvais temps n'interrompit mes promenades, ou plutôt mes sorties, car je parcourais souvent huit ou dix miles à travers une neige très profonde afin d'arriver à l'heure à mon rendez-vous avec un hêtre, ou un bouleau jaune, ou encore une vieille connaissance parmi les pins; quand la glace et la neige faisaient ployer les grosses branches de ces arbres et aiguisaient leur cime effilée, transformant ainsi les pins en sapins; je me frayais un chemin ardu jusqu'au sommet des plus hautes collines tandis que la neige atteignait près de deux pieds en terrain plat et, à chaque pas, je faisais dégringoler sur ma tête une nouvelle tempête de neige; ou alors j'avançais à quatre pattes, en rampant et en enfonçant, alors que les chasseurs avaient pris leurs quartiers d'hiver. Un après-midi, je m'amusai à observer une chouette lapone (*Strix nebulosa*), perchée sur l'une des branches basses et mortes d'un pin blanc, tout près du tronc, en plein jour, tandis que je me tenais à moins d'une perche de cet oiseau. Elle m'entendait me déplacer quand la neige crissait sous mes pas, mais de toute évidence elle ne pouvait pas me voir. Lorsque je faisais beaucoup de bruit, elle allongeait le cou, dressait les plumes sur sa gorge et ouvrait grand les yeux; mais leurs paupières retombaient bientôt et elle se remettait à opiner du chef. Moi aussi, je me sentis pris de somnolence après l'avoir observée, ainsi perchée, pendant une demi-heure, les yeux mi-clos, tel un chat ou la sœur ailée du chat. Seule une étroite fente séparait ses paupières, par laquelle la chouette entretenait avec moi une relation péninsulaire; ainsi, les yeux presque fermés, elle regardait à partir du pays des rêves et tentait de prendre conscience de moi, ce vague objet ou ce grain de poussière qui interrompait ses visions. Enfin, à cause d'un bruit plus fort que les autres ou d'une approche plus insistante de ma part, elle parut inquiète et se retourna paresseusement sur son perchoir, comme si elle était mécontente de voir ses rêves ainsi troublés; et quand elle s'élança en battant des ailes à travers les pins, des ailes d'une envergure inattendue, je remarquai qu'elles n'émettaient pas le moindre bruit. Ainsi guidée au milieu des branches de pin, et plutôt par un sens aigu de leur proximité que par sa seule vue, trouvant à tâtons son chemin crépusculaire, pour ainsi dire, grâce à des plumes d'une sensibilité extrême, elle découvrit bientôt un nouveau perchoir, où attendre en paix l'aube de son jour à elle.

Comme je longeais à pied la longue chaussée tracée à travers prés pour la voie de chemin de fer, je fus souvent assailli par des bourrasques d'un froid mordant, car nulle part le vent ne disposait d'un aussi vaste terrain de jeux; et dès que la bise me frappait une joue, tout païen que j'étais, je lui tendais l'autre. La route carrossable qui venait de la colline de Brister ne valait guère mieux. Car je continuais à me rendre en ville, tel un Indien amical, lorsque toute la neige des vastes champs ouverts s'amoncelait entre les murs de la route de Walden, et qu'une demi-heure suffisait à effacer les traces du dernier voyageur. Ensuite, à mon retour, de nouvelles congères s'étaient formées, que je traversais en m'enfonçant, où l'infatigable vent du nord-ouest avait déposé la neige poudreuse dans un virage serré de la route, et où l'on ne voyait pas la moindre trace de lapin ni l'impression fine, en caractères minuscules, du campagnol des champs. Néanmoins, je manquais rarement de découvrir, même au beau milieu de l'hiver, quelque marécage tiède au sol moelleux, où l'herbe et le chou puant arboraient encore leur verdure pérenne, et où quelque oiseau plus robuste attendait parfois le retour du printemps.

De temps à autre, malgré la neige, les soirs où je rentrais de ma promenade, je croisais les traces profondes d'un bûcheron qui revenait de chez moi, et je découvrais sur l'âtre son tas de petit bois, ainsi que ma maison parfumée de l'odeur de sa pipe. Ou encore, un dimanche après-midi, si je me trouvais à la maison, j'entendais la neige crisser sous le pas d'un fermier avisé qui, parti de loin à travers la forêt, venait chercher sous mon toit l'occasion d'une bonne « causette »; l'un des rares représentants de sa profession qui sont non seulement des fermiers, mais avant tout des hommes; qui endossent une blouse au lieu de la robe professorale, et qui sont tout aussi prompts à tirer les leçons morales de l'Église ou de l'État, qu'à tracter une charretée de fumier hors de leur étable. Nous parlions des temps anciens, plus rudes et plus simples, quand, par un froid de loup, les hommes aux idées claires s'asseyaient autour de grands feux; et, en l'absence de quelque autre dessert à se mettre sous la dent, nous nous rabattions sur ces noix que les sages écureuils avaient abandonnées depuis longtemps, car celles qui ont la coquille la plus épaisse sont d'habitude vides.

Celui qui venait vraiment de très loin pour me voir, à travers la neige la plus épaisse et par les tempêtes les plus affreuses, était un poète. Un fermier, un chasseur, un soldat, un journaliste, voire un philosophe renonceraient sans doute; mais rien ne peut dissuader un poète, car c'est l'amour pur qui le motive. Qui saurait prédire ses allées et venues ? À toute heure, ses activités l'appellent au dehors, même quand les médecins dorment. Nous avons fait résonner cette petite maison d'une gaieté tonitruante et du murmure d'entretiens beaucoup plus paisibles, consolant alors le vallon de Walden des longs silences qui jusque-là l'avaient oppressé. Broadway eût paru calme et désert en comparaison. À intervalles convenables, nos éclats de rire se répondaient, qu'on aurait pu associer indifféremment à la dernière plaisanterie en date ou à la suivante. Nous échafaudions une théorie de la vie « flambant neuve » tout en partageant un clair brouet, qui alliait les avantages de la convivialité à la lucidité qu'exige la philosophie.

Je ne dois pas oublier qu'au cours de mon dernier hiver passé au bord du lac, il y eut un autre visiteur bienvenu qui un temps traversait le village pour venir jusqu'à moi, bravant la neige, la pluie et l'obscurité, jusqu'à ce qu'il aperçoive ma lampe à travers les arbres et partage avec moi quelque longue soirée d'hiver. L'un des derniers philosophes[16] – c'est le Connecticut qui en fit don au monde –, il colporta d'abord ses marchandises, et ensuite, à l'en croire, les produits de son cerveau. Il continue de colporter ces dernières denrées, soufflant à Dieu ses répliques et couvrant l'homme de honte, portant pour seul fruit son cerveau, comme la noix son cerneau. Je crois que, de tous les hommes vivants, il est celui qui possède la plus grande foi. Ses paroles et son attitude supposent toujours un état des choses meilleur que celui connu des autres hommes, et il sera le dernier à être déçu par l'évolution des temps. Ses projets ne concernent pas le présent. Même si on ne l'apprécie guère aujourd'hui, son jour viendra : alors des lois ignorées de la plupart des gens prendront effet, et les chefs de famille ainsi que les dirigeants des États viendront le consulter.

« Comme il est aveugle, celui qui ignore la sérénité[17] ! »

Un authentique ami de l'homme ; quasiment le seul ami du progrès humain. Un Vieux Mortel[18], disons plutôt un Immortel, qui avec une patience et une foi infatigables rend manifeste l'image gravée dans le corps des hommes, le Dieu dont ils ne sont que les monuments dégradés et penchés. Son intelligence hospitalière inclut les enfants, les mendiants, les fous et les savants, et invite les pensées de tous ces gens, en y ajoutant d'habitude largeur de vues et élégance. Je crois qu'il devrait entretenir un caravansérail sur la grand-route du monde, où les philosophes de toutes les nations pourraient séjourner, et sur son enseigne devraient figurer ces mots : « Bienvenue à l'homme, mais pas à sa bête. Entrez, vous qui possédez loisir et quiétude, vous qui cherchez sincèrement la voie. » C'est peut-être l'esprit le plus sain qui soit, et l'homme le moins contourné que j'aie jamais rencontré; identique à soi, hier comme demain. Naguère, nous avons devisé en nous promenant, réussissant très bien à mettre le monde derrière nous; car libre comme l'air, *ingenuus*, il n'était lié à aucune institution mondaine. Où que nous nous tournions, il semblait que le ciel et la terre s'étaient rejoints, car sa seule présence accroissait la beauté du paysage. Un homme vêtu de bleu, dont le toit idéal est l'immense voûte céleste, qui reflète sa sérénité. Je ne vois pas comment il pourrait jamais mourir; car la Nature ne saurait se passer de lui.

Chacun de nous ayant quelques bardeaux de pensées bien secs, nous restions assis pour les aiguiser, essayant nos couteaux et admirant le grain clair et jaunâtre du pin blanc. Nous avancions dans l'eau si doucement et respectueusement, ou nous ramions si calmement, que les poissons de pensée ne s'écartaient pas terrifiés, et nous ne redoutions aucun pêcheur sur la rive, mais nous vaquions majestueusement à nos affaires, comme les nuages qui dérivent dans le ciel occidental et les troupeaux nacrés qui parfois s'y forment et s'y dissolvent. Tel était notre lieu de travail, où nous révisions la mythologie, abordions une fable çà et là, et construisions des châteaux dans le ciel, auxquels la terre n'offrait aucune fondation valable. Immense Voyant! Merveilleux Spéculateur! Converser avec toi était un plaisir tout droit issu des *Mille et Une Nuits* de Nouvelle-Angleterre. Ah, quelles discussions nous avons eues, l'ermite et le philosophe, ainsi que le vieux pionnier dont j'ai déjà parlé, – tous les trois –, qui dilataient et tourmentaient ma petite maison! Je ne m'aventurerais pas à préciser quel poids supplémentaire s'exerçait, en plus de la pression atmosphérique, sur chaque pouce carré de ses murs; les joints craquaient et il fallait ensuite les calfeutrer avec de bonnes couches d'ennui pour arrêter les fuites dues à nos échanges; mais je disposais d'abondantes réserves de cette étoupe-là.

Il y en avait un autre[19] avec qui je débattais en denses « sessions » et que je n'ai jamais oublié, chez lui, au village, et qui passait me voir de temps à autre ; mais c'était là toute la société que je fréquentais.

Là aussi, comme partout, j'attendais parfois le Visiteur qui ne venait jamais. Selon le Purana de Vishnou, « À la tombée du jour, le maître de maison doit rester dans sa cour le temps qu'on met à traire une vache, ou plus longtemps s'il le désire, afin d'attendre l'arrivée d'un invité ». J'ai souvent accompli ce devoir d'hospitalité et attendu le temps qu'on met à traire tout un troupeau de vaches, mais sans jamais voir venir aucun villageois.

Animaux d'hiver

Quand les lacs furent bien gelés, ils fournirent non seulement des raccourcis inédits pour rejoindre de nombreuses destinations, mais de nouveaux points de vue d'où regarder le paysage familier qui les entoure. Lorsque je traversai le lac de Flint après que la neige l'eut recouvert, et bien que j'aie souvent pagayé sur ses eaux ou patiné sur sa glace, il me parut d'une immensité si inattendue et surprenante, que je ne pus penser à rien d'autre qu'à la baie de Baffin. Les collines de Lincoln se dressaient autour de moi à l'extrémité d'une plaine enneigée où je ne me souvenais pas de m'être déjà tenu ; à une distance indéterminée, les pêcheurs qui se déplaçaient lentement sur la glace avec leurs chiens aux allures de loups, évoquaient des chasseurs de phoques ou des Eskimos, ou encore par temps brumeux se dressaient telles des créatures fabuleuses, sans que je puisse dire s'il s'agissait de géants ou de Pygmées. Je suivais cet itinéraire les soirs où j'allais faire une conférence à Lincoln, n'empruntant aucun chemin et ne passant devant aucune maison entre la mienne et la salle de conférences. Au lac de l'Oie, qui se trouvait sur ma route, habitait une colonie de rats musqués, dont les huttes se dressaient nettement au-dessus de la glace, mais je ne réussis pas à en voir un seul en traversant ce lac. Walden, étant d'habitude aussi peu enneigé que les autres lacs, ou seulement couvert de congères peu élevées et isolées, était ma cour, où je pouvais marcher librement alors qu'il y avait ailleurs près de deux pieds de neige en terrain plat et que les villageois ne parvenaient pas à s'aventurer plus loin que leurs rues. Là, loin du village et du tintement des cloches des traîneaux, que l'on entendait très rarement, je faisais des glissades et je patinais, comme dans une vaste cour piétinée par les sabots des orignaux, sous la canopée des bois de chênes et des pins solennels aux branches incurvées par la neige ou hérissées de glaçons.

Quant aux bruits de ces nuits d'hiver, et souvent même de ces jours d'hiver, j'entendais à une distance insituable l'appel lugubre mais mélodieux d'une chouette effraie ; un son que la terre gelée aurait pu émettre, eût-elle été frappée du plectre adéquat, l'authentique *lingua vernacula* des bois de Walden, et qui avait fini par me devenir tout à fait familier, bien que je n'aie jamais vu cet oiseau l'émettre. Les soirs d'hiver, j'ouvrais rarement ma porte sans l'entendre : *Hou hou hou, hou- eur hou,* un chant sonore, les trois premières syllabes accentuées un peu comme *hou là là* ; ou parfois seulement *hou hou.* Un soir du début de l'hiver, avant que le lac ne soit entièrement gelé, vers neuf heures, je tressaillis en entendant une oie cacarder très fort, puis, m'avançant jusqu'à la porte, je perçus le bruit de leurs ailes comme une tempête dans les bois tandis qu'elles passaient très bas au-dessus de ma maison. Elles survolèrent le lac en direction de Fair Haven, apparemment dissuadées de se poser à côté de ma lumière, leur commodore cacardant tout du long sur un rythme régulier. Soudain, tout près de moi, le cri reconnaissable entre tous d'un chat-huant, la voix la plus dure et la plus puissante que j'aie jamais entendue chez les habitants des bois, répondit à l'oie à intervalles réguliers, comme s'il voulait accuser publiquement et couvrir de honte cette intruse venue de la baie de Hudson en manifestant un registre vocal plus divers, tonitruant et autochtone, afin de la bannir de l'horizon de Concord par ses huées. Mais qu'est-ce qui vous prend de sonner l'alarme dans la citadelle à cette heure de la nuit qui m'est consacrée ? Vous croyez donc qu'on m'a déjà surpris à somnoler à une heure pareille, et que je n'ai pas des poumons et un larynx comme vous ? *Bou-hou, bou-hou, bou-hou !* Ce fut l'une des discordes les plus palpitantes que j'aie jamais ouïes. Néanmoins, une oreille fine pouvait y repérer les éléments d'une concorde telle que ces plaines n'en virent ni n'en entendirent jamais.

Je perçus aussi les grondements de la glace du lac, mon formidable compagnon de lit dans cette région de Concord, comme s'il s'agitait sur sa couche, essayait de se retourner, troublé de flatulences et de mauvais rêves ; ou bien c'étaient les craquements du sol gelé qui me réveillaient, comme si l'on venait de mener un attelage de bœufs contre ma porte, et au matin je découvrais dans la terre une crevasse longue d'un quart de mile et large d'un tiers de pouce.

Les nuits où la lune brillait, j'entendais parfois les renards courir sur la neige croûteuse, à la recherche d'une perdrix ou d'un autre gibier, avec des aboiements fous et démoniaques de chiens de forêt, comme s'ils se débattaient dans l'angoisse, cherchaient à s'exprimer, luttaient pour rejoindre la lumière, pour devenir de vrais chiens et courir librement parmi les rues ; car si nous tenons compte de l'évolution des espèces au fil du temps, les animaux autant que les hommes ne pourraient-ils être civilisés ? Ils me faisaient l'effet d'hommes rudimentaires, terrés, toujours sur la défensive, attendant leur transformation. L'un d'eux apparaissait parfois derrière ma fenêtre, attiré par la lumière, il m'aboyait quelque malédiction de renard, puis battait en retraite.

D'habitude, l'écureuil roux (*Sciurus Hudsonius*) me réveillait à l'aube en galopant sur le toit et en montant et descendant les murs de la maison, comme s'il avait été envoyé exprès hors des bois pour me tirer du sommeil. Au cours de l'hiver, je jetai dehors un demi-boisseau d'épis de maïs doux qui n'avaient pas mûri, sur la neige croûtée à côté de ma porte, et je m'amusais à regarder les mouvements des divers animaux ainsi appâtés. Au crépuscule et pendant la nuit, les lapins venaient régulièrement se régaler. Toute la journée, les écureuils roux allaient et venaient, et leurs manigances me procuraient beaucoup de plaisir. L'un d'eux s'approchait d'abord avec prudence à travers les chênes nains, en effectuant de brèves courses saccadées sur la neige croûtée, telle une feuille emportée par le vent, tantôt quelques pas dans une direction, avec une vitesse et une dépense d'énergie merveilleuses, progressant incroyablement vite sur ses petites pattes, comme s'il avait fait un pari, tantôt autant de pas dans une autre direction, sans jamais avancer de plus d'une demi-verge à chaque fois ; s'arrêtant alors tout à trac avec une expression ridicule et une cabriole superflue, comme si tous les yeux de l'univers étaient fixés sur lui, – car tous les gestes de l'écureuil, même dans les recoins les plus isolés de la forêt, impliquent des spectateurs au même titre que ceux d'une danseuse –, perdant ainsi davantage de temps en arrêts et en circonspection qu'il n'en aurait fallu pour parcourir la distance tout entière –, je n'en ai jamais vu un seul marcher –, et soudain, avant que vous n'ayez eu le temps de dire ouf, il se retrouvait en haut d'un jeune pitchpin, remonté comme une pendule et tançant ses innombrables spectateurs imaginaires, monologuant tout en s'adressant à l'univers entier, pour nulle raison que j'aie jamais pu déterminer, ni que lui-même, je suppose, connaissait. Il atteignait enfin le maïs et choisissait un épi convenable, bondissait à sa manière imprévisible et trigonométrique jusqu'à la plus haute bûche de mon tas de bois, devant ma fenêtre, où il me regardait droit dans les yeux et restait assis des heures, allant chercher un nouvel épi de temps à autre, qu'il grignotait tout d'abord avec voracité avant de le jeter à moitié rongé ; enfin, il devenait de plus en plus difficile et se mettait à jouer avec sa nourriture, ne mangeant que la partie interne du grain, et l'épi, tenu en équilibre au-dessus de la bûche par une patte, glissait de son étreinte désinvolte et tombait par terre ; il se penchait alors pour le considérer avec une expression comique et dubitative, comme s'il le soupçonnait d'être vivant, sans trop savoir s'il fallait le récupérer, en chercher un autre ou tout bonnement filer ; tantôt il pense au maïs, tantôt il tend l'oreille pour écouter ce que dit le vent. Ainsi, ce petit impudent gâchait beaucoup d'épis en une seule matinée ; jusqu'à ce qu'enfin, s'emparant d'un spécimen plus long et ventru que les autres, considérablement plus gros que lui-même, le tenant en équilibre avec habilité, il reparte avec son butin vers les bois, comme un tigre emporte un buffle, avec la même course zigzagante et les arrêts fréquents, en grattant le sol avec, comme s'il était trop lourd pour lui et qu'il tombait sans cesse, l'épi matérialisant une diagonale, entre la perpendiculaire et l'horizontale, bien décidé à l'acheminer à bon port quoi qu'il arrive ; une créature singulièrement frivole et capricieuse ; ainsi s'en allait-il avec son trophée vers l'endroit où il vivait, pour le porter peut-être jusqu'à la cime d'un pin distant de quarante ou cinquante perches, et je découvrais ensuite les épis jonchant les bois de tous côtés.

Enfin les geais arrivaient, dont les cris discordants se faisaient entendre depuis longtemps déjà, tandis qu'à un huitième de mile ils procédaient à une prudente approche, et selon leur manière furtive et sournoise ils voletaient d'arbre en arbre, toujours plus près, pour ramasser les grains que les écureuils avaient laissés tomber. Puis, perchés sur une branche de pitchpin, ils tentent d'avaler précipitamment un grain trop gros pour leur gorge et qui les étouffe ; au bout d'efforts considérables ils le recrachent, puis ils passent une heure à essayer de le briser à coups de bec répétés. C'était de toute évidence des voleurs, et je n'avais pas beaucoup de respect pour eux ; à l'inverse, les écureuils, même s'ils semblaient timides de prime abord, se mettaient au travail comme s'ils prenaient ce qui leur appartenait.

Entre-temps arrivaient aussi des vols de mésanges à tête noire, lesquelles, ramassant les miettes lâchées par les écureuils, rejoignaient la petite branche la plus proche et, les coinçant sous leurs pattes, leur assenaient force coups de leur petit bec comme s'il s'agissait là d'un insecte dans l'écorce, jusqu'à les réduire à une taille assez menue pour leur gorge mince. Une petite troupe de ces mésanges venait quotidiennement dîner sur mon tas de bois, ou manger les miettes sur mon seuil, en émettant parfois de faibles zézaiements semblables au tintement cristallin de glaçons dans l'herbe, ou bien de vifs *dé dé dé*, ou plus rarement, lors de journées quasi printanières, un métallique *fi-bi* estival en provenance du bois. Elles étaient si familières que l'une d'entre elles finit par se poser sur une brassée de bois que je transportais, pour picorer les bûches sans la moindre peur. Un jour où je sarclais un jardin du village, un moineau se posa sur mon épaule et je me sentis plus fier de cet événement que de n'importe quelle épaulette que j'aurais pu arborer. Les écureuils aussi finirent par se montrer tout à fait familiers, et il leur arrivait de me marcher sur la chaussure quand je me trouvais sur leur chemin.

Avant que la neige ne recouvrît complètement le sol, puis de nouveau vers la fin de l'hiver, dès que la neige eut fondu sur mon versant sud de la colline et autour de mon tas de bois, les perdrix sortaient des bois, matin et soir, pour venir y manger. Où que l'on marche dans les bois, la perdrix jaillit brusquement, les ailes toutes bruissantes, en secouant la neige sur les feuilles mortes et les branches supérieures, et c'est une poudre d'or qui descend doucement dans les rayons du soleil, car cet oiseau courageux n'a nulle peur de l'hiver. La perdrix est souvent enfouie sous une congère et l'on dit qu'elle « plonge parfois d'un coup d'aile dans la neige molle, où elle reste cachée un jour ou deux ». Je les levais aussi en terrain découvert, car au coucher du soleil elles quittaient les bois pour manger les bourgeons des pommiers sauvages. Chaque soir, elles reviennent régulièrement à tel ou tel arbre, où le chasseur avisé les attend en embuscade, et les vergers isolés à proximité des bois souffrent ainsi des déprédations de ces oiseaux. Quoi qu'il en soit, je suis heureux que les perdrix puissent se nourrir. C'est l'oiseau même de la Nature qui se nourrit de bourgeons et d'eau limpide.

Par les sombres matins ou les brefs après-midi d'hiver, j'entendais parfois une meute de chiens sillonner tous les bois en jappant et en aboyant avec force, incapables de résister à l'instinct de la chasse, et puis la note intermittente du cor qui prouvait que l'homme se trouvait par-derrière. Les bois résonnent encore, et pourtant aucun renard ne jaillit sur la large berge découverte du lac, ni aucune meute poursuivant son Actéon. Le soir, il m'arrive de voir les chasseurs de retour avec une seule queue de renard accrochée à leur traîneau en guise de trophée, en route vers leur auberge. Ils me disent que, si le renard reste caché dans la terre gelée, il ne risque rien, ou que s'il détale en ligne droite aucun chien de chasse ne pourra le rattraper ; mais, ayant laissé loin derrière lui ses poursuivants, il fait halte afin de se reposer, l'oreille tendue, jusqu'à ce qu'ils se rapprochent ; et quand il repart, il décrit une courbe pour rejoindre sa vieille tanière, où les chasseurs l'attendent. Parfois, néanmoins, il court sur un mur long de plusieurs perches, puis il bondit très loin d'un côté, et il semble savoir que l'eau ne conservera pas son odeur. Un chasseur me dit avoir un jour vu un renard poursuivi par une meute se ruer sur le lac Walden quand la glace était couverte de mares peu profondes, traverser ventre à terre une partie de sa surface avant de retourner vers la même berge. Les chiens arrivèrent bientôt, mais ils perdirent alors la trace de leur proie. Une meute chassant seule passait parfois devant ma porte et faisait le tour de ma maison en jappant et en courant sans m'accorder la moindre attention, comme affligée d'une espèce de folie qui les empêchait de rien voir en dehors de leur quête. Ils tournent ainsi en rond jusqu'à ce qu'ils tombent sur une trace récente de renard, car un chien de chasse avisé renoncera à tout pour cela. Un jour, un homme arrivant de Lexington se présenta à ma cabane pour me demander si j'avais vu son chien, qui laissait des empreintes très visibles et qui chassait seul depuis une semaine. Je crains que toutes mes paroles ne l'aient guère avancé, car chaque fois que j'essayais de répondre à ses questions, il m'interrompait en me demandant, « Mais vous faites quoi ici ? » Il avait perdu un chien, mais trouvé un homme.

Un vieux chasseur au gosier sec, qui venait se baigner à Walden une fois l'an, quand l'eau était la plus chaude, et me rendait alors visite, me dit que des années plus tôt il prit son fusil un après-midi et alla se promener dans le bois de Walden; alors qu'il marchait sur la route de Wayland, il entendit les aboiements d'une meute qui approchait, et un renard sauta bientôt le mur pour atterrir sur la route et, vif comme l'éclair, il quitta la route en sautant par-dessus l'autre mur, sans être atteint par le coup de feu rapide du chasseur. Au bout d'un certain temps, arrivèrent une vieille chienne de chasse et ses trois chiots lancés à la poursuite du renard, chassant pour leur propre compte, qui disparurent de nouveau dans les bois. En fin d'après-midi, alors qu'il se reposait dans la forêt touffue au sud du lac Walden, il entendit au loin les aboiements de ces chiens, vers Fair Haven, toujours à la poursuite du renard; et ils durèrent longtemps, ces cris de chasse, qui faisaient résonner tous les bois en paraissant de plus en plus proches, venant tantôt de Well-Meadow, tantôt de la ferme Baker. Longtemps il se tint immobile pour écouter leur musique, si douce à l'oreille du chasseur, quand tout à coup le renard apparut, suivant les allées solennelles d'une course aisée dont le bruit était masqué par le bruissement bienvenu des feuilles, rapide et tranquille, progressant au ras du sol, laissant ses poursuivants loin derrière ; alors, bondissant sur un rocher au milieu des bois, il s'assit très droit et tendit l'oreille, en tournant le dos au chasseur. La compassion retint un moment le bras de celui-ci ; mais ce fut une brève émotion, et aussi vite qu'une pensée en suit une autre il épaula son arme et *boum!* - le renard bascule du rocher et gît à terre. Le chasseur resta pourtant à sa place et écouta les chiens. Ils approchaient toujours et toutes les allées des bois les plus proches résonnèrent bientôt de leurs cris démoniaques. Enfin la vieille chienne déboula, le museau rivé au sol, mordant l'air comme si elle avait le diable au corps, et elle courut droit vers le rocher ; mais en découvrant le renard mort, elle interrompit brusquement sa traque, comme frappée de stupeur, et se mit à décrire des cercles en silence autour de lui ; ses chiots arrivèrent alors l'un après l'autre et, comme leur mère, ils furent réduits au silence par ce mystère. Puis le chasseur approcha et se tint parmi eux, dissipant le mystère. Ils attendirent en silence qu'il ait dépouillé le renard, suivirent un moment la queue de l'animal, et enfin tournèrent les talons pour rejoindre les bois. Ce soir-là, un propriétaire terrien de Weston vint à Concord rendre visite au chasseur pour demander des nouvelles de ses chiens et raconter qu'après avoir quitté les bois de Weston ils chassaient depuis une semaine pour leur propre compte. Le chasseur de Concord lui dit ce qu'il savait et lui proposa la peau du renard ; mais l'autre la refusa et s'en alla. Il ne trouva pas ses chiens ce soir-là, et le lendemain il apprit qu'ils avaient traversé la rivière et passé la nuit dans une ferme où ils avaient fort bien festoyé, après quoi ils étaient repartis de bonne heure le lendemain matin.

Le chasseur qui me relata ces faits se souvenait d'un certain Sam Nutting, qui chassa jadis l'ours sur les hauteurs de Fair Haven, afin d'en échanger la peau contre du rhum au village de Concord ; qui lui dit même qu'il avait vu là-bas un orignal. Nutting avait un célèbre chien de chasse au renard, nommé Burgoyne – il prononçait ce nom Beuguine –, que mon informateur lui empruntait parfois. Dans le livre de comptes d'un vieux marchand de ce village, qui était aussi capitaine, employé de mairie et député, je trouve l'entrée suivante à la date du 18 janvier 1743, « dû à John Melven, 1 renard gris, 0-2-3 » ; on n'en trouve plus guère ici ; et dans son registre, à la date du 7 février 1743, Hezekiah Stratton est crédité d'« une ½ peau de chat 0-1-4 ½ », il s'agit bien sûr d'un chat sauvage, car Stratton avait servi au grade de sergent dans l'ancienne guerre contre les Français[1], et on ne lui aurait jamais fait crédit d'avoir chassé un gibier moins noble. Sont également mentionnées des sommes dues pour des peaux de cerf, que l'on vendait alors tous les jours. Un homme conserve encore les bois du dernier cerf qu'on tua dans ce voisinage, et un autre m'a décrit par le menu la chasse à laquelle son oncle avait participé. Les chasseurs formaient autrefois une nombreuse bande de gais lurons. Je me rappelle très bien un sévère Nemrod[2] qui ramassait une feuille morte au bord de la route et jouait dessus un air plus sauvage et mélodieux, si je me souviens bien, que n'importe quelle musique de cor de chasse.

À minuit, quand la lune brillait, je rencontrais parfois en chemin des chiens qui sillonnaient les bois ; ils m'évitaient craintivement et attendaient, silencieux et immobiles dans les fourrés, que je sois passé.

Les écureuils et les mulots se disputaient ma réserve de noix. Des dizaines de pitchpins poussaient autour de ma maison, dont le diamètre variait entre un et quatre pouces, et qui avaient été rongés par les souris durant l'hiver précédent – un hiver norvégien pour elles, car la neige resta longtemps très épaisse, et elles durent ajouter une bonne dose d'écorce de pin à leur régime alimentaire. Au milieu de l'été, ces arbres étaient vivants et apparemment en bonne santé ; bon nombre d'entre eux avaient grandi d'un pied, malgré leur écorce rongée tout autour du tronc. Mais après un autre hiver, ils étaient tous morts sans exception. Il est à peine croyable qu'une seule souris ait droit pour son dîner à un pin tout entier, dont elle a rongé l'écorce à la base et non tout le long du tronc ; mais c'est peut-être là une chose nécessaire afin d'éliminer une partie de ces arbres, qui ont tendance à se multiplier.

Les lièvres (*Lepus Americanus*) étaient très familiers. L'un d'eux passa tout l'hiver sous ma maison, seulement séparé de moi par le plancher, et chaque matin, quand je commençais à bouger, son départ précipité me faisait sursauter – *poc, poc, poc*, dans sa hâte il se cognait la tête contre les poutres du plancher. Ils venaient souvent devant ma porte au crépuscule pour grignoter les épluchures de pommes de terre que j'avais jetées ; leur couleur était si proche de celle du sol qu'on avait beaucoup de mal à les distinguer lorsqu'ils étaient immobiles. Parfois, à la tombée de la nuit, j'en repérais un, assis immobile sous ma fenêtre, puis je le perdais de vue, avant de l'identifier à nouveau, encore et encore. Quand j'ouvrais ma porte dans la soirée, ils détalaient en bondissant et en poussant un petit cri. Tout proches, ils me faisaient seulement pitié. Un soir, l'un d'eux resta assis près de ma porte, à deux pas de moi, d'abord tremblant de peur et néanmoins restant là ; une pauvre petite chose efflanquée et osseuse, aux oreilles déchirées et au nez pointu, à la queue maigre et aux pattes fines. À le voir, on aurait dit que la Nature ne pouvait plus désormais mettre au monde des races plus nobles [3] et qu'elle était à court de ressources. Les grands yeux de ce lièvre semblaient jeunes et maladifs, presque hydropiques. Je fis un pas en avant et hop ! le voilà qui file sur la neige croûtée, comme lâché par une fronde, qui allonge son corps et ses pattes en bonds gracieux, et qui met bientôt toute la forêt entre lui et moi, gibier sauvage et libre, affirmant sa vigueur et la dignité de la Nature. Sa minceur s'expliqua alors. C'était là sa nature. (*Lepus, levipes*, au pied léger, selon certains [4].)

Que serait la campagne sans lapins ni perdrix ? Ils comptent parmi les créatures animales les plus simples, les plus indigènes ; familles anciennes et vénérables connues depuis l'Antiquité jusqu'à nos jours ; de la couleur et de la substance mêmes de la Nature, se fondant mieux aux feuilles et au sol – et les uns aux autres; c'est soit l'espèce ailée, soit la quadrupède. Lorsqu'un lapin ou une perdrix détale sous vos yeux, vous ne croyez pas avoir vu une créature sauvage, mais seulement une production de la nature, aussi commune que les feuilles bruissantes. Les perdrix et les lapins prospèreront toujours, comme les vrais indigènes liés à la terre, et ce en dépit de toutes les révolutions. Si la forêt est abattue, les nouvelles pousses et les buissons leur proposent des cachettes inédites, et ils deviennent plus nombreux que jamais. Quelle campagne misérable, vraiment, que celle qui n'abrite aucun lièvre! Nos bois grouillent de ces deux espèces, et autour de chaque marécage on peut voir déambuler tant la perdrix que le lapin, menacés par les clôtures de rameaux et les pièges en crin de cheval, que posent certains garçons vachers.

Le lac en hiver

Après une calme nuit d'hiver, je m'éveillai avec l'impression qu'on m'avait posé une question, à laquelle j'avais tenté en vain de répondre dans mon sommeil, comme : Quoi ? Comment ? Quand ? Où ? Mais voilà qu'au point du jour la Nature, où vivent toutes les créatures, approchait de mes larges fenêtres son visage serein et satisfait, sans que *ses* lèvres n'énoncent aucune question. Je m'éveillai dans la Nature et la lumière, où toute interrogation trouve sa réponse. L'épaisse couche de neige mouchetée de jeunes pins et la pente même de la colline où ma maison se dresse, semblaient dire : En avant ! La Nature ne pose nulle question et ne répond à aucune que nous autres mortels lui posons. Elle a pris sa résolution depuis longtemps. « Ô Prince, nos yeux contemplent avec admiration et transmettent à l'âme le merveilleux spectacle bigarré de cet univers. La nuit voile sans nul doute une partie de cette glorieuse création ; mais le jour vient et nous révèle le grand œuvre qui s'étend de la terre jusque dans les plaines de l'éther[1] ».

Commence alors mon travail matinal. Je prends d'abord une hache et un seau pour aller chercher de l'eau, s'il ne s'agit pas d'un rêve. Après une nuit froide et neigeuse, il faut une baguette de sourcier pour en trouver. Chaque hiver, la surface liquide et tremblante du lac, qui était si sensible au moindre souffle et qui reflétait toute lumière et la moindre ombre, se solidifie jusqu'à une profondeur d'un pied ou un pied et demi, de sorte qu'elle supporte le poids des plus lourds attelages, et parfois la neige la recouvre d'une épaisseur égale et l'on ne peut alors la distinguer d'aucun champ plat. Comme les marmottes des collines voisines, elle ferme ses paupières et s'endort pour trois mois ou plus. Sur cette plaine enneigée comme dans un pâturage entouré de collines, je taille ma route d'abord à travers un pied de neige, puis un pied de glace, j'ouvre une fenêtre sous mes pas, et là, m'agenouillant pour boire, je baisse les yeux vers le calme salon des poissons, nimbé d'une lueur adoucie, comme si je regardais à travers une vitre dépolie, jusqu'au sable clair du fond qui n'a pas changé depuis l'été ; là, à l'abri des vagues, règne une sérénité éternelle, comme dans le crépuscule ambré du ciel, qui sied bien au tempérament égal et placide de ses habitants. Le ciel est sous nos pieds aussi bien qu'au-dessus de notre tête.

Le matin de bonne heure, alors que le gel durcit encore toutes choses, des hommes arrivent avec leurs cannes à pêche à moulinets et leur déjeuner frugal, puis font descendre leurs lignes fines à travers la neige pour prendre brochetons et perches ; des hommes sauvages qui d'instinct suivent d'autres manières d'être et croient à d'autres autorités que leurs concitoyens, et par leurs allées et venues tissent entre les villages des réseaux qui sans eux n'existeraient pas. Emmitouflés dans leur gros manteau de laine, ils s'assoient sur les feuilles de chêne sèches de la berge et mangent leur casse-croûte, aussi avisés des faits de la Nature que le citadin du domaine de l'artifice. N'ayant jamais consulté de livres, ils ont davantage accompli de choses qu'ils n'en savent ou ne peuvent en raconter. Leurs pratiques, dit-on, ne sont pas encore connues. En voici un qui pêche le brocheton en appâtant avec de la perche adulte. On regarde dans son seau avec étonnement, comme si l'on voyait un lac estival et qu'il gardait l'été sous clef en sa maison, ou qu'il connaissait l'endroit où cette saison s'était réfugiée. Comment, je vous prie, a-t-il pu prendre tous ces poissons au beau milieu de l'hiver ? Oh, il a trouvé ses vers dans des bûches pourries, car le sol est gelé, et voilà sa façon de pêcher. Sa vie même est plus imprégnée de Nature que les études du naturaliste ; lui-même est un sujet pour le naturaliste. Ce dernier soulève délicatement la mousse et l'écorce avec son couteau à la recherche d'insectes ; le premier fend les bûches jusqu'au cœur avec sa hache, si bien que la mousse et l'écorce volent en tous sens. Il gagne sa vie en écorçant les arbres. Un tel homme a bien le droit de pêcher, et j'aime voir la Nature se manifester à travers lui. La perche avale la larve, le brocheton avale la perche, et le pêcheur avale le brocheton ; tous les intervalles dans l'échelle de l'être se trouvent ainsi comblés.

En me promenant autour du lac par temps brumeux, je m'amusais parfois au spectacle primitif proposé par quelque pêcheur plus fruste. Il disposait parfois des branches d'aulne en travers des trous étroits percés dans la glace, lesquels étaient séparés de quatre ou cinq perches, et d'autant du rivage ; puis, ayant attaché le bout de sa ligne à un bâton pour l'empêcher de glisser au travers, il faisait passer la partie molle de la ligne au-dessus d'un rameau de l'aulne, à un pied au moins au-dessus de la glace, et il nouait dessus une feuille de chêne sèche qui, au cas où la ligne serait tirée vers le bas, lui signalerait que ça mordait. Ces branches d'aulne apparaissaient dans la brume à intervalles réguliers quand on faisait le tour de la moitié du lac.

Ah, les brochetons de Walden ! Chaque fois que je les vois alignés sur la glace, ou dans le puits que le pêcheur découpe dans la glace, en laissant l'eau entrer par un petit trou, leur beauté rare me surprend toujours, comme s'il s'agissait de poissons fabuleux, tant ils sont étrangers à nos rues et même à nos bois, aussi étrangers que l'Arabie à notre vie de Concord. Ils possèdent une beauté tout à fait éblouissante et transcendante, qui les situe à mille lieues de la morue et du haddock cadavériques dont nos rues chantent les louanges. Ils ne sont pas verts comme les pins, ni gris comme les pierres, ni bleus comme le ciel ; ils ont à mes yeux, si une telle chose est possible, des couleurs encore plus rares, comme les fleurs et les pierres précieuses, à croire qu'ils sont les perles, les *nuclei* animaux ou les cristaux des eaux de Walden. Ils sont bien sûr Walden lui-même et de part en part ; ce sont les petits Walden du royaume animal, des Waldensiens[2]. Il est surprenant qu'on les pêche ici, que dans cette source profonde et vaste, bien au-dessous du fracas des attelages et des cabriolets, et du tintement des traîneaux qui empruntent la route de Walden, ce merveilleux poisson émeraude et or puisse nager. Je n'ai jamais vu un spécimen de son espèce sur aucun marché ; il deviendrait alors le point de mire de tous les regards. Sans barguigner, après quelques spasmes convulsifs, leur âme aquatique prend le large, tel un mortel prématurément translaté dans l'air ténu du Ciel.

*

Désireux de retrouver le fond du lac Walden, disparu depuis long-temps, j'en fis le relevé avec soin avant la fonte de la glace, début 1846, à l'aide d'une boussole, d'une chaîne et d'une sonde. On a raconté beaucoup d'histoires sur le fond, ou plutôt sur l'absence de fond, de ce lac, des histoires elles-mêmes certainement dénuées de tout fondement. Il est remarquable que les hommes acceptent de croire aussi longtemps qu'un lac est sans fond, tout en refusant de prendre la peine de le sonder. Lors d'une seule promenade non loin d'ici, j'ai rendu visite à deux Lacs Sans Fond de cette espèce. Beaucoup ont cru que les eaux de Walden s'enfonçaient jusqu'à l'autre côté du globe. Certains, longtemps allongés à plat ventre sur la glace, le regard plongé dans cet élément trompeur, les yeux peut-être larmoyants pour couronner le tout, et poussés à des conclusions hâtives par la crainte d'attraper un rhume de poitrine, ont vu de vastes trous « qui auraient pu engloutir tout un chargement de foin » à condition que quelqu'un l'amène jusque-là, sans nul doute la source du Styx et l'entrée locale des Régions Infernales. D'autres, venus du village avec un poids de cinquante-six livres et toute une charretée de corde d'un pouce, n'ont pas réussi à trouver le moindre fond ; car tandis que le « cinquante-six » reposait tout en bas, ils dévidaient la corde en un vain effort pour sonder leur capacité d'émerveillement réellement insondable. Mais je peux assurer à mes lecteurs que Walden possède un fond raisonnablement étanche à une profondeur qui, sans être déraisonnable, n'en est pas moins inhabituelle. Je l'ai sondé aisément avec une ligne à pêcher la morue et une pierre d'environ une livre et demie, et j'ai pu déterminer avec précision le moment où cette pierre quittait le fond, car il me fallait tirer beaucoup plus fort avant que l'eau ne passe par en dessous et n'assiste mes efforts. La plus grande profondeur était exactement de cent deux pieds ; à laquelle on peut ajouter les cinq pieds dont il s'est élevé depuis, ce qui fait cent sept pieds. C'est une profondeur remarquable pour une surface aussi modeste ; pourtant, l'imagination ne saurait se passer d'un seul pouce. Et si tous les lacs étaient peu profonds ?

L'esprit des hommes ne s'en ressentirait-il pas? Je suis reconnaissant que ce lac ait été créé profond et pur pour en faire un
symbole. Aussi longtemps que les hommes croiront à l'infini, on
dira de certains lacs qu'ils sont sans fond.

Un manufacturier, apprenant la profondeur que je venais de déterminer, la jugea impossible, car à en croire son expérience des
barrages, le sable n'aurait pu rester sur une pente aussi abrupte.
Mais les lacs les plus profonds ne sont pas aussi pentus qu'on
le suppose en proportion de leur étendue; si on les vidait, ils ne
laisseraient pas des vallées très spectaculaires. Ce ne sont pas des
tasses entre les collines; dans le cas de celui-ci par exemple, qui est
d'une profondeur si inhabituelle pour sa surface, une coupe verticale passant par son centre montre qu'il n'est pas plus profond
qu'une assiette à peine creuse. Vidés, la plupart des lacs feraient
place à un pré guère plus pentu que ceux auxquels nous avons
l'habitude. William Gilpin, qui est si admirable pour tout ce qui a
trait aux paysages, et d'ordinaire si exact, debout à l'extrémité du
Loch Fyne, en Écosse, qu'il décrit comme « une baie d'eau salée,
profonde de soixante ou soixante-dix brasses, large de quatre
miles », et longue d'environ cinquante miles au milieu des montagnes, écrit: « Si nous avions pu le voir aussitôt après la catastrophe
du déluge ou le cataclysme de la Nature qui l'a engendré, avant que
les eaux ne s'y engouffrent, quel horrible abîme ce devait être!

Aussi haut que s'enflent les collines tuméfiées, aussi bas
Se creuse une cavité vaste et profonde,
Immense lit d'ondes[3]. »

Mais si, en se rapportant au plus petit diamètre du Loch Fyne,
nous appliquons ces proportions à Walden, lequel, ainsi que nous
venons de le voir, ressemble seulement en coupe verticale à une
assiette à peine creuse, il paraîtra quatre fois moins creux. Et
voilà pour les horreurs *accrues* de l'abîme du Loch Fyne, s'il était
vidé... Nul doute que de nombreuses vallées souriantes aux vastes
champs de maïs occupent exactement un tel « horrible abîme »
d'où les eaux se sont retirées, même si l'intuition et la clairvoyance

du géologue s'imposent pour convaincre de ce fait les naïfs habitants des lieux. Souvent, un œil curieux repérera les berges d'un lac primitif parmi les basses collines qui s'étendent à l'horizon, et aucune élévation ultérieure de la plaine n'a été nécessaire pour dissimuler leur histoire. Mais comme le savent ceux qui travaillent sur les routes, il est plus facile de déterminer les creux de la chaussée grâce aux flaques d'eau qui suivent une bonne averse. Moyennant quoi, l'imagination, dès qu'on lui accorde la moindre liberté, plonge plus profond et s'élève plus haut que ne le fait la Nature. Ainsi découvrira-t-on sans doute un jour que la profondeur de l'océan n'est guère impressionnante en comparaison de son étendue.

En sondant à travers la glace, je parvins à déterminer la forme du fond avec davantage de précision qu'il n'est possible lorsqu'on étudie des ports qui ne gèlent pas, et sa régularité générale me surprit. La partie la plus profonde inclut plusieurs arpents plus plats que presque n'importe quel champ exposé à la lumière du jour, au vent et à la charrue. Dans un cas, suivant une ligne arbitrairement choisie, la profondeur ne varie pas de plus d'un pied sur trente perches ; et en général, près du milieu, je réussis à calculer d'avance la variation pour cent pieds dans n'importe quelle direction, à trois ou quatre pouces près. Certains parlent volontiers de trous profonds et dangereux même dans les lacs sablonneux et paisibles tels que celui-ci, mais l'effet de l'eau en pareille circonstance est de niveler toutes les inégalités. La régularité du fond, sa ressemblance avec les berges et la succession des collines environnantes étaient si parfaites que la présence d'un promontoire éloigné se poursuivait dans les sondages jusqu'à l'autre côté du lac, et l'on pouvait déterminer sa direction en observant la rive opposée. Le cap devient barre, puis simple banc, puis vallée et gorge d'eau profonde, et enfin chenal.

Quand j'eus dessiné la carte du lac à l'échelle de dix perches par pouce, et placé tous mes sondages, plus d'une centaine en tout, j'observai cette coïncidence remarquable. Ayant noté que le nombre indiquant la plus grande profondeur se trouvait apparemment au centre de la carte, je posai une règle en travers dans le sens de la longueur, puis de la largeur, pour découvrir, à ma grande surprise, que la ligne de plus grande longueur coupait *exactement* celle de plus grande largeur à l'endroit de la plus grande profondeur, même si la région centrale est quasiment plate, le contour du lac loin d'être régulier, et ces longueur et largeur extrêmes furent mesurées à partir du fond des criques; je me dis alors: Qui sait si cette idée ne nous conduirait pas à la partie la plus profonde de l'océan aussi bien que d'un étang ou d'une flaque d'eau? Cette règle ne s'applique-t-elle pas aussi à la hauteur des montagnes, considérées comme étant le contraire des vallées? Nous savons qu'une colline n'atteint pas son point le plus élevé là où elle est la plus étroite.

J'observai que sur cinq criques, trois parmi toutes celles qui furent sondées présentaient une barre en travers de leur entrée, et une profondeur supérieure à l'intérieur, de sorte que la baie tendait à être une extension d'eau à l'intérieur des terres, non seulement horizontalement mais aussi verticalement, et à constituer un bassin ou un lac indépendant, la direction des deux caps indiquant celle de la barre. Chaque port de la côte océane a lui aussi sa barre à l'entrée. Selon que l'ouverture de la baie était plus ou moins large, comparée à sa longueur, l'eau au-dessus de la barre était plus ou moins profonde, comparée à celle du bassin. Ainsi, compte tenu de la longueur et de la largeur de la baie, et du caractère du rivage environnant, vous avez presque assez d'éléments réunis là pour établir une formule qui s'appliquera à tous les cas de figure.

Afin de voir avec quelle précision je pouvais deviner, grâce à cette expérience, la profondeur maximale d'un lac, simplement en observant les contours de sa surface et l'aspect de ses berges, je fis une carte du lac Blanc, lequel couvre une surface d'environ quarante et un arpents et, comme celui-ci, n'abrite aucune île et ne possède ni affluent ni effluent visible; comme la ligne de plus grande largeur arrivait tout près de la ligne de plus petite largeur, à l'endroit où deux caps opposés s'approchaient l'un de l'autre et où deux baies opposées se faisaient face, je m'aventurai à déterminer un point à proximité de cette dernière ligne et toujours situé sur la ligne de plus grande largeur, comme signalant la profondeur maximale. La partie la plus profonde se révéla être à moins de cent pieds de ce point, encore plus loin dans la direction que j'avais déterminée, et elle n'était que d'un pied plus profonde, à savoir de soixante pieds. Naturellement, un cours d'eau alimentant le lac, ou la présence d'une île, compliquerait nettement le problème.

Si nous connaissions toutes les lois de la Nature, un seul fait ou la description d'un seul phénomène avéré nous suffirait pour en inférer tous les résultats spécifiques qui lui seraient liés. Mais nous ne connaissons que quelques lois, et nos résultats sont faussés, non pas bien sûr à cause de quelque confusion ou irrégularité de la Nature, mais par notre ignorance des éléments essentiels de ce calcul. Nos conceptions de la loi et de l'harmonie se limitent d'ordinaire aux seuls exemples que nous retenons ; néanmoins, l'harmonie qui résulte d'un nombre beaucoup plus grand de lois apparemment en conflit, mais en réalité convergentes, et qui ont échappé à notre attention, est encore plus merveilleuse. Les lois particulières sont semblables à nos observations du paysage ; de même pour le voyageur, la silhouette d'une montagne change à chacun de ses pas, et elle possède ainsi un nombre infini de contours, bien qu'une seule forme dans l'absolu. Même lorsqu'elle est creusée ou percée de part en part, la montagne n'est pas comprise dans son intégralité.

Mes observations du lac ne sont pas moins vraies dans le domaine de l'éthique. C'est la loi des moyennes. Une règle telle que celle des deux diamètres non seulement nous guide vers le soleil à travers le système solaire, et le cœur de l'homme, mais tracez des lignes selon la longueur et la largeur de l'ensemble du comportement quotidien d'un homme donné, des vagues vivantes dans ses criques et ses anses, et le point d'intersection de ces lignes vous indiquera la hauteur ou la profondeur de sa nature. Peut-être avons-nous seulement besoin de connaître la configuration de ses berges, de son paysage immédiat ou de sa situation, pour en déduire sa profondeur et son fond caché. S'il est entouré d'un paysage montagneux, d'un rivage achilléen dont les pics jettent leurs ombres et leurs reflets sur son sein, alors ils suggèrent une profondeur comparable chez lui. Mais une berge basse et sans relief suggère un homme superficiel de ce côté-là. Dans notre corps, un large front saillant s'incurve vers une profondeur de pensée qu'il indique[4]. Et puis aussi, il y a une barre à l'entrée de chacune de nos criques, ou de nos inclinations particulières ; chacune est notre port pour un temps, où nous sommes retenus et en partie contraints de rester à terre. Ces inclinations ne relèvent pas d'ordinaire du seul caprice, mais leur forme, leur taille et leur direction sont déterminées par les promontoires de la berge, ces anciens axes d'élévation. Lorsque cette barre est peu à peu confortée par les tempêtes, les marées ou les courants, ou qu'on assiste à une baisse du niveau des eaux de sorte qu'elle émerge à l'air libre, ce qui n'était d'abord qu'une inclinaison du rivage abritant une pensée devient un lac à proprement parler, isolé de l'océan, où la pensée acquiert ses conditions d'existence, passe peut-être de l'eau salée à l'eau douce, devient une mer apaisée, une mer morte ou un marécage. À l'arrivée de chaque individu dans cette vie, ne pouvons-nous supposer que quelque part une telle barre jusque-là immergée s'est élevée à l'air libre ? Certes, nous sommes de si piètres navigateurs que l'essentiel de nos pensées tergiversent au large d'une côte dépourvue de ports, ne connaissent que les courbes générales des golfes de la poésie, ou se dirigent vers les ports accessibles à tous pour rejoindre les cales sèches de la science, où elles sont seulement radoubées pour ce monde-ci, et en définitive aucun courant naturel ne peut les aider à acquérir la moindre originalité.

Quant à l'affluent ou l'effluent de Walden, je n'en ai découvert aucun en dehors de la pluie, de la neige et de l'évaporation, bien qu'on puisse peut-être en trouver un avec un thermomètre et une ligne, car l'eau qui alimente peut-être le lac serait sans doute plus fraîche en été et plus chaude en hiver. Quand des ouvriers vinrent chercher la glace ici en 46-47, les galettes transportées jusqu'à la rive furent un jour refusées par ceux qui les empilaient là, sous prétexte qu'elles n'étaient pas assez épaisses pour être placées côte à côte avec les autres ; et les scieurs découvrirent ainsi qu'à certain endroit de dimensions restreintes la glace avait deux ou trois pouces de moins d'épaisseur qu'ailleurs, ce qui les convainquit de la présence d'un affluent à cet endroit précis. Ils me montrèrent aussi, à un autre endroit, ce qu'ils croyaient être un « trou de filtrage », par lequel le lac fuyait sous une colline pour se déverser dans un pré voisin, me faisant monter sur un bloc de glace puis me poussant pour aller me rendre compte par moi-même. C'était une petite cavité sous dix pieds d'eau ; mais je crois pouvoir garantir que ce lac n'aura pas besoin d'être soudé avant qu'on ne lui trouve une fuite pire que celle-ci. Si jamais on découvrait un tel « trou de filtrage » et pour prouver sa connexion avec le pré voisin, l'un d'eux a suggéré de verser un peu de poudre colorée ou de sciure dans l'orifice, puis de placer une passoire sur la source du pré, laquelle passoire arrêterait quelques particules transportées par le courant.

Alors que j'effectuais mes mesures, la glace, épaisse de seize pouces, ondulait comme de l'eau à la moindre brise. Il est bien connu que sur la glace on ne peut se servir d'un niveau. À une perche du rivage, ses plus grandes fluctuations, observées de la terre au moyen d'un niveau dirigé sur une baguette graduée plantée dans la glace, étaient de trois-quarts de pouce, bien que la glace parût solidement fixée au rivage. Elles étaient sans doute plus importantes au milieu. Qui sait si, avec des instruments plus précis, nous ne pourrions pas déceler une ondulation de la croûte terrestre ? Quand deux pieds de mon niveau étaient installés sur la berge et le troisième sur la glace, puis la mire dirigée vers la glace, une montée ou une descente infimes de la glace faisaient une différence de plusieurs pieds sur un arbre situé de l'autre côté du lac. Quand je commençai à creuser des trous pour sonder, il y avait trois ou quatre pouces d'eau sur la glace sous une épaisse couche de neige qui l'avait fait baisser jusque-là ; mais l'eau se mettait aussitôt à s'écouler par ces trous, et elle continua de s'écouler ainsi pendant deux jours à grands flots, qui usaient la glace de tous côtés, et qui contribuèrent surtout, mais pas complètement, à assécher la surface du lac; car toute cette eau qui s'écoulait soulevait la glace qui flottait dessus. C'était un peu comme si l'on avait découpé un trou au fond d'un bateau pour en faire sortir l'eau. Lorsque ces trous gèlent, qu'il se met ensuite à pleuvoir, et qu'une nouvelle gelée recouvre l'ensemble d'une couche de glace lisse, celle-ci est magnifiquement marbrée de sombres formes internes qui rappellent une toile d'araignée et qu'on pourrait qualifier de rosaces de glace, produites par les courants qui affluent de toutes parts vers le centre. Parfois, aussi, quand la glace était recouverte de flaques d'eau peu profonde, je voyais une ombre double de moi-même, l'une dressée sur la tête de l'autre, l'une sur la glace et l'autre sur les arbres ou le versant d'une colline.

*

Tandis que le mois de janvier est toujours aussi froid, que la neige et la glace demeurent épaisses et compactes, le propriétaire avisé vient du village chercher de la glace pour rafraîchir ses boissons estivales; dans sa sagesse impressionnante, voire pathétique, il prévoit dès janvier la chaleur et la soif de juillet, – portant un manteau épais et des moufles –, alors que tant de choses manquent! Peut-être que dans ce monde il ne met de côté aucun trésor susceptible de refroidir sa boisson estivale dans le suivant. Il taille et scie le lac glacé, ôte le toit de la maison des poissons, puis emporte sur sa charrette jusqu'à leur atmosphère, fermement arrimée par des chaînes et des pieux comme du bois de chauffage, traversant l'air tonique de l'hiver pour rejoindre ses caves hivernales et y reposer tout l'été. On dirait de l'azur solidifié quand au loin on la transporte à travers les rues. Ces scieurs de glace sont une race joyeuse, prompte à plaisanter et à s'amuser, et quand je les rejoignais, ils m'invitaient volontiers à scier à deux des trous dans la glace, avec moi en dessous.

Un matin de l'hiver 1846-47, une centaine d'hommes d'origine hyperboréenne fondirent sur notre lac, apportant par charretées entières de disgracieux outils agricoles, des traîneaux, des charrues, des semoirs à roues, des tondeuses, des pelles, des scies, des râteaux, et chaque homme était armé d'un pieu à double pointe, lequel n'est décrit nulle part dans le *New England Farmer* ou le *Cultivator*. J'ignorais s'ils étaient venus semer le seigle d'hiver ou quelque autre espèce de céréale récemment importée d'Islande. N'apercevant aucun fumier, j'en conclus qu'ils avaient l'intention d'enlever la surface du sol, comme je l'avais fait moi-même, en pensant que la terre était épaisse et qu'elle était restée en friche assez longtemps. Ils m'apprirent qu'un *gentleman farmer*, qui restait dans les coulisses, désirait doubler sa fortune, laquelle s'élevait déjà, à ce que je compris, à un demi-million ; mais afin de recouvrir chacun de ses billets d'un autre dollar, il s'empara du seul manteau, non, de la peau même du lac Walden au beau milieu d'un hiver rigoureux. Ils se mirent aussitôt au travail, labourant, hersant, roulant, creusant leurs sillons, dans un ordre admirable, comme s'ils avaient l'intention de transformer tout ceci en ferme modèle ; mais alors que j'observais la scène avec attention pour voir quel genre de graine ils mettaient dans les sillons, une bande de chenapans tout proches de moi se mirent soudain à arracher le divin terreau, avec une étrange brusquerie, jusqu'au sable lui-même, ou plutôt l'eau, car c'était un terreau traversé de sources, accaparant ainsi toute la *terra firma* existante, pour l'emporter sur leurs traîneaux, et je me dis alors qu'ils découpaient de la tourbe dans un marais. Chaque jour, ils allaient et venaient de la sorte, accompagnés d'un étrange hurlement de la locomotive, arrivant de quelque endroit des régions polaires et y retournant, me semblait-il, comme un vol d'oiseaux des neiges arctiques. Mais parfois Walden, la squaw, prenait sa revanche : un ouvrier qui marchait derrière son attelage glissait dans une crevasse du sol pour plonger dans le Tartare, et cet individu naguère si courageux devenait brusquement la neuvième partie d'un homme, toute sa chaleur animale le quittait et il était heureux de trouver refuge dans ma maison, où il reconnaissait que mon poêle n'était pas sans vertu ; ou alors le sol gelé engloutissait une pièce d'acier du soc de la charrue, ou encore une charrue restait coincée dans le sillon et il fallait ensuite la découper pour l'en extraire.

Pour dire les choses sans détour, cent Irlandais, supervisés par des Yankees, arrivaient tous les jours de Cambridge afin d'exploiter la glace. Ils la divisaient en blocs selon des méthodes trop bien connues pour mériter la moindre description, et une fois transportés sur le rivage par traîneaux, on les hissait rapidement sur une plate-forme à glace, au moyen de grappins de fer et de palans, actionnés par des chevaux, pour les entasser sur une pile, aussi sûrement que des tonneaux de farine, et on les disposait là côte à côte, bien régulièrement, une rangée après l'autre, comme s'ils formaient la base solide d'un obélisque destiné à percer les nuages. On me dit qu'en une bonne journée de travail ils pouvaient extraire ainsi mille tonnes, produites par environ un arpent. De profondes ornières et des « berceaux » étaient creusés dans la glace, comme dans de la *terra firma*, par le passage continuel des traîneaux au même endroit, et les chevaux mangeaient régulièrement leur avoine dans des blocs de glace évidés en forme de seaux. Ils empilaient ainsi les blocs à l'air libre selon des tas hauts de trente-cinq pieds de côté, et sur une surface de six ou sept verges carrées, plaçant du foin entre les couches extérieures pour empêcher l'air de passer ; car lorsque le vent, bien que jamais très froid, réussit à se frayer un passage au travers, il creuse de grandes cavités, ne laissant çà et là que de minces supports ou montants, et il finit par faire s'écrouler l'ensemble. Cela ressembla d'abord à un vaste fort bleu, ou à un Valhalla ; mais dès qu'ils se mirent à glisser le foin grossier des prés dans les crevasses, et que tout se couvrit de givre et de glaçons, on aurait dit une vénérable ruine blanchie et couverte de mousse, construite en marbre couleur azur, la demeure d'Hiver, ce vieillard que nous voyons dans l'almanach – sa cabane, comme s'il avait l'intention de passer l'été avec nous. Ils calculèrent que moins de vingt-cinq pour cent de cette glace atteindrait sa destination, et que deux ou trois autres pour cent seraient perdus dans les wagons. Néanmoins, une partie encore plus importante de cette masse eut un destin différent de celui qu'on lui avait réservé ; car, soit que cette glace se conservait moins bien que prévu, contenant davantage d'air qu'à l'ordinaire, ou pour toute autre raison, elle n'atteignit jamais le marché. Cet entassement, créé durant l'hiver 1846-47 et qu'on croyait peser dix mille tonnes, finit couvert de foin et de planches ; et même si l'on en ôta la toiture au mois de juillet suivant avant d'en transporter ailleurs une partie, le reste demeura exposé au soleil, il résista à l'été ainsi qu'à l'hiver suivant, et ne fondit pas complètement avant septembre 1848. Ainsi, le lac en récupéra la plus grande part.

Comme l'eau, la glace de Walden, observée de près, présente une teinte verte, mais à une certaine distance elle est d'un bleu splendide, et on la distingue aisément de la glace blanche de la rivière ou de la glace simplement verdâtre de certains lacs situés à un quart de mile d'ici. L'un de ces gros blocs glisse parfois du traîneau du vendeur de glace dans une rue du village et reste là une semaine, telle une énorme émeraude, un objet de curiosité pour tous les passants. J'ai remarqué qu'une partie du lac Walden qui, lorsqu'elle est liquide, est verte, semblera souvent bleue, lorsqu'elle est gelée et qu'on la regarde du même point de vue. De même, les dépressions situées autour du lac se remplissent parfois, en hiver, d'une eau verdâtre assez semblable à la sienne, mais dès le lendemain cette eau aura gelé et viré au bleu. Peut-être cette coloration bleue de l'eau et de la glace est-elle due à la lumière et à l'air qu'elles contiennent ; et plus elles sont transparentes, plus elles sont bleues. La glace constitue un intéressant sujet de contemplation. On m'assure que les entrepôts de glace du lac Frais abritent de la glace vieille de cinq ans et qui est d'aussi bonne qualité qu'à l'origine. Comment se fait-il qu'un seau d'eau devienne vite fétide, tandis que l'eau solidifiée en glace reste à jamais excellente ? On dit volontiers que la même différence oppose les affections et l'intelligence.

Ainsi, durant seize jours, je vis de ma fenêtre cent hommes travailler comme des cultivateurs affairés, avec des attelages, des chevaux et apparemment tous les instruments agraires, le genre d'image qu'on découvre en première page de l'almanach ; chaque fois que je regardais au dehors, je me rappelais la fable de l'alouette et des moissonneurs[5], ou la parabole du semeur[6], ou encore d'autres similaires ; maintenant ils sont tous partis et, dans une trentaine de jours, je pourrai contempler de la même fenêtre l'eau pure, vert océan, de Walden, reflétant les nuages et les arbres, s'évaporant dans la solitude de l'air, et nulle trace ne témoignera de l'irruption des hommes par ici. Peut-être entendrai-je alors un huard solitaire rire en plongeant ou en se lissant les plumes, ou bien verrai-je un pêcheur solitaire dans son bateau, telle une feuille flottant sur l'eau, contemplant son reflet sur les vagues, là où une centaine d'hommes travaillèrent récemment en toute sécurité.

Il semble donc que les habitants écrasés de chaleur à Charleston et la Nouvelle-Orléans, à Madras, Bombay et Calcutta, boivent à mon puits. Le matin, je baigne mon intellect dans la philosophie stupéfiante et cosmique de la Bhagavad Gîta, dont la composition remonte à maintes années des dieux[7], et en comparaison de laquelle notre monde moderne ainsi que sa littérature paraissent dérisoires et triviaux ; je doute que cette philosophie ne se rapporte pas à un état antérieur de l'existence, tant son caractère sublime est éloigné de nos conceptions. Je pose mon livre et vais chercher de l'eau au puits, et voici que je rencontre le serviteur du Brahmine, le prêtre de Brahma, de Vishnou et d'Indra, qui, toujours assis dans son temple au bord du Gange, lit les Védas ou demeure parmi les racines d'un arbre avec son quignon de pain et sa cruche d'eau. Je tombe sur son serviteur venu tirer de l'eau pour son maître, et nos deux seaux s'entrechoquent en quelque sorte dans le même puits. L'eau pure de Walden se mêle à l'eau sacrée du Gange. Des vents favorables la poussent au-delà du site des îles fabuleuses de l'Atlantide et des Hespérides, elle suit le périple de Hannon et, longeant Ternate et Tidore ainsi que l'entrée du golfe Persique, elle se fond dans les tempêtes tropicales des mers indiennes pour faire escale dans des ports dont Alexandre se contenta d'entendre les noms.

Printemps

L'ouverture de grandes brèches par les coupeurs de glace provoque souvent la débâcle précoce d'un lac ; car même par temps froid, l'eau agitée par le vent entame la glace environnante. Mais cette année-là Walden ne s'en ressentit guère, et il eut bientôt un nouveau vêtement bien épais pour remplacer l'ancien. Ce lac-ci ne dégèle pas aussi vite que ses voisins, à la fois parce qu'il est plus profond qu'eux et parce qu'aucun cours d'eau ne le traverse, qui pourrait faire fondre ou rogner la glace. Je n'ai jamais constaté qu'il se fût découvert durant l'hiver, pas même celui de 1852-53, qui fit subir une épreuve terrible à tous les lacs environnants. Le dégel commence d'habitude vers le 1er avril, une semaine ou dix jours après les lacs de Flint et de Fair Haven, et il commence par fondre au nord et dans les parties les moins profondes où il gela d'abord. Il indique mieux que tous les plans d'eau voisins le changement de saison, étant le moins touché par les variations passagères de température. Une vague de froid de quelques jours en mars peut très bien retarder la débâcle de ces premiers lacs, tandis que la température de Walden croît de manière presque ininterrompue. Un thermomètre plongé au milieu de Walden le 6 mars 1847 indiquait 32° Farenheit, soit le point de congélation ; 33° près du rivage ; le même jour au milieu du lac de Flint, 32°5 ; à une douzaine de verges de la rive, en eau peu profonde, sous une glace d'un pied d'épaisseur, 36°. Cette différence de trois degrés et demi entre la température de l'eau profonde et des hauts fonds dans ce dernier lac, ajoutée au fait qu'une grande partie de ces eaux sont relativement peu profondes, explique pourquoi il dégèle bien plus tôt que Walden. À ce moment, la glace dans les parties les moins profondes avait plusieurs pouces de moins que celle du milieu. En plein hiver, le centre avait été le plus chaud et la glace y était la plus mince. De même, quiconque a pataugé le long des berges d'un lac en été a sans doute remarqué que l'eau est beaucoup plus chaude près du rivage, là où il y a seulement trois ou quatre pouces d'eau, qu'un peu plus loin, et à la surface quand elle est profonde, que près du fond. Au printemps, le soleil exerce non seulement son influence par la température plus élevée de l'air et de la terre, mais sa chaleur se transmet à travers un pied ou plus de glace, elle se reflète sur le fond en eau peu profonde, réchauffant ainsi cette eau, et elle fait fondre la face inférieure de la glace en même temps qu'elle la fait fondre directement par au-dessus, la rendant irrégulière, et allongeant les bulles d'air qu'elle contient tant vers le haut que vers le bas, jusqu'à ce qu'elle ressemble tout à fait à un rayon de ruche, et qu'elle disparaisse enfin brusquement lors d'une unique averse printanière. La glace a son grain, tout comme le bois, et lorsqu'un bloc commence à pourrir en « nid-d'abeille », c'est-à-dire à ressembler à un gâteau de miel, quelle que soit sa position, les cellules d'air se trouvent perpendiculaires à la surface de l'eau. Là où un rocher ou un tronc se dresse près de la surface, la glace est bien plus mince au-dessus, et souvent elle est entièrement dissoute par la chaleur réfléchie ; on m'a dit que, lors de l'expérience menée à Cambridge pour faire geler de l'eau dans un réservoir en bois peu profond, malgré l'air froid circulant par-dessous et donc tout autour, la réflexion du soleil sur le fond faisait plus que compenser cet avantage. Quand au milieu de l'hiver une pluie tiède fait fondre la neige glacée sur Walden, et laisse au milieu une glace dure, sombre ou transparente, il se forme le long des berges une bande de glace blanche pourrie mais plus épaisse, d'une largeur d'une perche ou plus, créée par cette chaleur réfléchie. Par ailleurs, comme je l'ai déjà dit, les bulles elles-mêmes serties dans la glace font office de loupes qui font fondre la glace par en dessous.

Les phénomènes liés aux saisons ont lieu tous les jours et à petite échelle dans un lac[1]. Chaque matin, en général, l'eau de surface se réchauffe plus vite que l'autre, même si en fin de compte elle n'atteint pas une température très élevée, et chaque soir elle refroidit plus vite jusqu'au matin suivant. La journée est un résumé de l'année. La nuit est l'hiver, le matin et le soir sont le printemps et l'automne, le milieu de journée est l'été. Les craquements et les grondements de la glace signalent un changement de température. Par une agréable matinée suivant une nuit froide, le 24 février 1850, étant parti pour la journée au lac de Flint, je remarquai avec surprise que, lorsque je frappais la glace avec le fer de ma hache, elle résonnait tel un gong à plusieurs perches à la ronde, ou comme si j'avais frappé la peau tendue d'un tambour. Une heure environ après l'aube, le lac se mit à gronder en accusant l'influence des rayons du soleil qui tombaient obliquement sur lui au-dessus des collines ; il s'étirait et bâillait tel un homme au réveil, dans un tumulte de plus en plus audible, qui dura trois ou quatre heures. Il fit une brève sieste à midi, puis se remit à tonner dans la soirée, dès que les rayons du soleil ne tombèrent plus sur lui. Quand le temps suit son cours normal, un lac tire son coup de canon du soir avec une grande régularité. Mais en milieu de journée, il est strié de fissures et, l'air étant moins élastique, il avait complètement perdu sa résonance, et je suppose qu'alors nul coup asséné dessus n'aurait pu faire sursauter les poissons ou les rats musqués. Les pêcheurs disent que « le tonnerre du lac » effarouche les poissons qui dès lors ne mordent plus. Le lac ne tonne pas tous les soirs et je ne saurais dire avec précision à quel moment il faut attendre son coup de tonnerre ; mais j'ai beau ne percevoir aucun changement de temps, lui le perçoit. Qui aurait cru qu'une chose aussi vaste et froide, dotée d'une peau si épaisse, se montrerait aussi sensible ? Il a néanmoins ses lois, auxquelles il obéit en tonnant à point nommé, tout aussi sûrement que les bourgeons éclosent au printemps. La terre tout entière est vivante et couverte de papilles. Le plus vaste des lacs est aussi sensible aux variations atmosphériques que le globule de mercure dans son tube.

Un des attraits de la vie dans les bois, c'était que j'avais tout le loisir et l'occasion d'assister à l'arrivée du printemps. La glace du lac commence enfin à ressembler à un rayon de ruche et en marchant j'y enfonce le talon. La neige fond peu à peu à cause des brumes, des averses et du soleil chaque jour plus chaud ; les journées rallongent sensiblement ; je vois maintenant que mon tas de bois va me durer tout l'hiver, car les grandes flambées sont désormais superflues. Je me tiens à l'affût des premiers signes du printemps, je tends l'oreille vers les premières notes d'un oiseau revenu dans le voisinage, ou le pépiement de l'écureuil rayé, car ses provisions touchent sans doute à leur terme, ou encore j'attends de voir la marmotte s'aventurer hors de ses quartiers d'hiver. Le 13 mars, après que j'eus entendu le merle bleu, le bruant chanteur et la grive mauvis, la glace avait toujours presque un pied d'épaisseur. Alors que l'air se réchauffait, elle n'était guère entamée de manière visible par l'eau, ni brisée et emportée par le courant comme sur une rivière, mais bien qu'elle eût complètement fondu le long du rivage sur une largeur d'une demi-perche, le milieu était toujours transformé en nid d'abeille et saturé d'eau, et alors qu'elle faisait six pouces d'épaisseur, on pouvait y enfoncer le pied de part en part ; mais le lendemain, dans la soirée, après une pluie tiède suivie de l'arrivée du brouillard, elle aurait tout à fait pu disparaître entièrement, absorbée dans le brouillard, escamotée comme par magie. Une année, j'ai marché au milieu du lac cinq jours seulement avant que la glace ait complètement disparu. En 1845, Walden fut tout à fait libre de glace le premier avril ; en 1846, le 25 mars ; en 1847, le 8 avril ; en 1851, le 28 mars ; en 1852, le 18 avril ; en 1853, le 23 mars ; en 1854, aux alentours du 7 avril[2].

Tous les incidents liés à la débâcle des rivières ou des lacs et à l'arrivée du printemps sont particulièrement intéressants pour nous qui vivons dans un climat aussi extrême. Dès que les journées deviennent plus chaudes, les gens qui habitent près de la rivière entendent la glace craquer la nuit en lâchant un violent coup de tonnerre, aussi sonore qu'un tir d'artillerie, comme si ses entraves glacées se déchiraient de part en part, et en quelques jours ils la voient disparaître rapidement. De même, l'alligator émerge de la boue en faisant trembler la terre. Un vieil homme, qui a toujours observé la Nature de très près, et qui semble tellement au fait de toutes ses opérations qu'on dirait que tout gamin déjà il l'a vue mise sur cales et qu'il a contribué à poser sa quille, – un homme arrivé à maturité et qui, même s'il vivait aussi longtemps que Mathusalem, ne saurait acquérir davantage de connaissances naturelles –, me dit, et je l'entendis avec surprise exprimer son étonnement face à une opération de la Nature, car je croyais qu'il n'existait aucun secret entre eux, qu'un jour de printemps il prit son fusil et son bateau dans le but d'aller chasser le canard. Il y avait encore de la glace dans les prés, mais elle avait entièrement disparu de la rivière, et il descendit sans encombre à partir de Sudbury, où il vivait, jusqu'au lac de Fair Haven, qu'à sa grande surprise il trouva presque entièrement recouvert d'une solide carapace de glace. Comme il faisait chaud, il découvrit avec étonnement qu'il restait un aussi grand champ de glace. Ne voyant aucun canard, il dissimula son bateau sur la rive nord d'une île du lac, par-derrière, puis lui-même se cacha parmi les buissons de la rive sud pour les attendre là. Le long du rivage, la glace était fondue sur une largeur de trois ou quatre perches, et il y avait une surface d'eau lisse et tiède, au fond vaseux, comme l'aiment les canards, si bien qu'il jugea tout à fait probable l'arrivée imminente de quelques-uns de ces volatiles. Après être resté allongé là, immobile, durant une heure, il perçut un bruit sourd, apparemment très éloigné, mais singulièrement majestueux et impressionnant, différent de tout ce qu'il avait entendu jusque-là, et qui enflait et augmentait comme s'il devait aboutir à une fin mémorable et universelle, une ruée et un rugissement menaçants, qui lui fit l'effet soudain d'un énorme vol d'oiseaux arrivant pour se poser là, et saisissant son arme, il se leva en toute hâte, très excité ; il découvrit alors, à sa grande surprise, que toute la masse de glace avait dérivé pendant qu'il était allongé, pour rejoindre le rivage, et que le bruit qu'il avait entendu venait du bord glacé qui frottait contre la berge – d'abord doucement rongé et effrité, mais se soulevant ensuite pour répandre ses épaves tout le long de l'île jusqu'à une hauteur considérable, avant de s'immobiliser enfin.

Puis les rayons du soleil atteignent l'angle adéquat, les vents tièdes chassent la brume et la pluie tout en faisant fondre les talus de neige, et le soleil dispersant la brume sourit au paysage contrasté où le blanc et le roux exhalent une fumée d'encens, et où le voyageur chemine d'îlot en îlot, égayé par la musique de mille ruisselets et ruisseaux gazouillants, aux veines remplies du sang de l'hiver qu'ils expulsent.

Peu de phénomènes naturels m'ont davantage ravi que l'observation des formes prises par le sable et l'argile au moment du dégel, quand ils s'écoulent sur les flancs d'une profonde entaille de la voie de chemin de fer que je longeais pour me rendre au village, un phénomène guère commun à si grande échelle, même si le nombre de nouveaux talus composés des matériaux adéquats a sans doute augmenté considérablement depuis l'invention des chemins de fer. Ces matériaux étaient des sables de tous calibres, aux couleurs intenses et variées, d'habitude mêlés d'un peu d'argile. Quand les gelées se font rares au printemps, ou même un jour de dégel en hiver, le sable se met à couler le long de la pente comme de la lave, jaillissant parfois à travers la neige pour la recouvrir là où il n'était pas visible auparavant. D'innombrables ruisselets se chevauchent et s'entrelacent, en manifestant une sorte de produit hybride qui obéit tantôt aux lois des courants, tantôt à celles de la végétation. En s'écoulant, il prend la forme de feuilles ou de lianes pleines de sève, constituant des monceaux de branches pulpeuses sur une épaisseur d'un pied ou plus, et ressemblant, lorsque vous baissez les yeux vers eux, aux thalles lacérés, lobés et imbriqués de certains lichens ; ou bien cela vous rappelle le corail, les pattes de léopard ou celles des oiseaux, des cerveaux, des poumons ou des entrailles, des excréments de toutes sortes. C'est une végétation vraiment *grotesque*, dont nous voyons les formes et la couleur imitées par le bronze, une espèce de feuillage architectural plus ancien et typé que l'acanthe, la chicorée, le lierre, la vigne ou n'importe quelle feuille de plante ; vouée peut-être, en certaines circonstances, à devenir une énigme pour les géologues de l'avenir. Toute cette entaille m'impressionnait comme s'il s'agissait d'une grotte dont les stalactites eussent été à ciel ouvert. Les nuances variées du sable sont singulièrement riches et agréables, car elles embrassent les diverses couleurs du fer, marron, gris, jaunâtre et rougeâtre. Lorsque cette masse descendante atteint le fossé au pied

du talus, elle se répand plus à plat en *brins*, les courants indépen-
dants perdent leur forme semi-cylindrique pour s'aplatir et s'élargir
peu à peu, ils mêlent leurs sables qui se liquéfient, jusqu'à former
un *sable* presque plat, aux teintes toujours aussi belles et variées,
et où l'on peut repérer les formes originelles de la végétation ;
jusqu'à ce qu'enfin, dans l'eau même, ils se transforment en *bancs*,
comme ceux qui s'amassent à l'embouchure des rivières, et ces
formes végétales se dissolvent alors dans les ondulations du fond.

L'ensemble du talus, dont la hauteur varie entre vingt et quarante
pieds, est parfois recouvert par la masse de cette espèce de feuillage,
ou d'effondrement sablonneux, sur un quart de mile d'un côté ou
des deux, et c'est là le résultat d'une seule journée de printemps.
Ce feuillage de sable est d'autant plus remarquable qu'il advient
très soudainement à l'existence. Quand je vois d'un côté le talus
inerte – car le soleil agit d'abord sur un seul versant – et sur l'autre
une telle luxuriance végétale, née en une heure seulement, je suis
touché au vif comme si, en un sens très particulier, je me trouvais
dans le laboratoire de l'Artiste qui nous créa, le monde et moi,
comme si je venais d'arriver alors qu'il était toujours au travail,
s'amusant sur ce talus, et avec une énergie débordante dissémi-
nant ses motifs inédits. J'ai le sentiment d'approcher des forces
vitales de ce globe, car ces débordements sablonneux sont autant
une masse foliacée que les organes vitaux d'un corps animal. On
trouve ainsi dans ce sable même une anticipation de la feuille végétale. Il n'est guère étonnant que la terre s'exprime et s'extériorise
en feuilles, car elle travaille aussi intérieurement sur cette idée. Les
atomes ont déjà appris cette loi, dont ils sont imprégnés. La feuille
suspendue à sa branche voit ici son prototype. *Intérieurement,* que
ce soit dans le globe ou le corps d'un animal, c'est un *lobe* humide
et épais, un mot qui convient surtout au foie, aux poumons et aux
feuilles de graisse, (λείβω, *labor, lapsus,* couler ou glisser vers le
bas, un lapsus ; λοβός, *globus,* lobe, globe ; et aussi laper, clapot,
ainsi que bien d'autres mots)[3] ; *extérieurement,* une *feuille* mince
et sèche, alors même que le *f* et le *v* sont un *b* comprimé et séché.
Le radical de *lobe* est *lb,* la douce masse du *b* (au lobe simple, ou

du B, au lobe double), avec un *l* liquide par-derrière qui le pousse en avant. Dans le mot *globe*, *glb*, la gutturale *g* ajoute au sens la dimension de la gorge. Les plumes et les ailes des oiseaux sont des feuilles encore plus sèches et minces. Ainsi passe-t-on aussi de la grosse larve enfouie sous terre au papillon voletant à travers les airs. Le globe lui-même se transcende et se traduit constamment, et devient ailé dans son orbite. Même la glace débute par de délicates feuilles de cristal, comme si elle sortait de moules que les frondaisons des plantes aquatiques ont impressionnés sur le miroir des eaux. L'arbre tout entier n'est lui-même qu'une seule feuille, et les fleuves sont des feuilles encore plus vastes, dont la pulpe est la terre intermédiaire, et les villes et les cités sont les ovules d'insectes dans leurs aisselles.

Dès que le soleil se retire, le sable cesse de couler, mais au matin les ruisseaux recommencent une fois encore, pour se diviser et se diviser encore en une myriade d'autres. On voit peut-être ici la formation des vaisseaux sanguins. En regardant de près, on observe que dans la masse fondante émerge d'abord un ruisselet de sable amolli à la pointe en forme de goutte, tel le bout d'un doigt, qui tâtonne lentement et à l'aveuglette vers le bas, jusqu'à ce qu'enfin, la chaleur et l'humidité aidant, alors que le soleil monte dans le ciel, la partie la plus fluide, s'efforçant d'obéir à cette loi qui régit aussi la plus inerte, se sépare de celle-ci pour former de son propre chef un canal sinueux ou une artère mouvante, où l'on voit un petit ruisselet d'argent qui brille comme l'éclair partir d'un tas de feuilles ou de branches pulpeuses vers un autre, pour être bientôt avalé par le sable. Il est merveilleux de constater avec quelle rapidité et quelle perfection le sable s'organise en s'écoulant, et se sert des meilleurs matériaux inclus dans sa masse pour constituer les bords bien nets de son chenal. Telles sont les sources des rivières. La silice que l'eau dépose est sans doute le système osseux, et le terreau encore plus fin ainsi que la matière organique sont la fibre musculaire ou le tissu cellulaire. Qu'est donc l'homme, sinon une masse d'argile fondant ? Le bout du doigt d'un homme n'est qu'une goutte solidifiée. Les doigts et les orteils s'écoulent jusqu'à leur extrémité à partir de la masse corporelle qui fond. Qui sait comment se dilaterait et s'écoulerait le corps humain sous des cieux plus cléments? La main n'est-elle pas une feuille *palmée* dotée de ses lobes et de ses veines? Un regard malicieux verrait dans l'oreille un lichen, *umbilicaria*, fixé sur le côté de la tête, avec son lobe ou son excroissance suspendue. La lèvre – *labium*, de *labor* (?) – s'élève et vire devant la caverne de la bouche. Le nez est de toute évidence une goutte solidifiée ou une stalactite. Le menton est une goutte encore plus grosse, le confluent de tout ce qui ruisselle sur le visage. Les joues sont une glissade du front vers la vallée du visage, contrariée et déviée par les pommettes. Chaque lobe arrondi de la feuille d'une plante est lui aussi une goutte épaisse, plus ou moins petite, qui musarde à présent; les lobes sont les doigts de la feuille; elle a tendance à couler dans autant de directions qu'elle a de lobes; et davantage de chaleur ou d'autres influences bienfaisantes l'auraient poussée à s'écouler plus loin encore.

Il me semblait donc que ce versant de colline illustrait le principe de toutes les opérations de la Nature. Le Créateur de cette terre a seulement breveté une feuille. Quel Champollion déchiffrera ce hiéroglyphe à notre intention, afin que nous puissions enfin tourner la page et produire une feuille nouvelle? À mes yeux, ce phénomène est plus enivrant que la luxuriance et la fertilité d'un vignoble. Certes, son essence a quelque chose d'excrémentiel, ainsi qu'en témoignent ces tas infinis de foies, de poumons et de viscères, comme si le globe était retourné à l'envers; mais cela suggère du moins que la Nature est dotée de viscères et, une fois encore, qu'elle est la mère de l'humanité. Voici le gel sortant de la terre; voici le Printemps. Il précède la verdure et la floraison printanières, tout comme la mythologie vient avant la poésie ordinaire. Je ne connais aucun purgatif plus efficace des brouillards et des indigestions de l'hiver. Il me convainc que la Terre est toujours dans ses langes et qu'elle étend de tous côtés ses doigts de bébé. Des boucles nouvelles jaillissent du crâne le plus chauve. Rien n'est inorganique. Ces entassements foliacés jonchent les talus telles les scories d'une chaudière, et montrent que la Nature « carbure à toute vapeur » à l'intérieur. La terre n'est pas un simple fragment d'histoire morte, des strates s'empilant comme les feuilles d'un livre, pour que les géologues et les archéologues surtout l'étudient, mais une poésie vivante comme les feuilles d'un arbre qui précèdent les fleurs et les fruits, – non pas une terre fossile, mais une terre vivante ; en comparaison de sa profonde vie centrale, toute existence animale ou végétale est tout bonnement parasite. Ses convulsions arracheront nos dépouilles à leurs tombes. Vous pouvez bien fondre vos métaux et les couler dans les plus beaux moules du monde ; jamais ils ne m'exciteront comme les formes produites par cette terre en fusion. Et pas seulement elle, mais aussi les institutions qu'elle porte, sont malléables telle l'argile dans les mains du potier[4].

Avant longtemps, non seulement sur ces talus, mais sur toutes les collines, les plaines, et dans tous les vallons, le gel sort du sol comme un quadrupède endormi de son terrier, et cherche à rejoindre la mer au son de sa propre musique, ou bien migre vers d'autres climats sous forme de nuages. Le dégel et sa douce insistance sont plus puissants que Thor et son marteau. L'un fait fondre, l'autre fait seulement voler en éclats.

Dès que le sol était en partie libre de neige et que quelques journées tièdes en avaient un peu séché la surface, il était agréable de comparer les frêles signes inauguraux de l'année nouvellement née qui dardait ses premiers regards, et la beauté majestueuse de la végétation fanée qui avait résisté à l'hiver – immortelles, verges d'or, léchéas, et les gracieuses herbes sauvages, souvent plus visibles et intéressantes que même en été, comme si jusque-là leur beauté n'avait pas entièrement mûri ; même la linaigrette, les massettes, la molène bouillon-blanc, l'herbe de la Saint-Jean, la spirée tomenteuse, la reine-des-prés et d'autres plantes aux fortes tiges, ces greniers inépuisables qui nourrissent les premiers oiseaux, – des plantes discrètes, ces voiles que porte la Nature endeuillée. Je suis surtout séduit par la tige incurvée et la cime en forme de plumeau du jonc; il évoque en hiver le souvenir de l'été, il compte parmi ces formes que l'art aime imiter et qui, au royaume végétal, entretiennent le même rapport que l'astronomie avec des types déjà existants dans l'esprit humain. C'est un style antique, plus ancien que le grec ou l'égyptien. Bon nombre des phénomènes de l'Hiver suggèrent une tendresse inexprimable et une délicatesse fragile. Nous avons coutume d'entendre ce roi décrit comme un tyran grossier et tapageur; mais c'est avec la douceur d'un amant qu'il décore les tresses de l'Été.

À l'approche du printemps, les écureuils roux s'installaient sous ma maison, deux à la fois, directement sous mes pieds tandis qu'assis je lisais ou écrivais, sans jamais cesser de glousser et de babiller avec les prouesses vocales et les roucoulements les plus étranges qu'on ait jamais entendus; quand je tapais du pied, ils couinaient de plus belle, comme si leurs frasques déchaînées excluaient toute peur et tout respect, et qu'ils défiaient l'humanité de les faire taire. Essayez un peu! Tchicari, tchicari * ! Ils se montraient parfaitement sourds à mes arguments, ou ils ne parvenaient pas à en percevoir la force, et ils égrenaient alors un irrésistible chapelet d'invectives.

Le premier moineau du printemps! L'année commence avec un espoir plus jeune que jamais! Les premiers gazouillis, timides et argentins, qu'on entend au-dessus des champs en partie nus et humides, ceux du merlebleu, du bruant chanteur et de la grive mauvis, comme si les derniers flocons de l'hiver tintaient en tombant! En pareils moments, que sont les histoires, les chronologies, les traditions ainsi que toutes les révélations écrites? Les ruisseaux entonnent des chants allègres et joyeux pour fêter le printemps. L'épervier des marais qui vole bas au-dessus de la prairie recherche déjà les premières formes de vie qui s'éveillent dans la boue. Dans tous les vallons on entend le bruit sourd de la neige qui fond, et la glace se dissout vite sur les lacs. L'herbe envahit les versants des collines comme un incendie de printemps, *et primitus oritur herba imbribus primoribus evocata* [5] – comme si

---

* Onomatopée utilisée pour désigner l'écureuil roux.

la terre diffusait une chaleur intérieure afin de saluer le retour du soleil ; la couleur de sa flamme n'est pas jaune mais verte, symbole de la jeunesse éternelle, la feuille d'herbe comme un long ruban vert jaillit de la glèbe vers l'été, certes arrêtée dans sa course par la gelée, mais bientôt allant encore de l'avant, la vie nouvelle soulevant de sa lance le foin de l'an passé. Elle pousse aussi régulièrement que le ruisselet qui sourd du sol. Elle est presque identique à lui, car durant les longues journées de juin où les ruisseaux sont à sec, les feuilles d'herbe ayant détourné leurs eaux, et d'année en année les troupeaux boivent à cette éternelle source verte, et le faucheur en tire promptement sa provision d'hiver. Ainsi, notre vie humaine meurt seulement jusqu'à ses racines et s'obstine à dresser sa feuille verte vers l'éternité.

Walden fond vite. Un chenal large de deux perches longe les rives nord et ouest, et il est encore plus large du côté est. Une grande plaque de glace s'est détachée de la masse principale. J'entends un bruant chanteur dans les buissons de la berge : *olit, olit, olit – tchip, tchip, tchip, tche char – tche wiss, wiss, wiss*. Lui aussi participe à la débâcle. Comme les grandes formes incurvées sont belles sur le bord de la glace, qui font écho à celles du rivage, mais en plus régulier ! À cause du froid récent, rude mais temporaire, cette glace est d'une dureté inhabituelle, saturée d'eau et toute ondulée comme le plancher d'un palais. Le vent glisse en vain vers l'est au-dessus de sa surface opaque, avant de s'abattre sur les étendues libres qui se trouvent au-delà. Il est merveilleux de contempler ce ruban liquide étincelant au soleil, la face nue du lac remplie de joie et de jeunesse, comme si elle exprimait la liesse des poissons vivant en dessous, et du sable de ses berges – un éclat argenté semblable à celui des écailles du *leuciscus*, comme s'il s'agissait là d'un seul poisson bien vivant. Tel est le contraste entre l'hiver et le printemps. Walden était mort, et voici qu'il revit[6]. Mais en ce printemps, comme je l'ai dit, la débâcle du lac a été plus régulière.

Le passage de l'hiver et de ses orages à un temps doux et calme, des heures sombres et longues aux jours vivaces et éclatants, constitue une crise mémorable, proclamée par toutes choses. En fin de compte, elle paraît instantanée. Un flot de lumière envahit soudain ma maison, malgré la proximité du soir, la présence obstinée des nuages de l'hiver et la pluie mêlée de neige qui dégouttait de mon toit. Je regardai par la fenêtre et voici qu'à la place de la glace grise et froide de la veille, s'étendait le lac transparent, déjà calme et plein d'espoir comme par une soirée estivale, reflétant en son sein le ciel d'un soir d'été, bien qu'aucun firmament ne fût visible là-haut, comme si le lac eût été en intelligence avec quelque horizon lointain. J'entendis un merle d'Amérique au loin, le premier depuis de nombreux millénaires, me sembla-t-il, dont je n'oublierai pas les notes durant autant de millénaires, – ce même chant doux et puissant qu'autrefois. Ô, le merle du soir à la fin d'un jour d'été en Nouvelle-Angleterre ! Je rêve de découvrir le rameau sur lequel il est posé ; je parle de *lui* ; je parle de *son rameau*. Celui-ci, au moins, n'est pas le *Turdus migratorius*. Les pitchpins et les chênes des ours autour de ma maison, affaissés depuis si longtemps, retrouvèrent soudain leur nature propre, semblèrent plus vifs et plus verts, plus droits et vivants, comme efficacement nettoyés et revigorés par la pluie. Je savais qu'il ne pleuvrait plus. En regardant n'importe quelle brindille de la forêt, ou mieux encore, votre seul tas de bois, vous pouvez être certain que leur hiver est passé ou pas. À l'approche de la nuit, je sursautai en entendant des oies cacarder, des oies qui volaient bas au-dessus des bois, tels des voyageurs fatigués arrivant tard des lacs du Sud et se livrant enfin sans entrave à des plaintes et à des consolations mutuelles. Debout sur mon seuil, j'entendis le bruissement de leurs ailes ; quand ces oies qui se dirigeaient vers ma maison repérèrent brusquement ma lumière, elles virèrent avec une clameur étouffée pour se poser sur le lac. Je rentrai donc, fermai la porte et passai ma première nuit de printemps dans les bois.

Au matin, j'observai de ma porte ces oies à travers la brume, qui voguaient au milieu du lac, à cinquante perches de moi, si nombreuses et tumultueuses que Walden ressemblait à un lac artificiel créé pour leur délassement. Mais quand je rejoignis le rivage, elles s'élevèrent d'un coup avec de grands battements d'ailes au signal de leur commandant, et dès que leur formation fut ordonnée dans le ciel, elles se mirent à décrire des cercles au-dessus de ma tête, vingt-neuf oies, avant de mettre le cap sur le Canada, leur chef poussant son coup de trompe à intervalles réguliers, certaines de rompre leur jeûne dans des plans d'eau plus boueux. Une petite bande de canards s'éleva en même temps, puis ils prirent la route du nord dans le sillage de leurs cousines plus bruyantes.

Pendant une semaine, j'entendis le cri métallique de quelques oies solitaires qui décrivaient des cercles dans la brume matinale en cherchant leur compagnon, et qui peuplaient les bois du bruit d'une vie plus vaste qu'ils ne pouvaient en accueillir. En avril, je revis des pigeons, qui volaient très vite en petites troupes, et finalement j'entendis les hirondelles pépier au-dessus de ma clairière, bien que selon moi la commune n'en abritât pas tant qu'elle pût m'en attribuer la moindre, et je m'imaginai qu'elles appartenaient en propre à cette race ancienne qui vivait dans les arbres creux avant l'arrivée de l'homme blanc. Sous presque tous les climats, la tortue et la grenouille comptent parmi les hérauts et les animaux avant-coureurs de cette saison, les oiseaux volent en chantant et en arborant leur plumage chamarré, les plantes poussent et fleurissent, les vents soufflent, afin de corriger cette légère oscillation des pôles et assurer l'équilibre de la Nature.

De même que chaque saison nous semble tour à tour la meilleure, la venue du printemps évoque la création du cosmos à partir du chaos et le retour de l'Âge d'Or.

« *Eurus ad Auroram, Nabathacaque regna recessit,*
Persidaque, et radiis juga subdita matutinis. »

« Le Vent d'Est se retira vers l'Aurore et le royaume nabathéen,
Et le persan, et les cimes placées sous les rayons du matin. »
* * *

« L'homme naquit. Soit que cet Artisan des choses,
Origine d'un monde meilleur, l'eût tiré de la divine semence;
Soit que la terre, d'origine récente et séparée depuis peu de
l'Ether
Élevé, retînt quelque graine du ciel apparenté[7]. »

Une seule et douce averse suffit à rendre l'herbe beaucoup plus
verte. De même, nos espoirs grandissent sous l'influence de
pensées meilleures. Ce serait pour nous une bénédiction, que de
vivre toujours dans le présent et de tirer parti de chaque incident
qui nous arrive, comme l'herbe qui avoue l'influence de la plus
légère rosée qu'elle reçoit; et de ne pas passer notre temps à expier
notre négligence des occasions manquées, ce que nous appelons
faire notre devoir. Nous nous attardons dans l'hiver alors que
c'est déjà le printemps. Par une agréable matinée printanière,
tous les péchés de l'homme sont pardonnés. Un tel jour marque
une trêve pour le vice. Tant qu'un soleil pareil darde ses rayons
brûlants, le plus vil des pécheurs peut se repentir[8]. Notre propre
innocence recouvrée nous permet de discerner celle de nos voisins.
Hier encore, vous voyiez en votre voisin un voleur, un ivrogne ou
un sensualiste, vous le preniez en pitié ou le méprisiez, et vous
désespériez du monde; mais en cette première matinée de printemps, le soleil qui brille et réchauffe le monde le recrée aussi bien,
vous découvrez votre voisin occupé à quelque tâche sereine, vous
remarquez combien ses veines épuisées de débauche se gonflent
d'une joie paisible et bénissent le jour nouveau, ressentent l'influence du printemps avec toute l'innocence du petit enfant, et
toutes ses fautes sont pardonnées. Il émane de lui non seulement
une atmosphère de bonne volonté, mais même un goût de sainteté
qui tâtonne pour s'exprimer, peut-être aveuglément et maladroite-
ment, tel un instinct tout neuf, et durant une brève heure aucune
blague vulgaire ne résonne sur le versant sud de la colline. Vous
discernez quelques jeunes pousses, belles et innocentes, prêtes
à jaillir de son écorce noueuse pour essayer de vivre une année
encore, aussi tendres et fraîches que la plus jeune des plantes.
Même lui est entré dans la joie du Seigneur. Pourquoi le geôlier

ne laisse-t-il pas ouvertes les portes de sa prison, – pourquoi le juge n'abandonne-t-il pas les poursuites –, pourquoi le pasteur ne congédie-t-il pas sa congrégation ? C'est parce qu'ils n'obéissent pas au signe que Dieu leur envoie, et n'acceptent pas le pardon qu'Il leur offre librement à tous.

« Un retour à la bonté engendré chaque jour dans le souffle paisible et bienfaisant du matin, fait que, eu égard à l'amour de la vertu et à la haine du vice, on se rapproche un peu de la nature primitive de l'homme, comme les jeunes pousses de la forêt qui a été abattue. De la même manière, le mal que l'on accomplit en l'espace d'un jour entrave le développement des germes des vertus qui commençaient à repousser et les détruit. « Après que les germes de la vertu ont ainsi été maintes fois empêchés de se développer, le souffle bienfaisant du soir ne suffit pas à les conserver. Dès que le souffle du soir ne suffit plus à les conserver, alors la nature de l'homme ne diffère plus guère de celle de la bête. Les hommes, voyant la nature de cet homme semblable à celle de la bête, croient qu'il n'a jamais possédé la faculté innée de la raison. S'agit-il là des sentiments vrais et naturels de l'homme[9] ? »

« L'Âge d'Or fut d'abord créé, qui sans justicier,
Spontanément et sans loi, chérit fidélité et droiture.
Point de crainte ni de châtiment ; point de menaces écrites
Sur tablettes de cuivre ; la foule suppliante ne redoutait non plus
La parole de son juge, mais était sauve sans vengeur.
Le pin abattu sur la montagne n'était pas encore descendu
Vers l'élément liquide afin de voir un monde étranger,
Et les mortels ne connaissaient d'autres rivages que les leurs
* * *
Il régnait un éternel printemps, et les tièdes effluves des calmes zéphyrs
Caressaient les fleurs nées d'aucune graine[10]. »

Le 29 avril, alors que je pêchais à partir de la berge de la rivière près du pont de Nine-Acre-Corner, debout parmi les herbes de brize et les racines de saule, où rôdent les rats musqués, j'entendis un crépitement singulier, rappelant le bruit de baguettes agitées par des doigts d'enfant, quand, levant les yeux, j'aperçus un faucon, très mince et gracieux, semblable à un engoulevent, tour à tour s'élevant comme une vague puis chutant d'une hauteur d'une ou deux perches, encore et encore, montrant le dessous de ses ailes qui luisait tel un ruban de satin au soleil, ou comme l'intérieur nacré d'un coquillage. Ce spectacle me rappela la fauconnerie, ainsi que toute la noblesse et la poésie associées à cette manière de chasser. Il me semblait qu'on aurait pu l'appeler le merlin, mais peu m'importe son nom. C'était le vol le plus éthéré que j'aie jamais vu. Cet oiseau ne voltigeait pas simplement comme un papillon, il ne prenait pas non plus son essor comme les grands faucons, mais il évoluait avec sûreté et fierté parmi les champs aériens ; gagnant de l'altitude à maintes reprises en poussant son étrange éclat de rire, il répétait cette chute libre et belle, en tournoyant plusieurs fois tel un cerf-volant, après quoi il se remettait de cette dégringolade comme s'il n'avait jamais touché la terre ferme. Il n'avait apparemment aucun compagnon dans tout l'univers – évoluant là-haut tout seul – et nul besoin d'en avoir le moindre hormis le matin et l'éther avec quoi il jouait. Il n'était pas solitaire, mais à le voir ainsi toute la terre sous lui semblait solitaire. Où étaient la mère qui l'avait engendré, ses frères, et son père dans les cieux ? Cet habitant de l'air paraissait seulement relié à la terre par l'œuf couvé un temps dans la faille d'un rocher, – à moins que son nid natal n'ait été bâti au creux d'un nuage, tissé des parements de l'arc-en-ciel et du soleil couchant, puis doublé de quelque vaporeuse brume du plein été dérobée à la terre ? Son aire était à présent un nuage escarpé.

Je pris par ailleurs une rare succession de poissons d'or, d'argent et de cuivre brillant, qui évoquaient un chapelet de bijoux. Ah ! Combien de matins du premier jour du printemps j'ai foulé ces prairies en sautant de tertre en tertre, de racine de saule en racine de saule, quand la vallée sauvage de la rivière et les bois étaient baignés d'une lumière si pure et éclatante qu'elle aurait réveillé les

morts, s'ils avaient sommeillé dans leur tombe, ainsi que certains
le supposent. Toute preuve plus convaincante de l'immortalité est
superflue. Toutes choses doivent vivre dans une lumière telle que
celle-ci. Ô Mort, où était alors ta victoire ? Ô Tombe, où donc était
la tienne[11] ?

La vie de notre village stagnerait en l'absence des forêts et des
prairies inexplorées qui l'entourent. Nous avons besoin du forti-
fiant de la nature sauvage, de patauger parfois dans des marais où
se cachent le butor et le râle, d'entendre le cri guttural de la bécassine ; de respirer l'odeur de la laîche murmurante là où seuls bâtis-
sent leurs nids les oiseaux les plus sauvages et les plus solitaires,
où le vison rampe au ras du sol. En même temps que nous aspirons
à explorer et à connaître toutes choses, nous exigeons que toutes
choses demeurent mystérieuses et inexplorables, que la terre et
la mer soient infiniment sauvages, inconnues et non sondées par
nous, parce qu'insondables. Nous ne pouvons jamais avoir assez
de Nature. Il faut que nous soyons revigorés par le spectacle de
son inépuisable vigueur, de ses vastes traits de colosse, la côte de
l'océan et ses épaves, les étendues sauvages et leurs arbres vivants
ou putrescents, le nuage d'orage, la pluie qui dure trois semaines
et provoque des crues brutales. Nous avons besoin de voir nos
propres limites dépassées, et des animaux paître librement là où
nous ne nous aventurons jamais. Nous nous réjouissons de voir
le vautour se délecter de la charogne qui nous dégoûte et nous
décourage, un repas dont il tire force et santé. Dans un creux
tout proche du chemin de ma maison, il y avait un cheval mort,
qui m'obligeait parfois à faire un détour, surtout la nuit quand il
faisait lourd, mais l'assurance qu'il me donnait concernant le bel
appétit et la santé florissante de la Nature me dédommageait de
mon malaise. J'aime constater que la Nature est si débordante de
vie qu'elle peut se permettre de sacrifier des myriades d'existences
en les faisant s'entretuer ; que des organismes subtils peuvent
être écrasés en toute sérénité, anéantis et réduits en bouillie – les
têtards engloutis par les hérons, les tortues et les crapauds aplatis
sur la route ; et que parfois il a plu de la chair et du sang ! Étant

donné les risques d'accident, nous devons voir qu'il nous faut très peu en tenir compte. L'impression produite sur le sage est celle de l'innocence universelle. Après tout, le poison n'empoisonne pas et aucune blessure n'est mortelle. La compassion est une position parfaitement intenable. Elle doit être expéditive. Ses prières ne supportent pas le stéréotype.

Début mai, les chênes, hickories, érables ainsi que d'autres arbres commençant à bourgeonner parmi les bois de pins qui entouraient le lac, accordaient au paysage un éclat presque solaire, surtout les journées nuageuses, comme si le soleil perçait la brume et brillait faiblement çà et là sur les coteaux. Le 3 ou 4 mai, je vis un huard sur le lac, et durant la première semaine de ce mois j'entendis l'engoulevent, le moqueur roux, la grive fauve, le pioui de l'Est, le tohi à flancs roux et d'autres oiseaux. J'entendais depuis longtemps la grive des bois. Le moucherolle phébi était déjà revenu pour jeter un coup d'œil par ma porte et ma fenêtre, voir si ma maison ressemblait assez à une caverne à son gré, en se soutenant sur ses ailes bourdonnantes, les serres raidies, comme s'il s'accrochait à l'air, tout en inspectant les lieux. Le pollen couleur de soufre lâché par les pitchpins recouvrit bientôt le lac ainsi que les pierres et le bois pourri sur ses rives, à tel point qu'on aurait pu en remplir un tonneau. Ce sont là les « averses de soufre » dont on entend parler. Et jusque dans le drame de Sacontala, narré par Calidas, on mentionne « des ruisseaux teints en jaune par la poussière d'or du lotus ». Ainsi les saisons se succédèrent-elles jusqu'à l'été, comme le promeneur s'avance dans une herbe de plus en plus haute.

Ma première année passée dans les bois s'acheva de la sorte ; et la seconde fut semblable à la première. Je quittai finalement Walden le 6 septembre 1847.

Conclusion

Aux malades, les médecins recommandent avec sagesse un changement d'air et de décor. Grâce au ciel, le monde ne se réduit pas à ce lopin. Le marronnier ne pousse pas en Nouvelle-Angleterre, et l'on entend rarement ici l'oiseau-moqueur. L'oie sauvage est plus cosmopolite que nous; elle prend son petit-déjeuner au Canada, son déjeuner dans l'Ohio, puis elle lisse ses plumes pour la nuit dans un bayou du Sud. Même le bison, dans une certaine mesure, vit au rythme des saisons, car il se nourrit seulement dans les pâtures du Colorado jusqu'à ce qu'une herbe plus verte et plus tendre l'attende dans le Yellowstone. Nous croyons néanmoins que, si les barrières sont abattues et des murs de pierre élevés autour des terres de nos fermes, des limites sont désormais posées à nos vies, et nos destins fixés. Si l'on vous nomme secrétaire de mairie, il est certain que cet été vous ne pourrez pas aller à la Terre de Feu, mais il se peut aussi que vous alliez malgré tout au pays du feu infernal. L'univers est plus vaste que les conceptions que nous en avons.

Pourtant, nous devrions regarder plus souvent au-dessus de la lisse de couronnement de notre bateau, tels des passagers curieux, et ne pas effectuer le voyage comme des marins stupides fabriquant de l'étoupe. L'autre côté du globe n'est que le foyer de notre correspondant. Notre voyage suit simplement un grand arc de cercle, et les médecins ne soignent que les maladies de peau[1]. On se précipite en Afrique du Sud pour chasser la girafe, mais est-ce vraiment le gibier que nous devrions chercher? Combien de temps, je vous prie, un homme chasserait-il les girafes, s'il le pouvait? La bécassine et la bécasse aussi constituent des proies de choix; mais je gage que vous trouveriez un gibier plus noble en vous tirant dessus.

« Tourne ton regard vers toi-même, et tu découvriras
Mille régions encore inconnues
Dans ton esprit. Sillonne-les et deviens
Expert en cosmographie du chez-toi[2]. »

Que représente l'Afrique ? Que représente l'Ouest ? Nos propres
régions intérieures ne sont-elles pas blanches sur la carte, même si,
quand on les découvrira, elles se révéleront noires comme la côte ?
S'agit-il de la source du Nil, du Niger ou du Mississippi, ou encore
d'un Passage du Nord-Ouest contournant le continent, que nous
découvrirons alors ? Sont-ce là les problèmes les plus cruciaux
pour l'humanité[3] ? Franklin est-il le seul homme qui soit perdu,
pour que sa femme se montre si impatiente de le retrouver[4] ?
Mr. Grinnell sait-il au juste où il se trouve ? Soyez plutôt le Mungo
Park, les Lewis et Clarke, ou le Frobisher[5] de vos propres cours
d'eau et océans ; explorez vos latitudes élevées, avec de pleines
cargaisons de conserves de viande pour vous nourrir, si cela s'avère
nécessaire ; et que les boîtes vides s'entassent jusqu'au ciel pour
signaler votre présence[6]. A-t-on simplement inventé les conserves
de viande pour conserver la viande ? Mieux, soyez un Christophe
Colomb pour des continents et des mondes entièrement nouveaux
situés à l'intérieur de vous-mêmes, ouvrez de nouvelles voies navi-
gables, non pas pour le commerce, mais pour la pensée. Chaque
homme est le seigneur d'un royaume en comparaison duquel l'empire terrestre du Tzar n'est qu'un domaine dérisoire, un monticule
abandonné derrière elle par la glace. Néanmoins, certains peuvent
être des patriotes sans avoir le moindre respect *de soi*, et sacrifier l'essentiel à l'accessoire. Ils aiment cette terre qui attend leur
tombe, mais ils n'éprouvent aucune sympathie pour cet esprit qui
peut-être anime toujours leur argile. Le patriotisme est un asticot
dans leur tête. Quel était le sens de cette Expédition Exploratoire
dans les Mers du Sud[7], avec tout son battage et toutes ses dépenses,
sinon de reconnaître indirectement l'existence de continents et de
mers dans le monde moral, où chaque homme est un isthme ou un
bras de mer, encore inexploré par lui-même, et de constater qu'il
est plus facile de parcourir des milliers de miles en affrontant le
froid, la tempête et les cannibales, à bord d'un navire du gouver-

nement, en compagnie de cinq cents hommes et jeunes gens pour vous aider, que d'explorer sa mer privée, les océans Atlantique et Pacifique de son être seulement.

Erret, et extremos alter scrutetur Iberos.
Plus habet hic vitae, plus habet ille vitae.

« Qu'ils errent et aillent scruter les lointains Australiens.
J'ai plus de Dieu, ils ont plus de route [8]. »

À quoi bon faire le tour du monde pour aller compter les chats de Zanzibar? Et pourtant, faites même cela jusqu'à ce que vous trouviez mieux à faire, et vous découvrirez peut-être quelque « trou de Symmes [9] » par lequel accéder enfin à l'intérieur. L'Angleterre et la France, l'Espagne et le Portugal, la Côte de l'Or et la Côte des Esclaves, tous font face à cette mer privée ; mais nulle barque n'a jamais quitté ces rivages pour s'aventurer hors de vue des terres, bien que ce soit sans nul doute la route directe de l'Inde. Si vous appreniez à parler toutes les langues et vous conformiez aux coutumes de toutes les nations, si vous voyagiez plus loin que tous les voyageurs, si vous vous sentiez chez vous sous tous les climats, si vous forciez le Sphinx à se fracasser la tête contre une pierre, vous devriez pourtant obéir au précepte du vieux philosophe : Explore-toi toi-même. Cette entreprise exige le regard juste et la détermination. Seuls les vaincus et les déserteurs s'en vont en guerre, les lâches qui s'enfuient et s'engagent. Partez dès maintenant sur cette lointaine route de l'Ouest [10], qui ne s'arrête ni au Mississippi ni à l'océan Pacifique, qui n'aboutit pas à quelque Chine ou Japon éculé, mais vous entraîne tout droit sur une tangente à cette sphère, en été comme en hiver, de jour comme de nuit, au soleil couchant et à la lune couchante, et même pour finir à la terre couchante.

On prétend que Mirabeau se fit voleur de grand chemin, « pour se rendre compte du degré de résolution nécessaire afin de se placer en opposition complète avec les lois les plus sacrées de la société ». Il déclara qu'« un soldat qui combat dans les rangs n'a pas besoin de la moitié du courage d'un voleur de grand chemin », que « l'honneur et la religion ne se sont jamais mis en travers d'une résolution ferme et mûrement réfléchie ». C'était viril, aux yeux du monde tel qu'il va ; néanmoins, c'était vain, sinon désespéré. Un homme plus raisonnable se serait assez souvent trouvé « en opposition complète » à ce qu'on tient pour « les lois les plus sacrées de la société » par obéissance à des lois encore plus sacrées, et il aurait ainsi mis à l'épreuve sa résolution sans s'écarter de son chemin. Nul n'est tenu de se placer dans une telle situation vis-à-vis de la société, mais chacun doit se maintenir dans la situation, quelle qu'elle soit, où il se trouve en obéissant aux lois de son être, et ce ne sera jamais en opposition à un gouvernement juste, si par hasard il en trouve un.

Je quittai les bois pour une aussi bonne raison que celle qui m'y avait attiré. Peut-être me sembla-t-il que j'avais plusieurs autres vies à vivre, et que je n'avais plus de temps à consacrer à celle-ci [11]. Il est remarquable de constater comme nous suivons aisément, insensiblement, une route particulière, nous faisant pour nous-mêmes un sentier battu. Je n'habitais pas là depuis une semaine, que mes pas avaient déjà tracé un chemin entre ma porte et le bord du lac ; et bien que cinq ou six années se soient écoulées depuis que je l'ai emprunté, ce chemin est toujours parfaitement visible. Je crains, il est vrai, que d'autres l'aient adopté et aient ainsi contribué à le garder ouvert. La surface de la terre est fragile et facilement marquée par les pieds des hommes ; il en va de même des chemins empruntés par l'esprit. Comme les grand-routes du monde doivent être usées et poussiéreuses, et profondes les ornières de la tradition et du conformisme ! Je ne voulais pas faire ce voyage dans une cabine, mais plutôt devant le mât et sur le pont du monde, car c'est de là que je pouvais le mieux voir le clair de lune au milieu des montagnes. Je ne souhaite pas descendre maintenant.

Mon expérience m'apprit au moins ceci : si l'on avance avec confiance dans la direction de ses rêves, si l'on essaie de vivre la vie qu'on a imaginée, on sera payé d'un succès inattendu en temps ordinaire. On laissera certaines choses en arrière, on franchira une frontière invisible; des lois nouvelles, universelles et plus libérales commenceront à régner autour de soi et à l'intérieur de soi; ou bien les lois anciennes s'élargiront et seront interprétées en votre faveur dans un sens plus libéral, et l'on vivra avec la liberté dont jouissent des êtres plus élevés. À mesure que l'on simplifie sa vie, les lois de l'univers sembleront moins complexes, et la solitude ne sera pas la solitude, ni la pauvreté pauvreté, ni la faiblesse faiblesse. Si vous avez bâti des châteaux dans les airs, votre travail n'en sera pas forcément perdu; car c'est là qu'ils doivent être. Maintenant, posez les fondations par en dessous.

C'est une exigence ridicule de la part de l'Angleterre et de l'Amérique, que de vous sommer de parler pour qu'on puisse vous comprendre. Ni les hommes ni les champignons ne croissent ainsi. Comme si c'était d'une quelconque importance et qu'il n'y ait pas assez de gens pour vous comprendre sans qu'on ait besoin d'elles. Comme si la Nature ne pouvait générer qu'une seule sorte d'intelligence, ne pouvait produire les oiseaux en même temps que les quadrupèdes, les créatures volantes aussi bien que rampantes, comme si *hue!* et *ho!*, que le bœuf peut comprendre, étaient le summum de l'anglais. Comme si seule la bêtise assurait notre sauvegarde. Je crains surtout que mon expression ne soit pas assez *extra-vagante* [12], qu'elle ne s'aventure pas suffisamment loin des étroites limites de mon expérience quotidienne, afin de se tenir au plus près de la vérité dont j'ai été convaincu. *Extra vagance!* Tout dépend de l'endroit où vous êtes parqué. Le bison migrateur, en quête de nouvelles prairies sous une autre latitude, n'est pas aussi extravagant que la vache qui renverse le seau d'un coup de pied, saute par-dessus la barrière de la ferme et se met à courir après son veau, à l'heure de la traite. Je désire trouver où parler *hors limites* *; en homme éveillé, s'adressant à des hommes éveillés; car je suis convaincu que je ne peux trop exagérer, même pour poser les fondations d'une expression vraie. Qui, après avoir entendu

* L'anglais permet à Thoreau de dire en même temps et plus radicalement, sans limite.

quelques accords de musique, craignit jamais de parler ensuite avec extravagance ? Pour ce qui est de l'avenir ou du possible, nous devrions vivre sans inquiétude ni projet fixe clairement affiché, en conservant des contours vagues et brumeux de ce côté-là ; comme notre ombre révèle une transpiration à peine visible vers le soleil. La vérité volatile de nos paroles devrait continuellement trahir l'inadéquation de la déclaration résiduelle. Leur vérité est instantanément *traduite* ; seul demeure son monument littéral. Les mots exprimant notre foi et notre piété ne sont pas définis ; pour les natures supérieures, ils sont néanmoins significatifs et aussi odorants que l'encens.

Pourquoi toujours descendre jusqu'à nos perceptions les plus émoussées, et les louer comme incarnant le bon sens ? Le sens le plus commun est celui des dormeurs, qu'ils expriment en ronflant. Nous avons parfois tendance à classer les gens doués d'une part et demie d'intelligence avec ceux qui n'en ont qu'une moitié, car nous n'apprécions que le tiers de leur esprit. Certains trouveraient à redire à la rougeur de l'aube, si jamais ils se levaient assez tôt. « On prétend, ai-je entendu dire, que les vers de Kabir ont quatre sens différents : l'illusion, l'esprit, l'intellect, et la doctrine exotérique des Védas [13] » ; mais dans cette partie-ci du monde, quand les écrits d'un homme admettent plus d'une interprétation, on se considère en droit de le lui reprocher. Tandis que l'Angleterre s'efforce de guérir la pourriture de la pomme de terre, ne trouvera-t-on personne pour essayer de guérir la pourriture du cerveau, bien plus répandue et tellement plus mortelle ?

Je ne crois pas avoir abouti à l'obscurité, mais je serais fier qu'à cet égard on ne trouvât pas dans mes pages de défaut plus grave qu'il n'en fut trouvé dans la glace de Walden. Les clients du Sud lui reprochèrent sa couleur bleue, laquelle constitue la preuve de sa pureté, comme si elle était boueuse, et lui préférèrent la glace de Cambridge, qui est blanche mais a un goût d'herbes. La pureté aimée des hommes ressemble aux brumes qui enveloppent la terre, et non à l'éther azuré situé au-delà.

Certains nous cornent aux oreilles que nous autres Américains, et les modernes en général, sommes des nains intellectuels en comparaison des anciens, ou même des Élisabéthains. Où veulent-ils donc en venir ? Un chien vivant vaut mieux qu'un lion mort[14]. Faudrait-il qu'un homme se pende sous prétexte qu'il appartient à la race des Pygmées, et qu'il n'est pas le plus grand Pygmée possible ? Que chacun s'occupe de ses propres affaires, et s'efforce d'être ce qu'il a été fait.

Pourquoi se hâter à tout prix de réussir, et dans des entreprises si désespérées ? Quand un homme ne marche pas du même pas que ses compagnons, c'est peut-être parce qu'il entend battre un autre tambour. Qu'il accorde donc ses pas à la musique qu'il entend, quelle qu'en soit la mesure ou l'éloignement. Et peu importe qu'il mûrisse aussi vite qu'un pommier ou un chêne. Changera-t-il son printemps en été ? Si l'état de choses pour lequel nous avons été créés n'est pas encore là, quelle serait la réalité à lui substituer ? Nous refusons de faire naufrage sur une réalité vaine. Érigerons-nous à grand-peine un ciel de verre bleu au-dessus de nous, en sachant avec certitude que, lorsqu'il sera achevé, nous contemplerons encore le vrai ciel éthéré loin au-dessus, comme si le premier n'existait pas ?

Il y avait dans la ville de Kouroo un artiste bien décidé à atteindre la perfection. Il eut un jour l'idée de faire un bâton. Ayant observé que le temps est un ingrédient de toute œuvre imparfaite, mais qu'il ne participe nullement à une œuvre parfaite, il se dit : mon œuvre sera parfaite à tous égards, même si je ne dois rien faire d'autre de ma vie. Il partit aussitôt chercher du bois dans la forêt, résolu à ne pas choisir de matériau qui ne convînt pas ; et comme il cherchait et rejetait vite un bâton après l'autre, ses amis l'abandonnèrent peu à peu, car ils vieillissaient parmi leurs travaux et mouraient, tandis que lui ne vieillissait pas d'un instant. Sa ténacité, sa résolution et sa profonde piété lui accordaient, sans qu'il le sût, la jeunesse éternelle. Parce qu'il ne consentait à aucun compromis avec le Temps, le Temps ne s'occupait pas de lui, et soupirait seulement de loin, car il se voyait incapable de vaincre cet homme. Avant qu'il n'ait trouvé un bâton qui le satisfît à tous égards, la ville de Kouroo était un monceau de ruines vénérables, et il s'assit sur un tas de pierres pour écorcer son bâton. Avant qu'il lui ait donné la forme convenable, la dynastie des Candahar toucha à son terme, et avec la pointe du bâton il écrivit dans le sable le nom du dernier représentant de cette race, après quoi il se remit au travail. Quand il eut fini d'élaguer et de polir le bâton, Kalpa n'était plus l'étoile Polaire ; et avant qu'il n'eût posé la férule et la poignée ornée de pierres précieuses, Brahma s'était maintes fois réveillé et rendormi. Mais à quoi bon m'attarder sur ces choses ? Quand la dernière touche fut mise à son œuvre, elle grandit soudain sous les yeux étonnés de l'artiste pour devenir la plus belle de toutes les créations de Brahma. En fabriquant un bâton, il avait créé un nouveau système, un monde aux vastes et belles proportions ; un monde où, même si les anciennes villes et les dynasties d'antan avaient disparu, de plus splendides et de plus glorieuses les avaient remplacées. Alors, en regardant le tas de copeaux encore frais à ses pieds, il comprit que pour lui et son travail le passage du temps avait jusque-là été une illusion, et qu'il ne s'était pas écoulé plus de temps qu'il n'en faut à Brahma pour faire jaillir une seule étincelle de son cerveau, la faire tomber sur l'amadou d'un cerveau humain et l'enflammer. Le matériau était pur, son art était pur ; comment le résultat aurait-il pu être autre chose que merveilleux ?

Aucun aspect que nous puissions donner à un sujet ne nous aidera en définitive autant que la vérité. Elle seule vieillit bien. Pour l'essentiel, nous ne sommes pas là où nous sommes, mais dans une position fausse. À cause d'une infirmité de notre nature, nous imaginons une condition, nous l'endossons, et nous voilà donc dans deux conditions en même temps, d'où il est doublement difficile de s'extraire. Dans nos instants de lucidité, nous considérons seulement les faits, la condition réelle. Dites ce que vous avez à dire, et non ce que vous devriez dire. Toute vérité vaut mieux que les faux-semblants. Tom Hyde, le rétameur, debout au pied du gibet, quand on lui demanda s'il avait quelque chose à dire, répondit : « Dites aux tailleurs de se rappeler de faire un nœud à leur fil avant de commencer à coudre. » La prière de son compagnon a été oubliée.

Quelle que soit la médiocrité de votre vie, acceptez-la et vivez-la ; ne l'esquivez ni ne l'insultez. Elle n'est pas aussi mauvaise que vous. Elle semble la plus pauvre quand vous êtes le plus riche. Le dénicheur de noises en trouvera même au paradis. Aimez votre vie, aussi pauvre soit-elle. Vous connaîtrez peut-être quelques heures agréables, palpitantes, splendides, même dans un asile pour indigents. Le soleil couchant se reflète avec autant d'éclat aux fenêtres d'un hospice qu'à celles du riche ; au printemps, la neige fond aussi tôt devant les deux portes. Je ne vois pas pourquoi un esprit calme ne pourrait pas vivre là aussi content et entretenir des pensées aussi réjouissantes, que dans un palais. Les pauvres du village me font souvent l'effet de mener une vie plus indépendante que les autres. Peut-être ont-ils simplement l'esprit assez large pour recevoir sans scrupules. La plupart d'entre eux se croient au-dessus de l'aide fournie par le village ; mais il arrive plus souvent qu'ils ne soient pas au-dessus de l'aide qu'ils se procurent par des moyens malhonnêtes, ce qui devrait leur accorder une mauvaise réputation. Cultivez la pauvreté dans votre jardin, comme l'herbe de la sagesse. Ne vous inquiétez pas trop d'obtenir de nouvelles choses, que ce soient des vêtements ou des amis. Tournez les anciens, retournez vers eux. Les choses ne changent pas, c'est nous qui changeons. Vendez vos habits, gardez vos pensées. Dieu veillera à ce que vous ne manquiez pas de compagnie. Si j'étais confiné toute ma vie dans un coin de grenier, telle une araignée, le monde serait tout aussi vaste à mes yeux, tant que je garderais mes pensées auprès de moi. Comme dit le philosophe, « D'une armée de trois divisions on peut enlever le général et y faire régner le désordre ; mais de l'homme le plus abject et le plus vulgaire on ne peut enlever la pensée [15]. » Ne cherchez pas si avidement à vous développer, à vous soumettre à de nombreuses influences pour être joué ; ce n'est que dissipation. Comme l'obscurité, l'humilité révèle les lumières célestes. Les ombres de la pauvreté et de la médiocrité nous entourent « et voyez, la création s'élargit à nos yeux ». On nous rappelle souvent que, si la richesse de Crésus nous était dispensée, nos buts devraient rester les mêmes, et nos moyens essentiellement identiques. De plus, si vos possibilités sont restreintes par la pauvreté, si par exemple vous ne pouvez acheter ni livres ni journaux, alors vous êtes seulement limité aux expériences les plus significatives et les plus vitales ; vous êtes contraint de traiter avec les matériaux qui dispensent le plus de sucre et le plus d'amidon. C'est la vie au plus près de l'os, là où elle est la plus succulente [16]. Vous voilà prémuni contre toute frivolité. On ne perd jamais rien au niveau le plus bas par magnanimité envers le plus élevé. Les richesses superflues ne peuvent acheter que le superflu. Nul argent n'est requis pour acheter ce qui est nécessaire à l'âme.

J'habite l'angle d'un mur en plomb, dans la composition duquel entre un peu de l'alliage des cloches. Souvent, dans le calme du milieu du jour, un *tintinnabulum* confus venant de l'extérieur atteint mes oreilles. C'est le bruit de mes contemporains. Mes voisins me parlent de leurs aventures avec des *gentlemen* ou des dames célèbres, et des notables qu'ils ont rencontrés lors d'un dîner ; mais je ne m'intéresse pas davantage à ces choses qu'au contenu du *Daily Times*. Leur intérêt et leur conversation se concentrent surtout sur le costume et les bonnes manières ; mais on a beau l'habiller comme on veut, une oie reste une oie. Ils me parlent de la Californie et du Texas, de l'Angleterre et des Antilles, de l'Honorable Mr. ***, de Georgie ou du Massachusetts, tous phénomènes passagers et éphémères, jusqu'à ce que je sois à deux doigts de sauter le mur de leur cour, tel le bey des Mamelouks. J'aime savoir où j'en suis, – non pas marcher en procession pompeuse et solennelle, en un lieu bien visible, mais marcher du même pas que le Créateur de l'univers, quand j'en ai l'occasion, – non pas vivre dans ce XIXe siècle agité, nerveux, trépidant, vulgaire, mais rester debout ou assis, pensif, en le regardant passer. Que fêtent donc les hommes ? Ils font tous partie d'un comité d'organisation, et à chaque heure attendent un discours prononcé par quelqu'un. Dieu n'est que le président de la journée, et Webster son orateur. J'aime peser, décider, graviter vers ce qui m'attire le plus fortement et le plus justement ; non pas rester suspendu au fléau de la balance pour essayer de peser moins, non pas imaginer une condition, mais adopter celle qui existe ; voyager sur la seule route possible, celle où aucune puissance ne peut me résister. Je ne tire aucune satisfaction à entamer la construction d'une arche tant que je n'ai pas bâti une fondation saine. Ne jouons pas à courir sur une glace trop mince. Il existe partout un fond solide. Nous lisons l'histoire du voyageur qui demande au garçon si le bourbier qui s'étend devant lui a un fond solide. Le garçon lui répond que oui. Mais bientôt le cheval du voyageur s'enfonce jusqu'aux sangles, et l'homme lance au garçon : « Je croyais que tu m'avais dit que ce bourbier a un fond solide. » « Bien sûr que oui, répond le gamin, mais vous êtes seulement à mi-chemin. » Ainsi en va-t-il des marécages et des sables mouvants de la société ; mais il sera bien âgé le garçon qui en aura connaissance. C'est seulement ce qui est pensé, dit ou fait lors de certaines coïncidences rares, qui devient précieux. Je ne voudrais pas faire partie de ceux qui enfoncent bêtement un clou dans un simple assemblage de lattes et de plâtre ; un tel acte m'empêcherait de dormir des nuits entières. Donnez-moi un marteau et laissez-moi chercher l'étai. Ne faites pas confiance au mastic. Plantez votre clou bien droit et rivez-le si sûrement que vous pourrez vous réveiller la nuit et penser à votre travail avec satisfaction – un travail pour lequel vous pourriez sans honte invoquer la Muse. C'est ainsi que Dieu vous aidera, et seulement ainsi. Chaque clou que vous plantez devrait être comme un nouveau rivet dans la machine de l'univers, avec vous pour continuer le travail.

Plutôt que l'amour, l'argent ou la gloire, donnez-moi la vérité. Je me suis assis à une table où se trouvaient en abondance des mets et des vins somptueux ainsi qu'une domesticité obséquieuse, mais point de sincérité ni de vérité, et c'est en affamé que j'ai quitté ce lieu inhospitalier. Car l'hospitalité y était aussi froide que les glaces. Je me suis dit qu'il n'y avait pas besoin de glace pour les congeler. On m'a parlé de l'âge des vins et de la réputation du cru ; mais je pensais à un vin plus ancien, plus nouveau et plus pur, à un cru plus admirable, qu'ils n'avaient pas obtenu et qu'ils ne pouvaient acheter. Le style, la maison, les terres et « la réception » ne comptent pour rien à mes yeux. J'ai rendu visite au roi, mais il m'a fait attendre dans son couloir et il s'est conduit en homme inapte à l'hospitalité. Il y avait un homme dans mon voisinage qui habitait à l'intérieur d'un arbre creux. Ses manières étaient vraiment royales. J'aurais mieux fait de lui rendre visite.

Combien de temps resterons-nous assis sous nos portiques à pratiquer des vertus futiles et moisies, que n'importe quel travail ridiculiserait aussitôt ? Comme si l'on devait commencer sa journée en s'armant de patience et embaucher un homme pour sarcler ses pommes de terre ; et l'après-midi continuer en pratiquant l'humilité et la charité chrétiennes avec une bonté préméditée ! Considérez la fierté chinoise et la vanité complaisante de l'humanité. Cette génération a tendance à se reposer en se félicitant d'être la dernière d'une illustre lignée ; à Boston, à Londres, à Paris ou à Rome, évoquant ses origines lointaines, elle parle avec satisfaction de ses progrès en art, en science et en littérature. Nous avons les Comptes Rendus des Sociétés Philosophiques ainsi que les Éloges publics des *Grands Hommes* ! C'est ce brave Adam contemplant sa propre vertu. « Oui, nous avons accompli d'admirables choses, et chanté des chants divins, qui ne mourront jamais », c'est-à-dire qu'ils vivront tant que *nous* ne les oublierons pas. Les sociétés savantes et les grands hommes de l'Assyrie – où sont-ils ? Quels juvéniles philosophes et expérimentateurs nous sommes ! Il n'y a pas un seul de mes lecteurs qui ait déjà vécu toute une vie humaine. Peut-être s'agit-il simplement des mois printaniers dans la vie de la race. Si nous avons connu la gale des sept ans, nous n'avons pas encore vu à Concord les cigales qui viennent tous les dix-sept ans. Nous ne connaissons qu'une simple pellicule du globe sur lequel nous vivons. La plupart des hommes n'ont pas creusé à plus de six pieds sous terre, ni bondi aussi haut en l'air. Nous ne savons pas où nous sommes. Et puis nous dormons à poings fermés près de la moitié du temps. Malgré tout, nous nous croyons sages et nous avons établi un ordre à la surface. Vraiment, nous sommes de profonds penseurs et des esprits ambitieux ! Tandis que je me tiens debout au-dessus de l'insecte qui rampe parmi les aiguilles de pin sur le sol de la forêt en tâchant de se dissimuler à ma vue, et que je me demande pourquoi il entretient de si humbles pensées et me cache sa tête, à moi qui pourrais sans doute être son bienfaiteur et apprendre à ses semblables quelque information stimulante, je me rappelle alors le grand Bienfaiteur et l'Intelligence supérieure qui se dresse au-dessus de moi, l'insecte humain.

Ce monde connaît un apport incessant de nouveautés, et pourtant nous acceptons un incroyable ennui. Qu'il me suffise de mentionner le genre de sermons que l'on continue d'écouter dans les pays les plus éclairés. Des mots tels que joie et tristesse existent, mais ils ne sont que le refrain d'un psaume, chanté d'une voix nasillarde, alors que nous mettons notre foi dans l'ordinaire et le mesquin. Nous croyons pouvoir seulement changer de vêtements. On dit que l'Empire britannique est très vaste et très respectable, et que les États-Unis sont une grande puissance. Nous ne croyons pas qu'une marée monte et descende derrière chaque homme, qui pourrait emporter l'Empire britannique comme un fétu de paille, si l'homme en question pouvait l'accueillir dans son esprit. Qui sait quelle sorte de cigales à cycle de dix-sept ans sortira de terre la prochaine fois ? Le gouvernement du monde où je vis n'a pas été créé comme celui de la Grande-Bretagne durant des conversations d'après-dîner autour d'une bonne bouteille.

La vie qui est en nous ressemble à l'eau de la rivière. Cette année elle montera peut-être plus haut qu'elle ne l'a jamais fait de mémoire d'homme, pour inonder les hautes terres desséchées ; et cette année-ci sera peut-être l'année mémorable, qui noiera tous nos rats musqués. Les terres où nous vivons n'ont pas toujours été sèches. Je vois, loin à l'intérieur du pays, les berges où le cours d'eau coulait autrefois, avant que la science n'ait commencé à noter ses crues brutales. Tout le monde a entendu cette histoire, qui a fait le tour de la Nouvelle-Angleterre, du bel insecte vigoureux qui est sorti de la rallonge bien sèche d'une vieille table en bois de pommier, qui trônait depuis soixante ans dans la cuisine d'un fermier, d'abord dans le Connecticut, ensuite dans le Massachusetts, – issu d'un œuf déposé là dans l'arbre vivant plusieurs années encore auparavant, si l'on se fie aux couches de bois formées chaque année depuis cette date ; et on l'entendait ronger depuis plusieurs semaines, la chaleur d'une fontaine à thé l'ayant peut-être fait éclore. Qui, entendant cette histoire, n'en sentira pas sa foi renforcée dans la résurrection et l'immortalité ? Qui sait quelle vie splendide et ailée, dont l'œuf est demeuré très longtemps enfoui sous d'innombrables couches concentriques de bois dans la vie morte et desséchée de la société, déposé d'abord dans l'aubier de l'arbre vert et vivant, peu à peu transformé en l'apparence d'une tombe bien sèche, – puis entendu sans doute en train de ronger maintenant depuis des années par les membres stupéfaits de la famille humaine, réunis autour de la table du festin –, sortira peut-être à l'improviste parmi le mobilier le plus trivial et usagé de la société, pour goûter enfin à la perfection de son été !

Je ne dis pas que John ou Jonathan [17] comprendront tout cela ; mais tel est le caractère de ce lendemain dont le simple passage du temps ne peut jamais faire naître l'aube. La lumière qui nous aveugle est pour nous obscurité. Seul le jour auquel nous sommes éveillés possède la clarté de l'aube. Une aube viendra, plus éclatante que le jour. Le soleil n'est qu'une étoile du matin.

NOTES

Le texte de *Walden* se présente fréquemment comme un assemblage de citations invisibles, phrases, expressions ou images incorporées sans guillemets ni références. Il n'était pas possible de les identifier toutes, sauf à multiplier exagérément le nombre de pages. Cette sélection de notes vise à clarifier le texte quand le fragment inclus rend le sens étrange ou obscur, mais aussi à révéler la variété des lectures dont est nourri le livre de Thoreau – auteurs latins, grecs ou hindous, littérature anglaise des XVIe et XVIIe siècles, Bible du roi Jacques, récits d'exploration –, ou de ses emprunts à la culture populaire. D'autres notes ont pour but d'expliciter les allusions historiques ou les références à la vie locale qui allaient de soi pour ses lecteurs de 1854.

ÉCONOMIE

1. Il restait encore à proximité des cabanes habitées par des ouvriers irlandais qui avaient construit le chemin de fer.
2. Concord se situe à 18 miles au nord-ouest de Boston. La population était d'environ 2 000 habitants au milieu du XIXe siècle.
3. Il désigne la Bible, à laquelle il refuse d'accorder un statut spécial par rapport aux Écritures des autres religions. Il lui emprunte pourtant de nombreuses citations. Ici, Matthieu, VI, 19-20.
4. Il sous-entend : si l'on ne tient pas compte des 4 millions d'esclaves.
5. L'esclavage était une institution sudiste, « étrangère » au Nord.
6. William Wilberforce, abolitionniste anglais, qui obtint l'émancipation des esclaves en 1833.
7. De nombreux critiques ont tenté d'interpréter ces symboles, au risque de projeter leur imaginaire ou de plaquer les réponses trouvées dans un dictionnaire des symboles. Selon une lettre de Thoreau (à B. Wiley, 26 avril 1857), les animaux n'auraient pas de signification particulière : cette formulation bouche-trou lui aurait servi à dire le sentiment diffus de la perte.
8. Il se réfère soit à son journal (publié seulement en 1906), soit au *Dial*, magazine des transcendantalistes (1840-1844) dont la première rédactrice, Margaret Fuller, refusa certaines de ses contributions.

9. L'arpentage était l'activité qui lui permettait de gagner sa vie et était l'occasion « d'arpenter » les champs et les bois alentours. L'ironie est que ce défenseur de la nature contribuait ainsi à l'abattage des forêts.

10. La rédaction de *A Week on the Concord and Merrimack Rivers*, en souvenir d'une excursion avec son frère décédé depuis. Il n'avait pas su donner envie de lire ce livre.

11. Matthieu, IX, 17.

12. Matthieu, VIII, 20.

13. Matthieu, XXVI, 11 ; Ézéchiel, XVIII, 2 ; Ézéchiel, XVIII, 3-4.

14. Les lacets étaient généralement en cuir.

15. George Chapman, *César et Pompée* (1613 ?), V, II.

16. Ceux qui étaient dans le besoin, mais ne demandaient pas la charité. Un fonds avait été créé à Concord pour leur venir en aide.

17. La reproduction des esclaves était profitable à l'économie sudiste.

18. Allusion à l'allégorie de Hawthorne « Le train céleste » (1843) parodiant *Le Voyage du Pèlerin* (1678) de John Bunyan.

19. Les poèmes de Thoreau sont présentés sans guillemets.

20. Reprise d'un proverbe anglais selon lequel il faut 9 tailleurs pour faire un homme.

21. C'est-à-dire ceux qui n'ont pas de denrées rares et chères dans leur cave.

22. Thoreau joue au pionnier installé sans titre de propriété, mais la parcelle lui avait été prêtée par Emerson en échange d'un peu de débroussaillage, semble-t-il.

23. Thoreau parle de l'université Harvard, qui se situe à Cambridge (Massachusetts) et où il fit ses études. Il séjourna au dernier étage de Hollis Hall.

24. Le télégraphe de S. Morse, mis au point en 1837, était arrivé à Concord après le séjour à Walden, en 1851. Le chemin de fer, qui passait au bord du lac, datait de 1844.

25. Célèbre pur-sang anglais, vainqueur de courses de 1721 à 1723.

26. Thoreau savait d'expérience qu'il était difficile en Nouvelle-Angleterre de trouver une salle pour parler d'abolitionnisme.

27. Façon plaisante de dire qu'il ne payait pas à sa mère les frais de blanchissage et de raccommodage. Ce détail confirme l'impression qu'il donne de parodier une comptabilité domestique pour répondre aux questions prosaïques de ses concitoyens.

28. Un tiers, c'est-à-dire la part d'héritage réservée à une veuve.

29. Jean, V, 8.

30. Shakespeare, *Jules César*, III, ɪɪ, 76.

31. Lors de son discours pour la remise des diplômes à Harvard, Thoreau avait expliqué qu'il serait souhaitable de ne travailler qu'un jour par semaine et de consacrer les autres au loisir (« L'esprit commercial des temps modernes », 1837).

32. Allusion aux immigrants qui étaient sous contrat tant qu'ils n'avaient pas remboursé le prix de la traversée de l'Atlantique.

33. Étoile qui indique la direction du Canada où l'esclave sera libre.

34. Thoreau pouvait penser à de nombreux essais, notamment ceux de Cotton Mather et Benjamin Franklin, qui traitent de cette question.

35. I Pierre, IV, 8.

36. Dans beaucoup de villages et villes de Nouvelle-Angleterre, un employé municipal était chargé de s'occuper des pauvres et de leur venir en aide.

37. Tiré de *Coelum Britannicum* (1634), comédie-masque de Thomas Carew, poète « Cavalier », partisan de Charles Iᵉʳ. Le titre est de Thoreau.

OÙ J'AI VÉCU ET POUR QUOI J'AI VÉCU

1. Vers de William Cowper. L'italique souligne le jeu de mots : Thoreau était arpenteur.

2. Épigraphe de *Walden* et allusion à un poème de Samuel Taylor Coleridge (1802).

3. Bataille du 19 avril 1775, au début de la guerre d'Indépendance.

4. Tiré de Confucius, *La Grande Étude*.

5. Homère, *L'Iliade*, livre 3.

6. Lors d'un pique-nique avec Thoreau, dans les environs de Concord en mai 1844, Edward Hoar mit le feu à des bois. Cet incident ne contribua pas à améliorer la réputation de bon à rien qu'avait Thoreau.

7. Thoreau fait allusion à un lieu touristique célèbre au XIXᵉ siècle, Mammoth Cave (Kentucky), devenu un parc national en 1941.

8. Système de timbrage à tarif uniforme appliqué au Royaume-Uni en 1840 ; littéralement, « un penny pour vos pensées », c'est-à-dire, « À quoi pensez-vous ? ».

9. Quartier au centre de Concord, construit à l'emplacement d'un ancien barrage de moulin.

1. Il y avait déjà une bibliothèque de prêt à Concord en 1851, lorsque le Massachusetts incita les municipalités à créer des bibliothèques publiques. Après ses études, Thoreau avait obtenu le privilège de continuer à utiliser la bibliothèque de Harvard.

2. Thoreau lisait de nombreux récits de voyage et d'exploration : Darwin, Humboldt, Mackenzie, Michaux, Parry, les *Relations des Jésuites*, *Typee* de Melville...

3. Il connaissait le latin et le grec ; il a traduit des œuvres d'Eschyle, Anacréon, Pindare.

4. Au Moyen Âge, les hommes d'Église réutilisaient les parchemins pour copier les textes religieux ; cela permit de retrouver des œuvres anciennes.

5. Dans les écoles à classe unique, les enfants les plus jeunes étaient assis devant, sur des bancs sans dossiers.

6. Anthologie d'extraits de littérature ancienne et moderne (New York, 1827) ; son sous-titre indique qu'elle a comme but d'instruire le lecteur, notamment avec des leçons tirées des Saintes Écritures. Son compilateur signe « un ami de l'amélioration générale ».

7. Thoreau oppose ce pain sucré au pain complet de maïs et de seigle, dont le Dr Graham vantait la valeur nutritionnelle et qui avait des adeptes chez les transcendantalistes.

8. Cette association fait partie d'un mouvement pour l'éducation des adultes : dans le Nord-Est surtout, un réseau informel de salles, installées dans des écoles, des églises ou des mairies, accueillait des conférenciers qui parlaient d'histoire, de politique ou de questions culturelles. Un conseil d'administration choisissait les thèmes proposés et lançait les invitations. Le Lycéum de Concord fut créé en 1828, pour « l'amélioration du savoir » et la « diffusion d'une information utile ». Les principaux transcendantalistes, les écrivains et les savants de Nouvelle-Angleterre s'y exprimèrent.

9. Les écoles publiques élémentaires s'appelaient *common schools* : Thoreau veut au contraire qu'elles ne soient pas « communes » afin de développer un esprit et une culture hors du commun.

10. Référence à des périodiques qui évitaient la politique et choisissaient des sujets qui pouvaient être lus par tous les membres d'une même famille.

11. Hebdomadaire méthodiste de Boston qui annonce entre autres choses des articles bien-pensants sur le christianisme ou la littérature.

12. Allusion aux premiers colons du Massachusetts, les séparatistes protestants qui s'installèrent à Plymouth en 1620. La référence aux « pèlerins » et au Rocher de Plymouth montre que Thoreau prend ses distances vis-à-vis de la mythologie régionale qui s'est développée dans la première moitié du XIXe siècle.

BRUITS

1. Par exemple, *Thursday*, le jour du dieu scandinave du tonnerre, Thor.
2. Poème de (William) Ellery Channing (1818-1901) poète transcendantaliste, ami de Thoreau.
3. Bataille de la guerre des États-Unis contre le Mexique (février 1847).
4. Il s'agit d'une chute de neige record, tombée en 1717 en Nouvelle-Angleterre.
5. Quai du port de Boston.
6. Plateaux sous-marins au sud-est de Terre-Neuve,
7. John Milton, *Le Paradis perdu*, I, 293-294.
8. Psaumes, 114, 4.
9. Shakespeare, *Peines d'amour perdues*, V, II, 914.
10. Reprise d'une maxime de Benjamin Franklin, *L'Almanach du pauvre Richard* (1757).

SOLITUDE

1. Thomas Gray, « Élégie écrite dans un cimetière de campagne » (1751), v. 4.
2. « Croma », poème d'Ossian, dans la version de Patrick MacGregor (1841).
3. Colline de Boston où se trouve le siège de la législature du Massachusetts.
4. Quartier pauvre de Manhattan.
5. Ville maintenant intégrée dans Boston. « Bright » nom courant d'un bœuf.
6. Confucius, *The Doctrine of the Mean*, XVI, 1-3.
7. Confucius, *Analects*, IV, 25.
8. L'Université Harvard, à Cambridge (Massachusetts).
9. Marc, V, 9.
10. Puritains considérés comme responsables de l'exécution de Charles Ier (1641) qui ensuite vécurent cachés en Nouvelle-Angleterre.
11. Thomas Parr, Anglais qui mourut en 1635 à l'âge présumé de 152 ans.

Visiteurs

1. Noms d'hôtels à Boston, New York et Concord.
2. Edmund Spencer, *La Reine des fées* (1590), I, i, 35.
3. Alex Therien (né en 1811). Connaissant le français, Thoreau apprécie le nom de cet « homme de la terre ».
4. Homère, *L'Iliade*, livre XVI.
5. Matthieu, XXIII, 12.
6. Elizur Wright, « De l'esclave en fuite au chrétien » (1845). Thoreau a souvent contribué à aider des esclaves en fuite à passer au Canada, mais ils séjournaient dans la maison familiale, non à Walden.
7. Parodie de la comptine « Voici la maison que Jack a construite ». Thoreau détestait les réformateurs de tous poils qui projetaient d'améliorer la société sans commencer par changer l'homme.
8. Mots d'accueil légendaires du chef Abenaki, Samoset, aux séparatistes de Plymouth en 1621.

Le champ de haricots

1. Dans le Journal, Thoreau dit qu'il avait cinq ans. Il est né à Concord, que ses parents quittèrent pour Chelmsford, puis Boston, avant de revenir à Concord en 1823 quand il avait presque six ans.
2. Job, II, 12.
3. Le Révérend Henry Colman avait publié quatre rapports sur l'agriculture du Massachusetts (1838-1841).
4. Concord, dans le comté de Middlesex.
5. Alors qu'en Nouvelle-Angleterre, l'expression « ne pas connaître les haricots » signifie être ignorant.
6. Pythagore aurait enseigné à ses disciples de ne pas manger des haricots. Thoreau en mangeait tout de même. Dans certaines civilisations, les haricots étaient utilisés pour compter les votes.
7. Depuis l'Angleterre, Franklin, et Jefferson depuis la France envoyèrent des graines aux États-Unis; l'Administration de John Quincy Adams le demanda à tous ses consuls à l'étranger. À partir de 1839, le Bureau américain des brevets en expédiait gratuitement à qui demandait ces semences.
8. Vers du poète anglais Francis Quarles (1592-1644).
9. Exode, XXII, 29; XXIII, 19.

1. Rue chargée d'histoire dans le quartier des affaires à Boston.
2. Châtiment infligé à des soldats, consistant à les faire passer entre deux rangs de soldats qui les frappaient avec des baguettes. Dans la marine, les baguettes de discipline étaient remplacées par des bouts de corde.
3. Francis Bacon, *De Saptientia Veterum* (1609), ch. XXXI.
4. Cet épisode de juillet 1846 est au cœur de l'essai « Résistance au gouvernement civil » (1849) : Thoreau y développe sa conception de la désobéissance civile, ou objection de conscience.
5. The Independent Order of Odd Fellows, association de secours mutuel, organisée en société secrète, d'origine anglaise, établie aux États-Unis en 1819. Thoreau refuse l'idée d'appartenir à une association, même caritative.
6. Allusion à une anecdote de Confucius que Thoreau avait publiée dans un article du *Dial* (avril 1843) : le soldat se console en pensant que son bouclier aura fait un heureux.
7. Confucius, *Analects*, XII, 19.

<h3>Les lacs</h3>

1. Allusion aux théories de l'action des glaciers, apparues au début du XIXe, notamment avec Louis Agassiz, professeur à Harvard (1848).
2. Comme Emerson (*Nature* [1836], ch. 6) et d'autres transcendanta-listes, Thoreau aimait voir le paysage différemment, en regardant entre ses jambes, pour que le ciel soit à la place de la terre.
3. Au sortir de Harvard, Thoreau fut instituteur à Concord, mais par la suite, il aida beaucoup la fabrique familiale de crayons et de graphite.
4. Ce héros d'une ballade anglaise tua le dragon de Wantley en le frappant à l'endroit où il était vulnérable.

<h3>La ferme Baker</h3>

1. Dans ce chapitre, les vers sont extraits du poème « Baker Farm » d'Ellery Channing.
2. Thoreau emploie le mot indien *musquash*.
3. Aux yeux de Concord, Thoreau n'avait pas adopté un mode de vie en rapport avec ses études à Harvard. Il en est conscient et justifie fréquem-ment son choix.
4. Ecclésiaste, XII, 1.

5. Thoreau reproche à Field des idées désuètes, une conception de la vie héritée de la « grand-mère » d'Adam, si cela est possible. Dans le Journal des années 1850, il se montrera beaucoup plus compréhensif à l'égard des immigrés irlandais dont la situation était miséreuse.

DES LOIS PLUS ÉLEVÉES

1. Avant la guerre de Sécession, le terme est utilisé par les transcendantalistes pour signifier qu'ils ne respectent pas les lois « démocratiques » votées par les hommes afin de soutenir l'institution de l'esclavage, mais qu'ils se réclament de lois plus élevées, fondées sur des principes fondamentaux d'essence religieuse et accessibles à la conscience. Cette notion est au cœur de la pensée de Thoreau qui s'y réfère dans « Résistance au gouvernement civil » (1849) et dans « L'esclavage au Massachusetts » (1854).

2. Les villages de Nouvelle-Angleterre réservaient un tel pré au pâturage du bétail des habitants les plus pauvres ; il a généralement été transformé en parc public.

3. Marc, I, 17.

4. La généralisation se réfère au grand nombre de réformateurs qui, au milieu du XIXᵉ siècle, proposaient de nouvelles façons de manger, avec parfois de piètres notions d'équilibre alimentaire. Thoreau n'observait pas un régime végétarien strict, s'efforçant de ne pas compliquer les repas familiaux.

5. Cette idée centrale du transcendantalisme est développée par Emerson dans l'essai « La confiance en soi » (1841). La résistance à la société s'opère par l'écoute de son « génie ».

6. Matthieu, XV, 11. Même si Thoreau ne met pas de guillemets, il emploie des formes verbales archaïques qui font entendre l'emprunt au texte de la Bible.

7. Thoreau prêche ici avec beaucoup d'assurance une abstinence toute victorienne ; plus loin dans le chapitre, il introduit une certaine nuance. En septembre 1852, à la demande d'un ami, Harrison G. O. Blake, qui allait se marier, il rassemble des remarques éparses dans son journal sur l'amour, la chasteté et la sensualité ; dans la lettre d'accompagnement, il hésite et se demande si ses vues décrivent bien la condition humaine ou si elles ne font que révéler ses déficiences propres.

8. John Donne, « To Sir Edward Herbert at Iulyers ».

1. Ce pourrait être le poète Ellery Channing, un ami et son premier biographe, avec Thoreau dans le rôle de l'ermite. Le dialogue un peu artificiel est une façon légère d'assurer une transition entre les abstractions des lois élevées et les réalités de la nature, représentées par ses voisins, les animaux qu'il observait à longueur de journée.

2. Pilpay et autres fabulistes. Pilpay (ou Bidpay) est un auteur légendaire de l'Inde qui aurait rassemblé un recueil de fables anciennes en sanskrit ; elles font partie des sources d'inspiration de La Fontaine.

3. À la fin des années 1840, Thoreau envoyait des spécimens rares pour identification et classification à Louis Agassiz, naturaliste d'origine suisse, professeur à Harvard.

4. Anecdote tirée d'un recueil de paroles de femmes spartiates de Plutarque.

5. Allusions à la bataille de Concord (19 avril 1775) et à quelques-uns de ses participants célèbres.

6. La taxe sur le thé a déclenché la rébellion des colons à Boston.

7. Bataille célèbre à Charleston, Massachusetts (17 juin 1775) : une défaite qui a néanmoins montré la capacité des colons à se défendre contre l'armée anglaise.

8. Daniel Webster n'était pas à l'origine de cette loi de 1850, un compromis avec le Sud esclavagiste qui obligeait les Nordistes à collaborer avec la police fédérale pour arrêter les esclaves en fuite : cet homme politique, qui avait paru être le champion du Nord, s'était révélé un traître pour les abolitionnistes, d'où l'erreur polémique de Thoreau.

9. Au centre de Concord.

10. Cette variété de plongeon (*loon*) s'appelle huard pour son cri déchirant et étrange. Le même mot anglais, à l'étymologie différente, désigne une personne stupide, voire un fou. Tout au long de ce passage, Thoreau joue de cette proximité pour évoquer l'altérité radicale de la nature sauvage.

PENDAISON DE CRÉMAILLIÈRE

1. Le bois de châtaignier résiste bien à l'humidité et sert à faire des traverses de chemin de fer (*sleepers* ; jeu de mots déjà utilisé dans le chapitre 2).

2. Ellery Channing avait séjourné dans la cabane à l'automne 1845.

3. Caton l'Ancien, *De agri cultura*, III. Thoreau donne sa traduction.

4. Au nord-ouest de la rivière Ohio, à l'est du Mississippi et jusqu'aux Grands Lacs. Objet de convoitise entre les Français et les Anglais, ce territoire fut organisé par les Américains en 1787 et progressivement transformé en États au début du XIXᵉ siècle.

5. William Gilpin, *Remarques sur les paysages forestiers* (1791). Ce pasteur anglais est surtout connu pour avoir développé la notion de pittoresque dans l'évaluation esthétique du paysage.

6. Thoreau soulage avec humour sa conscience au sujet de l'imprudence qui avait déclenché un incendie dans les bois de Concord.

7. Caton l'Ancien, *De agri cultura*.

8. François André Michaux, *Voyage à l'ouest des monts Alléghanys* (1808).

9. Allusion au poème de Wordsworth, « Goody Blake and Harry Gill ».

10. Ellen Hooper (1812-1848). Poème publié dans le *Dial* (octobre 1840).

Anciens habitants et visiteurs d'hiver

1. Esclave émancipé, il s'était installé au bord de la route de Walden et travaillait comme journalier (mort en 1805 à l'âge de 54 ans).

2. Riche citoyen de Concord, ancien capitaine de marine, mort en 1811.

3. Zilpha White, esclave émancipée qui vivait seule, morte en 1820 à l'âge de 72 ans.

4. Riche médecin qui légua une partie de sa fortune à la Faculté de médecine de Harvard (mort en 1788).

5. Thoreau est très conscient des divisions sociales, économiques et raciales de la société de Concord. Dans ce chapitre, il n'est pas aveugle au Concord Noir que l'on avait toléré dans les bois de Walden, ni à la dureté de leur sort : la référence au général romain Scipion est une façon d'héroïser l'un de ces humbles qui ont survécu quelque temps en marge du Concord Blanc.

6. Autre paria de la Nouvelle-Angleterre tempérante, John Breed était un barbier ivrogne, trouvé mort sur la route en 1824.

7. Nom familier donné à une charrette à bras utilisée pour lutter contre les incendies.

8. Le fils de John Breed, aussi un ivrogne.

9. Deux petits fermiers qui vivaient à la fin du XVIIIᵉ siècle.

10. Cette coutume signifiait la vaine tentative de recouvrer une dette ou des impôts impayés : le bout de bois était saisi à défaut d'un bien mobilier.

11. Jérémie, XVIII, 3-6.
12. Hugh Coyle (1784?-1845).
13. Ecclésiaste, XII, 6.
14. Milton, *Le Paradis perdu*, II, 560.
15. Isaïe, XXXV, 1.
16. Amos Bronson Alcott (1799-1888), philosophe transcendanta-liste, réformateur utopiste et enseignant aux méthodes pédagogiques libérales.
17. Thomas Storer, « Wolseius Triumphans » (1599).
18. Allusion au roman de Walter Scott, *Old Mortality* (1816).
19. Ralph Waldo Emerson, son mentor dans les années 1840, mais Thoreau avait pris son indépendance intellectuelle.

ANIMAUX D'HIVER

1. La guerre contre les Français et les Indiens (1754-1763). Elle devint un aspect de la guerre de Sept Ans que la Grande-Bretagne et la France se livrèrent à partir de 1756.
2. Nemrod, puissant chasseur (Genèse, X, 9).
3. Shakespeare, *Jules César*, I, II, 150.
4. Explication rapportée par Varron, *Rerum Rusticarum* : Thoreau était friand d'étymologies qui n'étaient pas nécessairement fiables, mais qui étaient satisfaisantes pour l'imagination parce qu'elles motivaient les mots.

LE LAC EN HIVER

1. Traduit du français par Thoreau : *Harivansa, ou histoire de la famille de Hari*, trad. A. Langlois (Paris, 1834-1835) II, 361.
2. Vaudès, ou Pierre Valdo, fondateur d'une secte de chrétiens hérétiques au XIIᵉ siècle, à l'origine de l'Église évangélique vaudoise. En anglais, Peter Waldo et ses disciples, *the Waldensians* : leur nom permet à Thoreau de passer de la pureté spirituelle de ces protestants à la beauté des brochetons de Walden.
3. Gilpin cite Milton, *Le Paradis perdu*, VII, 288-290.
4. La phrénologie était populaire à l'époque et Thoreau lui emprunte sans doute son pseudo-savoir, qui relie traits du visage et caractère, parce qu'elle va dans le sens de l'établissement de correspondances entre le monde physique et celui des idées, processus de pensée qu'il trouve fructueux.

5. Il existe plusieurs versions de cette fable de La Fontaine, « L'alouette et ses petits, avec le Maître d'un champ » que Thoreau avait pu rencontrer dans un recueil populaire et dans un article d'Emerson publié dans le *Dial*. L'un et l'autre n'avaient pu manquer d'être attirés par le précepte central : « Ne t'attends qu'à toi seul [...] ».
6. Matthieu, XIII.
7. Elles sont équivalentes à 360 années des hommes.

PRINTEMPS

1. Comme tout transcendantaliste, Thoreau était fasciné par les correspondances qu'il pouvait percevoir entre le jour et l'année, le proche et le lointain, le microcosme et le macrocosme.
2. En avril 1854, il avait déjà reçu les premières épreuves du livre : cette observation montre que, jusqu'à la dernière minute, il a continué à modifier le texte de *Walden*.
3. Dans cette rêverie « extra-vagante » sur le langage, la rigueur étymologique paraît absente, anéantie par le désir de prouver à tout prix que les mots en eux-mêmes (leurs origines, leurs lettres, leurs sonorités) ont un sens enraciné dans la réalité physique. Sa recherche s'inspire sans doute d'Emerson pour qui « Les mots sont les signes des faits naturels. » (*Nature*, IV « Le langage »).
4. Jérémie, XVIII, 6.
5. Varron, *Rerum rusticarum*.
6. Luc, XV, 24.
7. Ovide, *Métamorphoses*, I, II, 61-62, 78-81.
8. Extrait d'un recueil d'hymnes d'Isaac Watts (1674-1748 ; prédicateur anglais, auteur de chants religieux).
9. Extrait de Mencius, penseur confucianiste.
10. Ovide, *Métamorphoses*, I, II, 89-96, 107-108.
11. I Corinthiens, XV, 55.

CONCLUSION

1. Autrement dit, l'approche des problèmes est uniquement superficielle.
2. William Habington, poète anglais (1605-1654) : « À mon ami distingué, Sir Ed. P. Knight ».
3. En dépit de cette question toute rhétorique, Thoreau s'intéressait à ces explorations lointaines et l'on sait qu'il avait lu divers récits rédigés par les explorateurs mentionnés dans ce paragraphe.

4. Sir John Franklin (1786-1847), explorateur anglais parti découvrir le Passage du Nord-Ouest. Sa femme lança des expéditions pour essayer de le retrouver. Henry Grinnell finança des recherches.

5. Mungo Park (1771-1806), explorateur écossais du fleuve Niger ; Lewis et Clark traversèrent le continent nord-américain (1804-1806) et rapportèrent une information importante pour la connaissance de l'Ouest ; Sir Martin Frobisher (1535-1594), navigateur anglais qui tenta le Passage du Nord-Ouest.

6. Elisha Kent Kane (1822-1857) participa à une expédition de recherche de J. Franklin et découvrit un de ses campements où étaient entassées des boîtes de conserve vides.

7. Expédition de Charles Wilkes (1838-1842) qui le conduisit notamment à proximité du continent Antarctique au niveau des îles Balleny.

8. Vers de Claudien (Claudius Claudianus), « Le vieil homme de Vérone ».

9. En 1818, John Cleves Symmes publia la théorie selon laquelle la Terre était creuse, ouverte au niveau des pôles.

10. Thoreau détourne la conquête de l'Ouest qui a tant engagé l'énergie des États-Unis au XIXᵉ siècle pour en faire une métaphore du processus d'appropriation de soi. Il est bien loin de l'usage idéologique de la Destinée manifeste.

11. En privé, dans le Journal à la date du 22 janvier 1852, Thoreau est beaucoup moins sûr de lui. L'une des raisons est qu'il avait été invité à s'occuper de la maison d'Emerson pendant que ce dernier voyageait en Europe.

12. Le trait d'union, la coupure et l'italique soulignent avec insistance le sens particulier qu'il donne à ce mot, à partir de l'étymologie : errer au-delà des limites.

13. Traduction par Thoreau d'un extrait de Garcin de Tassy, *Histoire de la littérature hindoui et hindoustani* (1839).

14. Ecclésiaste, IX, 4.

15. Confucius, *Analectes*, IX, 25.

16. Proverbe anglais.

17. John, prénom désignant l'Anglais typique (John Bull), Jonathan, l'Américain provincial, ou pour Thoreau l'habitant de Nouvelle-Angleterre.

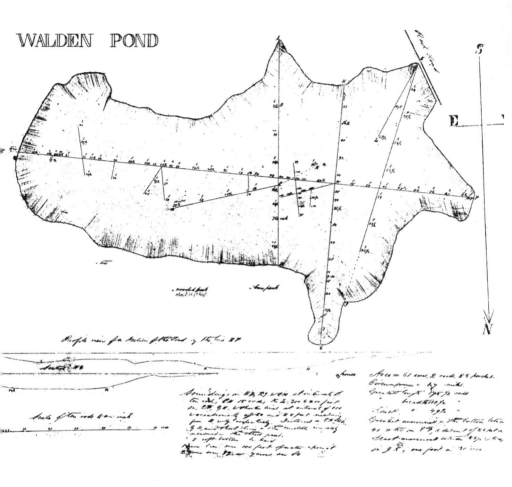

Plan original du lac Walden
par Thoreau.

Dessin de la cabane fait par
la sœur de Thoreau.

Plan du lac Walden et
ses environs, page de droite.

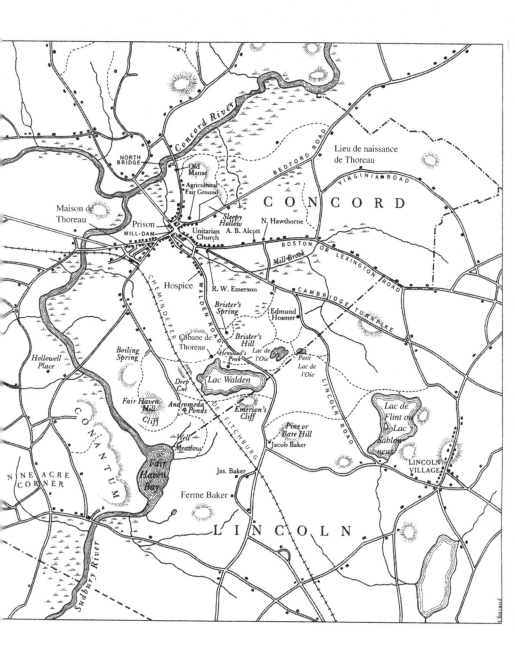

Concord River

NORTH BRIDGE

Old Manse

Agricultural Fair Ground

BEDFORD ROAD

Lieu de naissance de Thoreau

VIRGINIA ROAD

C O N C O R D

Maison de Thoreau

Sleepy Hollow

N. Hawthorne

Prison

MILL-DAM

Unitarian Church

A. B. Alcott

BOSTON OR LEXINGTON ROAD

Mill-Brook

Hospice

R. W. Emerson

CAMBRIDGE TURNPIKE

CHEMIN DE FER

WALDEN ROAD

Brister's Spring

Edmund Hosmer

Boiling Spring

Cabane de Thoreau

Brister's Hill

Heywood's Peak

Lac de l'Oie

Petit Lac de l'Oie

Hollowell Place

DE FITCHBURG

Deep Cut

Lac Walden

LINCOLN ROAD

Lac de Flint ou Lac Sablonneux

Fair Haven Mill Cliff

Andromeda Ponds

Emerson's Cliff

C O N A N T U M

Well Meadow

Pine or Bare Hill

Jacob Baker

LINCOLN VILLAGE

NINE ACRE CORNER

Fair Haven Bay

Jas. Baker

Ferme Baker

L I N C O L N

Sudbury River

Chazaud

POSTFACE

Car que sont les classiques, sinon les plus nobles
pensées humaines jamais couchées sur le papier ?

« Lire »

Publié à l'été 1854, *Walden* avait connu une longue gestation,
indiquant à l'évidence que l'œuvre ne fut pas envisagée comme
le simple compte rendu d'une expérience de vie dans les bois
entre juillet 1845 et septembre 1847. Sans doute les habitants de
Concord étaient-ils curieux de comprendre le sens de cette étrange
retraite. Dans une conférence de février 1847, Thoreau répond à
leurs questions prosaïques : le texte, « Une histoire de moi-même »,
en a été intégré dans « Économie », ce qui explique le ton ironique,
voire un peu méprisant, des remarques adressées aux bourgeois
philistins. Ce chapitre et le suivant, « Où j'ai vécu et pour quoi
j'ai vécu », peuvent laisser l'impression d'un récit des deux années
passées dans la cabane, avec l'exposé d'un art de vivre, alors que
l'ouvrage a bien d'autres visées. Pour preuve, il déborde des dates
du séjour près du lac : les emprunts au Journal vont du 8 avril 1839
au 27 avril 1854. Thoreau a d'ailleurs stylisé cette période de sa
vie et l'a réduite à un an, sans date, juste le passage des saisons.

Dès 1841, il avait le projet d'écrire un « poème » sur Concord, une
sorte de monographie encyclopédique et écocritique détaillant les
composantes du paysage. Un peu comme Gilbert White dans son
Histoire naturelle de Selborne (1788) – ouvrage qu'il admirait –,
Thoreau aurait décrit l'environnement pastoral et par endroits
sauvage de Concord, alors qu'il avait perçu la menace pesant déjà
sur le milieu naturel. Le plan thématique de *Walden* situe l'ouvrage
dans cette intention, mais Thoreau avait une franche ambition
littéraire, confirmée par la pratique quotidienne de l'écriture d'un
journal depuis 1837 : à travers les mots, il était en quête de « ces
choses pour l'instant indicibles », d'un objet perdu symbolisé par

« un chien, un cheval bai et une tourterelle ». Ce journal constituait
un réservoir d'observations, anecdotes, métaphores aux possibilités multiples, ou de paragraphes tout rédigés : c'était le lieu d'un
dialogue avec lui-même, un instrument pour élaborer sa pensée, et
également une préparation à communiquer avec de futurs lecteurs.
Lorsqu'il rédigeait une conférence, Thoreau avait pour habitude
de parcourir ce qu'il avait écrit dans son journal, d'y découper
les passages jugés pertinents, ou de les recopier lorsque le journal
devint une œuvre littéraire à part entière. Enfin, après quelques
modifications mineures, les conférences réussies donnaient naissance à un essai publié dans un magazine littéraire. La méthode
de composition de Thoreau n'a donc rien d'une création linéaire
en fonction d'un plan initial ; elle tient plutôt du recyclage et de
l'assemblage de fragments autonomes à l'origine. Les associations
d'idées qui président aux regroupements ne sautent pas toujours
aux yeux, ce qui contribue au caractère parfois rugueux de l'œuvre ;
l'ordre de succession des chapitres, variable au fil des versions,
semble indiquer qu'il n'avait pas un caractère d'absolue nécessité.

Rédiger successivement sept versions a exigé de sa part un intense
travail d'écriture, surtout à partir de 1851. Dans cette période,
Thoreau prépare une œuvre ample, et comme il le dira, « plus
complète et plus vraie ». Sa conception évolue considérablement
et les ajouts font désormais place à l'évocation détaillée, intime
et sensuelle, de l'immersion dans une nature devenue familière.
Il se montre plus serein, plus optimiste et même parfois joyeux.
L'importance des réécritures révèle qu'il a perfectionné le style,
afin de le rendre plus expressif et d'atteindre à « l'extra-vagance »,
pour dépasser les limites de la langue et lui faire dire plus. Dans
l'ultime retouche de mars 1862, Thoreau demande à son éditeur
de supprimer de la deuxième édition le sous-titre « ou la vie dans
les bois », confiant ainsi la charge de l'annonce de son livre au seul
toponyme mystérieux par lequel il entrera dans la postérité.

Autant on aurait tort de restreindre l'apport de Thoreau à la
notion de désobéissance civile et à ses vues prophétiques sur la

nécessité de garder le contact avec la nature, autant on ne devrait pas borner *Walden* au seul témoignage sur le geste philosophique de vie ascétique dans les bois: dense et multiple, l'œuvre prend comme modèles les classiques de l'Antiquité qui, chacun dans leurs contextes propres, tentèrent de répondre aux grandes questions que l'humanité se pose. À partir de son expérience, Thoreau présente une économie de vie souhaitable et réfléchit à la détermination des conditions indispensables pour l'émancipation intellectuelle et spirituelle au milieu du XIXᵉ siècle. Le livre lui semble un outil efficace pour peser sur la société et il entreprend rien moins que la défense de la littérature dans le chapitre « Lire » : plaidoyer véhément pour que la société américaine, avant tout préoccupée d'extension vers l'Ouest, d'industrialisation et de progrès matériel, lui accorde une place dans sa « civilisation » en cours d'élaboration et apprenne à bien lire. Car Thoreau prend la littérature au sérieux : elle n'est pas affaire de distraction, mais de résistance à l'emprise de l'opinion publique et de remise en cause de la pensée dominante. *Walden* questionne les traditions et le bien-fondé des croyances, critique les institutions étatiques et le capitalisme industriel. En luttant contre la paresse intellectuelle, le livre possède une vertu abrasive susceptible de rendre le lecteur inadapté à la société de son temps : Thoreau recherche précisément cette pensée non conforme qui révèle l'affranchissement. De même qu'il préfère marcher par les chemins de traverse, il propose comme voie privilégiée de l'esprit une tangente qui ne se laisse pas engluer dans l'idéologie et soit capable d'aller au-delà du sens commun. Le refus des ornières conditionne une progression mentale originale.

Ainsi, à l'écart dans ses bois excentrés, il perçoit une humanité de laissés-pour-compte que Concord ne souhaite pas voir – esclaves affranchis, artisans pauvres, Indiens, ou travailleurs immigrés irlandais qui ont récemment construit la ligne de chemin de fer. Dans le chapitre « Anciens habitants », il évoque brièvement leurs vies humbles et leur offre la compensation de la mémoire littéraire. Il renouvelle l'observation du monde naturel avec sa perception aiguisée et son étonnement émerveillé pour la campagne des environs : il redonne de la couleur à des phénomènes naturels auxquels ses concitoyens agités sont devenus indifférents et insiste sur l'importance de regarder avec une attention soutenue le spectacle même le plus banal. L'approfondissement de l'ordinaire va de pair avec le besoin d'infini et d'inconnu dont se nourrit l'imagination.

Prolongeant la réflexion sur la littérature, *Walden* entreprend l'éloge de la culture. Bien que vivant en Nouvelle-Angleterre, région qui depuis le xviie a valorisé l'écrit, et particulièrement à Concord où s'était rassemblé un cercle d'intellectuels autour d'Emerson, Thoreau fustige une population d'« illettrés » qui n'accorde qu'un budget très chiche au Lycéum, l'association qui organise des cycles de conférences. Il rêve plutôt d'un noble village qui saurait attirer du monde entier une élite de sages invités à élever les vues de l'auditoire. Concord ne l'a évidemment pas suivi dans son projet d'un étonnant village-université. Thoreau a néanmoins associé à ce bourg du Massachusetts, haut lieu de la littérature américaine du xixe, le recueil mémorable de ses pensées anticonformistes, un *classique* à dimension universelle. Suivant la logique de ses principes sans compromission, la force d'une pensée intègre, tendue vers l'amélioration de l'humanité, s'y développe pour bousculer le lecteur afin qu'il abandonne les certitudes stéréotypées inculquées par la société et qu'il s'engage dans une réflexion autonome à la recherche de nouvelles perspectives émancipatrices.

Michel Granger

BIBLIOGRAPHIE

QUELQUES TRADUCTIONS FRANÇAISES D'ŒUVRES
DE THOREAU

Cap Cod, Présentation, trad. et notes Pierre-Yves Pétillon, Imprimerie
nationale, 2000.
*L'Esprit commercial des temps modernes et son influence sur le caractère
politique, moral et littéraire d'une nation,* trad. Didier Bazy et Sophie
Fueyo, Le Grand Souffle, 2007.
Essais, trad. Nicole Mallet, préface Michel Granger, Le Mot et le Reste,
2007.
Les Forêts du Maine, trad. et postface François Specq, Éditions Rue
d'Ulm, 2004.
Journal (1837-1861), extraits, trad. R. Michaud et S. David (1930),
Denoël, 2001 ; Terrail, 2005.
« Je suis simplement ce que je suis ». Lettres à Harrison G.O. Blake, trad. et
présentation Thierry Gillybœuf, Finitude, 2007.
Un Yankee au Canada, trad. Simon Le Fournis, La Part Commune, 2006.

ÉTUDES CRITIQUES EN FRANCE

CARLET, Yves, dir., *Profils américains* 10, université Paul-Valéry –
Montpellier III, 1999.
Europe, n° 459-460, 1967.
FLAK, Micheline, *Henry-David Thoreau, ou la Sagesse au service de l'Action,*
Paris, Seghers, 1973.
GRANGER, Michel, dir., *Henry D. Thoreau,* Cahier de l'Herne n° 65, Paris,
L'Herne, 1994. Partiellement repris dans *Henry D. Thoreau. Désobéir,*
Paris, 10/18, 1997.
GRANGER, Michel, *Henry David Thoreau : Paradoxes d'excentrique,* Paris,
Belin, 1999.
WHITE, Kenneth, « Marcher avec Thoreau », *La Figure du dehors,* Paris,
Grasset, 1982.

SITES CONSACRÉS À THOREAU

• The Thoreau Society:
   http://www.thoreausociety.org/
• The Thoreau Institute at Walden Woods Library:
   http://www.walden.org/Institute/index.htm
• The Thoreau Reader: The annotated works of Henry David Thoreau
   http://thoreau.eserver.org/
• The Writings of Henry D. Thoreau:
   http://www.library.ucsb.edu/thoreau/writings_editions.html

TABLE DES MATIÈRES

LE MOT ET LE RESTE
autour du nature writing

Mary Austin
Le Pays des petites pluies

André Bucher
Fée d'hiver
La Vallée seule

Arnaud Devillard
Journal des canyons
Grizzly Park

Nadine Ribault
Carnets des Cévennes
Carnets des Cornouailles
Carnets de Kyôto

Henry D. Thoreau
Essais
Résistance au gouvernement civil et autres textes
Teintes d'automne suivi de *La Succession des arbres en forêt*
Marcher suivi de *Une promenade en hiver*
Les Pommes sauvages suivi de *La Vie sans principe*
Walden

John C. Van Dyke
Le Désert – Nouvelles études sur les apparences de la nature

Gilbert White
Histoire naturelle de Selborne

Kenneth White
La Route bleue
Les Cygnes sauvages

Achevé d'imprimer en avril 2013
sur les presses de Darantiere
à Dijon-Quetigny

ISBN: 9782360540907
Dépôt légal: avril 2013
Fabriqué en France

N° d'impression : 13-0395